“十二五”高等职业教育系列规划教材

市场营销操作实务

王振林　主　编

师东菊　李晓峰　吴艳红　副主编

中国铁道出版社
CHINA RAILWAY PUBLISHING HOUSE

图书在版编目(CIP)数据

市场营销操作实务/王振林主编．—北京：中国铁道出版社，2012.6

“十二五”高等职业教育系列规划教材

ISBN 978-7-113-14703-7

Ⅰ.①市… Ⅱ.①王… Ⅲ.①市场营销学—高等职业教育—教材 Ⅳ.①F713.50

中国版本图书馆 CIP 数据核字（2012）第 102918 号

书　　名：“十二五”高等职业教育系列规划教材
市场营销操作实务

作　　者：王振林　主编

策　　划：夏　伟　　　**读者热线：**400-668-0820

责任编辑：夏　伟

编辑助理：李　丹

封面设计：刘　颖

封面制作：白　雪

责任校对：张玉华

责任印制：李　佳

出版发行：中国铁道出版社（100054，北京市西城区右安门西街 8 号）

网　　址：http：//www.51eds.com

印　　刷：北京市昌平开拓印刷厂

版　　次：2012 年 8 月第 1 版　　2012 年 8 月第 1 次印刷

开　　本：787 mm×1 092 mm　1/16　**印张：**18　**字数：**403 千

印　　数：1～4 000 册

书　　号：ISBN 978-7-113-14703-7

定　　价：38.00 元

“十二五”高等职业教育系列规划教材编审委员会

总　序

《国家中长期教育改革和发展规划纲要(2010—2020年)》指出:"职业教育要面向人人、面向社会,着力培养学生的职业道德、职业技能和就业创业能力。把提高质量作为重点。以服务为宗旨,以就业为导向,推进教育教学改革。实行工学结合、校企合作、顶岗实习的人才培养模式";《教育部关于推进高等职业教育改革创新 引领职业教育科学发展的若干意见》指出:"推行'双证书'"制度,实现专业课程内容与职业标准对接;引入企业新技术、新工艺,校企合作共同开发专业课程和教学资源;继续推行任务驱动、项目导向等学做一体的教学模式"等等,都对职业教育教学改革提出了新的更高的要求。

为深入贯彻落实《国家中长期教育改革和发展规划纲要(2010—2020年)》及《教育部关于全面提高高等职业教育教学质量的若干意见》、《教育部、财政部关于实施国家示范性高等职业院校建设计划　加快高等职业教育改革与发展的意见》、《教育部关于推进高等职业教育改革创新　引领职业教育科学发展的若干意见》等有关文件精神,有效促进和提高高职高专院校转变教育教学理念,推进教育教学改革,加快专业和课程建设,提升专业办学质量,突出专业办学特色,交流先进的教育教学经验,展示专业及课改成果,开展教学资源合作共享,黑龙江省高职高专教育财经类专业教学指导委员会与中国铁道出版社联合策划了"'十二五'高等职业教育系列规划教材"编写出版项目。根据黑龙江省高职高专财经大类专业开设情况与办学特点,组织编写了涵盖财务会计类、市场营销类、工商管理类二个二级专业类若干门核心课程的立体化精品教材。

本套教材在选题策划时期按照"五化"教材建设模式和"146"教材开发路径进行了教材编写思想与形式的创新。"五化"即人才培养职业化、课程项目工作化、教学情境一体化、课程教学行动化、课程评价多元化。"146"教材开发路径即一条途径:校企合作;4个对接:教材内容与职业标准、教学过程与生产过程、学历证书与职业资格证书、职业教育与终身教育的对接;6个步骤:在教材具体编写过程中,各位作者严格按照校企合作组建团队、企业调研、分析典型工作任务、开发工作过程导向教材、实施行动导向教学、过程和多元考核评价等对教学需要和教材内容进行了有机的匹配。教材按照制定编写规划、深入企业调研、确定典型工作任务、构建工作过程导向的课程体系、组建校企合作教材开发团队、专兼结合团队开发课程标准与教材内容及相应的资源等步骤规范开发,具有较强的针对性和实用性,能够有效解决教材与人才培养实际要求相脱节的问题,有利于培养学生的综合职业能力,促进人才培养质量的提高。

本系列规划教材的编写体例具有较大的创新性,根据不同课程特点和教学需要,采取多种不同的内容与结构表现形式,具有较强的灵活性和针对性,可以满足不同院校教学的需要。

本套教材的编写得到了教育部高职高专工商管理类教学指导委员会电子商务与物流分委会、黑龙江省高职高专财经类专业教学指导委员会的大力支持,多位国内知名的职教专家与教学名师对本套教材体系构架和教材编写模式以及部分课程教材编写大纲论证提出了很好的建议,对此我们深表谢意。同时,也希望一切关注高职教育发展和特色教材开发的同仁,能够共同关注本套教材的应用,希望本套教材能够得到广大教师和学生的认可和赞同。

"十二五"高等职业教育系列规划教材编审委员会

2012 年 1 月

前言

市场营销操作实务 Preface

近年来，我国企业对市场营销人才的需求量几乎每年都位列招聘排行榜首，而且对在校大学生走入社会后的能力要求远远超过了对他们的学历要求。通过对企业营销相关工作岗位需求的调研发现，企业对于从业者的学习能力、工作态度、吃苦耐劳的精神、与人沟通的能力、团队合作精神、营销的专业技能等很多方面都有较高的要求，尤其对学习能力与工作态度格外重视。这就要求教育工作者注重培养学生优良的职业素质和营销悟性。笔者根据多年的一线教学经验得出这样的结论：良好的学习效果需要一个简单能重复的模式。这一模式要求从理论到实际，从实际到感悟，从感悟到解决方法，简便、易懂。因此，作为提升营销综合能力与素质的实训教材，《市场营销操作实务》的编写就十分必要。

本书设计了营销职业基本素质、企业市场营销和营销操作技能三个循序渐进且前后贯通的模块。通过营销职业基本素质模块，让学生知道营销人员应具备哪些基本素质及应当如何培养；通过企业市场营销模块，让学生学会应知应会的基本理论和技能；通过营销操作技能模块，与创业技能相结合，让学生学会怎样在实践中应用营销理论与技术。

本书每个项目都是以项目引领、任务驱动的教学模式展开的。首先，设计了适合学生边学边做、有明确操作步骤的训练项目；其次，通过知识链接把营销工作的基本操作原理呈现给读者；再次，通过案例拓展环节开拓学生视野；最后，通过任务体验中模拟与实战强化对训练项目的练习，通过工作任务的完成进一步巩固专业技能。

本书的主要特点如下：

1. 可操作性强。按照“任务描述→实训步骤与考评→知识点拨→案例导入与解析→模拟与实战训练”的设计体例，构建了教师“导学”与学生“自主学习、创新实践”的新型教学模式。

2. 基于“工作过程”设计课程内容。在技能操作上严格按照企业在营销实际工作中应用的解决方案、工作流程、操作技巧而设计。

3. 综合性强。本书意在培养学生的营销综合能力，将营销工作过程中不同环节的单项技能整合为营销综合能力，即由单门营销专业主干课程培养的单项能力向营销综合能力转化。

本书由王振林担任主编，师东菊、李晓峰、吴艳红担任副主编，石琳参与编写。具体分工如下:黑龙江农垦职业学院王振林编写模块二中的项目 10、模块三中的项目 11 与项目 14;黑龙江省牡丹江医学院师东菊编写模块一中的项目 1～项目 5、模块二中的项目 6;黑龙江农垦职业学院李晓峰编写模块二中的项目 7;黑龙江省牡丹江医学院吴艳红编写模块二中的项目 8 与项目 9、模块三中的项目 13;黑龙江农垦职业学院石琳编写模块三中的项目 12。全书由王振林负责整体设计和统稿。

本书在编写过程中借鉴和参考了大量文献资料，也得到了相关企业人士的关心与支持，给本书注入了企业的思想和行业的活力，在此一并感谢。同时，由于编者水平有限，书中难免存在疏漏和不足之处，敬请同行专家和广大读者指正。

编　者

目录

市场营销操作实务 Contents

模块一　营销职业基本素质

项目 1　树立营销观念与职业意识 …… 3
　任务 1.1　树立现代营销观念 …… 3
　任务 1.2　培养营销职业意识 …… 9
项目 2　训练营销职业礼仪 …… 14
　任务 2.1　掌握基本职业礼仪 …… 14
　任务 2.2　训练营销职业形体 …… 21
项目 3　培养交际与沟通能力 …… 26
　任务 3.1　掌握交际与沟通技巧 …… 26
　任务 3.2　培养有效沟通能力 …… 32
项目 4　提高观察与应变能力 …… 39
　任务 4.1　掌握观察与应变技巧 …… 39
　任务 4.2　培养观察能力 …… 45
项目 5　发挥自我能动性与调控自我情绪 …… 52
　任务 5.1　掌握调控自我情绪技巧 …… 52
　任务 5.2　发展个人潜力 …… 58

模块二　企业市场营销

项目 6　捕捉市场机会 …… 69
　任务 6.1　掌握市场调研方法 …… 69
　任务 6.2　应用 SWOT 分析法与技能 …… 81
　任务 6.3　分析消费者购买行为 …… 90
　任务 6.4　开发市场 …… 101
项目 7　设计产品 …… 112
　任务 7.1　设计品牌 …… 112
　任务 7.2　设计包装 …… 122
　任务 7.3　设计产品组合 …… 130
　任务 7.4　开发新产品 …… 136
项目 8　确定价格 …… 147
　任务 8.1　识别定价要素 …… 147
　任务 8.2　选取定价策略 …… 157

项目 9　建设渠道 …… 170
任务 9.1　分析渠道模式 …… 170
任务 9.2　设计营销渠道 …… 180
项目 10　策划促销 …… 193
任务 10.1　掌握促销策略 …… 193
任务 10.2　策划促销 …… 205

模块三　营销操作技能

项目 11　立志创业 …… 217
任务 11.1　分析自己 …… 217
任务 11.2　控制风险 …… 224
项目 12　构思企业 …… 230
任务 12.1　设计构思 …… 230
任务 12.2　检验构思 …… 239
项目 13　评估市场 …… 249
任务 13.1　知己知彼 …… 249
任务 13.2　制订策略 …… 254
项目 14　组建团队 …… 262
任务 14.1　建立团队 …… 262
任务 14.2　管理团队 …… 269
参考文献 …… 276

模块一　营销职业基本素质

📖 项目 1　树立营销观念与职业意识

📖 项目 2　训练营销职业礼仪

📖 项目 3　培养交际与沟通能力

📖 项目 4　提高观察与应变能力

📖 项目 5　发挥自我能动性与调控自我情绪

项目 1　树立营销观念与职业意识

实训目的与能力要求

通过本项目实训技能的练习，正确理解市场、市场营销、营销组合等基本理论，进一步深化市场营销知识体系，形成现代市场营销观念，建立营销职业意识，学习用营销的思想分析和解决问题，从而形成个人的职业意识和职业价值观念，激发学生创新能力、合作能力。

任务 1.1　树立现代营销观念

实训目标

建立市场营销的基本概念，形成现代市场营销观念，提高学生在未来营销实践中正确运用营销策略，使用现代营销手段，用营销的思想分析问题，提高科学营销管理等方面的能力。

1.1.1　任务描述

有一个制鞋厂想把自己生产的产品卖到非洲的一个小岛上，老板派了两个营销员去小岛上了解当地土著居民的情况，过了一段时间，两个人都回来汇报。一个说："那里的人都光着脚，我们的鞋子没有市场，所以我就回来了，去开拓别的市场吧。"另一个人回来说："那里的人都光着脚，并且许多人脚上有伤病，所以我们的鞋子很有市场。我回来就是准备弄一批货过去。但是，他们的脚普遍较小，我们必须重新设计我们的鞋。我们还要告诉他们穿鞋的好处，教会他们穿鞋的方法。另外，土著居民们没有钱，我们最好能够征得部落酋长的支持。我发现该小岛盛产热带水果，可以进行易货贸易。我测算了三年内的销售收入以及我们的成本，包括把菠萝卖给欧洲的超级市场连锁集团的费用。我得出的结论是我们的资金回报率可达 30%。因此，我建议公司应开辟这个小岛市场。"该公司董事会采纳了第二名营销员的建议，并通过适宜的营销组合，最终成功地开拓了这个小岛市场。（资料来源：任晓园. 从"小岛卖鞋"看市场营销[J]. 合作经济与科技，2007，14.）

思考：你怎么看这个问题？若你作为营销员，你会是两人中的哪一位？说说你的理由。

1.1.2 实训步骤与考评

1. 实训准备

根据任务描述情境，将全班同学每5～8人分为一个小组成立模拟公司，每2～4个小组模拟成行业的竞争者。每个小组成员认真阅读、分析案例，分工协作，分析、汇总资料，实行资源共享，进行各小组讨论，重点把握运用现代营销思想分析问题，解决问题，了解市场需求，寻找市场机会。整理出每个模拟公司的市场定位方案，并记录方案的详细步骤(实训评价的依据)，指导教师对各方案进行点评。主要把握运用现代营销观念根据消费者的需求选择目标市场，进行市场定位，设计产品，开发市场。

各模拟公司根据市场竞争情况具体安排销售工作，如策划广告宣传、促销活动等。主要把握运用市场竞争观念了解市场、需求、购买力等概念，提高对市场的认识。

2. 具体步骤

训练学生能够根据现有条件，用营销的思维方式思考问题，挖掘顾客潜在需求，从中捕捉市场机会，具体做法见图1.1。

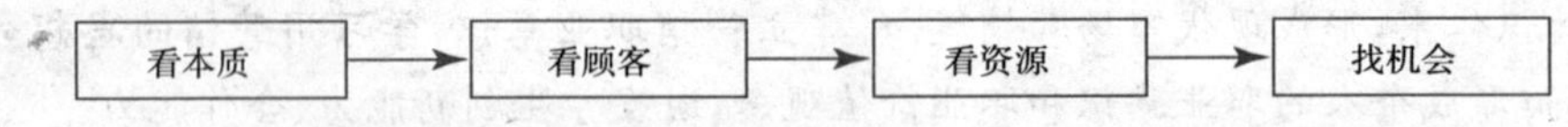

图1.1 捕捉市场机会一般路线

(1)看本质——运用现代营销思想分析问题、解决问题。

参考做法：小岛土著居民不穿鞋的事实，是一种没表现出来的潜在需求，是第二名营销员通过观察发现的潜在市场，他发现了巨大商机——这里是一个巨大的鞋业潜在市场。

(2)看顾客——通过对顾客的调研找到市场机会。

参考做法：第二名推销员经过细心的观察，了解到：岛上居民的脚上有许多伤病；他们的脚普遍较小，必须重新设计他们的鞋子；要教给他们穿鞋的办法并告诉他们穿鞋的好处。以上三点都是该制鞋厂以消费者为中心，以满足他们需要和欲望为出发点的体现。

(3)看资源——通过分析双方的资源情况找到实现机会的可能。

参考做法：因为岛上居民没有钱，但盛产菠萝，买卖双方可以进行物物交换，通过市场营销的第二个特征，该制鞋厂测算了资金回报率可达30%。

(4)找机会——根据上述调研可以确定本店的市场机会。

参考做法：经营档次低、价格低的廉价鞋，并且提供特殊的服务。经营品种齐全的童鞋，与大商场相比，运用拾遗补缺策略，从而吸引孩子妈妈的到来。满足特殊顾客的需求，特别是追求廉价鞋的普通消费者及特殊脚形的消费者。此外，为增加店铺特色，还可以提供更为独特的服务或售后服务项目，例如，代皮鞋改色、免费修理开胶鞋等。

3. 实训总结与考评

各模拟公司成员要根据自己的调查和实践，在训练结束后分别写出实训报告，说出对市场、市场营销及需求等概念的理解与认识，由教师和其他同学对不同小组同学的认识进行比较和评价，见表1.1。

表 1.1　各小组训练考核表

成果展示与评价			分析报告及 PPT 形式答辩				
分析报告	分析报告必备项目		营销本质分析	顾客分析	资源分析	机会分析	文字表达
	评价标准		全面并能突出重点	准确，数据真实，参考文献在近一年内	能够客观、准确地分析企业自身的资源、实力	发掘更多的机会	100 字左右，思路清晰，语言流畅
	应 得 分		20	20	20	20	20
	评价人	企业(50%)					
		教师(40%)					
		学生(10%)					
	实 得 分						
	报告最后得分						
PPT 答辩	PPT 答辩要求		时间	语言组织	表达能力	展现形式	形象及礼仪
	评价标准		控制阐述与回答问题的时间	语言精炼、针对性强	表达清楚、准确	汇报形式新颖	形象得体、大方
	应 得 分		10	20	25	25	20
	评价人	企业(50%)					
		教师(40%)					
		学生(10%)					
	实 得 分						
	答辩最后得分						
	任务综合得分						

1.1.3　知识点拨

1. 市场营销

有些学者从宏观角度对市场营销下定义，如菲利普·科特勒(Philip Kotler)指出，“市场营销是与市场有关的人类活动。市场营销意味着和市场打交道，为了满足人类需要和欲望，去实现潜在的交换”。

因此，我们想理解市场营销，必须弄清楚两个问题：一是什么是市场，二是有哪些与市场有关的人类活动(亦即营销活动)。

(1)市场。市场由一切有特定需求或欲求，并且愿意和可能从事交换，来使需求和欲望得到满足的潜在顾客所组成。一般说来，市场是买卖双方进行交换的场所。但从市场营销学角度看，卖方组成行业，买方组成市场。行业和市场构成了简单的市场营销系统。买方和卖方由四种流程所联结，卖者将货物、服务和信息传递到市场，然后收回货币及信息。现代市场经济中的市场是由诸多种类的市场及多种流程联结而成的。生产商到资源市场购买资源(包括劳动力、资本及原材料)，转换成商品和服务之后卖给中间商，再由中间商出售给消费者。消费者则到资源市场上出售劳动力而获取货币来购买产品和服务。政府从资源市场、生产商及中间商购买产品，支付货币，再向这些市场征税及提供服务。因此，整个国家及世界的经济都是由复杂且相互影响的各类市场所组成，这些市场由交换过程所联结。

总的来说，企业营销角度的“市场”的定义为：市场是对某种商品或劳务具有支付能力的需求；市场是对某项商品或劳务具有需求的所有现实和潜在的购买者。因此，可以得出这样的一条等式：市场＝人口(所有现实和潜在的购买者)＋需求＝人口＋购买力＋购买欲望。此外，还需要弄清楚与市场有关的一些概念，主要有三组：需求及相关的欲求和需要；产品及相关的效用、价值和满足；交换、交易和关系。

(2)市场营销活动的主要内容。

①市场分析——包括市场调查、环境分析、消费者分析、竞争者分析等。

②STP 战略——包括市场细分、目标市场选择、市场定位。

③4P 策略——包括产品策略、价格策略、渠道策略、促销策略。

2. 市场营销理念的演变

(1)生产观念(production concept)。"以产定销"，企业生产什么，顾客就买什么。

(2)产品观念(product concept)。管理者把精力集中在创造质量最优良的产品上，并不断精益求精。

(3)推销观念(selling concept)。企业把销售视为唯一的提高利润的途径。

总的来说，这三个观念可以归结为："企业能生产什么，就生产什么、销售什么。"

(4)市场营销观念(marketing concept)。实现企业诸目标的关键在于正确确定目标市场的需求和欲望，并且比竞争对手更有效地满足消费者的需求。

该观念可以总结为："顾客需要什么，就生产什么、销售什么。"

(5)社会市场营销观念 (social marketing concept)。组织的任务是确定目标市场的需要、欲望和利益，并以保护或提高消费者和社会福利的方式，比竞争者更有效、更有利地向目标市场提供所期待的满足。

社会市场营销观念的三个要点可以总结为："消费者、公司、社会。"

3. 市场营销的新发展

(1)网络营销。网络营销就是借助网络开展的市场营销活动。它既包括在网上针对网络虚拟市场开展的营销活动，也包括在网上开展的服务于传统有形市场的营销活动，还包括在网下以传统手段开展的服务于网络虚拟市场的营销活动。这里所指的网络不仅包括因特网(Internet)，还应该包括外联网(Extranet)以及内联网(Intranet)，即应用互联网技术和标准建立的企业内部信息管理和交换平台。

网络营销的理论基础主要有网络直复营销理论、网络关系营销理论、软营销理论和网络整合营销理论。

(2)绿色营销。英国威尔斯大学肯·毕提(Ken Peattie)教授在其所著的《绿色营销——化危机为商机的经营趋势》一书中指出："绿色营销是一种能辨识、预期及符合消费的社会需求，并且可带来利润及永续经营的管理过程。"绿色营销观念认为，企业在营销活动中，要顺应时代可持续发展战略的要求，注重地球生态环境保护，促进经济与生态环境协调发展，以实现企业利益、消费者利益、社会利益及生态环境利益的协调统一。从这些界定中可知，绿色营销是以满足消费者和经营者的共同利益为目的的社会绿色需求管理，是以保护生态环境为宗旨的绿色市场营销模式。

绿色营销是指企业在生产经营过程中，将企业自身利益、消费者利益和环境保护利益三者统一起来，以此为中心，对产品和服务进行构思、设计、销售和制造。绿色营销只是适应 21 世纪的消费需求而产生的一种新型营销理念，也就是说，绿色营销还不可能脱离原有的营销理论基础。因此，绿色营销模式的制订和方案的选择及相关资源的整合还无法也不能脱离原有的营销理论基础,可以说,绿色营销是在人们追求健康(health)、安全(safe)、环保(envioroment)的意识形态下所发展起来的新的营销方式和方法。

(3)关系营销。关系营销是把营销活动看成一个企业与消费者、供应商、分销商、竞争者、政府机构及其他公众发生互动作用的过程,其核心是建立和发展与这些公众的良好关系。

1985年,巴巴拉·本德·杰克逊提出了关系营销的概念,使人们对市场营销理论的研究又迈上了一个新的台阶。关系营销理论一经提出,迅速风靡全球,杰克逊也因此成了美国营销界备受瞩目的人物。杰克逊的贡献在于,他使人们了解到关系营销将使公司获得较之其在交易营销中所得到的更多利益。

(4)服务营销。服务营销是企业在充分认识、满足消费者需求的前提下,为充分满足消费者需要,在营销过程中所采取的一系列活动。服务作为一种营销组合要素,真正引起人们重视的是在20世纪80年代后期。这个时期,由于科学技术的进步和社会生产力的显著提高,产业升级和生产的专业化发展日益加速,一方面使产品的服务含量,即产品的服务密集度日益增大;另一方面,随着劳动生产率的提高,市场转向买方市场,消费者收入水平提高,消费需求也逐渐发生变化,需求层次也相应提高,并向多样化方向拓展。

1.1.4 案例导入与解析

1. 真正找到消费者的需求也就赢得市场

酱油是人们“开门七件事”之一,而湖南的龙牌酱油是最早获得巴拿马博览会金奖的中国产品,品质之优享誉海内外,龙牌酱油自然成了湖南酱油市场的优势品牌。然而,有一年,一个名不见经传的新品牌——“香港佳佳酱油”异军突起,在不到三个月的时间内成为湖南酱油市场的第二品牌,在局部地区的市场占有率甚至超过了龙牌酱油,是什么魔法使佳佳酱油获得如此成功呢?答案是:一个瓶盖——一个可以准确把握流量的内盖(上面只有一个孔,出油不大且均匀)。使用这种酱油瓶盖的家庭主妇们再也不用担心酱油倒得太多或太少而影响菜的味道了。佳佳的瓶盖恰到好处地解决了家庭主妇们日复一日的烦恼,因而博得了消费者的青睐。

消费者的要求就是这样简单,这样容易满足,关键是:你心里有没有消费者,有没有把消费者的需求真正放在心上。(资料来源:陈放.营销主义:广义营销论[M].北京:中国物资出版社,2003.)

思考与讨论:卖产品与做市场是一回事吗?试举例论证推销与营销的不同。

分析提示:卖产品与做市场当然不是一回事,前者是推销而后者才是营销。

2. 做第39名还是第1名

1987年,14万元起家;1996年,10个亿的销售额;2003年,超过100亿的销售额;从小厂发展到全国企业500强,是业内的精典案例。

上述几组数据说明,娃哈哈已经成为中国现有的饮料市场一个著名的品牌。

早在1989年,娃哈哈在细心研究当时的市场后发现,国内做营养液的企业有38个,品牌虽多,但都是属于老少皆宜的全能型产品,还没有一种是针对儿童这一目标消费群体的产品。于是,娃哈哈适时抓住这个细分市场,将自己的产品确定在了儿童这个消费群体上,开发出了给小孩子开胃的儿童营养液,起名为娃哈哈。并且,娃哈哈还挖掘出“吃饭香”这一卖点,在传播中,没有选择高深的理性诉求,而是通过采用感性诉求的策略,如采用“喝了娃哈哈,吃饭就是香”广告语,引起了家长关注孩子吃饭问题的思想上的共鸣;采用“娃哈哈,今天你喝了没”广告语,激发了儿童的好奇心与从众心理。结果,娃哈哈很快树立起了一个闻名全国的品牌,成为儿童营养液市场上的领军者。(资料来源:薛娜.经典品牌故事全集[M].北京:金城出版社,2006.)

思考与讨论:娃哈哈是如何取得成功的?

分析提示:娃哈哈根据营养液市场的空白点,快速地生产出了相应的产品,并用恰当的方法塑造出了一个与市场需求相符的品牌,所以很快就能占领市场,取得成功。

1.1.5 模拟与实战训练

1. 模拟训练菜单

(1)对老虎发命令。有一个人在荆州做官时,山上的老虎常出来吃人和家畜。老百姓要求县官除去恶虎。这个人只下了一道驱逐老虎的命令,叫人刻在很高的岩石上,凑巧那只老虎因故离开了荆州,他就得意地认为他的命令生效了。

不久,他被调另一个地方做官。这个地方的老百姓非常刚强,很不容易管理。他认为刻在荆州岩石上的命令既然能够制服凶恶的老虎,便也能够镇住能识文断字的老百姓,于是差人去荆州描摹那个石刻。结果,不但没有治理好这个地方,反而因为治理不当而丢了官。(本文由作者根据网络资料改写,原文见:慧聪网.)

应用思考:

①这位官员调任后,还用他原来刻字驱逐老虎的方法管理百姓,结果却失败了,为什么?

②当一个新的市场出现在面前的时候,客观环境发生变化时,经营观念应怎样改变?

(2)某家用化工厂以生产化妆品为主业,在买方市场形成及厂商都喊"生意难做"时,该厂对国内市场做了冷静的分析。经过调查,该厂认为我国市场供求形势虽已发生了很大的变化,商品较"短缺经济"时代大大地丰富了,但就经营品种而言,一家大型百货商店,商品也不过三五万种,同发达国家消费品达 20 万种相比,存在明显的差距,消费者还有很多未满足的需求。何况在改革开放以来,人民收入大幅度增加,仅居民储蓄存款就达 5 万多亿元,潜在的购买力相当大。这个家用化工厂学习了同行业上海家用化学品厂(以下简称上海家化厂)成功的经验。上海家化厂在 20 世纪 80 年代曾根据消费者对化妆品需求多样化、高档化的趋势,不断缩短产品更新周期,每年平均产品更新率达到 25%,不断推出新产品,抢先占领市场,"尾随"者难以与之竞争。以国内首创"美加净摩丝"为例,推向市场即引起轰动。尽管有数十家企业仿效,形成全国性的"摩丝大战",而上海家化厂已形成规模经济优势,销售经久不衰,1990 年销售 1 000 万管以上,产值超过 5 000 万元。这家化工厂在技术装备、资金和管理方面,具备与上海家化厂相当的实力,因而力图借鉴上海家化厂的经验,在市场饱和、竞争激烈的条件下,寻找有利的市场机会。(本文由作者根据网络资料改写,原文见:百度文库.)

应用思考:

①根据这段背景描述,这个家用化工厂是否还有机会呢?

②假如还有市场机会,试阐述其类型和评价方法。

2. 实战训练菜单

(1)用服务营销的观念解释酒店、餐饮、歌厅等服务业为什么非常注重环境?为什么在这些行业人才招聘时特别注重"以貌取人"?

(2)索尼公司创始人盛田昭夫曾经宣称:他不是服务于市场,而是创造市场。试根据这句话的内涵,说说营销者应该如何面对知识经济时代不断变化的市场需求?

任务1.2　培养营销职业意识

职业者良好的职业品格是个人赖以成功的基本条件。通过实训，了解营销专业工作人员应具备的基本职业素质，分析自己的兴趣、爱好、特长，确定自己的成长目标与职业规划。

1.2.1　任务描述

宝马汽车和奔驰汽车齐名，但宝马汽车发展的历史要比奔驰汽车短得多，可是为什么它能够与奔驰汽车齐名呢？实际上，宝马取得成功很重要的一个原因就是推行了全员营销管理。宝马有一名员工在外出差，结束了一天辛苦的工作后，准备到一家宾馆住下来，发现这家宾馆门口停了几辆宝马汽车，但都是脏兮兮的。这名宝马的员工就想：宝马汽车定位是最好的汽车，怎么能够这样脏兮兮地停在宾馆门口呢？这种形象非常不好。尽管这个员工已经很疲劳，但是他立即想办法将这几辆宝马汽车擦拭得非常干净，宝马汽车的车主恰巧看见了这一幕，就问他："为什么我没有邀请你帮我擦洗车子，你却主动地帮我擦洗呢？"这名宝马的员工回答："宝马汽车的定位是高档汽车，我们绝对不容许它这么脏兮兮地停在这里。"此事件曝光以后，消费者感觉到宝马汽车特别有品质，而且这种销售意识深入到了宝马的文化中。（本文由作者根据网络资料改写，原文见：道客巴巴．）

思考：你怎么看这个问题？若你是宝马的一名员工，你会怎么做？说说你的理由。

1.2.2　实训步骤与考评

1. 实训准备

根据任务描述情境，在教师指导下，将全班同学每5～8人分为若干模拟业务小组，在教室或专业实训室、校园第二活动课堂、企业实验基地、市场实战演练场等场所，根据教师提出任务目标，各小组进行分散性基础训练，就特定的问题进行思考，展开分析讨论，而后由小组组织测评，在给定时间内集中各小组以交互式对抗演练的方式组织实训。

2. 具体步骤

在教师指导下，通过实训目的，分析、整合信息，对信息进行评估，对学生的表现进行总评，从而树立学生的营销职业意识，做出自己的职业生涯发展规划，具体做法见图1.2。

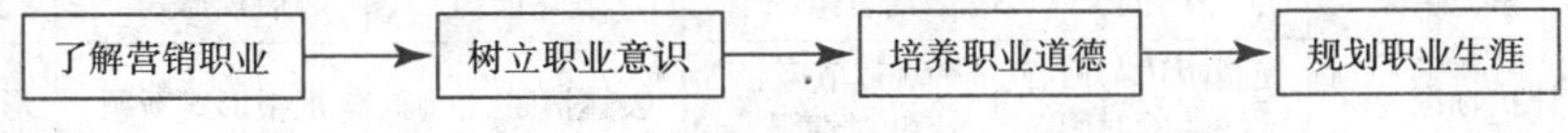

图1.2　培养营销职业意识图

(1)了解营销职业——通过辩论完成营销职业未来展望的演讲稿。

参考做法：各小组成员通过信息查询，了解宝马汽车的全员营销管理，了解营销对宝马汽车发展的影响。了解市场营销职业的起源及其发展，通过实地调查，了解我国人们是如何认识这种职业的，这种职业对个人、社会的进步有什么影响。各小组可以开展辩论会，每个人都要完成对未来营销职业展望的演讲稿。

(2)树立职业意识——正确的职业意识是营销人员改变自身工作的原动力。

参考做法：宝马汽车的品牌形象离不开全体员工的努力，让学生通过各种渠道搜集信息，各小组总结出如果你是宝马汽车企业的员工你该怎么做，小组之间开展辩论赛、情景式互动、课堂场景训练等活动。讨论树立正确营销职业意识对未来工作发展的重要影响，使学生明确一个人获得成功，60%取决于职业意识，30%取决于职业技能，而10%则靠运气。好的技能和运气固然重要，但是如果没有良好的职业意识作为支撑，成功的机会势必会很少。

(3)培养职业道德——良好的职业道德是做好营销工作的基础。

参考做法：宝马汽车企业的成功正是由于实行了全员营销管理模式，各员工有良好的职业道德，全心全意地为客户服务，得到了客户的认可。各小组可以到各大商场、实训企业基地进行实战营销训练，写出体验报告，总结树立良好的职业道德需要哪些优秀品质，自身跟营销职业道德品质的要求有什么差距，写出自评报告。

(4)规划职业生涯——正确的职业生涯规划是成功的关键。

参考做法：根据对营销职业的了解，以及自己的兴趣和个人品质特点等，按照职业生涯发展计划制订的择己所爱、择己所长、择世所需、择己所利的四项准则，按照定向、定点、定位三个步骤制订职业生涯发展规划。

3. 实训总结与考评

各个小组成员要根据自己的调查和实践，在训练结束后分别写出实训报告，说出对营销职业、营销职业意识、营销职业道德品质的理解与认识，由教师和其他同学对不同小组同学的认识进行比较和评价，见表1.2。

表1.2　培养学生职业意识考核表

<table>
<tr><td colspan="3">成果展示与评价</td><td colspan="5">分析报告及PPT形式答辩</td></tr>
<tr><td rowspan="8">分析报告</td><td colspan="2">分析报告必备项目</td><td>了解营销职业</td><td>树立职业意识</td><td>培养职业道德</td><td>规划职业生涯</td><td>文字表达</td></tr>
<tr><td colspan="2">评价标准</td><td>全面并能突出重点</td><td>清晰有条理</td><td>能够客观、准确地分析自身的性格、品质</td><td>根据自身实际规划职业生涯</td><td>100字左右，准确、精炼</td></tr>
<tr><td colspan="2">应得分</td><td>20</td><td>20</td><td>20</td><td>20</td><td>20</td></tr>
<tr><td rowspan="3">评价人</td><td>企业(50%)</td><td></td><td></td><td></td><td></td><td></td></tr>
<tr><td>教师(40%)</td><td></td><td></td><td></td><td></td><td></td></tr>
<tr><td>学生(10%)</td><td></td><td></td><td></td><td></td><td></td></tr>
<tr><td colspan="2">实得分</td><td></td><td></td><td></td><td></td><td></td></tr>
<tr><td colspan="2">报告最后得分</td><td></td><td></td><td></td><td></td><td></td></tr>
<tr><td rowspan="9">PPT答辩</td><td colspan="2">PPT答辩要求</td><td>时间</td><td>语言组织</td><td>表达能力</td><td>展现形式</td><td>形象及礼仪</td></tr>
<tr><td colspan="2">评价标准</td><td>控制阐述与回答问题的时间</td><td>语言精炼、针对性强</td><td>表达清楚、准确</td><td>汇报形式新颖</td><td>形象得体、大方</td></tr>
<tr><td colspan="2">应得分</td><td>10</td><td>20</td><td>25</td><td>25</td><td>20</td></tr>
<tr><td rowspan="3">评价人</td><td>企业(50%)</td><td></td><td></td><td></td><td></td><td></td></tr>
<tr><td>教师(40%)</td><td></td><td></td><td></td><td></td><td></td></tr>
<tr><td>学生(10%)</td><td></td><td></td><td></td><td></td><td></td></tr>
<tr><td colspan="2">实得分</td><td></td><td></td><td></td><td></td><td></td></tr>
<tr><td colspan="2">答辩最后得分</td><td></td><td></td><td></td><td></td><td></td></tr>
<tr><td colspan="2">任务综合得分</td><td></td><td></td><td></td><td></td><td></td></tr>
</table>

1.2.3　知识点拨

1. 营销职业意识的重要性

(1)意识的重要性。1894年,心理学家、医学家弗洛伊德讲到,要想改变一个人就要先改变这个人的意识。哲学世界只有两个维度:物质和意识。物质决定意识,而意识反作用于物质。

意识是指客观物质世界在人脑中的反应。随着社会的发展,意识对于物质的能动作用反应得更加突出,每一个人要想走向卓越,那么首先要学会改变自己的意识。意识是观念形态,是思想的集中体现。企业的意识实质指的是企业家、经理人和员工的群体意识。

在现实生活中,唯有企业家、经理人和员工的群体意识不断解放和创新,才能使企业独步于天下,常胜不败。

(2)职业意识。通过职业化的冰山模型会发现,职业化包含六个部分的内容,有显性的职业化素质,有隐性的职业化素质,而隐性的职业化素质中,有职业心态、职业道德及职业意识。

职业意识是职业化素质当中最根本的内容,是指全方位地培养职业兴趣,立下职业目标,并且根据这个目标,有意识地走向成功。

职业意识是职业人士对自己、对职业以及对自己与外部世界关系的认识,不仅包含对自己的认识、对职业的认识,也包含对客观物质世界能动性的改造,还包含对自己的主动性的改造,即意识决定行为,也决定心态。

(3)营销人员必备的职业意识。

①市场意识。一个职业化员工应当了解市场,熟悉市场,随着市场的发展而发展,能够为市场提供满意的产品和服务。每一个职业化员工都应该学会随时随地地关注市场,以市场为导向,满足市场在产品和服务方面的需求。市场意识是职业化意识的首位意识,任何决策、行动都不应该偏离市场。

②营销意识。现代企业经常会提到的"三全运动"是指在企业当中应该每一个员工都参与的管理活动。第一全运动是全面质量管理,在质量方面人人有责;第二全运动是全面营销管理,营销并不是营销人员才做的事情,每一个员工都应该学会做营销,随时随地做营销;第三全运动是全员人力资源管理,人力资源实际上并不仅仅是人力资源部的事情,它是每一个员工的事情,每一个员工都应该参与人力资源管理。

③客户意识。客户代表着市场,客户代表着企业的发展,每一个人都应该树立强烈的客户意识。以客户为导向,追求客户满意度,是企业发展的持续竞争力。如果说客户满意度很高,那么客户就能够和企业共同发展,则企业就能够做大做强,每一个员工都应该牢牢记住:客户至上,尽力为客户提供优质服务。

④服务意识。服务意识是和客户意识相对应的,服务业在21世纪将会得到长足发展,一个员工服务意识有多少就会得到多少回报,在任何企业当中,有强烈服务意识的员工往往能够得到重用。

2. 营销职业的知识和个性品质要求

(1)营销职业知识要求。

①产品知识。产品的技术性能、规格、式样、维护与保养等。

②企业知识。企业的生产能力、设备状况、技术水平、销售政策和服务项目等。

③市场知识。市场构成、潜在顾客的情况及购买潜力、同类产品占领市场的情况、消费者对自己所推销产品的评价等。

④社会知识。社会风土人情、交通运输状况、民族风俗习惯、宗教信仰、礼仪规范等。

⑤用户知识。用户的采购决策权、需求的变化、购买动机和购买习惯等。

⑥其他科学知识。政治、经济、工程技术、法律、语言、美学等知识。

(2)性格特征。营销人员应具备热情、自信、善于交朋友、亲切、友善等性格特征。

(3)品质特征。营销人员应具有真诚、守信的品质;树立远大的目标;拥有积极进取的精神;具备敢于创新的精神;具有服务的意识;具有宽容待人的胸怀;具有扎实、勤勉的工作作风;具有精诚合作的团队精神;善于终身学习;善于时间管理;具有良好的口才。

1.2.4 案例导入与解析

1. 真诚是为顾客服务的前提

海尔集团从多年前的一个濒临倒闭的小企业发展成为一家年销售收入达两百多亿元的国际性扩张型公司,品牌驰名世界,产品畅销全球,这一切得益于海尔以用户为中心的服务意识,紧紧抓住市场这只"无形的手"。

海尔早就确立了"真诚到永远"的服务理念,海尔人坚信:即使没有尽善尽美的产品,也要有百分之百让人满意的服务;谁能赢得用户的心,谁就能赢得市场。为此,他们采取了很多措施来完善售后服务体系,例如:推出"无搬动服务"——送货上门,免费上门设计、安装、现场调试;推出"五个一服务模式"——服务人员进门前先套上一副鞋套,递上一张服务卡,干活时在地上铺一块垫布,服务完成后用抹布把地板擦干净,临走时再赠送一件小礼品,这种星级服务让顾客真正感受到当上帝的滋味;海尔在全国 30 多个城市开设了 9999 服务电话,用户不管白天黑夜、逢年过节,只要一个电话,海尔人随时登门服务。海尔人懂得,市场永远在变,如果只去适应当前的需求,永远处于被动。海尔人应竭尽全力去满足客户潜在的需求,走在市场的前面。(本文由作者根据网络资料改写,原文见:无忧无虑中学语文网.)

思考与讨论:从海尔营销服务中得到什么启示?

分析提示:营销人员具有较强的客户服务意识,为顾客着想,真诚地为客户服务,使顾客对海尔有信任感。

2. 细心观察与思考是营销人应具备的基本素质

1990 年,我国与韩国还没有建立外交关系,有一天,报上登了一条十分简短的新闻:某月某日,中国国家主席在北京会见了韩国商会会长,双方进行了亲切的友好交谈。这条信息没有引起绝大多数中国人的注意。但是,部分做生意的有心人从此信息中感悟出一条新的信息:中国将与韩国建立外交关系,中韩贸易必将发展。于是他们打开地图,了解韩国的历史、法律、地理、文化、经济、教育,分析韩国与朝鲜、美国的关系,以及中朝、中韩、中美、中日的多边关系,收集相关的信息(主要是商务和教育信息),分析韩国人民的风俗习惯,从方方面面做了各项资料的整理、研究,提前做好了商务可行性分析报告和风险评估,一旦中韩建立外交关系,即刻向国家主管部门和相关部门报批贸易批准手续,以便及早进行商务考察、项目确定、商务谈判、法律咨询、风险保障等工作,以期尽快做成第一批中韩贸易生意。(资料来源:钱仲威.做好生意的第一步[M].北京:清华大学出版社,2008.)

思考与讨论:为什么有些生意人能谈成第一批中韩贸易生意?

分析提示:商机无处不在,只要你是个有心人,就会发现市场。

1.2.5　模拟与实战训练

1. 模拟训练菜单

(1)服务应注重细节。在五星级的北京长城饭店，一天，一位服务员在打扫外宾的房间时，发现客人的床头摊放着一本书，她没有挪动书的位置，也没有信手把书合上，而是细心地在书摊开的地方夹进了一张小纸条，以起到书签的作用。外宾知道后感慨不已，她说："我住过许多五星级饭店，但如此动人的一幕却少见。"她还将这个"细节"告诉同行的几十个旅客。回国后，她还在一家报纸上撰文介绍，使长城饭店更加名扬四海。(资料来源：吴炜，董杰．市场营销实训教程[M]. 武汉：华中科技大学出版社，2009.)

应用思考：

①若你是案例中的服务员，你会怎么做？为什么？

②在营销中营销人员应具备哪些基本素质？

(2)天堂和地狱。一个人问上帝："为什么天堂里的人快乐，而地狱里的人一点也不快乐呢？"

上帝说："你想知道吗？那好，我带你去看一下。"他们先来到地狱，走进一个房间，看见许多人围坐在一口大锅前，锅里煮着美味的食物，可每个人都又饿又失望，原来他们手里的勺子太长了，没法把食物送到自己的嘴里。

上帝说："我们再去天堂看看吧。"于是他们来到天堂的一个房间，看见的是另一幅画面，虽然人们手里的勺子也很长，可是，这里的人都快乐又满足。这个人感到很奇怪，上帝笑着说："你看下去就知道了。"开饭了，只见这里的人们互相用勺子把食物送到对方的嘴里。

其实，快乐并不在于那把勺子有多长，而在于你如何用它。(资料来源：李野新. 女人市场掘金引擎[M]. 深圳：海天出版社，2008.)

应用思考：

①利用营销理论结合案例谈谈你对这个故事的理解。

②营销的创新与哥伦布发现新大陆一样，需要努力研究营销规律，创新方法，发挥自身潜能。试想想还有什么方法用长勺子可以吃到故事中的美食？

2. 实战训练菜单

(1)到学校附近的超市或商场进行实地观察，记录营业员与顾客的买卖活动过程，进行观察能力训练以及总结营销人员应该具备哪些基本品质。

(2)以自我介绍方式进行两分钟自我推销训练。

项目 2　训练营销职业礼仪

实训目的与能力要求

通过本项目实训技能的练习，使学生了解并掌握营销职业基本礼仪的相关知识，在择业、就业、从业过程中，能够掌握并且运用相应的现代职业礼仪知识规范自己的职业行为，以便在激烈的社会竞争中立足。

任务 2.1　掌握基本职业礼仪

实训目标

通过实训让学生掌握基本营销礼仪，纠正不正确的个人习惯、社交礼节等，形成协调、规范的职业形象，激励员工更富有创造性、积极性，加强员工自我约束力，提升企业形象。

2.1.1　任务描述

风景秀丽的某海滨城市的朝阳大街，"远东贸易公司"正坐落于此。某照明器材厂的业务员金先生按原计划，手拿企业新设计的照明器样品，兴冲冲地登上六楼，脸上的汗珠未及擦一下，便直接走进了业务部张经理的办公室，正在处理业务的张经理被吓了一跳。

"对不起，这是我们企业设计的新产品，请您过目，"金先生说。张经理停下手中的工作，接过金先生递过的照明器，随口赞道："好漂亮呀！"并请金先生坐下，倒上一杯茶递给他，然后拿起照明器仔细研究起来。金先生看到张经理对新产品如此感兴趣，如释重负，便往沙发上一靠，跷起二郎腿，一边吸烟一边悠闲地环视着张经理的办公室。当张经理问他电源开关为什么装在这个位置时，金先生习惯性地用手搔了搔头皮，好多年了，别人一问他问题，他就会不自觉地用手去搔头皮。谈到价格时，张经理强调："这个价格比我们预算的高出较多，能否再降低一些？"金先生回答："我们经理说了，这是最低价格，一分也不能再降了。"张经理沉默了半天没有开口，金先生却有点沉不住气，不由自主地拉松领带，眼睛盯着张经理。张经理皱了皱眉，"这种照明器的性能先进在什么地方？"金先生又搔了搔头皮，反反复复地说："造型新，寿命长，节电。"

张经理托词离开了办公室，只剩下金先生一个人。金先生等了一会儿，感到无聊，便非常随便地抄起办公桌上的电话,同一个朋友闲谈起来。这时,门被推开,进来的是办公室秘书。(本文由作者根据网络资料改写,原文见:百度空间.)

思考:试指出金先生行为中不妥之处。

2.1.2　实训步骤与考评

1. 实训准备

根据任务描述情境,将全班同学每5～8人分为一个小组成立模拟公司,每2～4个小组模拟成行业的竞争者,在教师指导下各小组进行分散性基础训练,在给定时间内集中各小组以交互式对抗演练方式组织实训,各小组分析、讨论,整理出每个模拟公司的总结报告,指导教师对各报告进行点评。

2. 实训步骤

每个同学在模拟公司担任不同角色,在教师指导下进行模拟谈判、洽谈业务等,模拟实训内容见图2.1。

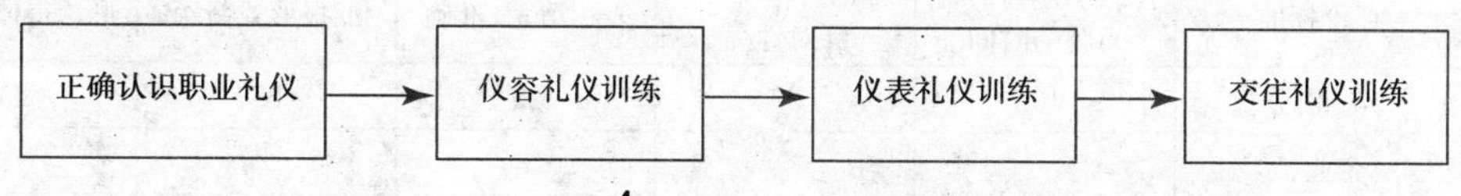

图2.1　营销职业礼仪训练

(1)正确认识职业礼仪——商务活动中相互尊重的行为准则。

参考做法:根据任务描述情景,让模拟公司成员先打电话洽谈业务,模拟实训电话接听、主动拨打电话等电话礼仪,掌握基本电话礼仪内容。根据任务描述情景,给模拟公司成员分配不同角色进行商务谈判,掌握商务谈判基本礼仪,同时模拟在公司办公室、会议期间、商务用餐时应该注意哪些礼仪,掌握基本的营销职业礼仪。

(2)仪容礼仪训练——形成良好企业形象的基础。

参考做法:根据任务描述情景,给模拟公司成员分配不同角色,在商务谈判前每个人自己进行仪容整理,各小组成员和教师进行点评。

(3)仪表礼仪训练——树立个人形象的关键。

参考做法:根据任务描述情景,给模拟公司成员分配不同角色,在商务谈判前进行装束实训,对领带、西装、胸饰、鞋袜等进行点评。

(4)交往礼仪训练——提高交际能力的前提。

参考做法:根据任务描述情景,给模拟公司成员分配不同角色,模拟商务谈判时如何进行自我介绍、介绍他人、称呼以及与女性交往的礼仪等,然后各小组成员和教师进行点评。

3. 实训总结与考评

基础训练在本组内进行,按规范操作结束后由教师随机抽出每组中的一至两位同学,各组间进行交互式对抗演练评比打分,以参加对抗演练同学的成绩作为小组的综合成绩,见表2.1。

表 2.1 营销职业礼仪训练表

成果展示与评价			分析报告及PPT形式答辩				
分析报告		分析报告必备项目	正确认识职业礼仪	仪容礼仪训练	仪表礼仪训练	交往礼仪训练	文字表达
		评价标准	全面并能突出重点	简洁、大方，掌握基本知识点	能够根据角色进行基本服饰搭配	熟练运用基本的交往礼仪知识	准确、精炼，数据真实，参考文献在近一年内
		应得分	20	20	20	20	20
	评价人	企业(50%)					
		教师(40%)					
		学生(10%)					
		实得分					
		报告最后得分					
PPT答辩		PPT答辩要求	时间	语言组织	表达能力	展现形式	形象及礼仪
		评价标准	控制阐述与回答问题的时间	语言精炼、针对性强	表达清楚、准确	汇报形式新颖	形象得体、大方
		应得分	10	20	25	25	20
	评价人	企业(50%)					
		教师(40%)					
		学生(10%)					
		实得分					
		答辩最后得分					
		任务综合得分					

2.1.3 知识点拨

1. 营销基本礼仪

在社会主义市场经济条件下，企业与企业之间的竞争已从局部的产品竞争、价格竞争、人才竞争，发展到企业整体性竞争——企业形象的竞争。企业形象是一个综合性的概论，它是由众多个体形象组合而成的，而营销礼仪正是塑造个人形象、企业形象的一种重要手段和工具。

(1)营销礼仪的含义。营销礼仪是指营销人员在营销活动中，用以维护企业或个人形象，对服务对象表示尊重和友好的行为规范。它是一般礼仪在营销活动中的运用和体现。在现代市场经济条件下，作为一名营销人员，要想在竞争激烈的行业领域中取得成功，并保持良好的商业信誉和个人形象，就必须了解、熟悉和正确使用营销礼仪。一般说来，在营销活动中，言行合情合理、优雅大方、自然得体，按约定俗成的规矩办事，按大家都可以接受的礼节程序与客户往来，都是营销礼仪的基本内容。

(2)营销礼仪的特征。营销礼仪属于企业营销活动的组成部分，代表企业，反映企业形象，是围绕企业营销目标而运转的企业化个人行为。营销礼仪既重视情感沟通，也注重信息交流，注意利用大众传媒来沟通企业与公众的关系，旨在实现理性和感情的结合，实现情理与利益的和谐统一。营销礼仪既注重礼仪的民族特性，也重视礼仪的普遍性和共同性，如诚信服务消费者，处处尊重消费者，在保证产品质量的前提下，企业的营销人员应针对不同的民族和不同信仰的公众，采取适合当地风土人情的令人愉悦的营销礼仪，从而使企业的产品、服务和企业形象为当地人们所接受。

(3)营销礼仪的本质。营销礼仪是企业在尊重、诚信、宽容、和平等基础上形成的现代礼仪方式,它的本质是企业形象的一种宣传形式和宣传手段。营销礼仪是企业营销活动和日常工作中所体现的礼仪,包括企业和营销人员的行为或程序礼仪、企业对公众的反应或反馈礼仪。

①营销礼仪与个人形象的关系。个人形象主要是指一个人相貌、身高、体形、服饰、语言、行为举止、气势风度以及文化素质等方面的综合,而这些正是营销礼仪所涵盖的内容。营销礼仪与个人形象塑造密切相关,以营销礼仪规范自己的言行、仪容、仪表,是展示良好形象的一条有效途径。在现代市场营销活动中,由于营销活动与社会各方面关系越来越方便,联系越来越紧密,因此,每个企业营销人员的个人形象对促进企业营销活动都有重要作用。

②个人形象与企业形象的关系。企业形象是企业的生命,一个企业良好的形象是它最大的无形资产,是竞争的重要力量,也是企业优势所在。企业形象是指企业自身行为通过传媒,在消费者及社会公众心目中所确立的综合印象,也就是消费者及社会公众对企业的内在气质和外观形象两个方面的印象。在企业营销活动中,企业营销人员是企业人员中与消费者及社会公众交往最多的一个群体,可以这样说,没有营销人员的良好形象,就无所谓良好的企业形象。因此,营销人员既是企业良好声誉和形象的直接创造者,也是企业形象的建立和塑造者。

2. 营销礼仪的修养过程原则

(1)提高营销礼仪认识。从事现代营销活动,就应了解与现代营销活动相适应的营销礼仪。一位营销人员只有在营销礼仪知识的指导下,才能在各种营销活动中如鱼得水、左右逢源。提高对营销礼仪的认识是进行礼仪修养的起点,也是实现营销礼仪修养其他环节的前提和基础。提高营销礼仪认识是将礼仪规范逐渐内化的过程。通过学习、评价、认同、模仿和实践过程,逐渐学习、构造、完善自己的社交礼仪规范体系,并以此来评价他人的行为,调整自己的交际行为和交往行为。

(2)明确角色定位。营销礼仪修养的目的之一是要通过修养,使个人的言行在营销交往活动中与自己的身份、地位、社交角色相适应,从而被人理解、被人接受。

营销角色是指在营销活动中处于某一营销关系状态的人,或者说某一个体在营销关系系统中所占的一定地位。社会对于不同的营销角色提出了不同的行为规范和行为模式。营销活动中的角色既包括社会、他人对具有一定社会地位的人在社交中的行为的期待,也包括对自己应有行为的认识。营销角色是人根据自己对社会期待的认识而实现的、外显的、可见的外部行为模式。具有不同社会经验的人,对于营销角色的评价可能有完全不同的意义。

(3)陶冶礼仪情感。在正确认识营销礼仪的基础上,还需要得到感情上的认可,才会自觉地去遵守礼仪规范。如果没有真挚的情感,即使凭理智去遵循礼仪规范,也会显得不自然。陶冶情感包括两个方面:一是形成与应有的礼仪认识相一致的礼仪情感;二是要改变与应有的礼仪认识相抵触的礼仪情感。

(4)锻炼礼仪意志。营销人员只有自觉地坚持修养一些基本的行为规范,如站、坐、走、微笑,才能将这些规范行成为自觉的行为。礼仪行为持之以恒,就能取得良好的效果。因此,礼仪修养除了需要提高礼仪认识、陶冶礼仪情操之外,还要注意锻炼自己的礼仪意志。

(5)养成营销礼仪习惯。营销礼仪修养的最终目标就是要人们养成按礼仪要求去做的行为习惯,如见面的礼仪、电话的礼仪。日积月累的修养就会成为一种习惯。总之,在营销礼仪修养过程中,通过一些看得见的礼仪训练,让营销人员通过模仿、学习提高自己的实际操作能力,进而养成良好的礼仪习惯,对其以后的营销礼仪实践将有所裨益。

3. 营销礼仪修养的方法

(1)电话礼仪。电话铃响三声接起电话,并说:“您好,××公司。”说话声音要清晰,语调平和、热情,有精神,并要用普通话;要礼貌地询问用户姓名,如“请问您贵姓”“请问怎么称呼您”等;听不清楚对方姓名时一定要问清楚,不可苟且、敷衍;认真记录来电者事由,能答复的立即答复,不能答复的要说“对不起”,并明确告知对方回复时间;如来电是找人,而找的人不在,要告诉对方其要找的人不在,并请教对方姓名,主动询问对方是否要留言并记录留言内容;如来电是抱怨某事,不管是否应你处理,均必须亲切地接下电话,不能有丝毫推诿,不应由你处理,要记下对方的电话、事由,即刻请相关责任人回电话处理;通话完毕后,要等上司或客人挂断电话后再轻轻挂断。

(2)仪容仪表。

①发式。头发整洁,发型相称,发式大方,是基本要求。据此,男女营销人员都应经常理发、洗发和梳理以保持头发整洁,没有头屑。男员工不能留长发、大鬓角,理完发要将洒落到身上的碎发等清除干净,并使用清香型发蜡,以保持头发整洁,不蓬散;女士不梳披肩发,头发亦不可遮盖眼睛,短发不宜烫得太卷,较长的头发最好用发饰固定,或盘在头上,以免妨碍工作。不要将头发染成黑色以外的任何一种颜色。

②个人卫生。经常洗澡确保身上没有异味。男员工要经常修面、剪鼻毛;女员工适度使用化妆品,以保持皮肤细润和显得年轻有活力,但不要化太浓的妆。不留过长的指甲,不染指甲。餐后刷牙,防止口臭。工作前不得食用葱、蒜、韭菜等有强烈刺激性气味的食品。每餐不宜吃得过快、过饱,以避免在接待宾客时体内发出声响,失之大雅。有体臭、口臭的员工应及时治疗,并采取相应的防范措施。香水原则上不要太浓。

③佩戴。按规定佩戴身份牌。身份牌要统一印制,并佩戴在规定的部位,所有员工不得擅自调换或不佩戴。饰品应力求简朴、典雅,一般不得佩带比普通宾客好的耳环、戒指、手镯、项链、手表等饰物,以免挫伤顾客的自尊心。不戴有色眼镜。

④衣领、领带。选择要考虑两大因素:一是要与季节、外衣款式相协调;二是衣领要与脸型相配合。前者人们较为熟悉,后者却往往被人们所忽视。譬如,长脸型的人,衣领不要过深,以浅为宜,宜选圆弧形领,因为圆形线条把人的视线引向横宽,从而增加脸孔的圆度;反之,如选用尖型、狭长型等领式,只能夸大长度,越发使自己的脸型“拉”长。

⑤服装。基本要求是整齐、清洁、挺括、大方。服装必须合身,袖长至手腕,裤长至脚面,裙长过膝盖,尤其是内衣不能外露;衬衫的领围以插入一指大小为宜,裤裙的腰围以插入五指为宜。不挽袖,不卷裤,不漏扣,不掉扣;领带、领结、飘带与衬衫领口的吻合要紧凑且不系歪;如有工号牌或标志牌,要佩戴在左胸正上方,有的岗位还要戴好帽子与手套。清洁指标是无污垢、无油渍、无异味,领口与袖口处尤其要保持干净。挺括指标是裤不起皱,穿前要烫平,穿后要挂好,做到上衣平整、裤线笔挺。大方指标是款式简练、高雅,线条自然流畅,便于岗位接待服务。

⑥帽子。帽子的戴法也要合乎规范,该戴正的不可戴歪,该偏后的不要偏前,不能给人留下“衣冠不整”的坏印象。

⑦鞋子。推销人员一般应穿着素雅、端庄、大方的黑色皮鞋。男性一般要穿没有花纹的三接头黑色皮鞋;女性可以穿高跟或中根、平跟的黑色皮鞋。皮鞋必须勤擦、上油,以保持皮鞋的整洁、光亮。要定期换鞋、擦拭和消毒,防止有异味。

⑧袜子。袜子具有衔接裤子和鞋子的作用,其颜色一般应与裤子、鞋子同类或较深;女士以肤色调的中间色透明丝袜为宜。最好多放一双在包里,一不小心将袜子钩破,可马上替换,因为穿着脱线的袜子是很不礼貌的。穿裙子时,应选用长筒袜,避免露出袜口。

(3)言语。语调要清晰、平和、礼貌,用普通话;对客人的提问要明快地说明,率直地应答并充满自信;保持微笑;不说粗话、脏话,不说有损企业形象和信誉的话。

(4)举止。

①站立。站立时要微微收腹、挺胸、抬头,站立端正,眼睛平视前方,嘴微闭,微笑,双臂自然下垂或在体前交叉,女士右手搭在左手上,男士则左手搭在右手上,以随时保持服务的姿态。女子站立时,双脚呈V字型,膝盖和脚后跟要紧靠;男子双脚与肩同宽,亦可如女士一样呈V字形。身体不得东倒西歪,不得依靠墙壁、门、窗等。一定要在自己站立之时,正面面对服务对象,注目微笑,而不可旁若无人、心不在焉,更不可将自己的背部对着对方。决不可手背于后。

②站立引路。身体虽然基本保持静态的站立状,但因给顾客引路,随手臂动作,身体重心亦应随之做适度转移。引路指示方向时,手臂伸直,手指自然并拢,手掌向上,手心呈微弯曲状,以肘关节为轴指向目标,并注意对方是否已看清目标,这样可表达对顾客的热忱、尊重、虚心与诚挚。

③走姿。走路时将背挺直,不拖着脚跟走路,不在屋内奔跑,室外行走一秒不少于两步,遇到十分急迫的事可加快步伐,但不可慌张奔跑,减少因加快步伐而增加的声响。同事间走路不勾肩搭背,不挽着手走路,不将手插在口袋中走路。多人行走时不要横做一排,也不要有意无意地排成队形;与顾客同时行走时,要让顾客走在前面;通道比较狭窄,有顾客从对面走过来时,营销人员应主动停下来靠在边上,让顾客通过,但切不可背对着顾客。

④就座。入座时人走到椅子前,转身背对椅子(如离椅子较远,可用右脚跟向后移半步),女子拢一下裙子,以求平稳坐下。不应坐满椅子或坐在边沿上,而应坐椅子的三分之二,以便随时起立,回答客人的询问或为顾客服务。坐时人体重心垂直向下,双目平视,嘴微闭,面带笑容,双肩平直放松,上身微向前倾,腰部挺起,手自然放在双膝上,双膝要并拢。古人谓"坐如钟",切忌前俯后仰、摇腿跷脚,或将脚跨在椅子或沙发的扶手上。上体与腿可同时转向对方,双目正视对方。

(5)交往礼仪。

①自我介绍。介绍内容包括公司名称、职位、姓名。给对方一个自我介绍的机会。

②介绍他人。顺序一般为把职位低者、晚辈、男士、未婚者分别介绍给职位高者、长辈、女士和已婚者。介绍时不可单指指人,而应掌心向上,拇指微微张开,指尖向上。被介绍者面向对方,介绍完与对方握手问候。

③称呼。根据行政职务、技术职称、学位、职业来称呼。

④致意。经常见面的人相遇时,可点头相互致意,而不必用声音语言来问候。在社交场合遇见仅有一面之交者,也可相互点头致意。点头方式为面带微笑,头部微微向下一点即可。

2.1.4 案例导入与解析

1. 营销职业礼仪影响着营销的成败

星期一早晨,业务部王经理约了李总九点见面,结果因为下雨迟到了。王经理浑身被淋得湿漉漉,上气不接下气地赶到李总公司,对前台说:"你们头在吗?我与他有个约会。"前台冷淡地看了他一眼,说:"我们李总在等你,请跟我来。"王经理拿着湿漉漉的雨伞和公文包进了李总办公室。穿着比王经理正式许多的李总从办公桌后出来迎接他，并把前台接待又叫进来，让她把王经理滴水的雨伞拿出去。两人握手时，王经理随口说："我花了好大工夫才找到地方停车！"李总说："我们在楼后有公司专用停车场。"王经理说："哦，我不知道。"王经理随后拽过一把椅子坐在李总办公桌旁边，两只脚使劲在地板上敲，想把脚上的泥土敲掉。然后，一边从公文包拿资料，一边说："哦，老李，非常高兴认识你。看来我们将来会有很多时间合作。我有一些关于产品方面的主意。"李总停顿了一下，好像拿定了什么主意似地说："好吧，我想具体问题你还是与赵女士打交道吧。我现在让她进来，你们两个可以开始了。"（资料来源：季黎. 营销职业素质实训[M]. 北京：中国人民大学出版社，2011.）

思考与讨论：试评价业务部王经理的表现，并分析面访礼仪礼节的注意事项。

分析提示：推销人员代表企业形象，良好的企业形象是一种无形的财富，是企业软黄金，它可以为具有该企业名称的任何一种商品和服务创造出一种消费信心。良好的营销职业礼仪影响着营销的成败。

2. 个人形象代表企业形象

张小姐长着一头乌黑漂亮的秀发，她总是舍不得将它盘起，而是让头发垂于腰际，不时用手去撩起头发，以免挡着自己的眼睛和脸。所以，在洽谈业务时她就不时地用手整理头发以确保仪容整齐。许多人也许会认为不时地用手抚弄自己的头发会有一种说不出的风度和气质。（本文由作者根据网络资料改写，原文见：百度文库.）

思考与讨论：你怎么看张小姐的行为？

分析提示：首先在商务礼仪上来说，跟人交谈时，不时地整理自己的头发，这是非常忌讳、非常没有礼貌的一种行为，一般情况下需要把头发束起来，然后盘在后脑处。按照国际礼仪，外国友人会认为是自己不受尊重，对方没有整理好仪容就随随便便地来接待他们，所以这样是很不妥的。

2.1.5 模拟与实战训练

1. 模拟训练菜单

(1)某外国公司总经理史密斯先生在得知与新星贸易公司的合作很顺利时，便决定携带夫人一同前往中方公司做进一步的考察和观光。小李陪同新星贸易公司的张总经理前来迎接，在机场出口见面时，经介绍后张经理热情地与外方公司经理及其夫人握手问好。（本文由作者根据网络资料改写，原文见：百度文库.）

应用思考：

①小李如何做自我介绍？

②小李为他人做介绍应是什么样的次序？

③张经理的握手次序应是怎么样的？

(2)某公司和外商洽谈一个合作项目，外商在考察了该公司后，比较满意，准备投资1000万美元。洽谈结束后，外商在该公司办公大楼的电梯上发现了一处痰迹，回国后便寄回一封信，拒绝签订合同。（资料来源：季黎. 营销职业素质实训[M]. 北京：中国人民大学出版社，2011.）

应用思考：你觉得信中应该说什么内容？你如何看待这个问题？

2. 实战训练菜单

(1)教师根据不同行业营销业务人员的仪容、仪表、礼仪要求，选择若干学生根据要求实战训练，上台展示自己的发型和化妆，并说明其理由。台下的学生和教师予以点评，并提出具体的建议。

(2)与实训企业基地联系，让学生实战简单的营销业务，注意在洽谈业务时的交往礼仪、谈判礼仪，并写出总结报告。

任务2.2 训练营销职业形体

实训目标

通过仪态、形态、语言实训，纠正不正确的姿态，掌握正确的、高雅的仪态，学会运用形态语言准确进行信息的传递，结合仪容、仪表实训形成综合的职业营销人精干、自信的外在形象。

2.2.1 任务描述

有一位美国华侨，到国内洽谈合资业务，最后一次来之前，他曾对朋友说："这是我最后一次洽谈了，我要跟他们的最高领导谈，谈得好就可以拍板。"过了两个星期，他又回到了美国，朋友问："谈成了吗?"他说："没谈成。"朋友问其原因，他回答："对方很有诚意，进行得也很好，就是跟我谈判的这个领导，坐在我的对面，当他跟我谈判时，不时地抖他的双腿，我觉得还没有跟他合作，我的财都被他抖掉了。"(资料来源：季黎．营销职业素质实训[M]．北京：中国人民大学出版社，2011.)

思考：同学们试对此谈谈自己的看法。

2.2.2 实训步骤与考评

1. 实训准备

根据任务描述情境，在教师指导下，将全班同学每5～8人分为若干模拟业务小组，在教室或专业实训室、校园第二活动课堂、企业实验基地、市场实战演练场等，根据教师提出的任务目标，各小组进行分散性基础训练，就特定的问题进行思考，展开分析讨论，而后由小组组织测评，在给定时间内集中各小组以交互式对抗演练的方式组织实训。

2. 具体步骤

在教师指导下，营销职业形体训练具体做法见图2.2。

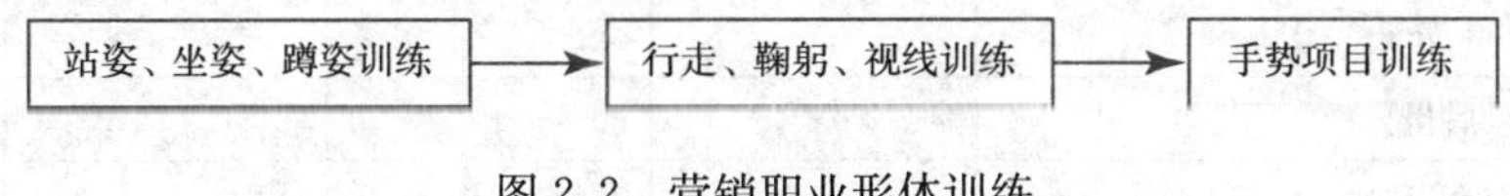

图2.2 营销职业形体训练

(1)站姿、坐姿、蹲姿训练——良好素质的体现。

参考做法：根据任务描述情景，给模拟公司成员分配不同角色，在商务谈判前各小组成员对站姿、坐姿、蹲姿进行分散性基础训练，而后由小组组织测评，在给定时间内集中各小组进行交互式对抗演练，由各小组成员和教师进行点评。

(2)行走、鞠躬、视线训练——职业营销人外在形象的体现。

参考做法：根据任务描述情景，给模拟公司成员分配不同角色，在商务谈判前各小组成员对行走、鞠躬、视线进行分散性基础训练，而后由小组组织测评，在给定时间内集中各小组进行交互式对抗演练，由各小组成员和教师进行点评。

(3)手势项目训练——企业形象的表现之一。

参考做法：根据任务描述情景，给模拟公司成员分配不同角色，在商务谈判前各小组成员对指引、招手、握手、共乘电梯的手势等进行分散性基础训练，而后由小组组织测评，在给定时间内集中各小组进行交互式对抗演练，由各小组成员和教师进行点评。

3. 实训总结与考评

基础训练在本组内进行，按规范操作结束后，由教师随机抽出每组中的1～2位同学，各组间进行交互式对抗演练评比打分，以参加对抗演练同学的成绩作为小组的综合成绩，见表2.2。

表2.2 营销职业形体训练表

<table>
<tr><td colspan="3">成果展示与评价</td><td colspan="5">分析报告及PPT形式答辩</td></tr>
<tr><td rowspan="9">分析报告</td><td colspan="2">分析报告必备项目</td><td>站姿、坐姿、蹲姿训练</td><td>行走、鞠躬、视线训练</td><td>手势项目训练</td><td>整体表现</td><td>文字表达</td></tr>
<tr><td colspan="2">评价标准</td><td>掌握正确、高雅的仪态</td><td>自然、大方，正确运用形体语言传递信息</td><td>根据角色不同熟练运用要点，动作准确、熟练</td><td>动作规范、到位，动作连贯、流畅，综合表现精干、洒脱、自信</td><td>准确、精炼，数据真实，参考文献在近一年内</td></tr>
<tr><td colspan="2">应得分</td><td>20</td><td>20</td><td>20</td><td>20</td><td>20</td></tr>
<tr><td rowspan="3">评价人</td><td>企业(50%)</td><td></td><td></td><td></td><td></td><td></td></tr>
<tr><td>教师(40%)</td><td></td><td></td><td></td><td></td><td></td></tr>
<tr><td>学生(10%)</td><td></td><td></td><td></td><td></td><td></td></tr>
<tr><td colspan="2">实得分</td><td></td><td></td><td></td><td></td><td></td></tr>
<tr><td colspan="2">报告最后得分</td><td></td><td></td><td></td><td></td><td></td></tr>
<tr><td colspan="2">PPT答辩要求</td><td>时间</td><td>语言组织</td><td>表达能力</td><td>展现形式</td><td>形象及礼仪</td></tr>
<tr><td rowspan="8">PPT答辩</td><td colspan="2">评价标准</td><td>控制阐述与回答问题的时间</td><td>语言精炼、针对性强</td><td>表达清楚、准确</td><td>汇报形式新颖</td><td>形象得体、大方</td></tr>
<tr><td colspan="2">应得分</td><td>10</td><td>20</td><td>25</td><td>25</td><td>20</td></tr>
<tr><td rowspan="3">评价人</td><td>企业(50%)</td><td></td><td></td><td></td><td></td><td></td></tr>
<tr><td>教师(40%)</td><td></td><td></td><td></td><td></td><td></td></tr>
<tr><td>学生(10%)</td><td></td><td></td><td></td><td></td><td></td></tr>
<tr><td colspan="2">实得分</td><td></td><td></td><td></td><td></td><td></td></tr>
<tr><td colspan="2">答辩最后得分</td><td></td><td></td><td></td><td></td><td></td></tr>
<tr><td colspan="2">任务综合得分</td><td></td><td></td><td></td><td></td><td></td></tr>
</table>

2.2.3 知识点拨

1. 基本举止规范

(1)视。注视的时间不能低于谈话时间的三分之一，以获取客户的信任；注视位置在眼部以上，给人以严肃、认真的感觉，并保持主动；社交注视位置在鼻子周围，令人感到有礼貌，但不要出现亲密注视。

(2)坐。入座轻缓，从容自如，不要把椅子坐满，但也不可坐在边沿上，要挺直身躯，头要平稳，腰部挺起，胸部向前挺，双肩放松平放，双臂弯曲放于桌子或椅子、沙发扶手上，双膝并拢，双目平视，面带笑容，给人以谦虚稳重之感。不要前俯后仰、双手叉腰、两臂交叉在胸前或摊开在桌上；不要有摆弄手指或在桌子上敲击手指、摆弄手中的茶杯或频繁的拉拉衣服、整整头发、动动眼镜等不文明举动；不要两脚叉开伸得老远、跷脚、跷二郎腿、抖腿、当着客户的面脱鞋、东摇西晃、歪斜肩膀、半躺半坐。

(3)站。自然端正，挺胸，收腹，抬头；精神饱满，双目平视，环顾四周。嘴微闭，面带笑容；两肩平齐，双臂自然下垂或在体前交叉；两腿要直，不东倒西歪或靠在一边，女士双脚分开不超过10公分，呈V字形，脚尖张开成45°～60°，男子双脚与肩同宽；站累时，一只脚可以向后撤半步，但上体仍须保持正直。不要有眼睛不断左右斜视、一肩高一肩低、双臂乱摆、双手叉腰或抱胸、斜靠墙或桌椅等举动。

(4)行。昂首、挺胸、收腹、眼直视、肩要平、身要直，掌心向内，两臂自然下垂摆动，腿要直，步伐轻盈稳健，姿态自然，全身协调，尽量靠右行走，迎客走在前，送客走在后，客过要让路；与同事、客户相遇时，要点头示意致礼；与同事、客户同行到门前时，应主动开门让行，不抢行。进入房间之前要先轻轻敲门，听到应答后再进。

2. 社交技巧

(1)说的技巧。在说话之前要想清楚自己要表达什么意思，弄清楚需要对方帮助自己做什么或自己能给对方提供什么帮助。语调要稳重，言辞要诚恳，表达要清楚易懂，并且无伤害对方之处；在公众场合下不大声喧哗、打闹、吹口哨、唱小调；不说俏皮话或顶撞对方的话。营销人员禁忌话题：谈顾客深为遗憾的缺点；说不景气、手头紧之类的话；说竞争者的坏话(会给对方留下心胸狭窄的不良印象，不利于营销工作)；说上司、同事、公司的坏话(让人觉得自己在公司不得志，人缘差)；说别人的秘密(对方会认为你爱探听并张扬别人的秘密，不愿与你交往)。

(2)敬辞的使用。初次见面说“久仰”，好久不见说“久违”，询问客户年龄时用“贵庚”，询问客户姓名时用“贵姓”，客户到公司时用“光临”，等候客户时用“恭候”，约客户时说“拜访、拜望”，谈话中途离开一下用“失陪”，客户送你出门时用“留步”，请客户原谅时用“包涵”，未及欢迎用“失迎”，请求客户的帮助时用“劳驾、费心”，请教问题时用“赐教”。

(3)手的动作。有客人到公司为客人带路时，要说“请这边走”，介绍公司各个部门时要把手微微斜举，手掌朝外。手指目录或说明书时，手掌朝上方为正确；而如果指小的东西或细微之处，就用食指指出，手掌也应朝上。如果客户端上茶水，应轻屈中指和食指在杯子旁边微敲两下，以示感谢，同时也应把谢字说出口。

(4)握手的方法和顺序。普通站姿，双方保持一定距离，握手时四指并拢，手掌伸直，从右向左45°倾斜伸向对方。伸手时，同性间应先向地位低或年纪轻的伸手；异性间女士应先向男士伸手，女士不先伸手的情况下男士不可伸出手来要求握手，握女士的手时，男士只可握其1/4的手指部分，以示尊重；领导、上级及长辈先伸手，下级和晚辈再握手。

(5)递、接名片的礼仪。递名片时，要双手拿出名片，身体前倾，头略低向客户，文字正面朝向对方，同时说出自己的姓名，中肯地说：“以后请您多关照。”应先递给长辈或上级。接名片时若是空手必须用双手接，接收之后一定马上过目，不要随便瞟一眼或有怠慢表情；不要直接放在兜里，也不要长时间地拿在手里不停地摆弄或置于裤兜里，更不可让名片遗失在桌上或地上，应该把名片放在专用的名片夹中，妥善保管，以便检索。如果对方姓名中有难认的文字，应马上询问。

3. 手势礼仪

手势礼仪要大小适度。在社交场合，应注意手势的大小幅度。手势的上界一般不应超过对方的视线，下界不低于自己的胸区，左右摆的范围不要太宽，应在人的胸前或右方进行。一般场合，手势动作幅度不宜过大，次数不宜过多，不宜重复。手势礼仪要自然亲切。与人交往时，多用柔和的曲线手势，少用生硬的直线条手势，以求拉近心理距离。

手势礼仪要避免不良手势。与人交谈时，讲到自己不要用手指自己的鼻尖，而应用手掌按在胸口上。谈到别人时，不可用手指别人，更忌讳背后对人指点等不礼貌的手势。初见新客户时，避免抓头发、玩饰物、掏鼻孔、剔牙齿、抬腕看表、高兴时拉袖子等粗鲁的手势动作。避免交谈时指手画脚、手势动作过多或过大。

4. 握手礼仪

握手礼仪一般在见面和离别时用。冬季握手应摘下手套，以示尊重对方。一般应站着握手，除非生病或特殊场合，但也要欠身握手，以示敬意。

一般说来，和妇女、长者、主人、领导人、名人打交道时，为了尊重他们，把是否愿意握手的主动权赋予他们。但如果另一方先伸了手，妇女、长者、主人、领导人、名人等为了礼貌起见也应伸出手来握。见面时对方不伸手，则应向对方点头或鞠躬以示敬意。见面的对象如果是自己的长辈或贵宾，其先伸了手，则应该快步走近，用双手握住对方的手，以示敬意，并问候对方"您好"、"见到您很高兴"等。

和新客户握手时，应伸出右手，掌心向左，虎口向上，以轻触对方为准（如果男士和女士握手，则男士应轻轻握住女士的手指部分）。时间为1～3s，轻轻摇动1～3下。

握手力量轻重根据双方交往程度确定。和新客户握手应轻握，但不可绵软无力；和老客户应握重些，表明礼貌、热情。握手时表情应自然、面带微笑，眼睛注视对方。

2.2.4 案例导入与解析

1. 员工个人的举止行为直接影响企业形象

小张是某公司的员工，某天正好去财务部窗口领工资。在等候的时候，他随手把手中捏着的一张无法报销的票据揉成团扔在了地上。

其他部门的同事看见了，心里说："那个×××部门的人素质真差！"

恰巧此时有位顾客来财务部交定金，他看到小张把纸团扔在地上，心里想："这个公司的员工如此行事，他们做的东西质量会好吗？售后服务会有保障吗？还是先别交定金了吧，回去再斟酌斟酌！"

生产部经理陪着几位外商参观公司，正好路过这里，地上的纸团没有逃过大家的眼睛，结果外商指着纸团问生产部经理："这样的员工，能做出符合质量要求的产品吗？"

本来不费吹灰之力便能扔到垃圾桶里的一小团废纸，导致公司失去了数百万元的订单。（本文由作者根据网络资料改写，原文见：百度文库．）

思考与讨论：如果你是老板，你将如何避免类似问题再次发生？

分析提示：在商务场合当中，员工的行为举止不仅仅代表着员工本人，还代表着其为之工作的部门、其部门所属的公司、其公司所属的集团，甚至代表其集团所属的地区以及国家。

2. 恰当的礼仪体现客户双方的尊重

上海某科技有限公司召开了一次全国客户联络会，公司的江总经理带着秘书苗小姐亲自驾车到浦东机场迎接来自香港某集团的周总经理。为了表示对周总的尊敬，江总把周总请到后排左座，并让荀小姐在后排作陪。

周总到宾馆入住后，对荀小姐说："明天上午八点开会，我会打的到现场，就不麻烦你们江总亲自来接了。"（本文由作者根据网络资料改写，原文见：百度文库．）

思考与讨论：周总为什么会这样说？江总在座次安排上有什么不妥吗？试谈谈对职业礼仪的看法。

分析提示：周总对于江总安排的交通坐车礼仪不满意。不妥之处在于这种情况下应该请周总坐副驾驶位置上，以表示与主人平起平坐。

2.2.5 模拟与实战训练

1. 模拟训练菜单

(1)小侯毕业后，投了几十份简历，才获得面试机会，这家公司是人力资源咨询公司，面试方法也与众不同，除了回答问题还在计算机上做了大约 3 个小时的测评题，面试结束后，让他们在两天之内等通知。小侯因为以前有过一年多的人力资源工作的经验，所以主管将他的名字列在录取名单中，等待与老板研究后再确定。第二天下午，心情急切的小侯打电话给公司说："公司录不录取我没关系，能否把测评结果给我？"接电话的主管愣了一下，和蔼地告诉他："测评结果只是公司用来选拔人才用，不给个人。"小侯接着又补充一句："录不录取我没有关系，我只想要测评结果，因为我测评了三个多小时呢！"放下电话，主管立即将录取名单取出，划掉了小侯的名字。（本文由作者根据网络资料改写，原文见：百度知道．）

应用思考：说说小侯为什么没有面试成功。

(2)公司的场地构造有点特殊，进门的玄关旁边有一个座位，因为小张是财务，不用和项目组的同事坐在一起，所以玄关旁边的位子就是小张的座位。公司前几个月新来了一个大学毕业生，每次进门首先看见小张，招呼不打一声，头也不点一下不说，还直瞪瞪看小张一眼就走进去了。小张怀疑她可能以为其只是一个前台的阿姨，所以如此不屑一顾。后来过了几天，大概她终于搞清楚小张并非是什么接接电话、收收快递的阿姨，而是掌管她每个月工资的"财政大臣"，猛地就开始殷勤了起来，一进门"张老师"叫得山响。可是，小张心里的感受却不一样了，即使她现在对其再怎么尊敬，毕竟是有原因的，小张对她也生不出什么好感来。小张就很纳闷：怎么一个堂堂大学生，刚进社会就学会了势利？如果小张真的是前台阿姨，是不是她这辈子都不打算打招呼？新人刚进职场，礼貌很关键，人际关系一定要妥善处理，不能以貌取人或者想当然，要记得地位低下的员工同样也是前辈或者长辈。哪怕是打扫卫生的阿姨，如果正好清理到自己的纸篓什么的，不忘记说一声"谢谢"，就会平添自己很多的亲和力和人缘。刚刚毕业的大学生真的要好好树立自己在公司的第一印象，这是顺利走上工作岗位的关键。（本文由作者根据网络资料改写，原文见：大学生就业在线．）

应用思考：你如何看案例中的大学生的表现？如果你是刚就业的毕业生，你应该怎么做？

2. 实战训练菜单

(1)每个小组成员根据要求表演以下基本手势的运用，具体内容包括招呼客人、举手致意、请进、请坐、挥手道别等，然后各组成员和教师进行点评。

(2)根据以下具体情境，模拟表演合适的见面礼，具体情境有上级领导检查下级工作，十分熟悉的同事在办公室走廊相遇，男士与女士正式会谈时相互介绍，洽谈业务时两人初次见面等，然后各组成员和教师进行点评。

项目 3　培养交际与沟通能力

实训目的与能力要求

现代营销的本质是一种沟通，营销的成功就在于沟通的成功。营销人的第一素质就是交际与沟通能力。通过本项目实训让学生掌握基本的交际与沟通技巧，提高与顾客、用户及相关者的交际与感情融通能力，以及化解冲突、沟通问题，特别是成功交涉的能力。

任务 3.1　掌握交际与沟通技巧

实训目标

通过实训，使学生明白有效沟通和倾听在生活与工作中的重要性，掌握基本的交际与沟通技巧，培养分析交际对象心理以及交际与感情融通的能力。

3.1.1　任务描述

小刘刚办完一个业务回到公司，就被主管马林叫到了他的办公室。“小刘哇，今天业务办得顺利吗?”“非常顺利，马主管，”小刘兴奋地说，“我花了很多时间向客户解释我们公司产品的性能，让他们了解到我们的产品是最合适他们使用的，并且在别家再也拿不到这么合理的价钱了，因此很顺利就把公司的机器推销出去一百台。”“不错，”马林赞许地说，“但是，你完全了解了客户的情况了吗，会不会出现反复的情况呢？你知道我们部的业绩是和推销出去的产品数量密切相关，如果他们再把货退回来，对于我们的士气打击会很大，你对于那家公司的情况真的完全调查清楚了吗?”“调查清楚了呀，”小刘兴奋的表情消失了，取而代之的是失望的表情，“我是先在网上了解到他们需要供货的消息，又向朋友了解了他们公司的情况，然后才打电话到他们公司去联系的，而且我是通过你批准才出去的呀!”“别激动嘛，小刘，”马林讪讪地说，“我只是出于对你的关心才多问几句的。”“关心?”小刘不满道，“你是对我不放心才对吧!”（本文由作者根据网络资料改写，原文见：中人网．）

思考：在这个案例中出现的矛盾是谁的错误？结合自身，谈谈如何培养交际与感情沟通的能力。

3.1.2　实训步骤与考评

1. 实训准备

根据任务描述情境，将全班同学每 5～8 人分为一个小组成立模拟公司，每 2～4 个小组模拟成行业的竞争者，在教师指导下各小组进行分散性基础训练，在给定时间内集中各小组以交互式对抗演练方式组织实训，各小组分析讨论，整理出每个模拟公司的总结报告，指导教师对各报告进行点评。

2. 实训步骤

每个同学在模拟公司担任不同角色，在教师指导下进行模拟实训，模拟实训内容见图 3.1。

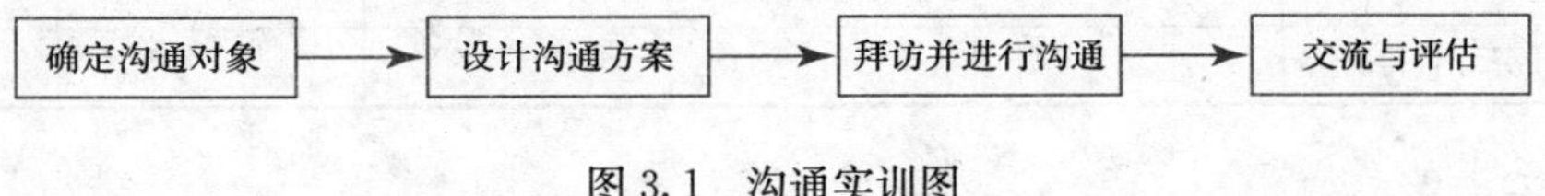

图 3.1　沟通实训图

(1)确定沟通对象——调查了解沟通对象的信息是有效沟通的基础。

参考做法：根据案例中的描述，主管马林想知道小刘的工作情况以及业务的发展，要跟小刘进行有效沟通，确定沟通对象。在没沟通之前，主管马林应该调查清楚小刘个人及工作情况，然后再设计沟通方案。

(2)设计沟通方案——切实可行的沟通方案是实现沟通目标的保障。

参考做法：主管马林根据沟通对象小刘的特点，以及沟通所要达到的目标，要设计沟通过程，沟通策略的运用、形象塑造、语言运用等都要事先有充足的准备。

(3)拜访并进行沟通——事先良好沟通是有效拜访的前提。

参考做法：主管马林跟小刘沟通过程要按照方案，自觉控制，注重实效。

(4)交流与评估——充分交流是总结经验和提高沟通能力的必要环节。

参考做法：主管马林事后要将沟通过程记录下来，并写下体会与经验教训。

3. 实训总结与考评

基础训练在本组内进行，按规范操作结束后由教师随机抽出每组中的 1～2 位同学，各组间进行交互式对抗演练评比打分，以参加对抗演练同学的成绩作为小组的综合成绩，见表 3.1。

表 3.1　交际与沟通训练表

成果展示与评价			分析报告及 PPT 形式答辩				
分析报告	分析报告必备项目		确定沟通对象	设计沟通方案	拜访并沟通	交流与评估	文字表达
	评价标准		了解沟通对象的需要、心理、知识、个性等因素，客观准确	沟通渠道及方法多样，方案切实可行	语言流畅，具逻辑性，自然大方，实现沟通目标	沟通过程记录详细，体会深刻	准确、精炼，数据真实，参考文献在近一年内
	应得分		20	20	20	20	20
	评价人	企业(50%)					
		教师(40%)					
		学生(10%)					
	实得分						
	报告最后得分						

续表

<table>
<tr><th colspan="3">成果展示与评价</th><th colspan="5">分析报告及 PPT 形式答辩</th></tr>
<tr><td rowspan="8">PPT
答辩</td><td colspan="2">PPT 答辩要求</td><td>时间</td><td>语言组织</td><td>表达能力</td><td>展现形式</td><td>形象及礼仪</td></tr>
<tr><td colspan="2">评价标准</td><td>控制阐述与回答问题的时间</td><td>语言精炼、针对性强</td><td>表达清楚、准确</td><td>汇报形式新颖</td><td>形象得体、大方</td></tr>
<tr><td colspan="2">应 得 分</td><td>10</td><td>20</td><td>25</td><td>25</td><td>20</td></tr>
<tr><td rowspan="2">评价人</td><td>企业(50%)</td><td></td><td></td><td></td><td></td><td></td></tr>
<tr><td>教师(40%)</td><td></td><td></td><td></td><td></td><td></td></tr>
<tr><td colspan="2">实 得 分</td><td></td><td></td><td></td><td></td><td></td></tr>
<tr><td colspan="2">答辩最后得分</td><td></td><td></td><td></td><td></td><td></td></tr>
<tr><td colspan="2">任务综合得分</td><td></td><td></td><td></td><td></td><td></td></tr>
</table>

3.1.3 知识点拨

当代著名哲学家理查德·麦基翁(Richard McKeon)认为:“未来的历史学家在记载我们这代人的言行的时候,恐怕难免会发现我们时代沟通的盛况,并将它置于历史的显著地位。其实沟通并不是当代新发现的问题,而是现在流行的一种思维方式和分析方法,我们时常用它来解释一切问题。”这段话以非常精辟的视角展现了沟通在当代的状况和地位。研究人际沟通,首先需要弄清它的含义、特点、功能、必要条件和影响因素等问题。

1. 人际沟通的含义

人际沟通(interpersonal communication)简称沟通,就是社会中人与人之间的联系过程,即人与人之间传递信息、沟通思想和交流情感的过程。假设甲和乙是进行人际沟通的双方,当甲发出一个信息给乙时,甲就是沟通的主体,乙则是沟通的客体;乙收到甲发来的信息后也会发出一个信息(反馈信息)给甲,此时乙就变成了沟通的主体,甲就变成了沟通的客体。由此可见,在人际沟通过程中,沟通的双方互为沟通的主体和客体。

有时候,乙接到甲的信息后,并不发出反馈信息。那些有反馈信息的人际沟通常称为双向沟通,例如两个人之间进行对话;只有一方发出信息,另一方没有反馈信息的人际沟通,就称为单向沟通,例如电视台播音员和观众之间的沟通。

2. 人际沟通的工具

作为信息传递的过程,人际沟通必须借助于一定的符号系统才能实现,所以,符号系统是人际沟通的工具。我们可以把符号系统划分为两类,即语言符号系统和非语言符号系统。

(1)语言符号系统。语言符号系统(verbal sign system)是利用语言进行的言语沟通。语言(verbal)是社会约定俗成的符号系统,而言语(speech)是人们运用语言符号进行沟通的过程。语言是人类最重要的沟通工具,也是信息传递的最有力的手段。

语言可以分为口头语言(oral speech)和书面语言(written speech),即语音符号系统和文字符号系统。言语的社会功能主要包括:认知功能、行为功能、情感功能、人际功能和调节功能。

(2)非语言符号系统。非语言符号系统(non-verbal sign system)是指在人际知觉和沟通过程中,凭借动作、表情、实物、环境等进行的信息传递。

美国传播学家艾伯特·梅拉比安(Albert Mehrabian)通过实验把人的感情表达效果量化成了一个公式:信息传递的 100%=7%的语言+38%的语音+55%的态势。从以上公式可以看出，非语言符号系统在沟通中具有重要的功能，它能补充、调整、代替或强调语言信息。非语言符号系统一般有以下几种形式：

①视—动符号系统。手势、面部表情、体态变化等都属于这个系统。动态无声的皱眉、微笑、抚摸或静止无声的站立、依靠、坐态等都能在沟通中起作用。

②时—空组织系统。人际空间距离可以表现出人与人之间关系的密切程度。个体空间的一般距离会因文化有异，也会因地位差异与性别有别，在社交环境里，人们都要遵守支配空间使用与运动的社交准则。有关人们在人际互动中如何使用空间和距离的研究，称为空间关系学(proxemics)，这是由霍尔(Edward Hull)提出的概念，他将人际空间距离分为四种：亲密距离、个人距离、社会距离和公共距离。

• 亲密距离。0～46 cm，属于亲爱的人、家庭成员、最好的朋友，在此区域中，可以有身体接触，如拥抱、爱抚、接吻等，话语富于情感，并排斥第三者加入。

• 个人距离。46 cm～1.2 m，同学、同事、朋友、邻居等在此区域内交往，由于距离有限，在此区域内说话一般避免高声。

• 社会距离。1.2～3.6 m，在此区域人们相识但不熟悉，人们交往自然，进退也比较容易，既可发展友谊，又可彼此寒暄，纯粹应付。

• 公共距离。3.6 m 到目光所及，与陌生人的距离，表明不想有发展，在此区域人们难以单独交往，主要是公共活动，如作报告、等飞机等。

③目光接触系统。目光接触(eye contact)即人际互动中视线交叉，是一种广泛的非语言交流形式，具有非常重要的作用。相互之间的目光接触，可以加强表达效果。

在谈话中，迎合对方的目光，意味着你对谈话的专注和兴趣；但当对方回答问题故意避开和你的眼神接触时，也许意味着事实还另有内情。心理学的研究表明，人们在观察对方时，关注最集中的地方就是眼睛和嘴。一个人的语言可以修饰，但眼神信息却是很难掩盖的，甚至可常常透过一个人的眼神来归纳对方的品质，是温暖的、真诚的，还是凶残的、狡猾的。

④辅助语言系统。音质、音幅、声调、言语中的停顿、语速快慢等因素，都能强化信息的语意分量。辅助语言可以表达语言本身所不能表达的意思。对于同样一个主题，不同的演讲者表达效果就有所差异，在这种差异中，辅助语言是一个很重要的影响因素。一位非言语沟通研究者估计，沟通中39%的含义受声音的表达方式的影响，在英语以外的语言中，这个百分比可能更高。另外，辅助语言研究者迪保罗(B. M. Depaulo)的研究发现，鉴别他人说谎的最可靠的因素是声调。

3. 影响有效沟通的因素

(1)个人因素。信息发出者和接收者，包括个人生理因素、情绪状态、知识水平、社会背景、其他等。

(2)信息因素。信息是沟通的灵魂，信息本身是否清楚、完整、组织有序，语言和非语言信息是否互相矛盾，能否被接收者所了解和接受均会影响沟通的有效性。

(3)环境因素。物理环境包括光线、温度、噪声、整洁度、隐蔽性等。舒适、安全、安静、整洁、有利于保护病人隐私的环境适合护患之间的沟通；反之，则不利于沟通。社会环境包括周围的气氛、人际关系、沟通的距离等。良好的人际关系、融洽的氛围、适当的交往距离等会促进沟通的顺利进行；反之，将阻碍沟通。

(4)沟通技巧因素。改变话题能力不足，主观判断或匆忙下结论，虚假、不适当的安慰，针对性不强的解释等都会影响沟通效果。

4. 沟通的原则

虽然沟通的最终目的是把信息传递给接收者,它却有着诸如说、写、听等多种表达方式。沟通旨在处理信息和改善关系。

(1)讲求效率。能否成功地沟通并做成生意,取决于他人是否理解你的意思,是否能用促进交流(使它朝你所希望的方向发展)的语言加以回应。沟通总是一个双向过程。在管理中,通过沟通可以处理事务,传递和获取信息,制订决策,促进相互理解并发展关系。

(2)识别障碍。任何沟通都至少有两方参加。各方可能有着不同的愿望、需求和态度。如果一方的愿望和需求与另一方相冲突,就会形成障碍,这可能导致不能正确地表达或接收信息。任何沟通若要成功,都须克服这些障碍。克服障碍的第一步就是正视它们的存在。

(3)积极沟通。实现良好沟通的第一步是消除障碍。保持目光接触,聆听他人讲话并模仿其身体语言,这一切都将帮助成功地沟通。面向对方以表明对他(她)的话并不觉得害怕;微微侧头,表明在聆听;正视对方的眼睛;采用与对方相似的姿态和动作以消除障碍。

(4)力求明晰。促成良好沟通的三条原则均与明晰相关:对想表达的内容了然于心;简洁地表达信息;确认信息已被清楚、正确地理解。良好的沟通意味着说出心中所想,并充分理解所有的反馈。

(5)选择沟通方式。慎重选择沟通媒介是信息沟通的基础。对许多人而言,这种选择不外乎口头语言和书面语言。如果追求的是快速和便利,不妨选择口头语言;如果追求的是像打印的文件那样持久和有序,不妨选择书面语言,它将使对方经反复思考后做出答复。

电子媒介创造了一种介于口头语言与书面语言之间的沟通方式,为信息沟通提供了新的选择。电子邮件既有电话交谈时的那种即时和非正式的特点,又能以信件的形式存在并存档。沟通方式的选择取决于信息沟通的目的。先确定要沟通的信息,然后选择最适当的沟通方式,前提是要确保已掌握了运用这种方式的技巧。

(6)文化差异。正如不同民族有不同的烹饪方式一样,不同的沟通风格在语言和手势上也有很大差异。比起欧洲人来,亚洲人更爱保持沉默;德国人、北欧人和英国人不像拉丁语国家的人那样善于辞令,他们的手势也趋于保守;英国人不愿直接道明自己的用意;澳大利亚人的实话实说往往使别人感到不习惯;美国人则喜欢通过集会或视觉效果强烈的标语进行沟通。

(7)各种方式相结合。沟通方式可分为五种:书面语言、口头语言、身体语言、图像语言以及各种方式的结合。尽管前四种方式独立运用效果也不错,但两种或多种方式结合使用可以增加趣味性、促进理解并且具有更持久的效果。因此,多种方式结合使用,沟通效果更佳(见表3.2)。

表3.2 沟通方式

沟通方式	特　点	举　例	功　用
书面语言	在任何一种语言和媒体中,书面语言都是文明社会的基础	信函、备忘录、报告、提议、记录、合约、指示、议程、通知、规章、笔记、计划、讨论文件	书面语言是组织间进行沟通的基础。因为它具有相对持久性且方便使用,因而被广泛使用
口头语言	这种沟通只有被目标接收者听到才有效	访谈、会议、电话、辩论、提出请求、听取汇报、通告、演说	面对面的交谈与电话中的交谈因其具有即时性而被采用,它是组织机构处理日常工作的主要沟通方式

续表

沟通方式	特 点	举 例	功 用
身体语言	任何能被目标接收者接收到的积极或消极行为	手势、面部表情、动作、行为、语气、沉默、站姿、体态、活动、静止、出席、缺席	动作等身体语言在无意中给他人以深刻影响
图像语言	能够被目标接收者看到的图像	幻灯片、照片、图画、插图、图表、漫画、表格、录像、商标、电影、随意涂鸦、美术拼贴、色彩配置	图像语言因其生动地传达着有意识或无意识的信息而被使用
多媒体	它是以上多种方式的结合,经常涉及信息技术的运用	电视、报纸、杂志、散页印刷品、小册子、传单、海报、因特网、内联网、万维网、录像、广播、盒式磁带、只读光盘	当媒体具有交互性时,就会对其使用。媒体的使用越专业,就可能越有效

3.1.4 案例导入与解析

1. 良好的沟通是化解矛盾的关键

1972年,尼克松首次访华时,由于美国的白宫与国务院之间有矛盾,给罗杰斯国务卿当翻译的章含之向周恩来汇报:罗杰斯及其手下的专家们对已达成协议的《中美上海公报》大发牢骚,并说到上海后要大闹事情。虽然这是美国人内部的矛盾,但坐视不管却会影响到中美谈判的结果,果真如此,岂不前功尽弃?周恩来认真对待这件事,思考为什么这样,有什么解决办法。于是,他决定特地去上海探望罗杰斯,补上一课。

当周恩来来到罗杰斯居住的锦江饭店时发现,罗杰斯等人住在第十三层,这是西方人忌讳的数字。周恩来面对怒容满面的罗杰斯及其助手,泰然处之,面带微笑与他们握手,在说话中特别提到"这次中美两国打开大门,是得到你罗杰斯先生主持的国务院大力支持的……"当罗杰斯等人怒气渐消后,周恩来又说:"有件很抱歉的事,我们疏忽了,没有想到西方风俗对'十三'的避讳。"接着又风趣地说:"我们中国有个笑话,一个人怕鬼的时候,越想越可怕;等他心里不怕鬼了,到处上门找鬼,鬼也不见了,……,西方的'十三'就像中国的'鬼'。"众人听后哈哈大笑。

周恩来走后,罗杰斯的助手问:"怎么办,还找麻烦吗?"罗杰斯摇摇头说:"算了吧,周恩来这个人,真是令人倾倒。"(资料来源:艺侠. 周恩来的公共关系艺术[M]. 上海:上海文艺出版社,2006.)

思考与讨论:周总理是如何缓解双方之间矛盾的?结合自身,谈谈如何培养交际与沟通能力。

分析提示:谈判中,因为双方观点、目标不同常常发生矛盾,有时甚至出现极不愉快的事情。对于这种情况,谈判者既不能回避,又要想办法解决。明智的谈判者会冷静观察和思考,最终找到一条通幽的曲径。

2. 有效的交流沟通可以实现信息的准确传递

某分管公司生产经营副总经理,得知一较大工程项目即将进行招标,由于向总经理采取电话形式做简单汇报,未能得到明确答复,使其误以为被默认而在情急之下便组织业务小组投入相关时间和经费跟踪该项目,最终因准备不充分而成为泡影。事后,在总经理办公会上陈述有关情况时,总经理认为其"汇报不详,擅自决策,组织资源运用不当",并当着部门所有人员的面给予其严厉批评,该副总反驳认为是"已经汇报,领导重视不够,故意刁难,由于责任逃避所致"。由于双方信息传递、角色定位、有效沟通、团队配合、认知角度等存在意见分歧,致使企业内部人际关系紧张、工作被动，如果恶性循环下去，公司业务将难以稳定发展。（本文由作者根据网络资料改写，原文见：搜狐博客.）

思考与讨论：假如你是案例中的副总经理，应该怎么办？

分析提示：从该案例分析，这实际上是一个上下级没有有效沟通的典型案例。从这个案例可以看出，一个错误的交流给人们心灵带来的是巨大伤害，给组织带来的是巨大损失，而有效的交流沟通可以实现信息的准确传递，达到与其他人建立良好的人际关系，借助外界的力量和信息解决问题的目的。

3.1.5 模拟与实战训练

1. 模拟训练菜单

（1）小贾是公司销售部一名员工，为人比较随和，不喜争执，和同事的关系处得都比较好。但是，前一段时间，不知道为什么，同一部门的小李老是处处和他过不去，有时候还故意在别人面前指桑骂槐，对跟他合作的工作任务也都有意让小贾做得多，甚至还抢了小贾的好几个老客户。起初，小贾觉得都是同事，没什么大不了的，忍一忍就算了。但是，看到小李如此嚣张，小贾一赌气，告到了经理那儿。经理把小李批评了一通，从此，小贾和小李成了绝对的冤家。（本文由作者根据网络资料改写，原文见：总裁网.）

应用思考：假如你是案例中的小贾应该怎么做？如何提高自己的交际与感情融通能力？

（2）有一个奶制品专卖店，里面有三个服务人员：小李、大李和老李。当顾客走近小李时，小李面带微笑，主动问长问短，一会儿与顾客寒暄天气，一会儿聊聊孩子的现状，总之聊一些与买奶制品无关的事情，小李的方式就是礼貌待客。而大李呢，采取另外一种方式，他说："我能帮您吗？您要哪种酸奶？我们对长期客户是有优惠的，如果气温高于30℃，您可以天天来这里喝一杯免费的酸奶，您想参加这次活动吗？"大李的方式是技巧推广式。老李的方式更加成熟老到，他和顾客谈论其日常饮食需要，问顾客喝什么奶，是含糖的还是不含糖的。也许顾客是一位糖尿病病人，也许顾客正在减肥，而老李总会找到一种最适合顾客的奶制品，而且告诉顾客如何才能保持奶的营养成分，老李提供的是个性化的沟通模式。（本文由作者根据网络资料改写，原文见：新浪博客.）

应用思考：你认为以上三种模式哪一种更适合奶制品专卖店呢？哪一种是最有效的方式呢？如果是你会怎么做？

2. 实战训练菜单

（1）由教师设定营销相关的沟通会话情景，例如去拜访某位重要顾客或客户，进行洽谈或接待等，让各小组成员按需要扮演不同角色进行模拟训练。

（2）应用交际语沟通的基本理论，运用交际与沟通的技巧，每个同学主动同一位陌生人交流某个问题，并动员他与你共同做一件有意义的事，事后写出总结报告。

任务3.2 培养有效沟通能力

通过实训，使学生明白有效沟通是一个意义转化的过程，明白有效倾听和反馈信息在沟通

中的重要性，掌握有效沟通的方法和技巧，不断提高自己的沟通能力。

3.2.1 任务描述

研发部梁经理才进公司不到一年，不管是专业能力还是管理绩效，都获得大家肯定。部门主管李总发现，梁经理到研发部以来，几乎每天加班，这个部门下班时总是梁经理最晚离开，上班时第一个到。但是其他同事似乎都准时走，很少跟着他留下来。平常也难得见到梁经理和他的下属或是同级主管进行沟通。李总经过调查发现，梁经理都是以电子邮件的方式交代下属工作。他的下属除非必要，也都是以电子邮件回复工作进度及提出问题，很少找他当面报告或讨论，梁经理对其他同事也是如此。电子邮件似乎被梁经理当做和同事们合作的最佳沟通工具。

最近大家似乎开始对梁经理这样的沟通方式有所不满。李总发觉，梁经理所负责的部门缺乏凝聚力，除了不配合加班，还只执行交办的工作，不太主动提出企划或问题。而其他各主管见到梁经理只是客气地点个头。开会时的讨论，也都是公事公办的味道。

李总调查得知，梁经理跟其他部门，即使办公室相邻，也以电话方式谈工作，除非不得已，很少当面沟通。了解这些情形后，李总找了梁经理谈话，梁经理觉得效率应该是最需要追求的目标，所以他希望用最节省时间的方式达到工作要求。李总以过来人的经验告诉梁经理，工作效率重要，但良好的沟通绝对会让工作进行顺畅许多。（本文由作者根据网络资料改写，原文见：温州职业技术学院：公共关系实务国家级精品课程.）

思考：按照自己的理解，思考什么样的沟通是有效沟通。如果你的领导经常与你沟通，你认为会起到怎样的效果？假如你是案例中的梁经理，该怎么做？

3.2.2 实训步骤与考评

1. 实训准备

根据任务描述情境，将全班同学每5～8人分为一个小组成立模拟公司，在模拟公司里每个小组成员按案例里的人物扮演不同角色，在教师指导下各小组进行分散性基础训练，在给定时间内集中各小组以交互式对抗演练方式组织实训，各小组分析讨论，整理出每个模拟公司的总结报告，指导教师对各报告进行点评。

2. 实训步骤

每个同学在模拟公司担任不同角色，在教师指导下进行模拟实训，模拟实训内容见图3.2。

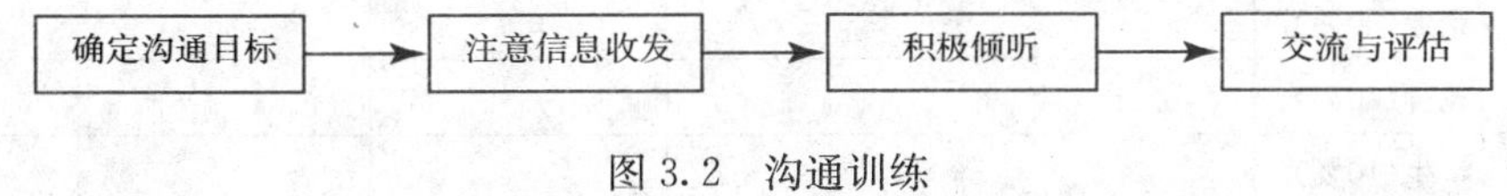

图3.2　沟通训练

(1)确定沟通目标——整个沟通过程都要按目标要求设定。

参考做法：沟通作为一种有意识的自觉行为，必须在沟通之前确定明确目标。梁经理不管是跟属下沟通还是与各部门经理沟通，应该事先确定沟通目标，了解沟通对象，增强沟通的针对性。

(2)注意信息收发——对沟通的信息进行科学处理。

参考做法：沟通对象的需要、心理、知识、个性等因素对沟通效果影响很大。梁经理在与属下及各部门经理沟通过程中，要先了解沟通对象特点，采取多样沟通方式，对沟通信息进行科学处理，提高信息的质量。另外，沟通不是简单的发出信息，而应该了解沟通对象对信息的接收反馈，讲究语言艺术，选择恰当的沟通渠道与方式。

(3)积极倾听——沟通交流中判断其真实性。

参考做法：在沟通中要懂得聆听，要仔细地留意对话中的含义，并判断其真实性。梁经理应该利用时间跟属下或其他部门经理当面沟通，这样可以倾听属下的真实心声来调整工作策略。

(4)交流与评估——增强沟通的有效性。

参考做法：梁经理应该及时评估沟通效果，及时了解员工的反馈意见，来调整工作方法。反馈可以排除噪声和信息失真，增强沟通的有效性，随时把握沟通对象的反应、心态及沟通效果，及时调整沟通策略，实现有效的沟通。

3. 实训总结与考评

基础训练在本组内进行，按规范操作结束后由教师随机抽出每组中的1～2位同学，各组间进行交互式对抗演练评比打分，以参加对抗演练同学的成绩作为小组的综合成绩，见表3.3。

表3.3　沟通训练考核表

成果展示与评价			分析报告及PPT形式答辩				
分析报告	分析报告必备项目		确定沟通目标	注意信息收发	积极倾听	交流与评估	文字表达
	评价标准		了解沟通对象，增强沟通的针对性，客观准确	沟通渠道及方法多样，对沟通信息进行科学处理	沟通交流中能判断其真实性，来调整工作策略	及时了解反馈意见，达到有效沟通	准确、精炼，数据真实，参考文献在近一年内
	应得分		20	20	20	20	20
	评价人	企业(50%)					
		教师(40%)					
		学生(10%)					
	实得分						
	报告最后得分						
PPT答辩	PPT答辩要求		时间	语言组织	表达能力	展现形式	形象及礼仪
	评价标准		控制阐述与回答问题的时间	语言精炼、针对性强	表达清楚、准确	汇报形式新颖	形象得体、大方
	应得分		10	20	25	25	20
	评价人	企业(50%)					
		教师(40%)					
		学生(10%)					
	实得分						
	答辩最后得分						
	任务综合得分						

3.2.3　知识点拨

销售人员的销售过程就是一个有效沟通的过程，这个过程包含有目的地提供信息、讲解、说明或演示，不断地进行引导、说服和认同以及这些环节中的交互反馈等。由此可见，沟通是一个双向互动的过程，不仅包括说，而且包括听。

1. 营销中有效沟通的重要性

销售人员销售过程中的"倾听"可能比单纯的"演讲式"的产品介绍更为重要。有效的倾听需要调动销售人员的感官去参与:通过眼睛去观察,通过心灵去感受,通过大脑去思考,通过嘴去提问。有效的沟通使销售人员不仅可以全面了解客户的需要,而且可以发现客户潜在的需求,帮助客户找到解决问题的适合方案。更为重要的是,有效的沟通还可以在销售人员和客户之间建立起信任的关系,这对于建立长期合作关系,提高客户的忠诚度等具有重要作用。

2. 销售沟通的概述

有效的销售沟通过程是销售人员与客户之间的双向互动过程。严格意义上说,销售沟通就是指使用语言、文字、符号或手势、表情等表现形式,对产品或服务的销售进行解释、说明或演示,以促使沟通双方对沟通的内容拥有共同的理解、认识或认同的过程。

由此可知,销售沟通过程就是销售人员与客户之间相互交换信息以达成共享、共识的一个过程。因此,销售沟通过程涉及信息的发送者(销售人员或客户)和信息的接收者(客户或销售人员)以及对沟通内容进行的编码(把欲传达的意思用语言或非语言的形式表达出来)、解码(对用语言或非语言传达的内容的理解)和噪音(影响沟通双方对沟通内容达成一致认识或理解的内、外部因素)等环节。

具体地说,在销售沟通过程中,信息的发送者和接收者就是销售人员和客户,他们随着销售沟通过程的信息交互,不断地在发送者和接收者的角色之间转换。而信息的发送与接收又直接牵涉到销售人员和客户的感官,比如视觉、听觉、触觉、嗅觉与味觉等器官。

销售沟通过程中的编码是指销售人员和客户把自己的思想、观点、意见、情感等信息根据一定的规则"翻译"成可以传送的信号。编码是销售沟通中信息交流和人际交往中极其重要的环节。而信息的解码,则恰好是信息编码的逆过程,就是对传送过来的语言或非语言的信息进行分析、识别和理解等,进而通过语言或非语言的手段进行反馈:质疑、知晓、反对或认同等。此外,销售沟通过程中还涉及信息传送的媒介,称为通道或载体。比如,通过语言的沟通,传送通道或载体就是空气或辅助沟通的其他物件,比如计算机、网络等。

3. 营销沟通的程序和技巧

(1)明确沟通的目的。明确沟通的目的是实现良好沟通的前提。任何一种沟通都要有目的,目的是沟通的核心,只有具备清晰的目的,才能在整个沟通过程中始终围绕目的去陈述,才能控制整个沟通的过程,从而达到沟通的成功。在实际的业务开展中,要与客户沟通一个事情或者一个方案,如果没有沟通的目的,则会出现客户不知道你到底想沟通什么的状况,也达不到沟通成功的效果。例如:要沟通龙韵古井贡酒、精制古井贡酒铺货方案,整个沟通过程都要围绕龙韵、精制古井贡酒铺货进行讨论,通过销售人员对铺货方案这一信息的传递、接收、反馈、再传递的过程,从而确定最后的铺货方案。而不能一会说龙韵、精制古井贡酒铺货方案,一会又扯到酒店的进店费用,一会又谈到古井大曲的铺货,一会又谈窜货;结果浪费了大量的时间却没有解决一个问题。

(2)沟通前准备工作。沟通前准备工作是实现良好沟通的基础。在沟通前要做好调查研究,要做好一套完整的方案,因此,必须要了解客户的心态,了解市场竞争情况,了解自己的产品在区域市场中的清晰定位,了解方案在操作中会面临哪些问题、针对客户提及的问题有几种解决的方案等。例如:产品的铺市,要考虑目标客户是哪些?计划要铺多少个网点数?这些网点数通过什么样的方法才能做到?是现金铺市还是赊销?现金铺市需要采取什么样的礼品?

选择的礼品是否适合当地终端商？如果赊销，又要考虑赊销的数量、比例、账期。如果赊销造成跑单现象，又如何解决？谁承担铺市损失？什么样的情况是正常损失？什么样的情况是非正常损失？对于正常损失怎样解决？对于非正常损失又如何解决？……当对每一个细节的问题都考虑到了，那么再与客户沟通便游刃有余，做到有的放矢。当然市场中的沟通不仅仅局限在方案的沟通，但市场操作方案的沟通是外部沟通的核心沟通部分。无论是市场方案的文案沟通还是非文案沟通，都必须要有充分的准备。

(3)进行沟通中的说服。沟通中的说服是实现良好沟通的关键。通过对沟通前的详细准备，开始进入沟通的角色扮演，同时通过语言的准确、艺术性的表达进行沟通。

①情感说服。在说服的过程中要把握几个要点：首先从客户感兴趣的动机开始（利益动机），要与客户沟通：如果公司这样做了，市场会产生什么样的一个结果？如果不做，又会产生什么样的结果？比如淡雅的铺市，如果客户铺 300 家，哪怕只有 50%的回头率，利润可想而知；而如果把产品全部放在仓库里，那么利润从哪里来？（况且这些产品的所有权已经成为客户自己的了。）其次从客户角度进行说服；再次要有热情，热情将加强说服力，如果说沟通时自己都毫无表情，也没有热情和激情，怎么能打动客户呢？

在沟通中对待客户的反对观点，要做到：一是冷静、诚实、客观，不攻击、批评、争辩和冲突；二是倾听、理解、重新归纳。因为人们总存在理解上的差异，有不明之处，应及时礼貌地提问。针对怀疑、误解，分而治之，阐明自己的观点，并进行论证和说明。面对真正的缺点，暂时回避，补充理由，强调总体价值和利益，必要时做出让步。

②专业化说服。专业化的说明要求销售人员要具备以下素质：专业营销的理论和实践能力；掌握专业工具的使用技术和技能（如：计算机、投影仪、Excel、PowperPoint 的使用）；搜集数据和建立数据库的能力，要实行周渠道销售报表制度（一年回顾一次，只有一次改变的机会；一月回顾一次，一年有 12 次改变的机会；一周回顾一次，一年有 48 次改变的机会）。

③艺术化说服。沟通的艺术化就是利用语言艺术和措词提高沟通的效果和满意度。客户满意度的高低，在于销售人员与客户的沟通是否到位。要做到良好沟通，需要做好充足的准备，需要销售人员全身心的投入，才能做到信息的准确传达。同时，在语言表达技巧上要注意以下几点：

• 语言的委婉转换表述。语言的转换很重要，它影响客户对信息的接收。如果做得不好，同时不利于客户对沟通中的信息进行反馈。要做到沟通的信息准确接收和反馈，须注意语言的表述。如："我讲了这么多，你听明白了没有?"这时很多客户会心有顾虑而不敢再问，但如果问："不知道我解释得还算清晰吗?"那么客户就会感到很轻松，乐于继续提出问题，从而达到良好的沟通效果。

• 语言的习惯性表达向艺术性转变。语言应从"生活随意型"转向"专业型"。生活中对待亲人、朋友，往往可以直接地表达内心感受，但在工作环境中就必须养成适合于沟通的语言表达习惯。既要有个性化的表达沟通，又必须掌握许多有共性的表达方式与技巧。

以上介绍了沟通的几种典型类型和科学沟通的基本程序和一些技巧，但沟通远不止此，沟通无极限，这只是沟通中的冰山一角。良好的沟通可以体现出最佳的客户体验与企业形象。沟通是一个与人打交道的过程，乐于沟通，勇于沟通，用心地与客户沟通，将使我们的工作取得更大的进步。营销人员的沟通不是以强硬的、军事化的手段处理对外关系；而是要像外交家一样科学、艺术、冷静、客观地去处理市场中错综复杂的关系。

3.2.4 案例导入与解析

1. 良好的沟通能提高企业的凝聚力

约斯塔福德航空公司是美国西北部一个发展迅速的航空公司。在一段时期内，其总部发生了一系列的传闻：公司总经理波利想出卖自己的股票，但又想保住自己总经理的职务。他为公司制订了两个战略方案：一个是把航空公司的附属单位卖掉；另一个是利用现有的基础重新振兴发展。他自己曾对两个方案的利弊进行了认真的分析，并委托副总经理本查明提出一个参考意见。

本查明为此起草了一份备忘录，随后叫秘书比利打印。比利打印完后即到职工咖啡厅去了。在喝咖啡时，比利碰到了另一副总经理肯尼特，并把这秘密告诉了他："我得到了一个爆炸性的新闻，他们正准备成立另一个公司。虽说不会裁员，但我们应早有准备。"这些话恰巧被在附近的办公室同事汤姆听见了，他马上把这个新闻告诉了上司杰姆森，杰姆森认为事态严重，有必要向人事副总经理约翰汇报，于是约翰也加入了他们的联合阵线，要求公司承诺不裁员。

第二天，比利正在打印两份备忘录。备忘录又被来探听消息的摩罗看见了。摩罗随即跑到办公室说："我真不敢相信公司会做出这样的事情。我们要被卖给联合航空公司了，而且要大量削减职工呢！"这消息传来传去，三天后又传回到总经理波利的耳朵里。波利也接到了许多极不友好，甚至是带有敌意的电话和信件。人们纷纷指责他企图违背诺言而大批解雇工人，有的人也表示为与别的公司联合而感到高兴。而波利则被弄得迷惑不解。

最后波利左思右想，终于知道事情是怎么一回事了，心想：比利太爱造谣、搬弄是非，这次趁着向员工解释清楚的同时，一定要把比利给解雇了，以安定军心。（本文由作者根据网络资料改写，原文见：HR 知道 .）

思考与讨论：总经理波利怎样才能使问题得到澄清？这个例子中发生的事是否具有一定的现实性？原因何在？

分析提示：公司的管理由于没有良好的沟通，出现了极大危机，良好的沟通可提高工作效率，增强员工的自信心。

2. 勤沟通了解自身不足有利于成功

一个替人割草的男孩出价 5 美元，请他的朋友打电话给一位老太太。电话拨通后，男孩的朋友问道："您需不需要割草？"老太太回答说："不需要了，我已经有了割草工。"男孩的朋友又说："我会帮您拔掉花丛中的杂草。"老太太回答："我的割草工已经做了。"男孩的朋友再说："我会帮您把草与走道的四周割齐。"老太太回答："我请的那个割草工也已经做了，他做得很好。谢谢你，我不需要新的割草工。"男孩的朋友便挂了电话，接着不解地问割草的男孩说："你不是就在老太太那儿割草吗？为什么还要打这个电话？"割草男孩说："我只是想知道老太太对我工作的评价。"（本文由作者根据网络资料改写，原文见：中国纺织招聘网 .）

思考与讨论：你对这个割草男孩的做法怎么看？

分析提示：只有勤与客户、老板或上级领导沟通，才有可能知道自己的长处与短处，才能够了解自己的处境。

3.2.5 模拟与实战训练

1. 模拟训练菜单

(1)去年底，有一位老总到深圳听取亚洲成功学权威陈安之老师的总裁班课程后非常激动，就很想把这种教育带到深圳，让当地更多想成功的人尽快地成长起来。于是，他很快地组织一批在深圳销售领域很优秀的人士,积极地投入到市场的运用中。首先,对市场进行电话咨询、调查和调研,经过准确的分析后,发现想成功的人很多,但都在探索正确的方法。基于这个调查结果,他们决定请陈安之先生到内地进行公开授课。他们向寿险业、广告业的销售人员展开强烈的电话传播攻势。1 000 个听课指标,电话营销人员仅仅用了 15 天时间就完成了,平均每人每天要打 50 通以上的电话。在业务人员仅有 8 人的情况下,电话营销给企业带来如此之高的工作效率,可见,训练有素的专业人员所拨打的每一通高品质的电话,都能给企业带来巨大的利润。(本文由作者根据网络资料改写,原文见:文学博客网.)

应用思考:电话营销如何做到有效沟通呢?

(2)公司为了奖励市场部的员工,制订了一项海南旅游计划,名额限定为 10 人。可是 13 名员工都想去,部门经理需要再向上级领导申请 3 个名额。

部门经理向上级领导说:"朱总,我们部门 13 个人都想去海南,可只有 10 个名额,剩余的 3 个人会有意见,能不能再给 3 个名额?"

朱总说:"筛选一下不就完了吗?公司能拿出 10 个名额就花费不少了,你们怎么不多为公司考虑?你们呀,就是得寸进尺,不让你们去旅游就好了,谁也没意见。我看这样吧,你们 3 个做部门经理的,姿态高一点,明年再去,这不就解决了吗?"(本文由作者根据网络资料改写,原文见:中国人力资源开发网.)

应用思考:如果你是部门经理,你会如何与上级领导沟通呢?

2. 实战训练菜单

(1)与合作企业共同组织、安排学生进行一次商场或超市的实地促销活动,每位学生深入到商场或超市,与消费者进行面对面的沟通,倾听消费者及潜在顾客的声音,写出消费者需求报告。

(2)让每个学生选择自己的家长或自己最亲近的人作为沟通对象,以解决在相处过程中出现的误解或矛盾为沟通目标,要求写出详细沟通记录和沟通评估报告,检验沟通效果。

项目4　提高观察与应变能力

实训目的与能力要求

观察力是指有目的、有计划的掌握和辨析事物信息的能力，观察力制约着思维对存在的反应能力。作为营销人员必须具备良好的观察与应变能力。通过训练让学生理解观察与应变能力对营销人员的重要性，提高学生的观察与应变能力，培养学生分析与解决问题的能力。

任务4.1　掌握观察与应变技巧

实训目标

通过实训，使学生掌握观察与应变的基本技巧，提高观察与应变能力，培养学生解决实际问题的能力，积累营销工作经验。

4.1.1　任务描述

彭奈创办的基督教商店是美国零售业内非常著名的零售商店。

彭奈的第一个零售店开业不久，有一天，一位客人来到店里买搅蛋器。店员问："先生，你是想买好一点的，还是要次一点的？"那位客人听了显然有些不高兴："当然是要好的，不好的东西谁要？"店员就把最好的一种"多佛牌"搅蛋器拿了出来给他看。男子看了问："这是最好的吗？""是的，而且是牌子最老的。""多少钱？""120元。""什么！为什么这样贵？我听说，最好的才六十几块钱。""六十几块钱的我们也有，但那不是最好的。""可是，也不至于差这么多钱呀！""差得并不多，还有十几元一个的呢。"男子听了店员的话，马上面现不悦之色，想立即掉头离去。

彭奈急忙赶了过去，对男子说："先生，你想买搅蛋器是不是，我来介绍一种好产品给你。"男子仿佛又有了兴趣，问："什么样的？"彭奈拿出另外一种牌子来，说："就是这一种，请你看一看，式样还不错吧？""多少钱？""54元。""照你店员刚才的说法，这不是最好的，我不要。""我的这位店员刚才没有说清楚，搅蛋器有好几种牌子，每种牌子都有最好的货色，我刚拿出的这一种，是同一牌子中最好的。""可是为什么比多佛牌的差那么多钱？""这是制造成本的关系。每种品牌的机器构造不一样，所用的材料也不同，所以在价格上会有出入。至于多佛牌的价钱高，有两个原因，一是它的牌子信誉好，二是它的容量大，适合做糕饼生意用。”彭奈耐心地说。

男子脸色缓和了很多：“噢，原来是这样的。”

彭奈又说：“其实，有很多人喜欢用这种新牌子的，就拿我来说吧，我就是用的这种牌子，性能并不怎么差。而且它有个最大的优点，体积小，用起来方便，一般家庭最适合。府上有多少人？”男子回答：“五个。”“那再适合不过了，我看你就拿这个回去用吧，担保不会让你失望。”

生意成交，彭奈送走了顾客。（资料来源：单凤儒．市场营销综合实训[M]．北京：科学出版社，2009.）

思考：店员的独自推销与后来彭奈的推销有何不同？试分析店员在推销过程中忽略了哪些细节，有何不妥之处，并说明这个案例给你的启发。

4.1.2 实训步骤与考评

1. 实训准备

根据任务描述情境，将全班同学每 5～8 人分为一个小组成立模拟公司，在模拟公司里每个小组成员按案例里的人物扮演不同角色，在教师指导下各小组进行分散性基础训练，在给定时间内集中各小组以交互式对抗演练方式组织实训，各小组分析讨论，整理出每个模拟公司的总结报告，指导教师对各报告进行点评。

2. 实训步骤

每个同学在模拟公司担任不同角色，在教师指导下进行模拟实训，模拟实训内容见图 4.1。

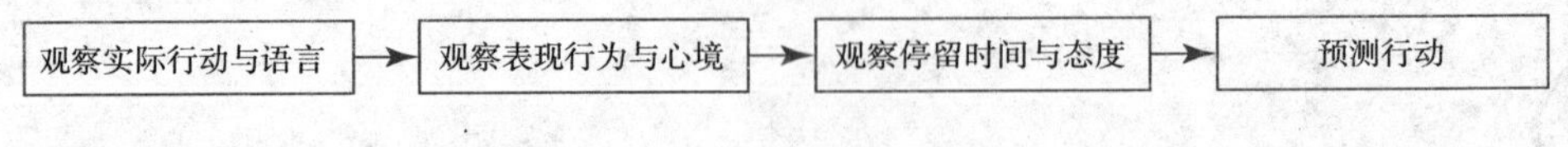

图 4.1　观察与应变技巧训练

(1)观察实际行动与语言——从人的衣着、仪表、姿势可以反映个性、风格。

参考做法：根据案例中的描写，作为店员，应首先观察该男子消费者的衣着、仪表、姿势等，从而确定消费者的个性、风格，注意倾听消费者的需求，按消费者的需求引导消费。

(2)观察表现行为与心境——观察对方的体态、姿势可以了解其心境。

参考做法：案例中店员的第一句话其实已经让客人不高兴了，这时店员应该及时弥补错误，调整营销策略。其实这个顾客想买到便宜又好的产品，可以介绍给他同类产品不同品牌并且是他可以接受的价格的产品，不一定是最贵的但必须是他满意的。

(3)观察停留时间与态度——通过观察体态、语言可以了解对方的反应。

参考做法：在案例中，店员的言语让顾客很不满意，不悦之色已表现在脸上，而且要离开店。正是这时候彭奈得细心的观察，巧妙的解释，把不满化为微笑，销售成功。

(4)预测行动——根据体态、语言观察对方的行动。

参考做法：在顾客不悦的情况下，顾客已暗示想要结束购买了，通过细心的观察，了解消费者的行为，及时调整沟通方案，化解危机，促成购买。

3. 实训总结与考评

基础训练在本组内进行，按规范操作结束后由教师随机抽出每组中的 1～2 位同学，各组间进行交互式对抗演练评比打分，以参加对抗演练同学的成绩作为小组的综合成绩，见表 4.1。

表 4.1 观察与应变技巧实训表

成果展示与评价			分析报告及 PPT 形式答辩				
分析报告	分析报告必备项目		观察实际行动与语言	观察表现行为与心境	观察时间与态度	预测行动	文字表达
	评价标准		通过衣着、仪表、姿势等能准确判断对方的个性，客观	理由充分，判断准确	通过观察停留时间、态度判断其行为	根据行为及时调整策略	准确、精炼，数据真实，参考文献在近一年内
	应得分		20	20	20	20	20
	评价人	企业(50%)					
		教师(40%)					
		学生(10%)					
	实得分						
	报告最后得分						
PPT答辩	PPT 答辩要求		时间	语言组织	表达能力	展现形式	形象及礼仪
	评价标准		控制阐述与回答问题的时间	语言精炼、针对性强	表达清楚、准确	汇报形式新颖	形象得体、大方
	应得分		10	20	25	25	20
	评价人	企业(50%)					
		教师(40%)					
		学生(10%)					
	实得分						
	答辩最后得分						
	任务综合得分						

4.1.3 知识点拨

在现代瞬息万变的市场中营销人员必须要具备敏锐的市场观察能力，迅速而准确地搜集市场信息。应变能力是营销人员根据不断发展的主观条件，随时调整目标和行为策略的创新能力，是市场对营销人员的一项基本要求。

1. 观察法的概述

(1)观察法。观察法是指研究者根据一定的研究目的、研究提纲或观察表，用自己的感官和辅助工具直接观察被研究对象，从而获得资料的一种方法。观察者一般利用眼睛、耳朵等感觉器官去感知、观察对象。由于人的感觉器官具有一定的局限性，观察者往往要借助各种现代化的仪器和手段，如照相机、录音机、显微录像机等来辅助观察。

(2)观察法的要求。

①养成观察习惯，形成观察的灵敏性；集中精力、勤奋、全面、多角度进行；观察与思考相结合。

②制定好观察提纲。观察提纲因只供观察者使用，应力求简便，只需要列出观察内容、起止时间、观察地点和观察对象即可。为使用方便还可以制成观察表或卡片。

③按计划(提纲)实行观察，做好详细记录，最后整理、分析、概括观察结果，做出结论。

(3)观察法的应用。在市场调研中，观察法是指由调查员直接或通过仪器，在现场观察调查对象的行为动态，并加以记录而获取信息的一种方法。

观察法分为人工观察法和非人工观察法，在市场调研中用途很广。比如，研究人员可以通过观察消费者的行为来测定品牌偏好和促销的效果。随着现代科学技术的发展，人们设计了一些专门的仪器来观察消费者的行为。观察法可以观察到消费者的真实行为特征，但是只能观察到外部现象，无法观察到调查对象的一些动机、意向及态度等内在因素。

为了尽可能地避免调查偏差，市场调查人员在采用观察法收集资料时应注意以下几点：

①调查人员要努力做到采取不偏不倚的态度，即不带有任何看法或偏见进行调查。

②调查人员应注意选择具有代表性的调查对象和最合适的调查时间和地点，应尽量避免只观察表面的现象。

③在观察过程中，调查人员应随时做记录，并尽量做较详细的记录。

④除了在实验室等特定的环境下和在借助各种仪器进行观察时，调查人员应尽量使观察环境保持平常、自然的状态，同时要注意被调查者的隐私权问题。

2. 观察法在市场调查中的应用范围

(1)对实际行动和迹象的观察。例如，调查人员通过对顾客购物行为的观察，预测某种商品的销售情况。

(2)对语言行为的观察。例如，观察顾客与售货员的谈话。

(3)对表现行为的观察。例如，观察顾客谈话时的面部表情等身体语言的表现。

(4)对空间关系和地点的观察。例如，利用交通计数器对来往车流量的记录。

(5)对时间的观察。例如，观察顾客进出商店以及在商店逗留的时间。

(6)对文字记录的观察。例如，观察人们对广告文字内容的反应。

3. 现场观察法在营销中的运用

现场观察法是指调查人员凭借自己的眼睛或借助录像器材，在调查现场直接记录正在发生的市场行为或状况的一种有效的收集资料的方法。

(1)现场观察法分类。

①直接观察法。直接观察法是指在现场凭借自己的眼睛观察市场行为的方法。直接观察法又分为顾客观察法和环境观察法。

• 顾客观察法。顾客观察法是指在各种市场中，以局外人的方式秘密注意、跟踪和记录顾客的行踪和举动，以取得调查资料的方法。顾客调查法常常要求配备各种计数仪器，如录音摄像器材、计数器材、计数表格等，以减轻调查者的技术负担和提高资料的可信度。为使调查更深入，往往辅之以堵截访问的方式。

• 环境观察法。环境观察法是指以普通顾客的身份，对调查对象的所有环境因素进行观察，以获取调查资料的方法。这种方法是让专门接受过训练的“神秘顾客”作为普通的消费者进入其调查的环境，一是观察购物环境，二是了解服务质量。

②间接观察法。间接观察法是指通过对现场遗留下来的实物或痕迹进行观察，以了解或推断过去的市场行为的方法。如国外流行的食品厨观察法，即调查人员通过察看顾客的食品厨，记下顾客所购买的食品品牌、数量和品种，来收集家庭食品的购买和消费资料。这种方法对一些家庭日常用品的消费调查非常重要。再如通过对家庭丢掉的垃圾等痕迹的调查，也是较为重要的间接调查方法。

(2)现场观察方法的优缺点。

①现场观察法的优点。

• 自然、客观、准确。观察者对被观察者的活动或可能影响观察者的因素，皆不加以干预，使被观察者动作极为自然、毫无掩饰，所获资料准确性高。

• 直接、简单、易行。观察法是对现场发生的现象的观察和记录，或通过摄像、录音如实反映，直接观测、记录现场的特殊环境和事实，直接性非常强。

②现场观察法的缺点。时间长、费用高；观察深度不够，观察只能看到最后的行为；限制性较大，观察一般只适用于较小的微观环境卫生，且同时受到观察人员自身的身体条件、观察能力、记忆能力、心理分析能力的限制。

(3)采用现场观察法应注意的事项。

①为了使观察结果具有代表性，能够反映某类事务的一般情况，应选择具有代表性的典型对象，在适当的时间内进行观察。

②在进行现场观察时，应尽量保证被调查者未有所察觉，尤其是在使用仪器观察时更要注意隐蔽性，以保证被调查事物处于自然状态。

③在实际观察时，必须实事求是、客观公正，不得带有主观偏见，更不能歪曲事实真相。

④调查人员的记录和观察项目最好有一定的格式，以便尽可能详细地记录调查内容的有关事项。

4.1.4 案例导入与解析

1. 没有细心的观察就不会了解客户的真正需求

当美国迪斯尼在美国和日本取得成功之后，迪斯尼的经营者希望能够跨进欧洲。

1992年4月，欧洲的迪斯尼在巴黎如期开业。这块占地2 000多公顷土地，投资44亿美元的乐园，规模空前。他们预计，营业的第一年，将至少有1 100万欧洲人光顾这里，因为已经有270万欧洲人不远万里光顾了美国的迪斯尼乐园，这足以说明欧洲人是多么热爱迪斯尼。

但事实上，一切都没有想象中那么好！尽管迪斯尼乐团的欢声笑语每天都在重复，尽管巴黎迪斯尼是欧洲人花费最大的游乐园，但利润长期以来一直没有出现。(本文由作者根据网络资料改写，原文见：有效营销.)

思考与讨论：巴黎迪斯尼为什么没达到预期的成功？试写出调查报告。

分析提示：消费者是有千差万别的，同一地域的不同消费者有着不同的需求标准，不同地域的消费者更是有着不同的消费倾向。

2. 洞察服务细节决定营销成败

曾获1992年美国国家质量奖的丽兹·卡尔顿饭店强调的是与顾客接触中提供周到的服务。其服务方针是："在本饭店，殷勤关照和客人的舒适是我们的最高使命。我们保证提供最佳的个人服务及一切设备，让客人充分感受温馨、惬意又高雅的休憩环境，本饭店的体贴入微，让人舒适愉悦，满足客人意料之外的希望与需求。"

丽兹·卡尔顿饭店要求每位员工随身携带"员工信条"小卡片，上面包含着卡尔登的基本服务理念：

(1)座右铭——乐在服务。我们是礼貌服务的绅士和淑女，要礼遇尊重我们的客人。

(2)信条——以客为尊。满足顾客所需，甚至潜在需求。

(3)服务三部曲——诚挚的欢迎，温馨诚挚的接待、预想及满足顾客所需，温馨的告别等等。尽可能称呼客人的姓氏或姓名并要加尊称。

在丽兹·卡尔顿全球连网的系统档案中，详细记载了数十万的客户个人详细资料。有一次，韩国一家跨国集团公司副总裁到澳大利亚出差，当他住进丽兹·卡尔顿饭店后，他打电话给该饭店客房服务部门，要求将浴室内原放置的润肤乳液换成另一种婴儿品牌的产品。服务人员很快满足了他的要求。

事情并没有结束。三周后，当这位副总裁住进美国新墨西哥的丽兹·卡尔顿饭店，他发现浴室的架子上已摆着他所熟悉的乳液，一种回家的感觉在他心中油然而生……

凭借信息技术和多一点点的用心，丽兹·卡尔顿饭店使宾至如归不再是口号。丽兹·卡尔顿全球连网的计算机档案中记载的客户个人资料，是每一个顾客和卡尔顿员工共同拥有的小秘密，使顾客满意在他乡。（资料来源：单凤儒. 市场营销综合实训[M]. 北京：科学出版社，2009.）

思考与讨论：试分析丽兹·卡尔顿饭店周到的服务得到顾客赞赏的理由。

分析提示：通过对现有客户和关键目标客户的信息管理和数据分析，将客户的个性化服务请求识别和记录下来，并且在后续的服务和营销网络中加以应用。

4.1.5 模拟与实战训练

1. 模拟训练菜单

(1)书店里，一对年轻夫妇想给孩子买一些百科读物，推销员过来与他们交谈。以下是当时的谈话摘录：

客户："这套百科全书有什么特点?"

推销员："你看这套书的装帧是一流的，整套都是这种真皮套封烫金字的装帧，摆在您的书架上，非常好看。"

客户："里面有些什么内容?"

推销员："本书内容编排按字母顺序，这样便于资料查找。每幅图片都很漂亮、逼真，比如这幅，多美。"

客户："我看得出，不过我想知道的是……"

推销员："我知道您想说什么！本书内容包罗万象，有了这套书您就如同有了一套地图集，而且还是附有详尽地形图的地图集。这对你们一定会有用处。"

客户："我是为孩子买的，让他从现在开始学习一些东西。"

推销员："哦，原来是这样。这本书很适合小孩的。它有带锁的玻璃门书箱，这样您的孩子就不会将它弄脏，小书箱是随书送的。我可以给您开单了吗?"

客户："我们再看看。"(本文由作者根据网络资料改写，原文见：阿里巴巴.)

应用思考：试分析该案例中推销员没有推销成功的原因。

(2)河南国税局要采购一些服务器，张主任负责这个项目，一位销售代表要去拜访他。由于张主任是军人出身，他是一个很正直敬业的人，与厂家打交道时很严肃，怎样才能打破初次见面的僵局呢？销售代表一直在思考一个比较好的开场白，直到销售代表进到了宽敞明亮的河南国税局的大堂，突然有了灵感。

"张主任，您好。"

"你好。"

"张主任，我这是第一次进税务局，进入大堂的时候感觉很自豪。"

"很自豪？为什么?"

"因为我每个月都缴几千元的个人所得税，这几年加在一起有几十万了吧。虽然我算不上大款,但是缴的所得税也不比他们少。今天我一进到国税局的大门,就感觉到很不同的光荣感觉。”

“噢,这么多。你们收入很高。一般你每个月缴多少?”

“根据销售业绩而定,有的销售代表做得好的时候,可以拿到两万元,这样他就要交五六千元的个人所得税。”

“如果每个企业都像你们公司这样缴税,我们的税收任务早就完成了。”

“对呀,而且国家用这些钱去搞教育、基础建设或者国防,用不了多久,中国就能变成经济强国?”

“不错,但是个人所得税是归地税局管,我们国税局不管个人所得税。”

“哦。我对税务不了解。我这次来的目的就是想了解一下税务信息系统的状况,而且我知道您正在负责一个国税服务器采购的项目,我尤其想了解一下这方面的情况。我们是全球第一大个人计算机公司,我们的经营模式能够为客户带来全新的体验,我们希望成为河南国税的长期合作伙伴。首先,我能否先了解一下您的需求?”

“好吧。”(本文由作者根据网络资料改写,原文见:价值中国.)

应用思考:在案例中,销售代表为什么能跟不太好接近的张主任达成有效的沟通?

2. 实战训练菜单

(1)把学生分成若干个模拟公司,每个模拟公司在商场或超市里选择一个观察点,学生以普通顾客身份观察该地点的消费者选择或购买商品的行为表现,观察并记录每位顾客从接触商品到购买或离开商品的行为过程,同时观察并记录营业人员接待顾客与服务的行为过程。

(2)与合作企业共同组织安排学生一次商场或超市的实地促销活动,每位学生深入到商场或超市,观察和寻找潜在顾客,推销自己的商品,训练自己的观察与应变能力。

任务 4.2 培养观察能力

通过实训,培养营销人的观察能力,使营销人员善于观察,能够透过现象看本质,充分发挥眼睛、耳朵、大脑的作用来观察、判断、分析、揣摩客户的内心活动,只有如此,才能全面认识客户,说服客户。

4.2.1 任务描述

某一家小型咨询公司,因业务发展的需要,希望内部实现现代化办公及信息化管理,因此,决定为每一位员工配备计算机同时在公司内建立局域网。为此,该公司的采购人员咨询了中关村多家著名经销商,却得到十分类似但并不适用的解决方案。几周后,一家小公司的业务员却拿到了这份订单。原来当这位业务员进行客户拜访时,他观察、了解到这家公司已经购买了不同配置、不同品牌的计算机产品。他了解到,这都是该公司在不同时期购进的产品,目前在使用上没有问题。因此,这位业务员猜测,这家公司对解决方案始终不满意的原因就在于这批机器不能合理运用。经过询问他发现自己的猜测是正确的,该公司为了节约成本,希望能够将现有的机器加以充分利用。了解到客户真正的需求,这位业务员自然可以很顺利地拿到订单。(本文由作者根据网络资料改写,原文见:第一管理资源网.)

思考:这家小公司的业务员为什么能拿到订单?分析其原因。

4.2.2 实训步骤与考评

1. 实训准备

根据任务描述情境,将全班同学每5~8人分为一个小组成立模拟公司,在模拟公司里每个小组成员按案例里的人物扮演不同角色,在教师指导下各小组进行分散性基础训练,在给定时间内集中各小组以交互式对抗演练方式组织实训,各小组分析讨论,整理出每个模拟公司的总结报告,指导教师对各报告进行点评。

2. 实训步骤

每个同学在模拟公司担任不同角色,在教师指导下进行模拟实训,模拟实训内容见图4.2。

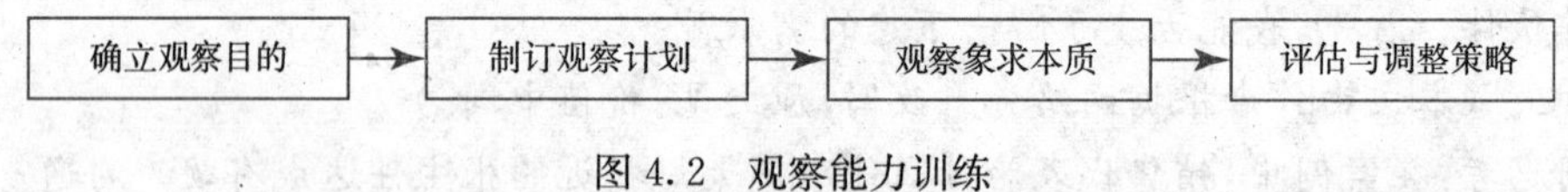

图4.2 观察能力训练

(1)确立观察目的——目的性是观察力最显著的特点。

参考做法:在本案例中,这家小公司的业务员想拿到这个合同,首先要调查咨询公司的需求。这个业务员进行了客户拜访,目的就是观察、了解咨询公司的情况,在去之前就应该确立观察目的。要明确观察什么,怎样观察,达到什么目的,做到有的放矢,这样才能把观察的注意力集中到事物的主要方面,以抓住其本质特征。只有带着目的性的观察才是有效的观察,才能尽快提高自己的观察力。

(2)制订观察计划——切实可行的计划是成功的关键。

参考做法:这家小公司的业务员进行客户拜访前,对观察的内容做出安排,制订了周密的计划。在进行观察前就要打算好,先观察什么,后观察什么,按部就班,系统进行。观察的计划,可以写成书面的,也可以记在脑子里。

(3)观察现象求本质——从现象乃至隐蔽的细节中探索事物的本质。

参考做法:在案例中,小公司的业务员通过观察,了解到该公司在不同时期购进的产品目前在使用上没有问题。这家咨询公司对其他大公司的解决方案始终不满意的原因就在于这批机器不能合理运用。通过观察到的现象,探寻本质。观察力是思维的触角,要培养准确的观察力,就要善于把观察的任务具体化,善于引导他们从现象乃至隐蔽的细节中探索事物的本质。

(4)评估与调整策略——促成营销成功。

参考做法:了解到客户真正的需求,小公司的业务员重新调整方案,顺利拿到了订单。对在营销中出现的危机与矛盾进行评估,及时调整策略,以达到营销的成功。

3. 实训总结与考评

基础训练在本组内进行,按规范操作结束后由教师随机抽出每组中的1~2位同学,各组间进行交互式对抗演练评比打分,以参加对抗演练同学的成绩作为小组的综合成绩,见表4.2。

表 4.2　观察能力训练考核表

成果展示与评价			分析报告及 PPT 形式答辩				
分析报告	分析报告必备项目		确立观察目的	制订观察计划	观察现象求本质	评估与调整策略	文字表达
分析报告	评价标准		全面并能突出重点	准确，数据真实，参考文献在近一年内	能够客观、准确	效果明显、有理有据	准确、精炼，数据真实，参考文献在近一年内
分析报告	应 得 分		20	20	20	20	20
分析报告	评价人	企业(50%)					
分析报告	评价人	教师(40%)					
分析报告	评价人	学生(10%)					
分析报告	实 得 分						
分析报告	报告最后得分						
PPT 答辩	PPT 答辩要求		时间	语言组织	表达能力	展现形式	形象及礼仪
PPT 答辩	评价标准		控制阐述与回答问题的时间	语言精炼、针对性强	表达清楚、准确	汇报形式新颖	形象得体、大方
PPT 答辩	应 得 分		10	20	25	25	20
PPT 答辩	评价人	企业(50%)					
PPT 答辩	评价人	教师(40%)					
PPT 答辩	评价人	学生(10%)					
PPT 答辩	实 得 分						
PPT 答辩	答辩最后得分						
PPT 答辩	任务综合得分						

4.2.3　知识点拨

从心理学角度来说，观察是有意识、有计划、持久的知觉活动，是人们认识客观世界的基础。它作为一种认识方法，在人的一切实践活动中，有着广泛的适用性，特别是对营销有着重要的意义。

观察的成功要依赖一定的知识、经验和技能，更需要思考。因此，还必须开阔思路，掌握科学的学习方法。

1. 有效观察的原则及方法

人的观察力并非与生俱来，而是在学习中培养，在实践中锻炼起来的。为了有效地进行观察，更好地锻炼观察力，掌握良好的观察方法是必要的。

(1)确立观察目的。对一个事物进行观察时，要明确观察什么，怎样观察，达到什么目的，做到有的放矢，这样才能把观察的注意力集中到事物的主要方面，以抓住其本质特征。目的性是观察力最显著的特点，有目的的观察才会对自己的观察提出要求，获得一定深度和广度的锻炼。反之，如果东张西望，左顾右盼，对事物熟视无睹，观察力就得不到锻炼。例如，想要办一个新的商店，需要从别的商店获得一些商品陈列的经验，此时，去观察就一定带着目的性。只有带着目的性的观察才是有效的观察，才能尽快提高自己的观察力。

(2)制订观察计划。在观察前，对观察的内容做出安排，制订周密的计划。如果在观察时毫无计划，漫无条理，那就不会有什么收获。因此，进行观察前就要打算好，先观察什么，后观察什么，按部就班，系统进行。观察的计划可以写成书面的，也可以记在脑子里。

(3)培养浓厚的观察兴趣。由于每个人观察敏锐性的差异,在同一件事物的观察上会出现不同的兴趣,注意到不同事物或同一事物的不同特点。因此,培养浓厚的观察兴趣是培养观察能力的重要前提条件。为了锻炼观察能力,必须培养广泛的兴趣,这样才能促使人们津津有味地进行多样观察。同时,还要有中心兴趣,有了中心兴趣,就会全神贯注地对某一领域进行深入的观察。

(4)观察现象,探寻本质。观察力是思维的触角,要培养准确的观察力,就要善于把观察的任务具体化,善于从现象乃至隐蔽的细节中探索事物的本质。

(5)培养良好的观察方法。一个良好的观察者必须具备观察事物的技巧,掌握适当的观察方法。观察方法很多,这里介绍主要以下几种:

①自然观察法。自然观察法就是对大自然中所存在的东西进行观察,例如,在田野或植物园里观察植物的生长情况,在森林和动物园里观察动物的活动情况等。自然观察法应注意选好观察地点和观察对象,做好记录,并应进行多次原地或异地观察。

②实验观察法。实验观察法就是通过做实验的方式进行观察,如解剖观察或化学实验观察等。

③长期观察法。长期观察法就是在较长的时期内,对某种事物或现象进行系统观察,如气象观察、天文观察等。进行这类观察时要耐心细致,观察地点一经确定,不能随意变更。

④全面观察法。全面观察法就是对某一事物的各个方面都进行观察,求得对该事物的全面了解。

⑤定期观察法。定期观察法就是在某一特定时间内对某事物或现象进行观察。

⑥重点观察法。重点观察法就是按照某种特殊目的和要求,对事物的某一点或几个方面做重点观察。

⑦直接观察法。直接观察法是指一种观察者深入实际,亲自动手做实验取得第一手资料或直接经验的观察方法。

(6)掌握丰富的知识经验。知识经验和良好的观察是辩证统一、互为因果的。一方面,良好的观察力是获得丰富知识和经验的前提条件;另一方面,丰富的知识和经验又是提高观察力的重要因素。一个人的观察总是与自己已有的知识经验联系在一起的。因此,在观察过程中,必须充分利用自己已有的知识和经验,这不仅有利于观察的顺利进行,同时也有利于观察力的不断提高。

(7)遵循感知的客观规律。观察和观察力是在感知过程中提高的。因为,为了培养观察力,就必须遵循感知的一些规律。也就是说,感知的一些规律也成为观察的基本规律。感知规律主要有以下 7 条:

①强度律。对被感知的事物,必须达到一定的强度,才能感知得清晰。一般人对雷鸣电闪是容易感知的,因为它的感知强度很高,而对于昆虫的活动,如对蚂蚁行走的声音就难以觉察。因此,在实践中,要适当地提高感知对象的强度,并要注意那些强度很弱的对象。

②差异律。这是针对感知对象与它的背景的差异而言的。观察对象与背景的差别越大,对象就被感知得越清晰;相反,对象与背景的差别越小,对象就被感知得越不清晰。例如,万绿丛中一点红,这点红就很容易被感知;鹤立鸡群,也是属于这类情形。但是在白幕上印白字,则几乎无法辨认。

③凡是两个显著不同甚至互相对立的事物,就越容易被清楚地感知。因此,在观察中要善

于用对比的方法，把具有对比意义的材料放在一起，甚至还可以制造对比环境。例如观察对象的高矮对比、色彩对比。

④活动律。活动的物体比静止的物体容易感知。魔术师用一只手做明显的动作吸引观众的注意力，而另一只手却在耍手法以达到他的目的。所以，在观察中要善于利用活动规律，达到观察目的。

⑤组合律。心理学的研究说明，凡是空间上接近、时间上连续、形式上相同、颜色上一致的观察对象，越容易形成整体而被清晰地感知。因此，在实际观察中，要把零散的材料或事物，按空间接近、时间连续、形式相同或颜色一致的形式组合起来进行观察，从而找出各自的特点。例如，在一堆杂乱物件中选大小相差不远、颜色相近的若干件，排列起来比较，就可看出彼此的差异。

组合律要求在观察中根据事物的特点进行适当的组合、编排，形成系统，分门别类。

⑥协同律。协同律是指在观察过程中，有效地发动各种感知器官，分工合作，协同活动，这样可以提高观察的效果。协同律也指同时运用强度、差异、对比等规律去观察对象。17世纪捷克著名教育家夸美纽斯就曾要求人们尽可能地运用视、听、味、嗅、触等感官进行感知。学习要做到"五到"，就是眼到、耳到、口到、手到和心到，目的是要通过多种感知的渠道，提高观察的效力。

⑦养成持久的观察习惯。贝弗里奇说："培养以积极的探究态度关注事物的习惯，有助于观察力的发展。'在研究工作中养成良好的观察习惯比拥有大量的学术知识更重要'，这种说法并不过分。"一个人有了持久的观察习惯，就能克服观察过程中所遇到的各种障碍和困难，把观察进行到底。而观察力就正是在这种"锲而不舍"的过程中得到锻炼和提高。

2. 观察中应注意问题

(1)忌漫无目的。许多人在观察事物时，东张西望，漫无目标，对观察过的事物如过眼烟云，脑子里没有留下丝毫印象，因而总形不成观点。

(2)忌片面观察。有的人观察事物，只注意它的正面，不注意它的反面；只观察表面，不观察内部；只注意现在，不注意过去；只去注意事物的一个方面而忽视其他方面。由于这种片面观察，他们所观察到的往往是一些假象，因而得出错误的结论。中国古代兵书上有疑兵计和兵不厌诈的谋略，就是故意利用一些手段混淆敌人的视听，破坏他们的观察能力，引导他们做出错误的判断。比如《三国演义》中"张飞独断当阳桥"的故事。曹操看见张飞雄赳赳，横枪立马在桥头之上，又看见张飞身后的树林背后尘埃蔽日，似乎埋伏有大队人马。他又想起关羽曾经告诉他的话："吾弟张翼德于万马军中取上将首级如探囊取物耳。"这时张飞连吼三声，声如巨雷，势如猛虎，曹操立即转身逃走，退兵15 km。曹操这时犯的就是片面观察的错误。

(3)忌无重点。有些人虽然去观察事物却不带目的性，一古脑儿地观察，把所有现象都收留，囫囵吞枣，结果抓不住重点，浪费时间，观察结果不理想。

(4)忌走马观花。有些人观察事物不深入、不细致，只是粗略地浏览一下。这样既得不到具体印象，又遗漏许多细节，使观察结果一般化。

(5)忌不用心思。有些人在观察中，不用心去分析、去比较，也不思考事物的来龙去脉，因而得不到令人信服的结论。中学生因为兴趣广泛，性情活泼，最容易在观察中出现这样的错误，他们往往凭借一时的好奇心，不做更深入的探求。

(6)忌半途而废。有些人在观察中，遇到复杂和难以解决的问题时，便停止观察，结果常常功亏一篑。

(7)忌情绪不稳定。有些人在愉快时就有兴趣观察,不愉快时就心情烦躁,观察不下去,甚至在某些特殊情况下,由于心情紧张而根本无力进行观察。在营销中要提高自身的基本素质,就要培养自己的观察能力,提高应变能力。

4.2.4 案例导入与解析

1. 细心的观察、真诚的服务达成销售目标

去年夏天,某商场来了一位老先生,在商场里各个冰箱专柜看来看去,每个品牌的导购员都想争取到这个顾客,都把自己品牌的冰箱说得天花乱坠,可是一天下来,老人什么都没有买,也没有表示出对任何一个品牌感兴趣。接下来的几天里,老人每天都来,还是每个品牌都看看。其他品牌的导购员都说这老头可能有毛病,天天看,东问问西问问,可是什么都不买,也没有表示特别的兴趣。渐渐的,其他品牌的导购员都放弃了这个顾客,不再搭理这个老先生。

当老先生再次来到某专柜的时候,该专柜导购员打算改变原来的推销方式,通过观察她发现老先生穿着大方得体,带一副近视眼镜,应该是知识分子。她主动和他聊天,很快知道老人家原来是退休老师,老先生说想换个新冰箱。该导购员给他翻看了几个学校老师买冰箱的记录,老人对其开始有了信任感。根据老先生的需求,该导购员详细地给他介绍各型号冰箱的特点,老人家是属于知识型的顾客,所以对产品的功能每一点都想要了解清楚,与该导购员聊了一周后,他终于同意买一台238YM型号的冰箱。虽然这台冰箱经过这么长时间的交谈才达成销量,但是一旦有老先生所在学校的老师或是朋友要买冰箱,他都带到该导购员那里购买。

这次的事情让这名导购员更加懂得诚心、耐心地对待每一个顾客,努力争取每一次销售机会,回报给其的可能不止一台冰箱的销售,而且千万不要忽视平时的学习与积累。机会也只会留给有准备的人。(本文由作者根据网络资料改写,原文见:百度文库.)

思考与讨论:试分析其他导购员与这名导购员的表现,并说明理由。

分析提示:此案例成功的关键点在于能够及时细心观察,发现顾客个人特点,分析顾客心态,了解顾客的需求,运用专业的技术讲解,消除顾客疑虑,达成销售目标。

2. 通过观察获取信息适时引导

2011年5月9日上午,昆山苏宁来了一对母女,由于美菱冰箱柜台的卖场位置优于容声,她们先是在美菱的柜台浏览,容声导购员发现她们比较专注,根据她们的神情判断,一定是冲着冰箱来的。美菱的导购当时不在岗,容声导购员先是作为商场工作人员的身份礼貌地欢迎她们,向她们做简单介绍,并询问她们是否需要帮助,然后就将她们引导到了容声的冰箱柜台。

考虑到家庭主妇一般都会比较注意电器的省电问题,于是容声导购员先是向她们推荐了一款节能冰箱209S/E,并告知她们这是新品。但后来她们相中了海信的一款,但是决定购买之前,容声导购员发现她们不时地朝容声的那款冰箱回望,似乎犹豫不决,容声导购员相信此时她们心里正在紧张地做着比较,她向她们微笑致意,于是她们又回到了容声的柜台前。容声导购员决定通过对比来打消她们对其他品牌的顾虑,于是她就向她们介绍容声的209S/E和其他品牌的差别。经过对比及容声导购员的详细介绍,她们买了这款产品,容声导购员帮她们办理完一切手续后,她们心满意足地离去了。(资料来源:黄漫宇. 商务沟通[M]. 2版,北京:机械工业出版社,2010.)

思考与讨论:试分析案例中成功销售的原因。如果你是容声冰箱的导购员想怎么做?

分析提示:此案例成功的关键点在于能够通过观察获取信息并适时引导,分析顾客心态,真诚服务,运用专业的技术讲解,消除顾客疑虑,促成了成交。

4.2.5 模拟与实战训练

1. 模拟训练菜单

(1)在山东济南市有一家餐馆,开业后生意很一般,可老板经过细心观察,专门为顾客增设了一个存酒柜,很快为餐馆带来了好生意。过去没有存酒柜时,顾客开始由于要的酒多,喝不完又不好意思带走,于是主人只好一个劲地劝客人喝,直到把酒喝完为止。结果,经常有人喝醉,重者伤了身体,轻者误了正事或影响了家庭和睦。这家餐馆推出存酒柜这一举措后,着实为该店引来了一批又一批的回头客,生意明显好于以前。(本文由作者根据网络资料改写,原文见:中国吃网.)

应用思考:如果你是这家餐馆的老板想怎么做?

(2)一名罗马尼亚客商到中国参加海尔集团的订货会。在乘坐海尔集团的车从机场到宾馆的路上,司机观察到,这位客商对车上播放的腾格尔的歌曲很感兴趣,于是就买了一张腾格尔的CD送给他。在订货会上,这位客商说,连一个司机都能对客户的需求做出快速、准确、细致的反应,海尔的产品一定好。(本文由作者根据网络资料改写,原文见:百度知道.)

应用思考:司机的做法反映了海尔集团什么营销观念?

2. 实战训练菜单

(1)全班同学分成四个小组,每个小组到街上只观察一种类型的人,并写出观察报告书,由教师及其他组成员进行点评。

(2)在某个超市,一名顾客在向导购员咨询某一品牌化妆品的情况后,提出超市销售的该商品外包装与其之前购买的商品包装不同,对商品的保真性提出异议,并认为导购员在误导顾客。导购员当众与顾客发生了争执,专区经理了解情况后负责及时处理事件。三个同学分别扮演顾客、导购员和专区经理,其他同学作为观察者现场记录沟通与争辩过程,并进行打分。

项目5 发挥自我能动性与调控自我情绪

实训目的与能力要求

营销作为一项高难度的创造性工作，而潜能的开发，又是相当程度上依赖于人自我心理上的突破，特别是靠自信与激情这种巨大的精神力量。通过该项目的训练，使学生认识到心态对工作、学习、未来成功的重要性，增强自我心理调控能力，促进自我潜能的开发。

任务5.1 掌握调控自我情绪技巧

实训目标

通过实训，使学生有效控制注意力，促使能从多个角度进行思考，以积极的心态管理自己的情绪，能调控自己情绪并且认知别人情绪。

5.1.1 任务描述

1895年10月的一天，一个年轻人来到了美国现金出纳机销售总公司，他找到了公司营业处的负责人约翰·兰奇。

他向约翰·兰奇表示说："我……我希望能成为贵公司的一名推销员。"

"噢！你先试试吧。"约翰·兰奇没有与他说太多的话，只是让他去仓库领了几台出纳机。

两个星期过去了，年轻人走街串巷，可是一台出纳机也没卖出去。

他只好又来到约翰·兰奇的办公室，希望这个前辈能够给他一些指导。

"哼，我早就看出你不是干推销的那块料。瞧你一副呆头呆脑的样子，还不赶快给我从办公室里滚出去！你呀，老老实实回去好好学学吧。"年轻人没想到约翰·兰奇竟然劈头大骂。

年轻人被骂得无地自容。不过，他并没有丝毫的不满，只是默默地站在那里……最后，约翰·兰奇没有再发脾气，而是和蔼地说："年轻人不要太着急了，让我们来好好地分析一下，为什么没有人买你的出纳机呢？"

约翰·兰奇像换了一个人，他请年轻人坐下，接着说："记住，推销不是一件轻而易举的事。如果零售商都愿意要出纳机，他们就会主动购买，就用不着让推销员去费劲了；如果每个推销员都能轻而易举地把商品推销出去，那也是不正常的。推销是一门很深的学问，需要你认真学习和思考。这样吧,改日,我和你走一趟。如果我们俩一台出纳机都不能卖出去,那咱们俩都得回家了!”

几天后,约翰·兰奇带着年轻人上路了。

年轻人非常珍惜这个宝贵的机会。他认真地观察这个老推销员的一举一动。在一个顾客那里,约翰·兰奇耐心地为客户讲述出纳机的用处与好处,他说:“买一台出纳机可以防止现金丢失,还能帮助老板有条理地保管记录,这不是很好吗?再有,这出纳机每收一笔款子,就会发出非常好听的铃声,让人心情愉快……”顾客微笑着倾听他的讲述,最后竟然真的买下了一台出纳机。

年轻人睁大眼睛看着一笔生意就这样谈成了。

后来,约翰·兰奇又带着这个年轻人到其他几个地方推销出纳机,也都成功了。(资料来源:单凤儒. 市场营销综合实训[M]. 北京:科学出版社,2009.)

思考:年轻人的独自推销与后来约翰·兰奇的推销有何不同?试分析年轻人受到辱骂时的心态,约翰·兰奇大骂年轻人的用意与作用。试说明这个案例给你的启示。

5.1.2 实训步骤与考评

1. 实训准备

根据任务描述情境,将全班同学每5~8人分为一个小组成立模拟公司,每个模拟公司按案例中的人物分配成员扮演不同的角色,在教师指导下各小组进行分散性基础训练,在给定时间内集中各小组以交互式对抗演练方式组织实训,各小组分析讨论,整理出每个模拟公司的总结报告,指导教师对各报告进行点评。

2. 实训步骤

每个同学在模拟公司担任不同角色,在教师指导下进行模拟实训,模拟实训内容见图5.1。

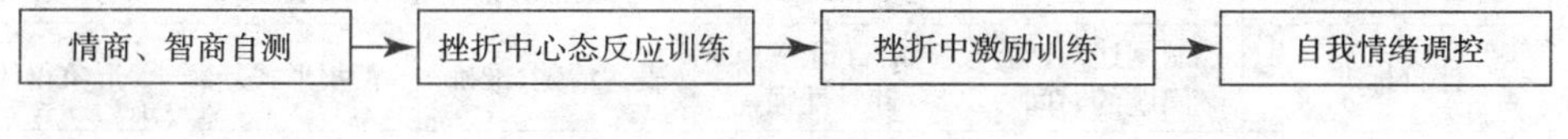

图5.1 调控自我情绪训练

(1)情商、智商自测——了解自己有利于以后的发展。

参考做法:如果你是该案例中的年轻人,应该先测试自己的情商与智商,思考对于推销员这份工作自己是否适合,自己是否具备了推销员所要求的基本素质。中国有句老话:“人贵在有自知之明”,从这句话中可理解到另外一层含义,要想成为贵人或成功的人,不仅要知道自己的缺点,更重要的是一定要知道自己的优点和长处,弥补不足,发扬优点,提高自身综合素质,为以后顺利工作打下基础。

(2)挫折中心态反应训练——在挫折中激励自己。

参考做法:压力与挫折是一块试金石,可以展现每个人的素质。根据案例中的情景,各模拟公司的成员在其中扮演不同角色,假如你是受到辱骂的年轻人如何反应,写出心得体会。

(3)挫折中激励训练——态度比能力更重要。

参考做法:在职业生涯中,成功是每个人的梦想,但不可能永远一帆风顺。关键在于无论身处顺境还是逆境,如何使自己的心态调试到最佳,从而对工作、事业充满信心。案例中的年轻人刚刚工作,作为一个推销员遇到挫折是不可避免的,面对挫折要对自己充满信心,努力学习经验，激励自己的工作热情，迎接每一个美好的明天。

(4)自我情绪调控——科学调节情绪的方法是成功路上的基石。

参考做法：作为案例中的年轻人要有效控制注意力，从多个角度思考销售的受阻和上司的辱骂，去表取精。把注意力放在正处，来调节自身情绪。然后加深自己的逻辑思维，处理问题的时候，视问题大小，考虑深度也要适当加深，不能肤浅只看表面，好的逻辑思维会使人把问题看得很透彻，学会控制情绪。

3. 实训总结与考评

基础训练在本组内进行，按规范操作结束后由教师随机抽出每组中的1～2位同学，各组间进行交互式对抗演练评比打分，以参加对抗演练同学的成绩作为小组的综合成绩，见表5.1。

表5.1　调控自我情绪训练考核表

成果展示与评价			分析报告及PPT形式答辩				
分析报告	分析报告必备项目		情商、智商自测	挫折中心态反应训练	挫折中激励训练	自我情绪调控	文字表达
	评价标准		分析正确、客观	体现自身的素质，能够达到要求效果	能够客观，激励方法多样	效果明显、有理有据	准确、精炼，数据真实，参考文献在近一年内
	应得分		20	20	20	20	20
	评价人	企业(50%)					
		教师(40%)					
		学生(10%)					
	实得分						
	报告最后得分						
PPT答辩	PPT答辩要求		时间	语言组织	表达能力	展现形式	形象及礼仪
	评价标准		控制阐述与回答问题的时间	语言精炼、针对性强	表达清楚、准确	汇报形式新颖	形象得体、大方
	应得分		10	20	25	25	20
	评价人	企业(50%)					
		教师(40%)					
		学生(10%)					
	实得分						
	答辩最后得分						
	任务综合得分						

5.1.3　知识点拨

美国密歇根大学心理学家南迪·内森的一项研究发现，一般人的一生平均有十分之三的时间处于情绪不佳的状态，因此，人们常常需要与那些消极情绪作斗争。人的情绪有两种——消极的和积极的，人的生活离不开情绪，它是个人对外界正常的心理反应，学会控制自己的情绪也是职业和事业的需要。

1. 智商与情商

(1)智商(intelligence quotient)。智商(智力商数，IQ)是指人的一般能力，包括观察能力、分析能力、记忆能力、思考能力、想象能力以及学习能力等。它是人们做一切事情都必须具备的能力。

人的智力水平、聪明程度是有区别的，而且可以测量。人的智力水平通常用智商来测量计算，其公式是：

$$IQ=\frac{MA}{CA}\times 100$$

式中，CA 为生理年龄；MA 为智力年龄。

(2)情商(emotional intelligence quotient)。情商(情绪智商，EQ)是一个以智商(IQ)相对形式命名的术语。实质上，情商也是一种能力，是一种区别于智力的另一种能力，是一种做人的能力，或者说，是一种生存能力与技巧。

美国哈佛大学心理学教授丹尼尔·戈尔曼提出了如下公式：

成功 100％＝IQ20％ ＋ EQ80％

对于情商的概念，可以这样理解：

①把握与控制自己情绪的能力；

②了解、疏导与驾驭别人情绪的能力；

③乐观人生、自我激励与管理能力；

④面对逆境、挫折的承受能力；

⑤通过情绪的自我调节与控制，不断提高生存质量的能力。

2. 态度与情绪

(1)态度(attitude)。态度是指人们在自身道德观和价值观基础上对事物的评价和行为倾向。态度表现于对外界事物的内在感受(道德观和价值观)、情感(即“喜欢－厌恶”、“爱－恨”等)和意向(谋虑、企图等)三方面的构成要素。它主要受生活环境、教育程度以及人生观和价值观的影响。

(2)情绪(mood)。情绪是指人们对客观事物所处态度产生的内心体验，也就是每个人在生活中遇到高兴或是痛苦的事情时产生的喜怒哀乐之情。

态度与情绪是一对相辅相成的概念，只有在积极的工作态度下才会有良好的情绪，只有学会在挫折环境中保持乐观、平和、积极、向上的态度，才能创造出精彩的生命历程。

3. 寻找情绪产生的原因

情绪的产生有来自于外界环境、工作等的影响，也有自身生理的影响。加州大学心理学教授罗伯特·塞伊说：“我们许多人都仅仅将自己的情绪变化归因于外部发生的事，却忽视了它们很可能也与身体内在的生物节奏有关。我们的饮食、健康水平及精力状况，甚至一天中的不同时段都能影响我们的情绪。”塞伊教授所说的身体内在节奏就是通常所说的人体生物钟规律。生理学家和心理学家经过长期的实践和临床研究认为，人的大脑记忆力和情绪与时间有着极其密切的关系，而情绪的变化是由人大脑里的一种激化酶的增减数量和活跃程度高低决定的。所以，人们要尊重并善于利用生物钟规律，在情绪和心情最好的时间段做最重要的事情，比如做计划、思考和讨论重要的问题，处理重大事务，会见重要客户等，而在生物钟的低潮时段则用来处理一些琐碎的工作事项，稍事休息，养精蓄锐。

另外，尊重生理规律，还要求保证充足的睡眠。长期睡眠不足会导致精神萎靡不振，免疫力下降，精力不集中，记忆力减退，且容易莫名其妙地发火、烦躁等。所以，在平时工作中，偶尔加班熬夜过一天就会很快调整过来，如果频繁熬夜，就应该引起足够的重视了，熬夜带来的不良情绪可能会抵消加班带来的工作效果。

4. 情绪调节的九种技巧

学会及时调节自己的情绪是每一个职场人士必须具备的技能。在日常生活和工作中，当意识到自己处在不良情绪的骚扰和包围之中时，可以运用下列技巧来调节：

(1)转移技巧。一般情况下，能对自己的情绪产生强烈刺激的事情，通常都与自己的切身利益相关，要很快将它遗忘是很困难的。但是，可以采用转移技巧，例如，主动去帮助别人，找知心朋友谈心，或者阅读有益的书籍。要使自己心有所系，不要处于精神空虚、心灵空旷的状态。凡是在不愉快的情绪产生时能很快将精力转移他处的人，不良情绪在他身上存留的时间就很短。

(2)解脱技巧。解脱就是跳出原来的圈子，迅速从不良情绪的深坑中逃离出来，俗话说“退一步海阔天空”就是这个意思。有一个销售经理因为年初公司给他下达了翻一番的销售指标，他知道这样的目标很难完成，几次找到总经理商量都被顶了回来。他越想越气，感到总经理在有意为难他，当天晚上一个人在酒吧喝闷酒，因为酒后失控砸了酒吧的设施还打伤了人，结果被派出所拘留了15天又赔偿了人家两万元钱。当总经理在接他回家的路上问其原由后，总经理哈哈大笑着说：“你真混，你想想，你才找我了三次，我能给你调减指标吗？我本想在你第四次找我的时候再答应你的。”很多事情并不是所想象的那样可怕。

(3)升华技巧。水珠在沸腾的竞争中而升腾万里长空，乌云在追逐太阳的光芒中而化作美丽的彩虹。事实上，每个人的一生只有两条道路，一条通往人生的天堂，一条通往人生的地狱。升天堂的办法只有一个，就是转悲为喜，把自己的消极情绪引向积极的方向，化被动为主动，化悲痛为力量，化绝望为希望，化阻力为动力。世界推销大师乔吉拉德的父亲从小就对他没有信心，从来就不支持他的理想，而且断定他将一事无成。乔吉拉德就是不信邪，每当遇到推销失败而万念俱灰的时候，他就想起了父亲那鄙视的目光，于是他又一次次从挫折与失败中奋起，缔造了世界推销史上的神话与传奇。

(4)利用技巧。利用就是人们常说的“坏事也能变成好事”。一些外界的刺激和干扰可能是上帝在有意考验和磨炼个人的意志力与自制力，如果善加利用，这就是上帝带给个人成功的礼物。有一次，年轻的歌唱家帕瓦罗蒂在住旅馆时，隔壁的婴儿总是一直大哭不停，让他实在难以入睡，想到明天的演出他更是愤怒。当他准备起身找服务员换房间时，一个灵感突然而至：婴儿的哭声与自己的歌唱不正是很相似吗？婴儿啼哭了一两个小时为什么声音还是这么洪亮？老师总是说自己的发声有问题，也许从婴儿哭喊会学到些东西。帕瓦罗蒂转怒为喜，于是他躺在床上甚至走到室外开始认真地倾听琢磨起来，等到天亮时，他终于从婴儿时断时续的啼哭中悟出了发声的技巧。

(5)疏导技巧。如果因为对完成客户拜访的任务把握不大而感到焦虑不安，就要积极把精力转移到充分准备工作上来，搞好演练，减轻自己的忧虑。

(6)发泄技巧。将不良情绪的能量释放出去。比如，发怒时，要么赶快去其他地方，要么找个体力活干一干，要么跑一圈，这样就能把因盛怒激发出来的能量释放出来，从而使心情平静下来。过度痛苦时，不妨大哭一场，而笑也是释放积聚能量、调整机体平衡的一种方式。

(7)自我激励技巧。自我激励是指用生活中的哲理或某些明智的思想来安慰自己，鼓励自己同痛苦和逆境进行斗争。自我激励是人们精神活动的动力源泉之一，一个人在痛苦、打击和逆境面前，只要能够有效地进行自我激励，就会感受到力量，就能在痛苦中振作起来。

(8)语言暗示技巧。语言是一个人情绪体验强有力的表现工具。通过语言可以引发或抑制情绪反应，即使不说出口也能起到调节作用。林则徐在墙上挂有“制怒”二字的条幅，就是用语言控制、调节情绪的好办法。比如，发怒时，可以暗示自己“不要发怒”，“发怒会把事情搞砸”；陷入忧愁时，提醒自己“发愁没有用，于事无补，还是面对现实，想想办法吧”。在松弛平静、排除杂念、专心致志的情况下，进行这种自我暗示，对情绪的好转将大有益处。

(9)环境调节技巧。环境对人的情绪、情感同样起着重要的影响和制约作用。素雅整洁、光线明亮、颜色柔和的环境，使人产生恬静、舒畅的心情。相反，阴暗、狭窄、肮脏的环境，会给人带来憋闷和不快的情绪。因此，改变环境也能起到调节情绪的作用，在受到不良情绪压抑时，不妨到外面走走，大自然的美景能够旷达胸怀、愉悦身心，对于调节人的心理活动有着很好的效果。

5.1.4 案例导入与解析

1. 情商在人生中的作用

1960年，著名心理学家瓦特·米歇尔在斯坦福大学的幼儿园做了一个“软糖实验”。他召集了一群四岁的小孩，每人面前放了一个软糖，对他们说：“小朋友们，老师要出去一会儿，你们面前的软糖不要吃。如果你控制住自己不吃这个软糖，老师回来会再奖励你一个软糖。”他出去后和很多人在外面窥视，这群四岁的小孩看着软糖。有的小孩过一段时间手伸出去了，缩回来，又伸出去了，又缩回来。一会儿过后，有的小孩开始吃了，但是有相当多的小孩坚持下来。他回来过后，就给坚持住没吃软糖的小孩再奖励一个。这些小孩凭什么能坚持下来？通过观察发现，有的小孩数自己的手指头，不去看软糖；有的把脑袋放在手臂上，努力使自己睡觉；有的数数，不去看。多年来，米歇尔继续跟踪观察这些小孩到上小学、初中，发现能控制住自己不去吃软糖的小孩上了初中后，大多数表现比较好，成绩、合作精神都比较好，有毅力，而控制不住自己的，表现不好。不光是读初中的时候，走上社会后的表现大概也是如此。(资料来源：曾国平.“软糖实验”对人生的启示[J].今参考政界版，2007(9).)

思考与讨论：你认为这些小孩能控制住自己不去吃软糖的主要原因是什么？

分析提示：这项并不神秘的实验使人们意识到，智力在人生的作用方面过去估值偏高，对人生成功的取胜还应该有其他因素。智商虽然是成功极其重要的因素，但是影响一个人一生的，更多是情商。

2. 乐观测试

20世纪80年代中期，美国某保险公司某年雇佣了5 000名推销员并对他们进行了培训，每名推销员的培训费高达30 000美元。雇佣后第一年有一半人辞职，四年后这批人只剩下五分之一。原因是：在推销人寿保险的过程中，推销员得一次又一次面对被人拒之门外的窘境。为了确定是不是那些比较善于对付挫折，将第一次拒绝都当做挑战而不是挫折的人就可能成为成功的推销员，该公司向宾夕法尼亚大学的心理学家马丁·塞里格曼讨教，并请他来检验他自己关于“在人的成功中乐观的重要性”的理论。这一理论认为，当乐观主义者失败时，他们会将失败归结于某些他们可改变的事情，而不是某些固定的、他们无法克服的弱点；因此，他们会努力去克服困难，改变现状，争取成功。塞里格曼对15 000名参加过两次测试的新员工进行了跟踪研究，这两次测试一次是该公司常规的甄别测试，另一次是塞里格曼自己设计的用于测试被测者乐观程度的测试。这些人中有一组人没有通过甄别测试但却在乐观测试中取得“超级乐观主义者"成绩。跟踪研究表明,这一组人在所有人中工作任务完成得最好。第一年,他们的推销额比"一般悲观主义者"高出21%,第二年高出57%。从此以后,通过塞里格曼的"乐观测试"便成为被录用为该公司推销员的一个条件。(本文由作者根据网络资料改写,原文见:百度文库.)

思考与讨论:你怎样看待该公司录用推销员的"乐观测试"?

分析提示:在推销中只有在积极的工作态度下才会有良好的情绪,只有保持乐观、平和、积极、向上的态度才能创造出优秀的业绩。

5.1.5 模拟与实战训练

1. 模拟训练菜单

(1)"打工皇后"吴士宏最早在IBM公司时,只是一个清扫卫生的工人,可是每天她内心都在想着让她的人生不再平庸。有一天,公司缺乏一个销售人员,由于她一贯良好的工作态度,又加上不断的申请,公司接受她的请求。经过自己的努力,吴士宏成为IBM公司南方区的销售经理,当时被称为"南天王"。后来她又到TCL集团任要职。(本文由作者根据网络资料改写,原文见:道客巴巴.)

应用思考:你认为吴士宏走向成功的主要原因是什么?

(2)有一次,美国前陆军部长斯坦顿怒气冲冲地来到林肯的办公室,说一位少将指责他护短,并且对他进行了人格侮辱。林肯平静地说:"是吗?这个家伙的确很可恶。你应该写一封尖酸刻薄的信回敬他,把他臭骂一顿才对。"

斯坦顿也真的很听话,他当即就写了一封措辞强烈,而且充满火药味的信。林肯看了这封信后,连声叫好:"太好了,斯坦顿!就是这样,骂得他狗血喷头才叫过瘾,这样才能狠狠地教训他。"斯坦顿随即把信叠好装进了信封,这时,林肯却叫住了他:"你准备干什么?""当然是寄给他呀!"斯坦顿急不可耐地说。

"不能胡来,斯坦顿!"林肯大声说:"这封信你不能发,快把它扔到炉子里去。当别人激怒我或侮辱我的时候,我都是这么做的。你写了这封信不是已经解气了吗?如果还有气儿,那么就把这封信烧掉,再写一封!"(本文由作者根据网络资料改写,原文见:人人网.)

应用思考:你如何看待林肯解决问题的方法?控制情绪的技巧还有哪些?

2. 实战训练菜单

(1)假如你是某品牌保健品的推销员,在推销过程中顾客认为你的产品是假的产品,拒绝买你的产品,而且说很难听的话,这时候你会怎么做?会问自己什么问题呢?

(2)在遇到不顺心事情的时候,你的肢体动作通常是怎么样的?你自己有没有什么调整情绪的秘方?

任务5.2 发展个人潜力

通过实训,让学生理解个人潜力的发展对一个人的成功至关重要,让学生能够正确评估自己,以积极的心态激励自己,按自己的发展规划不断挖掘自己的潜能。

5.2.1　任务描述

小张性格比较内向，可是在求职的过程中，他偏偏找了一份需要经常与陌生人进行沟通和交流的推销员工作，在得知小张找到这样一份工作后，他周围的亲朋好友都劝他不要在这行继续干下去了，原因是都认为他的个性不适合这份工作，早晚会被炒鱿鱼，还不如早点抓紧时间再找一份适合自己的工作，可是小张并不想放弃自己的工作，一来他不想失去这份来之不易且薪水不错的工作；二来是他想通过这样一份工作锻炼自己，使自己变得更加积极、乐观和开朗。

带着这样的想法，小张积极地投入到了销售工作中。可是，想法固然美妙，而现实却十分无情，工作充满压力，小张还要试着克服自己内心的恐惧与怯懦。就这样，小张在销售中，屡屡碰壁。在一次遭到客户的严厉拒绝之后，小张以前的坚定信念遭到了动摇，他沮丧地坐在路边想自己是不是自不量力？难道自己果真在销售工作中做不出成绩吗？他低头突然看到路边石缝中的小草正从沉重的石头下面努力地曲折伸出嫩芽，看到一株小草尚且如此执著与顽强，他决定放弃自己的消极想法，要重新开始，真正地改变自己，要努力学习经验，尽自己所有的能量，做好销售工作。之后，小张像变了一个人一样，与客户沟通时热情、开朗、幽默，他的销售业绩迅速有了很大的突破。（资料来源：季黎．营销职业素质实训[M]．北京：中国人民大学出版社，2011．）

思考：小张为什么最后取得了成功？

5.2.2　实训步骤与考评

1. 实训准备

根据任务描述情境，将全班同学每5～8人分为一个小组成立模拟公司，每个模拟公司按案例中的人物分配成员扮演各角色，在教师指导下各小组进行分散式基础训练，在给定时间内集中各小组以交互式对抗演练方式组织实训，各小组分开讨论，整理出每个模拟公司的总结报告，指导教师对各报告进行点评。

2. 实训步骤

每个同学在模拟公司担任不同角色，在教师指导下进行模拟实训，模拟实训内容见图5.2。

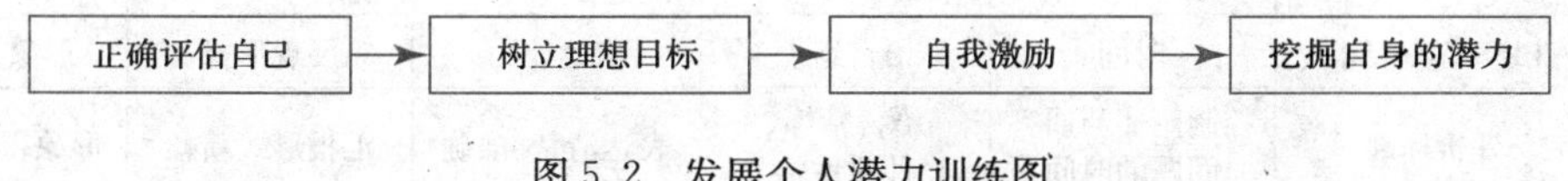

图5.2　发展个人潜力训练图

（1）正确评估自己——自己要相信自己。

参考做法：案例中的小张，亲戚朋友都认为他的性格不适合做销售，但他在挫折面前正视自己，调整自己的态度，热情的工作态度、良好的沟通最终使他的销售业绩得到了突破。激发自身的潜能首先要正确认识自己，自己相信自己，给自己积极的暗示。若说服自己，告诉自己可以办到某件事，假使这事是可能的，便办得到，不论它有多艰难。所以，如果要发展潜能，那么人必不可少要有自信。

（2）树立理想目标——有远大理想才会有前进的动力。

参考做法：在这个案例中小张给自己确定了工作目标，一来不想失去这份来之不易且薪水不错的工作；二来是想锻炼自己。有了明确的理想目标，为了实现它就会有前进的动力、积极的心态，努力克服遇到的困难，最大地开发自己的潜力。

(3)自我激励——不断正面激励自己。

参考做法:人类的潜能如同一口油井,挖得越深,喷出的油也越多,只要深挖不懈,必定油如泉涌。大家都认为小张性格比较内向,不适合做销售。但小张在层层压力面前,有了开发自我潜能的欲望,并且有了为自己所爱的事业奋斗的志向,所以他用积极思考的头脑,发现问题,挑战自我开发了自身潜能,伴随自信到达成功的彼岸。

(4)挖掘自身的潜力——好的计划要落实执行才会成功。

参考做法:智力的高低和实力的强弱固然是衡量人的尺度,但好的主意只有在自身十分投入自己所喜欢的工作时才会产生。案例中小张有目标,有理想,有自己的发展规划,加上他强烈的进取心和善于行动的作风,最终销售获得突破。其实,营销是一个系统工程,不是有一套完美的策划方案出台就可以了,还要落实很多细节性的东西,切实可行的方案要认真落实去执行,挖掘自身最大潜力,提高自身营销的综合素质。

3. 实训总结与考评

基础训练在本组内进行,按规范操作结束后由教师随机抽出每组中的1～2位同学,各组间进行交互式对抗演练评比打分,以参加对抗演练同学的成绩作为小组的综合成绩,见表5.2。

表5.2 发展个人潜力考核表

成果展示与评价			分析报告及PPT形式答辩				
分析报告	分析报告必备项目		正确评估自己	树立理想目标	自我激励	挖掘自身的潜力	文字表达
	评价标准		分析正确、客观	根据自身客观现实,制订切实可行的发展规划	客观,激励方法多样	效果明显、有理有据	准确、精炼,数据真实,参考文献在近一年内
	应得分		20	20	20	20	20
	评价人	企业(50%)					
		教师(40%)					
		学生(10%)					
	实得分						
	报告最后得分						
PPT答辩	PPT答辩要求		时间	语言组织	表达能力	展现形式	形象及礼仪
	评价标准		控制阐述与回答问题的时间	语言精炼、针对性强	表达清楚、准确	汇报形式新颖	形象得体、大方
	应得分		10	20	25	25	20
	评价人	企业(50%)					
		教师(40%)					
		学生(10%)					
	实得分						
	答辩最后得分						
	任务综合得分						

5.2.3 知识点拨

1. 潜力的概述

(1)潜力的定义。潜力就是潜在的能力和力量,即内在的没有发挥出来的力量或能力,也就是人类原本具备却忘了使用的能力。

(2)人类潜能的生物学基础。人类的大脑内部有千亿个神经细胞,这已是科学认证的事实,然而,人脑的力量虽令人敬畏,却也难以捉摸。唯有先懂得如何去开发脑中的无限潜能,才能真正运用这份力量。我们必须先接受一个观念,那就是真心地相信自己与生俱来的潜力还没完全展现出来。

2. 人类的潜能分类

(1)人类拥有巨大的心脑潜能。的确,潜能存在于潜意识中,一个人要实现自己的职业生涯目标,干出一番惊天动地的事业,须在树立自信、明确目标的基础上,进一步调整心态,开发潜能,这一点也极为重要。

科学家们研究发现,人具有巨大的潜能。若是一个人能够发挥一半的大脑功能,就可以轻易学会 40 种语言,背诵整本百科全书,拿 12 个博士学位等。著名的心理学家奥托指出,一个人所发挥出来的能力只占他全部能力的 4%,也就是说,人类还有 96%的能力尚未发挥出来。美国学者詹姆斯研究发现,普通人只开发他蕴藏能力的 10%,与应当取得的成就相比较,普通人不过是半醒着的。普通人只利用了身心资源的很小很小的一部分。世界赫赫有名的控制论奠基人之一诺伯特·维纳说:“我可以完全有把握地说,每个人即便他是做出了辉煌成就的人,在他的一生中利用他自己的大脑潜能还不到百亿分之一。”

以上说法也许有点夸张,但人具有很大的潜能是无可否认的。这种潜能可用冰山理论来形容。即海面上飘浮着一座冰山,阳光之下,颇为壮观。但真正壮观的景色不在海面之上,而在海面之下,与浮出水面的那部分相比,沉浸在海面下的部分是它的五倍、十倍,甚至上百倍。可以这样比喻,浮在海面以上的部分,是人的显在能力,即人们已经知道的能力;沉浸在海面以下的部分,是人的潜在能力。可见,人的潜在能力大大超过显在能力。

(2)人类拥有巨大的体能潜能。其实,人不仅具有巨大的心脑潜能,还有巨大的潜在体能。一个人能搬动一辆汽车,你相信么?但这确实是真的。在一家农场,有一辆轻型卡车,农夫的儿子年仅 14 岁,对开车极感兴趣,有机会就到车上学一会,没过多久,他就初步掌握了驾车的技能。

有一天儿子将车开出了农场大院。突然间,农夫看到车子翻到水沟里去了,大为惊慌,急忙跑到出事地点。他看到沟里有水,而他儿子被压在车子下面,躺在那里,只有头的一部分露出水面。这位农夫并不高大,也不是很强壮,但他毫不犹豫地跳进水沟,双手伸到车下,把车子抬高,让另一位来援助的农工把儿子从车下救了出来。事后,农夫就觉得奇怪,怎么一个人就把汽车抬起来了呢?出于好奇,他就再试了一次,结果是根本就抬不动那辆车子。此事说明,农夫在危机情况下,产生一种超常的力量。这种力量从何而来呢?

医务人员解释为,身体机能对紧急状况产生反应时,肾上腺就大量分泌出激素,传到整个身体,产生出额外的能量。大量肾上腺激素分泌的前提条件是人的体内能够产生这种多腺体。如果自身没有,任何危机都不能使其分泌出来。由此可见,人确实是存在极大的潜在体能。另外,农夫在危急情况下产生一种超常的力量,并不仅是肉体反应,它还涉及心智、精神的力量。当他看到自己的儿子被压在车下时,他的心智反应是去救儿子,一心只想把压着儿子的卡车抬起来,正是这种力量,使他的潜能得到了发挥。

又如,一个孩子的母亲,能准确无误地接住从四楼阳台上掉下来的孩子。你相信吗?但这的确是一个真实的故事。有一位年轻的母亲,在家照顾她两周岁多的儿子,孩子睡着后,母亲把儿子放在小床上，她趁儿子熟睡这段时间去附近的菜市场买菜。这位母亲买完菜走到居住的楼群时，由于惦记着儿子，她不由得朝自己居住的方向望了一眼。这一望不得了，发现四楼阳台上有个黑点在蠕动。糟了，"我的儿子，"她大叫一声，疯狂地往前跑，边跑边喊："孩子不要往外爬！"但是孩子哪里听得懂呀，她看到妈妈朝她挥手，兴奋得乱蹬乱舞，拼命往外爬。这时要跑到四楼阻止儿子，已经来不及了，这位母亲于是就拼命地跑，刚好在儿子掉下来的一刹那，跑过去伸出双臂稳稳地把儿子接住了。

这件事立即轰动了当地的市民，电视台记者来了，要把这人间奇迹摄下来。于是，他们找到这位母亲，要她重复一次。这位母亲惊恐地摇摇头，死也不干。后来，记者说，"不是让你的儿子重新试验，只是找个布娃娃从四楼掉下来，你再去接住。"这位母亲同意了。

但是，一次、二次、三次，布娃娃都掉在了地上，怎么也接不住。这位母亲说："因为孩子不是自己的，并且又是假的。"这足以说明，人的潜能是存在的。

3. 潜能开发的方法

每个人都有巨大的潜能。任何平凡的人，只要经过潜能开发训练，将潜能得到适当的发挥，都可干出一番惊人的事业。无论是现在事业有成，还是事业无成，无论是年老者，还是年轻人，无论是搞行政的，还是搞业务的，只要相信自己，相信自己的潜能，并用科学的方法加以开发，定会有所作为。

(1)要树立远大志向。古人讲"非志无以成学"、"志不强者智不达"。立志就是激励自己走向一条进取的、迎难而上的、智慧的人生之路。人有了志向，就会对自己严格要求，就会克服前进路上的任何困难，聪明才智才会发挥出来。正如高尔基所说："我常常重复这样一句话，一个人追求的目标越高，他的才力就发展得越快，对社会就越有益。"

(2)正面暗示。暗示有两种情况，一是暗中所示，二是暗示主体讲话，接受暗示者不加拒绝地听，第二种暗示往往容易被忽略。暗示又分为三类：自我暗示，他人暗示，环境暗示。"南人多机灵，北人多忠厚"，这就是南北方不同的环境千百年来对人作用的结果，南方多水，水是灵活的；而北方则多厚土，因此形成了北方人忠厚、厚道的性格。又如，一位美国老板，经常一手提皮包，一手高举起，大声喊："今天谈判一定成功。"注意，一定要天天坚持这样做，不要做一天、两天就放弃。之所以称为"修炼"，就是要天天练习。自我开发技术的关键在于坚持，正面暗示能使你充满自信。

(3)超我观想。观想类似于文学创作中的想象，又不同于想象，是生动细腻的想象。例如，女士每天上班前半小时，略施粉黛，照镜子，最好是穿衣镜，笑一笑，对自己大声说："我真年轻，我真漂亮，我真有才华，我真有气质，我真有运气。"不仅大声讲，还要加上夸张的动作。这就是超我观想的训练，天天坚持，受益无穷。再比如开会，要坐到前面，一定要坐到前排，为什么呢？因为前排重要，如果认为自己很重要，就坐到前排，这就会有一种心理暗示："我很上进，我很重要。"为什么要这么做呢？心理学家与行为学家的研究告诉人们，十个人中有九个人缺少自信心，所以说人们需要超我观想。

(4)光明思维。任何事物都有两面性，但人们应着眼于其光明面，思维有一个背景，积极的心态很重要。要常常保持乐观的心情，必须每日清除心田里的杂草。如果光看自己生命中的灰暗面，强调各种可能的困难，那就把自己置于了会滋生上述现象的心态中。行为是心态的反应，心态是内心记忆和生理状态的结果，而此两者却是在短时间内可以改变的。

(5)综合情绪。情绪很重要，情绪与智力正如鸟之两翼，车之两轮，可以帮你走向成功的彼岸。

(6)放松入境。首先把自己想象成一个小泥人,体验一下什么叫僵硬,不放松;其次想象自己是一个木偶,被线系着,突然“啪”地一响,系着的线断了,木偶的身体散成碎片;最后,想象自己是一个气球人,忽然被一个人用针扎了一下,气跑光了,只剩下一张皮。这种观想术可以放松身心,远离紧张。有人认为成功就是奋斗、奋斗、再奋斗,其实不然,奋斗的同时也要学会放松自己,这样做首先是为了获得健康,其次是为了获得智慧,最后在这些基础上,再不断奋斗,追求成功。

个人潜力的发展对一个人的成功至关重要。一个人的先天条件往往不可以改变,但后天的努力程度和目标规划却可以影响一个人未来的职业发展。特别是营销行业,良好的身心素质、积极进取的人生态度,与专业的职业知识、合理的职业规划相结合,开发自己最大的潜力,就会达到事半功倍的效果。

5.2.4　案例导入与解析

1. 在挫折中调控自我情绪以自我激励

亚伯特·安塞尔是铅管和暖气材料的推销商,多年以来一直想跟布鲁克林的一位铅管包商做生意。那位铅管包商业务极大,信誉也出奇得好。但是安塞尔一开始就吃足了苦头。那位铅管包商是一位喜欢使人窘迫的人,以粗线条、无情、刻薄而感到骄傲。他坐在办公桌的后面,嘴里衔着雪茄,每次安塞尔打开他办公室的门时,他就咆哮着说:“今天什么也不要!不要浪费你我的时间!走开吧!”

安塞尔面对铅管包商冷漠的拒绝,有点失落,但他又想真的没办法了吗?难道这样一个好的商机就错过了吗?

然后有一天,安塞尔先生重新振作起来想试试另一种方式。

安塞尔的公司正在商谈,准备在长岛皇后新社区办一间新的公司。那位铅管包商对那个地方很熟悉,并且做了很多生意,因此,安塞尔去拜访他时就说:“先生,我今天不是来推销什么东西的。我是来请你帮忙的,不知道你能不能拨出一点时间和我谈一谈?”“嗯……好吧,”那位包商说,嘴巴把雪茄转了一个方向,“什么事?快点说。”

“我们的公司想在皇后新社区开一家公司,”安塞尔先生说,“你对那个地方了解的程度和住在那里的人一样,因此我来请教你对这事的看法。这是好呢还是不好呢?”

情况有些不同了!多年以来,那位包商向推销商吼叫,命令他们走开,今天这位推销员进来请教他的意见,一家大公司的推销员对于他们应该做什么,居然跑来请教他,使他觉得自己很重要。

“请坐请坐,”他说,拉过来一把椅子。接着用一个多小时,他详细地解说了皇后新社区铅管市场的特性和优点。“那天晚上当我离开时,”安塞尔先生说,“我不但口袋里装了一大笔初步的装备订单,而且也建立了坚固业务友谊的基础。这位过去常常吼骂我的家伙,现在常和我一块儿打高尔夫球。(本文由作者根据网络资料改写,原文见:智慧世界网.)

思考与讨论:试分析安塞尔先生成功的原因?

分析提示:安塞尔先生挽回败局,将一笔快泡汤的生意又做成,其原因是自己坚持不懈的努力,自我激励,根据对方的个性改变推销策略,赢得了对方的好感从而获得了成功。

2. 两只青蛙故事的启示

从前有两只小青蛙,溜到农民的房子里玩,它们站到一个坛子沿上跳舞时,不小心掉到里面。里面装的是黏糊糊的油，它们想跳出来，油太黏，想爬出来，壁太滑。几经尝试，没有结果。

青蛙 A 边游边想，看来今天是没希望了，怎么也出不去了，反正也没希望了，还游什么呢？这样想着，四肢越发划不动。

再看看青蛙 B，它想，今天真的非常糟糕，怎么想办法都出不去。可是，还得继续游啊，也许会找到办法。它的四肢已经很累了，可它还是坚持游着。它边游边想，只要还有力气，不管怎样，我都要游下去。就在它几乎划不动的时候，后脚碰到了坚实的固体。原来，黄油在青蛙 B 的不停搅动下，凝固了。后来，青蛙 B 带着青蛙 A，共同踩着凝固的黄油跳出了坛子，一起高高兴兴回家了。（资料来源：刘丹．小青蛙的故事[J]．现代交际，2008(5)．）

思考与讨论：分析这个故事给我们的启示？

分析提示：只要在某件事情上认为自己是对的，或者认为自己能做某件事就可以拥有自信，自信使人渡过一个又一个难关。做销售工作的整个过程就是一个接着一个挑战，一次一次被拒绝，一次一次重新站起来，这需要勇气，需要信心，需要信念。

5.2.5 模拟与实战训练

1. 模拟训练菜单

(1)王刚在 18 岁时，就走出大山到外面打工供他哥哥读大学。初次接触到一些成功人士，王刚问他们："如何在未来像你一样富有？"他们告诉王刚："要努力工作！"

后来王刚发现他哥哥毕业之后，从事推销工作一个月的收入，竟然是他四年努力工作的总和，这时他就毫不犹豫地选择了推销工作。而在这个过程当中，王刚碰到了许多困难与挑战，经过两个月的努力奋斗竟然业绩为零。这时王刚的朋友和家人都告诉他，以他这样只有初中的学历和专业知识是不可能从事推销工作的。在王刚就要选择放弃的时候，王刚的经理告诉他一句话："当你没有借口的那一刻，就是你选择成功的开始！"后来王刚发现自己借口太多了，他回到工作岗位，经过一段时间的努力工作，王刚的同事都发现他变得更积极了，更快乐了，发现他更喜欢帮助别人，而且行动力大增。王刚每天花 75％的时间开发顾客，25％的时间去服务顾客，他的工作效率提升了几倍以上，当月销售业绩竟然一跃成为几十名业务员当中的第一名。（本文由作者根据网络资料改写，原文见：商格里拉.）

应用思考：怎样才能更大限度地激励自己成功？

(2)1958 年，理光复印机首次面市时，碰巧遇上日本的民法修正案出台，要求市政部门的户籍卡全都要重写。以往这类文件全部靠手写，理光公司的推销员田中道信从中发现了机会，想利用理光复印机展开一次革命性的"换笔运动"。

到政府部门去推销，需要事先进行示范演示。田中道信通过不厌其烦的演示和诚恳公关，以及对产品专业的介绍，用机器操作和手工劳动相比，得到不少部门认可，销售大获成功。正是靠不懈努力，田中道信屡屡推销成功，并得了个"理光机先生"的绰号。

1963 年 1 月，公司派田中道信到韩国去，此前理光在韩国的代理店一年也就卖出去一两台复印机。田中道信到达韩国之后，韩国理光总经理禹相琦对他说："时代发展不同，理光复印机在这里没有销路。"

田中道信不同意，他坚信只要心诚就有市场，于是他花了一段时间走访了政府行政委员会和第一毛织公司、韩一银行等大企业。无论走到哪里，田中道信都口不离演讲，广邀听客。于是有一天，韩国《东亚时报》刊出了一篇以"日本的办公自动化与韩国的现状"为题的连载文章，指出在办公自动化方面，韩国是何等落后。文章连续刊出了两个星期，引起韩国上下关注。

一系列演讲促销活动使田中道信成功地卖掉了50台复印机。当时，理光复印机的月产量500台，各分公司每月的销售量至多20台左右。相比之下，田中道信销售掉50台就成了了不起的成绩。(本文由作者根据网络资料改写，原文见：中金在线.)

应用思考：为什么田中道信去韩国以前那里的销售量上不去呢？分析田中道信成功的原因及启示。

2. 实战训练菜单

(1)以下问题是世界上的顶尖成功者都思考过的，最终也都达到类似的结果，如果你也能一一找到答案，则你将有效地激起令人惊异的生命潜能。试回答以下问题：我生命的意义，即生命目的在哪里？我是谁？我的理想是要成为怎样的人？我有哪些价值观和信念？我一生的策略是什么？今年的五大目标是什么？目前的短期目标有哪些？每天所要实行的行动有哪些？以上问题的答案都可以不断地修正。

(2)如果你是一名销售人员，在遭遇客户的坚决拒绝之后，将抱何种态度？写出书面结论。

模块二　企业市场营销

- 项目 6　捕捉市场机会
- 项目 7　设计产品
- 项目 8　确定价格
- 项目 9　建设渠道
- 项目 10　策划促销

项目 6　捕捉市场机会

实训目的与能力要求

在市场机会瞬息万变的情况下，抢占了最佳商机，可使企业快速占领市场，走向成功。本任务旨在训练学生对信息反应的敏感度，使学生能够对现实企业营销中存在的问题进行诊断，或从创业角度捕捉市场机会。

任务 6.1　掌握市场调研方法

实训目标

通过实训，要求学生了解市场调查的内容和方法，系统掌握市场调查方案拟定的步骤、内容和技能，掌握市场调查项目组织、实施的方法和要点，培养学生市场调查组织、实施的能力。

6.1.1　任务描述

中国古代兵法云：知己知彼，百战不殆。一个企业要想在激烈的市场竞争中生存，准确把握市场变化至关重要。但是，怎样才能准确及时地把握市场状况呢？国际上通行的方法是通过市场调研。

宝洁公司对调研的重视是出了名的，它的每一个大动作都以调研为依据，每一个新产品上市几乎都是调研的结果。公司之所以如此重视调研，是因为其有过惨痛的教训，吃过"自以为是"的亏。宝洁公司出产的"安卡普林"是一种不伤胃的止痛剂，运用定时释放的新技术，可以在药剂溶化前通过胃部。这种止痛剂对需要频繁使用止痛药的患者来说本该是一种不错的选择。但该药有一个缺点，必须每四小时服用一次，可事实上大部分患者只是在疼痛时才会服用止痛药，而且希望立竿见影。由于宝洁公司自我陶醉于产品的独到技术，忽视了消费者的想法，跳过了正常的市场调研测试，直接就进行了大范围销售。结果，"安卡普林"在市场竞争中惨败。因此，现在宝洁公司非常注重调研，如果一个品牌无法通过市场测试，就绝不上市。

企业经营最怕的就是动荡与失误，有时仅仅一次失败就足以拖垮一个企业。在不了解市场的情况下，直接把产品拿到市场做实验，就等于是拿企业的生命做赌注，这是现代企业经营最忌讳的。许多国际知名公司之所以重视调研，正是因为调研可大大提高品牌成功的安全系数。

随着企业对市场调研的重视，很多企业也尝到了重视市场调研的甜头。例如江苏启东盖天力制药股份有限公司，通过市场调研发现，当时市场上的感冒药都存在着服用后易瞌睡的现象，使人白天工作、学习没有精神，影响了人们的日常生活。针对这种情况，盖天力公司开发出了白加黑感冒片，并在广告中大力宣传“白天服白片不瞌睡，夜晚服黑片睡得香。”结果白加黑感冒片迅速占领了感冒药市场，头一年就创下销售额两亿多元的佳绩。（资料来源：曾朝辉．中国式品牌：攻略篇[M]．北京：东方出版社，2005.）

思考：试分析市场调研能给企业带来的好处。

6.1.2 任务步骤

1. 实训准备

根据任务描述情境，将全班同学每5～8人分为一个小组成立模拟公司，每个模拟公司按案例中的思考任务，在教师指导下各小组进行分散性基础训练，在给定时间内集中各小组以交互式对抗演练方式组织实训，各小组分析讨论，整理出每个模拟公司的总结报告，指导教师对各报告进行点评。

2. 实训步骤

每个同学在模拟公司担任不同角色，在教师指导下，训练学生能够根据企业现状，展开有针对性的调研，并从调研中捕捉市场机会，具体做法见图6.1。

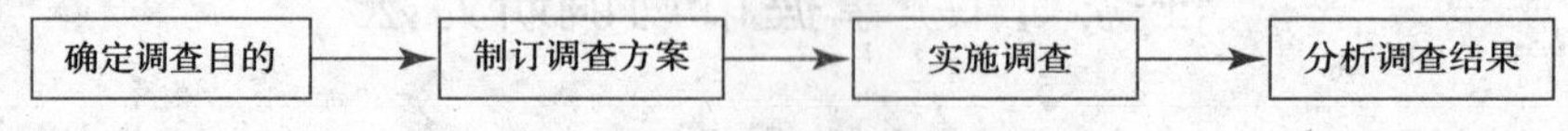

图6.1　市场调查的步骤

(1)确定调查目的——界定清楚需要研究的问题。

参考做法：确定调查目标，界定调查范围之后，调查人员应进一步确定调查目标。这时，调查人员可以使用试探性调查法：先假设问题的产生是出于某种原因，如假设新产品的销售情况不佳是由于产品定价太高，再对本企业内部的有关人员、销售渠道的人员及少数有代表性的消费者进行调查，听取他们对这个问题的看法和意见。通过这种非正式调查，使问题进一步明朗化，缩小调查范围，便于调查主题的确定。

(2)制订调查方案——确定资料搜集和选择调查方法。

参考做法：市场营销的信息来源大体上可分为两大类：第一手资料和第二手资料。一般企业进行市场调查活动时，往往把收集的第一手资料和第二手资料结合起来，能获取可靠的第二手资料时尽量使用第二手资料，以节约成本和时间。调查方法的确定与调查地点和调查对象有关。

(3)实施调查——从销售调研中找市场机会。

参考做法：调查预算是市场调查活动的资金安排。为保证调查的顺利进行，做好合理的预算安排是必要的。安排人员及进度，确保方案的顺利进行。

(4)分析调查结果——根据调研结果可以确定市场机会。

参考做法：整理分析资料是将调查收集到的资料进行编辑整理、分类汇总和统计分析，提出调查报告，根据调查报告捕捉市场机会。

3. 实训总结与考评

基础训练在本组内进行，按规范操作结束后由教师随机抽出每组中的1～2位同学，各组间进行交互式对抗演练评比打分，以参加对抗演练同学的成绩作为小组的综合成绩，见表6.1。

表6.1　捕捉市场机会考核表

成果展示与评价			分析报告及PPT形式答辩				
分析报告		分析报告必备项目	确定调查目的	制订调查方案	实施调查	分析调查结果	文字表达
		评价标准	全面并能突出重点	准确，数据真实，参考文献在近一年内	能够客观、准确地分析企业自身的资源、实力	发掘更多的机会	结构完整、思路清晰、语言流畅
		应得分	20	20	20	20	20
	评价人	企业(50%)					
		教师(40%)					
		学生(10%)					
		实得分					
		报告最后得分					
PPT答辩		PPT答辩要求	时间	语言组织	表达能力	展现形式	形象及礼仪
		评价标准	控制阐述与回答问题的时间	语言精炼、针对性强	表达清楚、准确	汇报形式新颖	形象得体、大方
		应得分	10	20	25	25	20
	评价人	企业(50%)					
		教师(40%)					
		学生(10%)					
		实得分					
		答辩最后得分					
		任务综合得分					

6.1.3　知识点拨

1. 市场机会发现的依据

市场＝人口＋购买力＋购买欲望，人口是构成市场的最基本的条件，凡有人的地方就会有各种需求，有需求才可能形成市场。

从马斯洛的需求五层次理论看，人的需求有生理需求、安全需求、社会交往需求、尊重需求及自我价值实现需求，五个需求层次递进，不同的需求有着不同的市场机会。

(1)生理需求。生理需求是人们最基本的需求，是人们为了生存而提出的基本衣、食、住、行的需求。对食物、水、空气、住房和穿着等的需求都是生理需求，这类需求的级别最低，人们在转向较高层次的需求之前，总是尽力满足这类需求。虽然属于低级层次上的需求，但是由于生理需求是人人都需要的，在数量上很大，因此，处处可见。

(2)安全需求。安全需求是人们在生理需求的基本层面得到满足后表现出来的一种需求，也是人身安全所需要的必要保证。安全需求包括身体安全(健康安全、治病安全)和衣、食、住、行有关的安全。与这些需求相对应的市场有提供安全、舒适、使用方便的家用电器连锁店，提供消防器材的专卖店，提供简单医疗康复的社区医疗保健中心，提供人身和财产保险的各类保险公司营业部门，提供货币安全结算的银行等。

(3)社交需求。当生理需求和安全需求得到满足后，社交需求就会突出。社交需求包括对友谊、爱情以及隶属关系的需求。在马斯洛需求层次中，这一层次是与前面两个需求层次截然不同的另一层次。随着人民生活水平的提高，这一需求的表现越来越明显。针对这一层次的需求可以开发提供信息交流工具的手机大卖场，提供聚会用餐或交流的各式酒楼、咖啡馆、西餐厅、特色酒吧、茶吧、舞厅、KTV、网吧，提供竞技交流的健身运动俱乐部、各类礼品店、电影院等。

(4)尊重需求。尊重需求是人类天生具有的自尊心和荣誉感所形成的一种需求，它希望能有一定的社会地位，要求个人的能力和成就得到社会的认可。尊重需求既包括对成就或自我价值的个人感觉，也包括他人对自己的认可与尊重。有尊重需求的人希望别人按照他们的实际形象来接受他们，并认为他们有能力，他们关心的是成就、名声、地位和晋升机会。当他们得到这些时，不仅赢得了人们的尊重，同时就其内心因对自己价值的满足而充满自信。针对这一层次需求，各类高档商品和服务项目就会纷纷出现。

(5)自我实现需求。自我实现需求是需求层次中最高层次的需求，这种需求是发挥个人才干、实现理想和抱负的需求。主要表现为对工作、学习和生活的追求。随着生理、安全、社交、尊重四种需求的满足，人们开始尽量地享受工作外的精神生活。针对这类需求的市场，可以有各类高级技能培训中心、高学历教育培训中心、高级艺术培训中心、野外休闲俱乐部等项目。

根据五个需求层次，可以划分出五个消费者市场，具体见图 6.2。

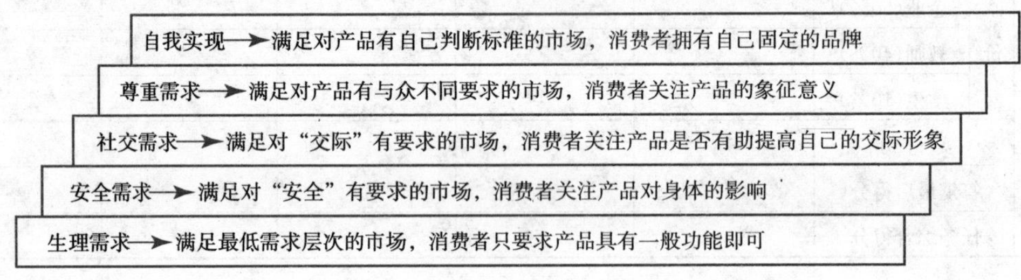

图 6.2　需求层次与市场对应关系图

2. 市场调查的概述

在现代市场营销环境中，企业面临激烈而复杂的竞争。为了获得持续生存和发展，就要不断地开拓市场，满足消费者日益增长和变化的消费需求。因此，如何有效地运用市场调查手段，汇集市场信息，并对未来市场走势做出正确的判断，成为决定企业在市场竞争中捕捉市场机会的重要环节。

(1)市场调查的概念。市场调查(marketing research)是指系统地设计、收集、分析和报告与企业面临的特定市场营销问题有关的活动。市场调查为企业的决策者提供所需的决策信息，是企业的主要营销职能之一。市场调查是一项系统性的工作，它根据企业所要解决的市场营销问题设计调查计划，根据调查计划的要求收集相关的信息，再对收集到的信息进行分析处理，最后向相关的决策部门提供调查报告。

市场调查还为市场预测提供必要的资料。通过市场调查取得市场信息，人们便可以利用它进行市场预测，从而开发市场。

(2)市场调查的对象。市场调查对象包括一切与企业营销活动有关的经济、社会、文化、政策法规以及消费者需求等内容。具体来说可以概括为以下几方面:

①市场营销环境因素调查。它指对与营销活动有关的政治法律环境、经济环境、竞争环境、科学技术环境和社会文化环境等因素的调查。

②市场需求调查。市场需求包括产品总体需求的变化及某种产品的市场需求情况。市场需求是企业营销人员最关心的信息,因为需求是营销管理的核心,企业只有在确定和捕捉到市场需求之后,才有可能采取适当的营销组合满足需求,并最终实现企业目标。

③竞争对手的调查。正所谓"知己知彼,百战不殆",只有了解竞争对手的状况,企业才能制订出积极的竞争战略,在市场竞争中争取主动。竞争状况的调查主要包括对竞争企业的数量、竞争产品的市场占有率、竞争产品的销售渠道、竞争产品价格、竞争企业的生产效率和成本费用、竞争企业的优势和劣势等的调查。

④产品的调查。它包括:分析现有产品的生命周期,从而针对不同的周期阶段采取不同的产品策略;调查现有产品临床使用情况,研究如何改进老产品、扩大老产品用途;如何改进和提高包装质量,以新的包装设计提升产品档次等。

⑤消费者的调查。对消费者的调查包括分析消费者的具体特征及发展、变化趋势、消费者的动机、心理、习惯等。

⑥产品价格的调查。它包括:同类产品之间的价格比较;不同产品间价格与需求的关联度;各种产品定价方法与定价策略的优劣等。

⑦企业销售活动的调查。它包括:企业现行销售政策的执行情况与存在的问题;现行的销售渠道是否通畅,销售网点的布局是否合理;现行各种促销手段效果如何,广告媒体选择和广告活动性价比如何;人员促销规模与效果等。

(3)市场调查的功能。市场调查对于企业的营销活动有着重要的作用。在企业市场营销活动过程中,市场调查为企业各种不同的决策类型提供有针对性的信息。于是市场调查被赋予多种不同的功能,主要归结为以下几类:

①发现市场机会。市场机会与市场营销环境的变化密切相关,通过市场调查,可以使企业随时掌握市场营销环境的变化,并从中寻找到企业的市场机会,为企业带来新的发展机遇。

②为项目投资决策提供有效参考。为了确定项目的可行性和投资方向的准确性,对项目相关行业高瞻远瞩,把握行业整体现状与未来发展,进行投资项目的行业研究是十分必要的。最终,企业根据市场调查收集到的信息,对市场需求量、当前的市场供应量、市场竞争态势、未来发展趋势等关键指标进行分析,并结合自身的优势、劣势来分析投资收益和投资风险,确定项目的投资可行性。

③指导新产品的开发和研制工作。根据对消费者及流通渠道的需求分析,企业研发部门可以从技术上避免或改进竞争产品的不满意点,保留其顾客满意点,使产品最大程度地适应市场需求。

④为产品营销策略的制订提供充分依据。产品上市时,需要确定一系列的上市营销策略,包括定价、包装、销售渠道及产品推广等。为了支持这些营销策略的制订,企业通常将采取多方位、多形式的市场调查。必须通过市场调查,充分掌握所没有预料到的环境条件的变化,研究环境条件的变化对企业市场营销策略的影响,并根据这些影响对企业的营销策略进行调整,以有效地控制企业的市场营销活动。

3. 市场调查的分类与方法

在市场调查过程中，根据调查的目的和具体的研究目标，要求调查者对恰当的调查对象提出恰当的问题，并采用恰当的方法进行调查。

(1)市场调查的分类。由于各个调查项目研究的问题、目的、性质和形式等不尽相同，不同的调查项目要求采用不同类型的调查。市场调查一般分为以下四种类型：

①探测性调查。用于探询企业所要研究的问题的一般性质，是研究者对市场情况很不清楚，或对研究的问题范围很不明确时采用的方法。这种调查主要用来发现问题和提出问题，以便确定调查的重点。

②描述性调查。通过详细的调查和分析，对市场营销活动的某个方面进行客观描述。大多数调查都属于描述性调查。描述性调查比探测性调查细致、具体，但也只限于描述问题本身，至于问题产生的原因究竟是什么，还必须通过因果关系调查进一步研究。

③因果关系调查。在描述性调查的基础上进一步分析问题发生的因果关系，并弄清原因和结果之间的数量关系。

④预测性调查。为了预测市场供求变化趋势或企业生产经营前景而进行的具有推断性的调查。

(2)市场调查的方法。市场调查的方法主要有三种：访问法、观察法和实验法。

①访问法。访问法是营销调查中最常用的一种调查方法。它把调查人员事先拟定的调查项目或问题以某种方式向被调查者提出，要求给予答复，由此获取所需资料。按照调查人员与被调查者接触方式的不同，访问法又分为个人访谈法、电话访问法、邮寄调查法、留置问卷调查法等方式。

• 个人访谈法。个人访谈法即面谈法，是市场调查中最常用的访问法。调查人员与被访问者面对面交谈，能够观察到被访者的反应，并通过双方的互动使调查不断深入，从而获得其他方法难以收集到的资料。

• 电话访问法。电话访问法是由调查人员根据抽样的要求，在样本范围内，通过电话向被调查者提问以获取资料的调研方法。其优点是成本低，速度快，并能以统一格式进行询问，所得资料便于处理。不足之处在于使用范围上有局限性，且不易取得被调查者的合作，不能询问较为复杂的问题，调查不甚深入。

• 邮寄调查法。邮寄调查法又称通信调查法，是将事先设计好的调查问卷邮寄给被调查者，让其回答后再寄回的调查方法。这种方法调查范围较广，被调查者有充裕的时间来考虑回答问题，不受调查者的影响，收集意见、情况较为真实。但往往由于问卷的回收率低，时间拖延长，影响调查效果。

• 留置问卷调查法。由调查人员将问卷当面交给被调查者，并说明回答要求，留待被调查者自行填写，然后由调查人员定期收回。这种调查方式的优缺点介于个人访谈法和邮寄调查法之间。

②观察法。观察法是由调查人员直接或通过仪器在现场观察调查对象的行为动态，并加以记录而获取资料的一种方法。比如，研究人员可以通过观察记录消费者的购买行为来测定其品牌偏好。

③实验法。实验法来源于自然科学的实验求证法，它是指在给定的实验条件下，在一定的市场范围内，通过实验对比的方法，观察、分析影响研究对象的各因素之间的因果关系及其变

化过程，从中获取有关信息的调查方法。运用实验调查法获取的信息排除了主观估计存在的偏差，数据资料可靠准确，在定量分析中有很重要的作用。但实验法调查需要时间较长，调查成本高，而且不易找到社会经济因素类似的实验市场，市场环境干扰因素多，实验结果往往受到影响。

4. 市场调查的程序

市场调查是用科学的方法，系统地收集和分析资料的过程。为使市场调查符合科学方法的要求，在调查时就要尽可能依据一定的程序进行。有效的市场调查通常包括四个步骤，见图 6.3。

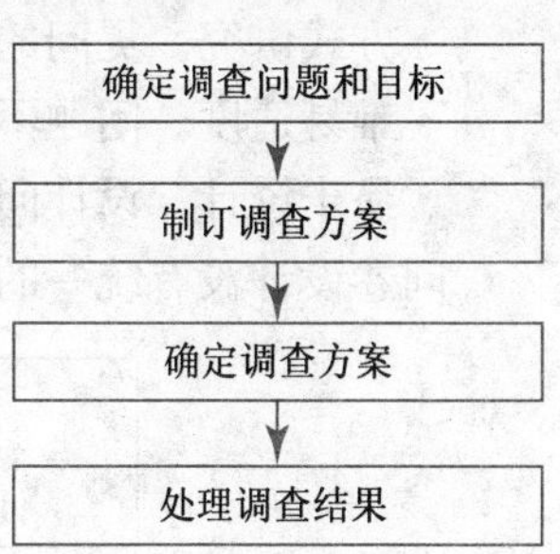

图 6.3 市场调查的程序

(1)确定调查问题和目标。市场调查的首要工作是界定清楚需要研究的问题，明确调查目标，这项工作对后续各项工作的影响很大。如果对要调查的问题做了错误的说明和界定，研究结果就可能失去应有的效用，从而影响企业的营销决策。

调查问题的选择应该符合有用性、经济性及合理性原则。有用性是指问题对企业营销活动有重要影响，解决此类问题能为企业提供较高的经济效益。受资源所限，企业不可能对每个营销问题一一开展调查，这时，就要考虑调查问题的经济性。经济性原则是指依次筛选出投入产出比最高、对企业经营最有意义的问题，优先考虑。合理性原则是指筛选在现有条件下有较大可能实现调查目标的问题。市场调查受企业资源、技术条件的限制，不是对每一个有用的问题都能展开调查，都能马上解决，应选择实现可能性大、经济性能高、调查效果好的问题优先研究。一是进行企业情况分析，即了解开展市场调查的背景，以便找出企业经营中存在的问题。二是明确调查范围，市场调查先要找出问题所在及其调查范围。三是确定调查目标，在界定调查范围之后，调查人员应进一步确定调查目标。这时，调查人员可以使用试探性调查法：先假设问题的产生是出于某种原因，如假设新产品的销售情况不佳是由于产品定价太高，再对本企业内部的有关人员、销售渠道人员（如代理商、批发商）及少数有代表性的消费者进行调查，听取他们对这个问题的看法和意见。通过这种非正式调查，使问题进一步明朗化，缩小调查范围，便于调查主题的确定。

(2)制订调查方案。制订调查方案需要做好以下工作：

①资料收集方法。市场营销的信息来源大体上可分为两大类：第一手资料和第二手资料。第一手资料是指通过调查者本人直接实地调查所获得的原始资料。第一手资料具有很强的针对性、时效性，并且生动、可靠、直观。第二手资料是指通过他人搜集并整理的现成资料，一般通过文献检索和委托咨询获取。收集第二手资料简便、快捷、调查成本低，但第二手资料的缺点是适用性不强，与调查目的有相当的距离，并且有错误的可能。所以调查人员在使用第二手资料前，必须对资料进行严格的审查和评估，确认其公正性、有效性和可靠性。

一般企业进行市场调查活动时，往往把收集的第一手资料和第二手资料结合起来，能获取可靠的第二手资料时尽量使用第二手资料，以节约成本和时间。

②选择调查方法。调查的三种方法是：访问法、观察法、实验法。调查方法的确定与调查地点和调查对象有关。由于调查地点直接影响调查资料的代表性及调查方法的选择，也影响调查费用的预算，故在确定调查地点时，既要符合调查目的的要求，又要考虑调查费用的承受能力；调查对象则要完全根据调查目的和内容进行选择，以保证调查资料的准确性和代表性。调查地点和对象确定后，就可选择相应的调查方法收集资料。

③选择调查手段。市场调查中常用的调查手段有问卷和仪器。

调查问卷由一系列问题组成，目的是通过征求被调查者的意见获取所需信息。调查问卷是收集第一手资料最常用的工具，问卷设计的水平对调查结果影响很大。

问卷设计必须符合五个基本要求，即：

• 目的明确。问卷要明确说明调查的目的、要求和回答的方式等有关事项。

• 重点突出。问题应紧密围绕调查目的，突出重点，简单明了，切忌模棱两可，并避免列入无关紧要的问题。

• 方式讲究。提问的方式要能激发被调查者的兴趣，使之乐于回答。

• 难易适度。问题不能超过被调查者的知识水平，并应尽量避免使用过分专业的术语。

• 易于统计。设计问题时，应考虑事后统计和整理的方便。

问卷设计没有统一的格式和程序，一般来讲有图 6.4 所示的几个步骤。

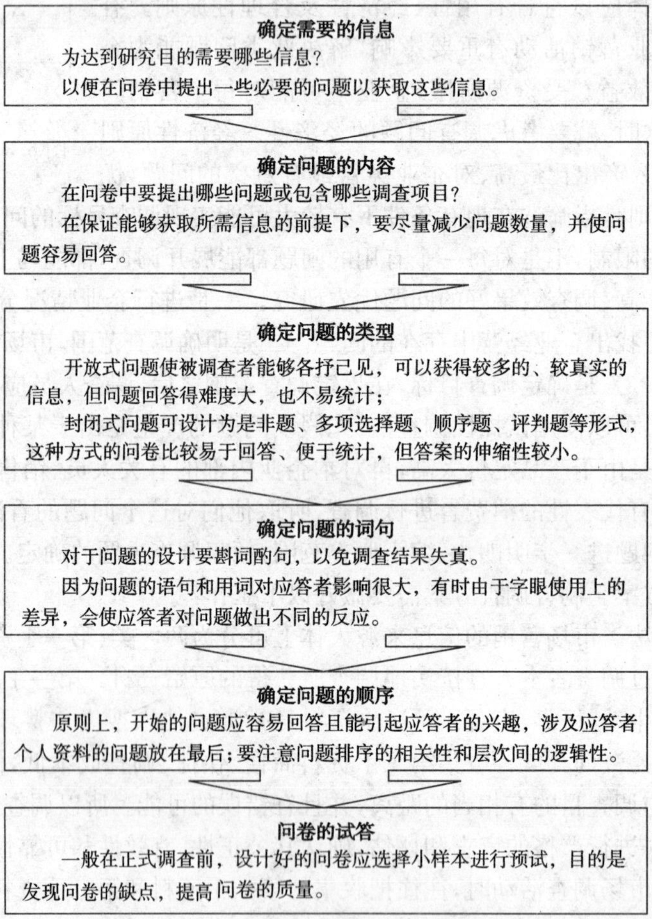

确定需要的信息

为达到研究目的需要哪些信息？

以便在问卷中提出一些必要的问题以获取这些信息。

确定问题的内容

在问卷中要提出哪些问题或包含哪些调查项目？

在保证能够获取所需信息的前提下，要尽量减少问题数量，并使问题容易回答。

确定问题的类型

开放式问题使被调查者能够各抒己见，可以获得较多的、较真实的信息，但问题回答得难度大，也不易统计；

封闭式问题可设计为是非题、多项选择题、顺序题、评判题等形式，这种方式的问卷比较易于回答、便于统计，但答案的伸缩性较小。

确定问题的词句

对于问题的设计要斟词酌句，以免调查结果失真。

因为问题的语句和用词对应答者影响很大，有时由于字眼使用上的差异，会使应答者对问题做出不同的反应。

确定问题的顺序

原则上，开始的问题应容易回答且能引起应答者的兴趣，涉及应答者个人资料的问题放在最后；要注意问题排序的相关性和层次间的逻辑性。

问卷的试答

一般在正式调查前，设计好的问卷应选择小样本进行预试，目的是发现问卷的缺点，提高问卷的质量。

图 6.4　市场调查问卷设计步骤

市场调查中所使用的仪器设备是指一切可以用来记录信息的仪器设备，如摄像机、照相机以及各种测试仪器等。调查中使用这些仪器设备，能够减少人为因素的影响，更为客观地反映被调查事实。

④抽样设计。大多数的市场调查都是抽样调查，即从调查对象总体中选取有代表性的部

分个体或样本进行调查，并根据样本的调查结果去推断总体。抽样设计要解决三个问题：抽样总体、样本大小和抽样方法。

• 抽样总体。抽样总体由调查对象总体构成，其具体范围由调查目的和调查特性决定。抽样总体可以是具有某种特性的一群人，如农村老年消费者；也可以是一类事物，如市场上目前正在销售的感冒药。无论是哪种类型的抽样总体，在抽样前都要明确界定其范围。

• 样本大小。样本大小对调查结果的准确性有一定影响。样本越大，调查结果越可靠；反之，则调查结果的代表性越差。但样本越大，调查成本也越大。因此，要根据抽样误差的要求合理确定样本数。一般来说，样本数要根据调查费用的限制、允许的抽样误差，以及被调查问题的基本性质等因素来确定。

• 抽样方法。抽样方法基本分为两大类，即随机抽样和非随机抽样。随机抽样也称为概率抽样，其抽样遵照随机原则，即总体中每一个个体都有相同的被抽中的机会。随机抽样是一种客观的抽样方法，具体做法有简单随机抽样、分层随机抽样、分群随机抽样等。非随机抽样是按照调查目的和要求，根据一定的标准来选取样本，总体中的个体被抽取的几率是不等的。非随机抽样受主观因素影响较大，一般当总体太大、太复杂，无法采用随机抽样时才用。非随机抽样的主要方法有任意抽样法、配额抽样法、判断抽样法等。

(3)确定调查方案。

①做好调查预算。调查预算是市场调查活动的资金安排。为保证调查的顺利进行，做好合理的预算安排是必要的。调查预算须按可能支出的项目逐一列表估算(见表6.2)。为防止意外情况发生，调查预算应留有一定的余地和弹性。

表6.2 某调查活动预算表

年　月　日

用途	项目	数量	单价	金额	地点	备注
第二手资料收集	人员劳务费 交通费 通信费 资料费 …					
第一手资料收集	人员劳务费 宣传费 培训费 交通费 通信费 社交费 资料费 …					
资料加工	数据处理费 材料制作费 …					
其他						
总计						

②安排人员和进度。

• 人员部署。首先，要组织调查人员进行相应的培训，以帮助他们达到调查活动所需的能力水平；其次，要将调查工作明细化，划分调查小组，明确各调查人员的职责及人员间的相互协调与配合要求。

• 进度安排。调查时间是指完成整个调查研究计划所需要的时间。由于市场调查具有较强的时效性，且调查时间与调查预算互有影响，所以调查时间的安排十分重要。网络计划技术是用网络图的形式安排工作计划，控制工作进度和费用，使其达到预定目标的一种科学管理方法。在估计调查时间时，该技术是一种非常有用的工具。

③实施调查。该阶段是市场调查实质性的工作阶段，主要包含两方面内容：首先，收集第二手资料，通过各种有效渠道收集企业内部的统计、财务、业务等资料和外部的第二手资料；其次，收集第一手资料，调查人员按照调查方案中确定的调查对象、调查方法和手段进行实地调查，收集第一手资料。现场调查工作的好坏，直接影响调查结果的准确性和适用性。

对调查人员的管理与监督也是保证资料质量和调查顺利进行的重要环节。调查团队应制订调查工作制度和纪律，经常监督和检查调查工作情况，对回收的问卷进行审核，对任务完成得好和不能完成任务的情况采取合理奖罚。

(4)处理调查结果。

①整理分析资料。整理分析资料是将调查收集到的资料进行编辑整理、分类汇编和统计分析。

②提出调查报告。调查报告是反映整个调查研究成果的表现形式。对企业来说，开展市场调查活动的目的就是为了获得包含决策所需信息和依据的调查报告。调查报告可以是书面形式，也可以是口头报告，或是二者结合使用。

• 书面报告内容要紧扣调查主题，突出重点，并力求客观、扼要，观点明确，分析透彻；文字要简练，尽可能多地使用图表说明，使决策者可以在短时间内对报告有一个概括的了解。

调查报告的一般格式为：

第一部分，项目基本情况介绍。对调查项目和意义做简要说明。

第二部分，报告主体。包括概括性说明调查的问题，调查方法、步骤、样本分布情况、统计方法和数据误差，调查结果及其对企业经营活动的影响的分析。

第三部分，附录部分。提供与调查报告有关的资料以供参考。如资料汇总统计表、研究方法详细说明、原始资料来源等。

• 口头报告。提交书面报告的同时，许多调查委托者还要求采用口头形式对研究结果做出汇报。口头报告可以用生动的语言对某些文字阐述不清的内容进行介绍，对听众有疑问的地方进行当面解答。其最大特点是加快汇报者与听众沟通交流的速度，因而很受工作繁忙的高层管理者欢迎。

③跟踪调查效果。提出调查报告后，调查人员还应了解调查报告是否已被采纳，采纳的程度和实际效果如何，以便总结调查工作的经验教训，进一步提高市场调查的水平。

通过对当前市场、市场需求、竞争力等的调查，预测未来的市场变化，为确定营销决策提供可靠依据，捕捉市场机会，开发市场。

6.1.4 案例导入与解析

1. 缺乏深入的市场调查　没有市场基础

提起铱星，现在很多人可能都把它淡忘了。但在 20 世纪末，它曾是全球通信尖端技术的排头兵，被一些科学家誉为科技领域的一个奇迹。由于多方面失误，2000 年 3 月 18 日，铱星陨落了。

1987年，铱星公司开始了一项通信史上前所未有的浩大工程："铱星系统"计划。整个工程预计11年完成，累计耗资50多亿美元。铱星公司的目标是利用66颗卫星，组成一个包围地球的"卫星圈"，从而使无线通信网络覆盖全世界的每个角落，包括两极与各大海域。11年后，它的梦想得以实现，这是世界上第一个大型低轨卫星通信系统，也是全球最大的无线通信网络。当年，它被美国的《大众科学》列为年度百项最佳科技成果之一。

然而，由于没有进行深入的市场调研，使铱星系统成为一件华而不实的摆设。

首先，铱星定位远离了市场需求。鉴于高昂的建设与维护成本，铱星公司将高科技与"贵族科技"划上了等号。铱星手机每部售价高达3 000美元，通话费亦贵出普通手机数倍。过高的费用吓跑了许多崇尚高科技的手机消费者。

其次，铱星的决策也存在严重缺陷。铱星系统通过卫星传送信息，先进性自不必言，但也使系统风险太大、成本过高，最终导致它在与其他通信商竞争时处于劣势。还有，系统投入使用时，技术条件尚不完善，糟糕的通话服务让用户怨言四起，潜在客户更是敬而远之。

第三，铱星除了负责整个系统建造及终端产品生产的投资外，并不直接参与运营，铱星系统这样一个全球性的个人卫星通信系统，基本处于分散经营状态，不能充分发挥其全球优势。结果，系统投入商用时，零售商们居然还未得到铱星手机；另外，一些客户虽然对铱星手机很感兴趣，却不知道到哪里购买。铱星公司的低效率传递了如此的负面信息：铱星手机不是面向普通百姓的东西——这样一来，就失去了很多顾客。

种种问题纠缠在一起，铱星公司的经营状况每况愈下，最终申请破产保护。（资料来源：曾朝辉．中国式品牌：攻略篇[M]．北京：东方出版社，2005．）

思考与讨论：铱星公司的失败有什么启示？

分析提示：铱星尽管技术超前，但由于未进行深入的市场调查，没有坚实的市场基础，最终也免不了陨落的命运。

2. 报纸里的"情报"

20世纪60年代，日本出于战略上的需要，非常重视中国石油的发展，把大庆油田的情况作为情报工作主攻方向。日本的"有心人"根据有关事迹宣传中的一句话——王进喜到马家窑时说"好大的油海，把石油工业落后的帽子丢到太平洋去"，及其他的许多蛛丝马迹，分析出了大庆油田的地理位置。随后又根据中国报纸上一张炼油厂反应塔的照片就推算出了大庆炼油厂的规模和能力。

日本人又利用到中国的机会，测量了运送原油的火车上灰土的厚度，大体上证实了这个油田和北京之间的距离。后来，《人民中国》杂志有一篇关于王铁人的文章，提到了马家窑这个地方，并且还提到钻机是人推、肩扛弄到现场的。日本人推断此油田靠车站不远，并进一步推断就在安达车站附近，从而依据马家窑推测出大庆油田地址。进而，日本人又从一篇报道王铁人1959年国庆节在天安门广场观礼的消息中分析出，1959年9月，王铁人还在甘肃省玉门油田，以后便消失了，这就证明大庆油田的开发时间自1959年9月开始。

日本人又对《中国画报》上刊登的一张炼油厂的照片进行研究，那张照片上没有人，也没有尺寸，但有一个扶手栏杆。依照常规，栏杆高1 m左右，按比例，日本人推断了油罐的外径，并换算出内径为5 m，判定日炼油能力为9×10^7 L，加上残留油，再把原油大体上30%的出油率计算进去，判定原油加工能力为每天3×10^6 L；一年以330天计算，每口井年产原油为10^9 L，大庆油田有800多口井，那么年产量约为360万吨。这样，日本人就得到了大庆油田的情报。

然后，他们马上派人实地调查，根据当地的气温、湿度等气候条件及大庆油田的特点和油田的原油处理加工能力，从而及时设计出适合我国要求的炼油设备。不久以后，我国为进口炼油设备举行国际招标，日本企业趁美、英、德等国企业因对中国有关情况不甚了解而犹豫不决之机，捷足先登与我国谈判，很快做成了一笔大买卖。（资料来源：吴炜，董杰．市场营销实训教程[M]．武汉：华中科技大学出版社，2008.）

分析与讨论：你怎样理解本案例中日本的做法？

6.1.5 模拟与实战训练

1. 模拟训练菜单

（1）有一个西方寓言，说一位漂亮的女巫嫁给了一位郎君，郎君晚上准备和她相拥而眠时，却发现她变成了一位丑陋的老太婆，女巫见郎君惊诧不已，就问他："您是愿意我白天是美人，晚上是老太婆，还是相反呢？"郎君沉吟半刻答道："您自己选择。"结果女巫选择了白天和黑夜都是美女。（资料来源：李野新．女人市场掘金引擎[M]，深圳：海天出版社，2008.）

应用思考：这说明了什么问题？从中，你能捕捉到商机吗？如果能，请详细阐述。

（2）某市春花童装厂近几年由于独生子女政策，大受其益，生产销售连年稳定增长。谁料该厂李厂长这几天来却在为产品推销难、资金周转大伤脑筋。原来，年初该厂设计了一批童装新品种，有男童的香槟衫、迎春衫，女童的飞燕衫、如意衫等。借鉴成人服装的镶、拼、滚、切等工艺，在色彩和式样上体现了儿童的特点——活泼、雅致、漂亮。由于工艺比原来复杂，成本较高，价格比普通童装高出了80%以上，比如，一件香槟衫的售价在160元左右。为了摸清这批新产品的市场吸引力如何，在春节前夕，厂里与百货商店联合举办了"新颖童装迎春展销"，小批量投放市场十分成功，柜台边顾客拥挤，购买踊跃，并得到一片赞誉声。许多商家主动上门订货。连续几天亲临柜台观察消费者反应的李厂长，看在眼里，喜在心上。不由想到："现在都只有一个孩子，为了能把孩子打扮得漂漂亮亮的，谁不舍得花些钱？只要货色好，价格高些看来没问题，决心趁热打铁，尽快组织批量生产，及时抢占市场。

为了确定计划生产量，以便安排以后的月份生产，李厂长根据去年以来的月销售统计数，运用加权移动平均法，计算出以后月份预测数，考虑到这次展销会的热销场面，他决定生产能力的70%安排新品种，30%为老品种。二月的产品很快就被订购完了。然而，直到四月初，三月的产品仍然没有落实销路。询问了几家老客商，他们反映有难处，原以为新品种童装十分好销，谁知二月订购的那批货，卖了一个多月还未卖三分之一，他们现在既没有能力也不属意继续订购这类童装了。对市场上出现的近180度的需求变化，李厂长感到十分纳闷。他弄不明白，这些新品种都经过试销，自己亲自参加市场调查和预测，为什么会事与愿违呢？（本文由作者根据网络资料改写，原文见：圣才学习网.）

应用思考：

①你认为春花童装厂产品滞销的问题出在哪里？

②为什么市场的实际发展状况会与李厂长市场调查与预测的结论大相径庭？

2. 实战训练菜单

（1）针对高校学生的计算机使用情况，进行市场调查并挖掘商机。

（2）针对学校食堂的现状，分组进行调查，并写出调查报告。根据分析结果挖掘商机。

（3）与校企合作的企业联合，成立模拟公司，选择模拟公司经营的产品组织实施定岗训练，实训教师进行指导。根据模拟公司经营的产品，制订调查方案，进行市场调查并搜集资料，写出调查报告，根据结果捕捉商机。

任务 6.2　应用 SWOT 分析法与技能

实训目标

通过实训，使学生深入理解 SWOT 分析方法在市场营销环境分析中的重要作用，掌握 SWOT 分析方法的步骤、内容和技巧，培养学生对市场营销环境研究、机遇风险与优劣势评价分析的能力。

6.2.1　任务描述

江西泉美矿泉饮品有限公司市场营销部经过市场调研，认为公司拟开发的矿泉茶饮品有很大的市场发展潜力，决定于 2007 年 6 月投产该矿泉茶饮品。调研认为，我国城乡人均生活水平都有了很大的提高，人们的可任意支配收入有了长足的增加，同时，城乡肥胖的人越来越多，人们对保健和减肥产品的需求越来越旺盛。现有的减肥和保健产品虽然种类繁多，但均没有形成垄断经营，同时各种产品的功效多较为单一，或只具有保健功能，如脑白金、黄金搭档产品等，或只具有减肥功能，如碧生源减肥茶、大印象减肥茶等。该公司拟生产的矿泉茶饮品，结合了矿泉水与高山茶的双重特征，具有保健与减肥双重功效，它的推出，必将引导市场新的需求动向。（资料来源：罗绍明．市场营销实训指导[M]．北京：机械工业出版社，2009.）

思考：试利用 SWOT 分析方法对该矿泉茶饮品在机会、威胁、优势、不足四个方面进行分析，并写出分析报告。

6.2.2　实训步骤与考评

1. 实训准备

按要求组建实训课题小组，将全班学生按每小组 5～6 人的标准划分成若干课题小组，每个小组指定或推选出一名小组长。确定实训小组课题，每个小组根据 SWOT 分析背景资料的要求，制作完成一份 SWOT 分析表。

2. 实训步骤

各小组长根据 SWOT 分析的计划，调配资源，明确各组员的任务，并督促大家有效地完成任务，具体实训内容见图 6.5。

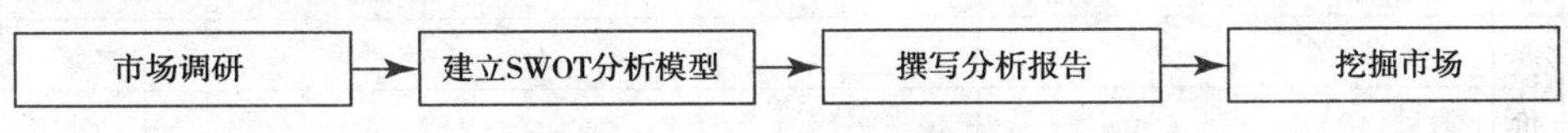

图 6.5　分析市场营销环境挖掘市场

(1)市场调研——科学市场预测的基础。

参考做法：江西泉美矿泉饮品有限公司对影响其发展的外部因素和内部因素进行了分析。外部因素包括经济、社会、文化、人口及环境因素，对技术、竞争对手、行业特征及政策等情况进行分析；内部因素包括企业自身管理、财务、生产等内部因素的评价与分析，经过市场调研为企业的发展制订科学的市场预测。

(2)建立 SWOT 分析模型——综合评价企业从事某一行业的可行性与风险。

参考做法:利用企业优劣势比较分析法分析江西泉美矿泉饮品有限公司,对企业内部环境中的长处与弱点,以及企业外部环境中的机会与威胁进行分析,以扬企业之长,避企业之短,寻找做出最佳营销决策的方法。

(3)撰写分析报告——为开发市场提供建设性意见。

参考做法:针对分析报告,分析出公司理想业务、冒险业务、成熟业务、困难业务,企业面对机会时的策略以及面对威胁时的策略,为企业持续发展、开发市场提供可靠依据。

(4)挖掘市场——建立科学的营销策略。

参考做法:针对面对的机会,可以引导需求,研制好的产品,树立产品形象,另外,做好宣传工作,例如请专家做讲座、请好的形象代言人、公共关系人等做好整合传播工作,做好促销,为新市场的开发做好准备。

3. 实训总结与考评

基础训练在本组内进行,按规范操作结束后由教师随机抽出每组中的 1～2 位同学,各组间进行交互式对抗演练评比打分,以参加对抗演练同学的成绩作为小组的综合成绩,见表 6.3。

表 6.3　捕捉市场机会考核表

成果展示与评价			分析报告及 PPT 形式答辩				
分析报告	分析报告必备项目		市场调研	建立 SWOT 分析模型	撰写分析报告	挖掘市场	文字表达
	评价标准		全面并能突出重点	准确、数据真实,参考文献在近一年内	能够客观、准确地分析企业自身的资源、实力	发掘更多的机会	结构完整、思路清晰、语言流畅
	应得分		20	20	20	20	20
	评价人	企业(50%)					
		教师(40%)					
		学生(10%)					
	实得分						
	报告最后得分						
PPT 答辩	PPT 答辩要求		时间	语言组织	表达能力	展现形式	形象及礼仪
	评价标准		控制阐述与回答问题的时间	语言精炼、针对性强	表达清楚、准确	汇报形式新颖	形象得体、大方
	应得分		10	20	25	25	20
	评价人	企业(50%)					
		教师(40%)					
		学生(10%)					
	实得分						
	答辩最后得分						
	任务综合得分						

6.2.3　知识点拨

按系统论和生态学的观点,企业与外部环境共同形成一个大系统。企业是在客观存在的环境中求生存和发展的,而这些不断变化的环境因素,有可能给企业带来意想不到甚至是致命性的打击,但是又有可能给企业带来无限的机遇,所以企业必须经常对自身系统进行调整,才能适应外部环境的变化,这正像生态学中生物体与外界环境关系一样,也遵循"适者生存,优胜劣汰"的原则。

1. SWOT分析的概念

SWOT分析是一种企业战略分析方法,即根据企业自身的既定内在条件进行分析,找出企业的优势、劣势及核心竞争力之所在。其中,S代表Strength(优势),W代表Weakness(弱势),O代表Opportunity(机会),T代表Threat(威胁),其中,S、W是内部因素,O、T是外部因素。按照企业竞争战略的完整概念,战略应是一个企业"能够做的"(即组织的强项和弱项)和"可能做的"(即环境的机会和威胁)之间的有机组合。

2. 环境威胁与市场机会

环境威胁是指对企业组织营销活动不利或限制企业组织营销活动发展的因素。这种环境威胁一般表现为两方面:一方面,环境因素直接威胁着企业的营销活动;另一方面,企业的目标、任务及资源同市场机会相矛盾。市场机会实质上是指市场上存在着"未满足的需求",它既可能来源于宏观环境,也可能来源于微观环境。随着消费者需求的不断变化和产品寿命周期的缩短,旧产品不断被淘汰,这就要求开发新产品来满足消费者的需求,从而市场上出现了许多新的机会。但是市场机会对不同企业是不相同的,同一个市场机会对一些企业可能成为有利的机会,而对另一些企业可能就造成威胁。市场机会能否成为企业的机会,要看此市场机会是否与企业目标、资源及任务相一致,企业利用此市场机会能否比其他竞争者带来更大的利益。

3. 企业环境威胁与市场机会分析

市场环境是成为企业的威胁还是机会,主要看这种环境是否与企业目标、资源及任务等相一致。所以,组织有必要对组织营销的环境威胁与机会进行分析。对环境的分析也可以有不同的角度。比如,一种简明扼要的方法就是PEST分析,另外一种比较常见的方法就是波特的五力分析,还有就是SWOT(Strength、Weakness、Opportunity、Threat)分析,即组织自身优势、劣势,组织外环境提供的机遇、受到的威胁。

SWOT分析基本步骤为:

(1)分析企业的内部优势、弱点,既可以是相对企业目标而言的,也可以是相对竞争对手而言的。

(2)分析企业面临的外部机会与威胁,可能来自于与竞争无关的外环境因素的变化,也可能来自于竞争对手力量与因素变化,或二者兼有,但关键性的外部机会与威胁应予以确认。

(3)将外部机会和威胁与企业内部优势和弱点进行匹配,形成可行的战略。

SWOT分析有四种不同类型的组合:优势—机会(SO)组合、弱点—机会(WO)组合、优势—威胁(ST)组合和弱点—威胁(WT)组合。

①优势—机会(SO)战略是一种发展企业内部优势与利用外部机会的战略,是一种理想的战略模式。当企业具有特定方面的优势,而外部环境又为发挥这种优势提供有利机会时,可以采取该战略。例如,良好的产品市场前景、供应商规模扩大和竞争对手有财务危机等外部条件,配以企业市场份额提高等内在优势,可成为企业收购竞争对手、扩大生产规模的有利条件。

②弱点—机会(WO)战略是利用外部机会来弥补内部弱点,使企业改变劣势而获取优势的战略。有时市场存在外部机会,但由于企业存在一些内部弱点而妨碍其利用机会,可采取措施先克服这些弱点。例如,若企业弱点是原材料供应不足和生产能力不够,从成本角度看,前

者会导致开工不足、生产能力闲置、单位成本上升,而加班加点会导致一些附加费用。在产品市场前景看好的前提下,企业可利用供应商扩大规模、新技术设备降价、竞争对手财务危机等机会,实现纵向整合战略,重构企业价值链,以保证原材料供应,同时可考虑购置生产线来克服生产能力不足及设备老化等缺点。通过克服这些弱点,企业可能进一步利用各种外部机会,降低成本,取得成本优势,最终赢得竞争优势。

③优势—威胁(ST)战略是指企业利用自身优势,回避或减轻外部威胁所造成的影响的战略。例如,竞争对手利用新技术大幅度降低成本,给企业很大成本压力;同时材料供应紧张,其价格可能上涨;消费者要求大幅度提高产品质量;企业还要支付高额环保成本等。这些都会导致企业成本状况进一步恶化,使之在竞争中处于非常不利的地位。但若企业拥有充足的现金、熟练的技术工人和较强的产品开发能力,便可利用这些优势开发新工艺,简化生产工艺过程,提高原材料利用率,从而降低材料消耗和生产成本。另外,开发新技术产品也是企业可选择的战略。新技术、新材料和新工艺的开发与应用是最具潜力的降低成本的措施,同时它可提高产品质量,从而回避外部威胁影响。

④弱点—威胁(WT)战略是一种旨在减少内部弱点,回避外部环境威胁的防御性战略。当企业存在内忧外患时,往往面临生存危机,降低成本也许会成为改变劣势的主要措施。当企业成本状况恶化,原材料供应不足,生产能力不够时,无法实现规模效益;且设备老化,使企业在成本方面难以有大作为;这时将迫使企业采取目标聚集战略或差异化战略,以回避成本方面的劣势,并回避成本原因带来的威胁。SWOT 分析运用于企业成本战略分析可发挥企业优势,利用机会克服弱点,回避风险,获取或维护成本优势,将企业成本控制战略建立在对内外部因素分析及对竞争势态的判断等基础上。而若要充分认识企业的优势、机会、弱点及正在面临或即将面临的风险,价值链分析和标杆分析等均可为其提供方法与途径。

将图 6.6 和图 6.7 联系到一起进行分析,则得到环境威胁与市场机会分析图(见图 6.8)。

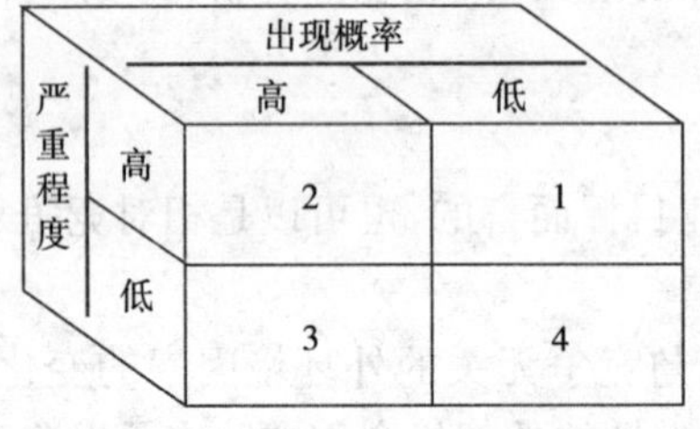

图 6.6 环境威胁分析图

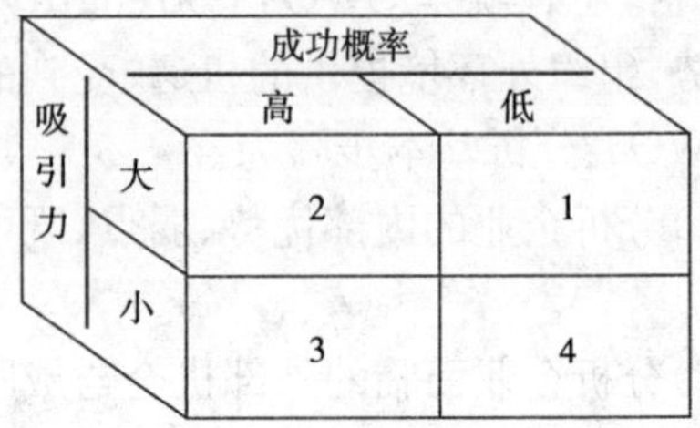

图 6.7 市场机会分析图

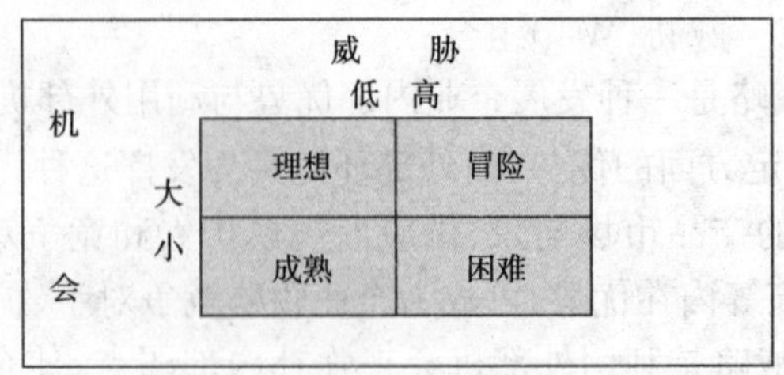

图 6.8 环境威胁与市场机会分析图

图中出现的四种不同业务是：

①理想业务，即高市场机会和低环境威胁的业务；

②冒险业务，即高市场机会和高环境威胁的业务；

③成熟业务，即低市场机会和低环境威胁的业务；

④困难业务，即低市场机会和高环境威胁的务。

4. 企业市场营销对策

经过分析了解到环境因素对企业的威胁与机会，就必须采取相应的对策。面对环境对企业可能带来的机会，企业常用的方法有三种：

(1)利用。即充分调动和运用企业的资源，利用市场机会开展营销活动，扩大企业产品的销售，提高企业的市场占有率，增加企业的经济效益。

(2)放弃。当市场机会潜在的吸引力很小、成功的可能性也小的情况下，企业可以放弃这一机会，将有限的资源用到能够给企业带来更大效益的业务中。

在面对潜在的吸引力很大的市场机会时，做出营销决策时一定要特别慎重，要结合市场竞争的现状和发展趋势及企业的能力等各方面考虑成功的可能性。在很多情况下，许多企业只是看到了市场的吸引力，而忽视了企业要取得成功的其他决定因素，贸然地做出了进入的决策，导致企业陷入经营的困境甚至导致失败。许多产业的重复投资、重复建设，其原因之一也和对市场机会做出了错误的评价，因而导致做出错误的决策有关。在这个问题上，美国著名的市场学家西奥多·莱维特曾指出："这里可能是一种需要，但是没有市场；或者这里可能是一个市场，但是没有顾客；或者这里可能是一个顾客，但是没有推销员。例如，这里对大规模控制污染有很大需要，但目前实在不是一个市场。又如，这里对新技术培训是一个市场，但是没有那么多的顾客购买这种产品。那些不懂得这种道理的市场预测者对于某些领域(如闲暇产品、住房建筑等)表面上的机会曾做出惊人的错误估计。"

面对环境对企业可能造成的威胁，企业常用的方法有三种：

(1)对抗策略。也称抗争策略，即试图通过自己的努力限制或扭转环境中产生威胁的不利因素。例如，通过各种方式促使(或阻止)政府通过某种法令或有关权威组织达成某种协议，努力促使某项政策或协议的形成以用来抵消不利因素的影响。

(2)减轻策略。也称削弱策略，即企业在反抗不能实行或无效时，企业调整营销组合，加强对环境的适应，以减轻环境威胁的严重性和危害性。如国际营销企业针对东道国的严格的产品检验标准，对产品进行适应性改进，以便顺利地进入目标市场。

(3)转移策略。也称转变或回避、放弃策略，指企业在无法反抗或减轻的情况下，通过放弃或转移、调整某项业务，避免环境变化对企业的威胁。通常包含以下不同的"转移"：第一，企业原有销售市场的转移；第二，做自身行业方面的调整；第三，企业依据营销环境的变化，放弃自己原有的主营产品或服务，将主要力量转移到另一个新的行业中。

6.2.4 案例导入与解析

1. "神方前列欣胶囊"的市场环境分析

济南宏济堂制药有限公司(原山东济南中药厂，以下简称宏济堂)是国家21个重点中药企业之一，创始于1907年，迄今已有百年悠久历史，主要生产胶囊、片剂等118个品种，年营业额近亿元。1996年，该公司推出纯中药制剂——神方前列欣胶囊，主治前列腺炎、前列腺增生，2001年，该药的全年销售额为3 000多万元。但在进一步开拓市场时，厂方深感竞争产品众多、竞争激烈，运作中缺乏有效的新营销模式。即使在山东境内，宏济堂花了几年的时间开发青岛市场，然而截至2001年底，前列欣产品在其市场上每月的回款只有两万元。

2001年底，宏济堂通过在全国范围内广为筛选，最终选择北京四夫营销策划公司作为其进一步开拓市场的营销顾问。宏济堂高层领导希望利用四夫公司在医药保健品市场的丰富经验，通过引进全新的市场推广模式，将前列欣做成强势品牌。

(1)深度市场调研。经研究，决定将济南、青岛作为试点市场。为提供科学的市场营销方案，四夫公司历时一个多月，对前列欣的营销现状进行深度调研。

①市场潜量。济南男性人口达284.2万，30岁以上男性占一半左右，其中前列腺患者发病率在20%。若发病人群10%购买前列欣一个疗程，则可实现销售收入901.63万元。

青岛男性人口为356.1万，按上述方法计算，则可实现销售收入1 137.74万元。

②消费者需求状况。消费者选购药品容易受广告影响，但为医生专家推荐最为可信。购药所考虑的因素按重视程度排序依次为：药品疗效、有无副作用、品牌、价格、服用方便等。而购药多选择大药房而非医院药房，两者在调查对象中所占比例分别为53.59%和36.36%。

③整体竞争状态。调查中发现市面有50余种同类药品出售，其中有13种药品均为治疗前列腺炎和前列腺增生的药品。而泽桂癃爽与前列欣属国家三类新药，进口保列治、哈乐获得多数医生的认可。而市场份额占有率最高的则是前列康。山东是人口大省，且经济发展良好，青岛为山东的经济龙头，而济南是山东的省会，因此该类药品在这两个城市的市场竞争非常激烈，可以说该市场处于诸侯割据，前列欣处于竞争产品的包围下，欲"出人头地"实属不易。

④主要竞争对手。主要竞争对手是前列康、癃闭舒、泽桂癃爽、保列治、前列回春及安尿痛等。前列康具有低价和品牌的优势；保列治具有缩小前列腺体积，降低急性尿潴留的危险性，降低良性前列腺增生相关手术危险性等显著特色；而癃闭舒则为国家基本医疗保险品种，与医院有较多特殊关系；泽桂癃爽为最近几年来新批准的同类优质药品，在医院销售较好等。

⑤前列欣市场表现。宏济堂内部员工认为前列欣疗效好，但普遍认为价格高，宣传力度不够。消费者调查显示，济南的消费者对前列欣的提及率占总体的12.34%，青岛的消费者对前列欣的提及率仅占1.8%。在药店调查中显示，济南药店反映同类产品中前列欣销售好的占30.59%，而青岛该数据仅为4.88%。

⑥形式与选择。我国有各类前列腺疾病患者约8 000万，山东省约有300万人左右，随着人口结构进入老龄化，使前列腺患者群体呈不断增加的趋势。根据有关数据估算，山东市场潜量为1.47亿元，济南市场潜量为901万元，青岛市场潜量为1 137万元。

面对如此充满诱惑的市场，国内外厂家纷纷力争一席之地。前列康、癃闭舒、泽桂癃爽、保列治等在山东市场上气势逼人，在医院、药店等销售终端已取得了一定的市场优势。如果它们在市场上的扩张态势得不到遏制，将使前列欣处于非常危险的境地。尽管如此，前列康治疗慢性前列腺炎的效果一般，而癃闭舒、泽桂癃爽、保列治则主要强调了治疗和抑制前列腺增生，而忽视了治疗慢性前列腺炎的宣传，所以它们也并非是无懈可击的。

青岛市场对商家开拓整个山东市场非常重要。前列欣目前必须加大青岛市场开拓的力度，强力占领青岛市场，是实现该产品在山东做强的关键点。

前列欣在青岛各药店的销售很不理想，临床又有保列治和癃闭舒等牢牢盘踞。前列腺疾病是男性常见病，患者自发到药店购买此类药品的习惯基本成熟。因此，综合考虑后，前列欣首攻OTC(非处方药)市场。

(2)制订营销策略。根据深度调研的结果及细致的分析,给产品的营销做了以下几个方面的定位:

①竞争策略——正面攻击OTC市场占有率最高的前列康。这是因为前列康的低价位策略导致该产品利润空间小,不可能在受到攻击时做出强烈反击,攻击的风险较小而成功后的收益巨大。

②强攻区域——青岛。

③人群定位——患前列腺病的中老年男子。

④渠道定位——药店为主,医院为辅。

⑤USP(独特的卖点)——治疗慢性前列腺炎效果好。

⑥价格策略——维护高价格不变,灵活运用让利不让价方法。

⑦促销——在高铺货率的情况下,主要利用非人员手段进行促销。以事件行销为主,常规广告为辅。(资料来源:汤少梁. 医药市场营销学[M]. 北京:科学出版社,2007.)

思考与讨论:试谈一下对"'神方前列欣胶囊'的营销策略利用SWOT分析法对市场环境进行分析"的看法?

分析点评:通过对医药市场的深度调研,对"神方前列欣胶囊"的市场环境以科学的方法,对环境威胁和市场机会进行分析,给产品的营销制订可行的营销策略。

2. 利华兄弟公司何去何从

联合利华集团是一家由英国和荷兰合资的两个母公司组成的跨国公司,业务范围遍及70多个国家,是世界上最大的消费品生产者之一,在全世界有500多个子公司,1988年销售额为380亿美元。其中洗洁剂业务占总销售额的20%。联合利华加拿大有限公司(UCL)是联合利华两个母公司之一PLC公司的子公司,它拥有数量众多的企业,其中包括利华兄弟公司,利华兄弟公司销售额占联合利华加拿大有限公司总销售额的30%,在加拿大的利华兄弟公司负责其在加拿大范围内的全部业务。

利华兄弟公司的业务主要是洗洁剂。品牌组合中包括阳光牌家族、威斯克牌洗衣剂、斯恩果牌编织物软化剂、奥尔牌餐具和衣物洗涤剂、去污牌肥皂、威斯牌清洁剂等。利华兄弟公司的主导产品是阳光牌家族。阳光牌家族销售额占公司总销售额的35%。从1888年阳光牌洗衣棒推出以来,到1971年,阳光品牌已成为加拿大餐具洗涤剂市场的领导者,拥有18.3%的市场份额,到1988年,扩大到28%,领导地位更加巩固。

在加拿大,液体细分市场占洗洁剂市场的9%,利华兄弟公司以其威斯克牌洗涤液在这块细分市场上占据着领导地位,P&G公司的浪潮牌紧随其后。但液体细分市场近期内很难有较大的发展空间。粉状细分市场是各公司主要的争夺领域,产品类型主要包括功能型品牌和价值型品牌两类。

洗洁剂含两种主要成分:一种是表面活性剂;另一种是加强剂。加强剂可强化表面活性剂的清洁作用,最常用的加强剂是磷酸盐。从20世纪60年代末到70年代初,人们认为磷酸盐对河道有不良影响,制造商们开始使用氮川醋酸(NTA)作为替代加强剂。从20世纪80年代开始,环保问题越来越被各国政府和公众所关注。20世纪80年代中期,磷酸盐问题一直争论不休。在欧洲,尤其在荷兰、德国和瑞典,在新闻媒介和各环保组织的压力下,在五年之内,一些洗洁剂中磷酸盐含量已从25%降到0,1988年底,欧洲几乎80%的洗洁剂产品已经不含磷酸盐。"绿色产品"成为大势所趋是不争的事实,纳布洛斯推出的新产品就是一个强有力的信号。

但是在加拿大市场，如何准确把握人们对磷酸盐问题的认识以及在购买产品时的心理变化和态度是问题的关键，因为当时加拿大政府对洗衣剂中磷酸盐含量规定并不是很严格，美国的公司也并未计划在洗衣剂产品中去掉磷酸盐。还有一个问题值得注意，就是消费者“环境西瓜”现象，意思是，虽然要求“绿色”的呼声很高，但是许多声称自己关心环境问题的消费者其实并不打算改变其消费行为和购买模式，尤其是如果花更多的钱去买效用并没有明显提高的同类产品，虽然对环境有益，但消费者未必认为对自己有利。对现实的消费者来说，经济实惠是永远不变的原则。

洗洁剂市场在1987年至1988年间，经历了持续增长，到1989年，洗洁剂总销售额已达4.23亿美元。洗洁剂市场的竞争也更加激烈。(本文由作者根据网络资料改写，原文见：百度文库.)

思考与讨论：加拿大利华兄弟公司如何应付纳布洛斯公司的挑战？如何及时调整产品战略和产品定位？如何在抓住现实市场的同时，把握产品发展的趋势？如何适应世界风起云涌的绿色革命的要求？试用SWOT分析法对该公司面临的危机进行分析，并制订出营销策略。

分析点评：根据自身优势和劣势；以及面临的环境威胁，利华兄弟公司应及时做出积极而审慎的反应，这不但决定了公司自身的生存与发展，也将对其母公司——联合利华公司的全球经营业务产生潜在的影响。

3. 一块冷热不均的馅饼

在习惯了多年的紧张工作之后，面对突然出现的长假，仿佛一夜之间，“休假”成了人们谈论最多的话题，而“假日经济”这一新名词也频频出现在大大小小的传媒上，成了注意力最旺的“新宠”。2011年“五一”期间，假日消费像一个风火轮，转到哪里，火了哪里，犹如天上掉下的馅饼，让商家个个喜笑颜开。只是手忙脚乱的商家在蜂拥而至的消费者面前显得力不从心，不但屡屡与众多商机擦肩而过，还惹得消费者怨声不断。于是，商家们为下一个长假憋足了劲。然而，当“十一”如约而至之后，现实的境况却与商家的期望相去甚远，尽管商场依然人声鼎沸，却未见购物狂潮；尽管旅游点车来车往，却未见人潮涌动。从“五一”的火爆到“十一”的几分凉意，不但让不少商家大失所望，也让跟着感觉走的商家们着实猜不透，假日经济“真经”何在？

从最具代表性的旅游市场看，铁路部门“十一”期间发送旅客和客票收入分别比“五一”下降10.6%和9%，民航飞行航班和运输旅客比“五一”下降19%。而国家统计局、国家旅游局的联合调查统计则显示，“十一”假期期间国内旅游者达5 982万人次，实现国内旅游收入230亿元，反比“五一”期间的4 600万人次和181亿元有不小的增长，这与许多旅游企业的冷清形成鲜明反差。消费者的消费行为发生了变化，而面对这些变化，许多企业又落在了后面。(本文由作者根据网络资料改写，原文见：第一营销网.)

思考与讨论：指出公司市场机会和威胁各有哪些，并给出化解威胁的方案。针对“长假”，应采取什么样的营销策略？

分析点评：做充分的市场调研，分析公司所面临的市场机会和威胁，采取有效的营销策略，是提高市场竞争力的有效手段。

6.2.5 模拟与实战训练

1. 模拟训练菜单

(1)长沙既是名副其实的历史文化名城，也是正在兴起的现代文化名城。长沙是国务院

1982年首批公布的历史文化名城，有着深厚的历史文化底蕴，历朝历代人文荟萃，名人辈出，享有“楚汉名城，革命圣地”、“唯楚有才，于斯为盛”的盛誉。长沙动漫最早始于1993年，经过近年来的不懈努力，长沙动漫产业得到了长足发展。目前，长沙以高新区为核心，共聚集卡通动漫开发、创作、制作、教育和传播运营机构26家，动画工作室160家，从业人员近两万人，其中原创动画生产企业16家。2008年生产动画节目26 500 min，塑造了三辰卡通、宏梦卡通、山猫卡通、互动传媒、蓝猫科技等一批有影响力的企业和“蓝猫”、“虹猫蓝兔”、“山猫”等一批卡通动画的驰名商标，逐渐形成了以教育培训、技术研发、产业孵化、播出运营、交流合作、衍生产品开发为重要环节的产业链。

在全国范围内网罗优秀人才的基础上，长沙动漫立足本土，加强动漫后备人才的培养。现有10个专业卡通教育培训机构，一些重点院校也开设了动漫专业，可以为动漫产业输入不同层次的专门人才。但长沙的动漫企业除三辰、宏梦等几家企业原创制作能力较强外，大部分为中小企业，更多的是在为国外动漫企业做外包加工，赢利能力差。原创产品形式单一，形象雷同。几个主要的原创产品都是在“猫”上做文章，缺少个性鲜明、文化底蕴深厚的原创形象，从而缺少核心竞争力。产业链体系不完善，多数为动画制作企业，而从事技术研发、漫画创作制作、出版发行、版权代理、衍生产品开发、产品交易中介等方面的企业相对缺乏。

2007年，我国动漫产业总规模达200亿元。我国三亿多未成年人和巨大的人口优势使得我国拥有全世界最大的动漫潜在消费市场，据测算，我国动漫产业至少有1 000亿元的潜在市场空间。国家对动漫产业发展高度重视，先后出台了一系列文件政策鼓励扶持动漫产业发展，早在2004年，中共中央国务院下发了《关于进一步加强和改进未成年人思想道德建设的若干意见》，提出要“积极扶持国产动画片的创作、拍摄、制作和播出，逐步形成具有民族特色、适合未成年人特点、展示中华民族优良传统的动画片系列。”美国引发的全球金融危机对外贸、制造、房地产等行业造成了非常严重的影响，而就在一些行业遭遇严重金融危机影响的时候，新能源、文化创意产业等行业却逆势而动，呈现出一片繁荣的景象。国家当前以大力发展第三产业、拉动内需作为经济增长的重点，被誉为21世纪最具发展潜力的朝阳产业——动漫创意产业，又一次成为众所瞩目的焦点。

国内动漫产业在政府的大力推动下得到迅猛发展，但和国外相比明显落后，仅处于初级发展阶段，美国、日本、韩国三国动漫占据中国90%左右的市场份额，这种局面一时难以扭转。动漫产业诱人的前景以及国家一系列扶持动漫产业发展的政策举措，吸引了各地政府争先发展动漫产业，北京、上海、广东、浙江、江苏、辽宁、吉林等十多个省市都将动漫产业作为未来支柱创意产业之一，制定了发展规划和优惠政策，大规模发展动漫产业基地。（本文由作者根据网络资料改写，原文见：哈比猫网站.）

应用思考：长沙的动漫产业营销环境发生了哪些变化？试用SWOT分析法分析。

(2)从合肥市区主干道长江西路的大西门段向北走，在原来由菜地、鱼塘、农舍和宅基地组成的城乡结合部建有上百栋“新徽派”风格民居，名为“琥珀山庄”。“琥珀山庄”楼盘的开发成功在合肥市房地产业历史上无疑是一个经典案例。

合肥市房地产开发的第一个高峰是20世纪80年代初期，建设了铜陵、钢铁、太湖、蜀山、西园、亳州、宁国和濉溪九个新村，其中以西园新村为代表。合肥的住宅市场那时刚刚起步，市民积攒了多年的买房欲望因为有了消费渠道，自然引起一阵轰动，市场看起来是一片繁荣。

经过调查，发现合肥的实际情况是：一方面，人均收入水平在全国省会城市中属于中等偏下，经济活跃性和思想观念开放程度也不高，假如开发高档次、高利润的房地产项目，意味着有高风险的存在。另一方面，随着发达地区经济活动向内地辐射能量的加强，到合肥进行投资、经商等公务活动以及探亲访友的高层次人员也必然会越来越多。这类人群大多在市内的高档宾馆包租房间和设立办事处，每年要支付相当昂贵的费用，如果能在市中心地带适时提供合适的高级住宅，必定能满足这批人的要求和愿望。何况由于部分经济实力雄厚的产业集团购买力以及少量先富裕起来的人购房或换房需求的存在，也必能吸引一笔相当可观的资金。因此综合起来考虑，开发高中档商品房虽有一定的风险，但只要运作得好，抢得先机，是大有可为的。

既然是高中档商品房，那就应该以优取胜，要强调精品意识。于是开发商提出了"以新颖的规划设计吸引住户，以优良的工程质量满足住户，以齐全的配套设施招徕客户，以热情的售后服务方便用户"的总体建设方针。由于有极佳的环境品位和高品质的房屋质量做保证，琥珀山庄很快赢得了客户的青睐，销路十分看好。

作为当时初次涉足住宅建设的新手，开发商采取的定价政策是追随市场领袖型。在建设初期他们根据开发成本低的实际优势，以前期西园新村平均房价 400 元/m^2 为参照，内定一般商品房价为 680 元/m^2。等到现房销售时，国内市场龙头房地产企业同类型住宅的价位已达到期房 1 080 元/m^2、现房 1 600 元/m^2，他们决定及时跟进，以 1 500 元/m^2 的价格试探市场，结果得到了市场的认可。（本文由作者根据网络资料改写，原文见：中国机床网.）

应用思考：试用 SWOT 分析法分析"琥珀山庄"营销策略。

2. 实战训练菜单

(1)把全班同学分为若干个小组，到校企合作的企业实训，在教师指导下利用 SWOT 分析法分析该企业的市场营销环境，分析企业经营中的竞争优势和劣势，并写出分析报告。

(2)到校园周边的超市、餐馆等场所进行市场调研，利用 SWOT 分析法帮助你所调研的超市、餐馆等写出分析报告，并针对分析报告制订营销策略。

任务 6.3　分析消费者购买行为

实训目标

通过实训，了解消费者市场特点，分析影响消费者购买行为的主要因素及购买行为类型，掌握医药消费行为决策过程，使学生充分接触市场与消费者，提升学生的综合素质，锻炼学生分析和解决问题的能力。

6.3.1　任务描述

自 2004 年，整个 OTC 肝药市场的销售危机就已经出现，"老三样"营销模式的弊端突现，这"老三样"就是"租专柜、打广告、接咨询"，同时整个 OTC 肝药市场需求在收缩，这种收缩不是萎缩，市场依然大量存在，而是因为肝药市场的营销模式造成肝病患者的严重信任危机，从而使得肝药市场收缩，而且某些非规范运作的肝病医院被媒体曝光也加剧了这种危机。各肝药产品在 OTC 市场上的夸大宣传造成消费者与产品提供者的矛盾，这种矛盾冲突的日益加剧，导致市场需求量相对收缩。

现在,在乙肝用药市场上,肝药企业数量不断增多,乙肝新药的品种也层出不穷,让患者无从适应;乙肝药物良莠不齐,监督管理机制不完善,患者乙肝知识缺乏,专业咨询的普及度低;而肝药市场的众多肝药产品违背其作为药物的基本原则,采用保健品的手法来进行宣传,让肝药市场呈现一片虚假繁荣的现象。所以,市场急切呼唤诚信和新营销模式的诞生。

在这种形势下,某医药企业(以下简称 A 企业)的一个抗乙肝新药在湖北孝感地区的推广很具有典型意义。

A 企业在刚开始推广这个抗乙肝新药时,只是简单地沿用了以前成功的市场操作经验,觉得只要把"老三样"模式复制一下就能卖货了。而事实证明,"老三样"失灵了,为什么同样使用这老三样,A 企业有时能取得成功,而有时会一败涂地?难道真应了这么一句话:成功的经验往往是阻碍下一个成功的最大障碍。

经过短暂的失败后,A 企业又重新做了市场调查和分析,发现市场环境变了,要重新认识消费者。肝药的消费者已经经过了许多肝药营销的洗礼,普遍都表现得很成熟了,所谓"久病成良医",肝病患者可称得上半个专家,他们翻阅的相关书籍并不比专业人员要少,如果 A 企业用老一套治疗理论去与他们沟通,反馈回来的就是他们的不信任,如此这样何谈卖货呢?于是,A 企业在与消费者沟通之后,找到了解决办法:要从治疗机理上寻求创新。市场分析中 A 企业发现,很多肝药在宣传的过程中与产品本身的说明书出入很大,消费者往往看了说明书之后就觉得企业的宣传不可信,很多肝药都是宣传药物本身的成分能直接杀死人体内乙肝病毒,而事实上是患者自己通过查阅了大量书籍后明白:世界上还没有直接在人体内杀死病毒的药物,否则艾滋病就不是不治之症了,这些都是他们上当受骗多少回后才明白的道理。

A 企业通过在孝感这个市场分析出上面的问题关键后,又重新审视了抗乙肝这个新药,发现它的说明书本身很好,而且治疗机理就没有谈到直接杀死病毒之说,抗乙肝新药是一个生物药,治疗的机理是从生物免疫学上讲的,就是激发人体的 T 细胞来达到杀伤病毒的作用,这和人体注射疫苗防病的"疫苗原理"很相似。

在后来的市场推广中,A 企业又发现消费者一直在关注着治疗性乙肝疫苗的问世,说是这可以从根本上解决乙肝难题。于是,一个大胆的宣传攻势形成,在广泛征求了临床专家的意见后,A 企业立即着手准备了广告宣传的所有物料,这就诞生了"新三斧":电视教育片《科技之光》、书籍《乙肝革命》、小报《科技快讯》。这三斧经过严密的媒体整合投放后马上见到了效果,向目标人群发放《科技之光》500 套后,每天陆续接到咨询电话 20 个左右,这在以前是不可想象的,在县电视台的垃圾时段投放这个教育片后,就只一个新药上市的好消息通知,就能吸引 100 多个消费者到专柜参加咨询活动,两个月后,销售人员捷报频传,销售出现赢利迹象。

取得上面的业绩,A 企业全体营销人员松了一口气,这在 OTC 肝药越来越难做的今天,这些创新而取得的效益是很难得的,而且这个经验完全可以总结出来后向全国市场推广。(资料来源:汤少梁. 医药市场营销学[M]. 北京:科学出版社,2007.)

思考:A 企业采用"老三样"在湖北孝感地区推广抗乙肝新药为何失败?试分析 A 企业后期推广抗乙肝新药获得成功的可能因素。

6.3.2 实训步骤与考评

1. 实训准备

按要求组建实训课题小组,将全班学生按每小组 5~6 人的标准划分成若干课题小组,每个小组指定或推选出一名小组长。确定实训小组课题任务,每个小组根据分析背景资料的内容,进行市场调查,分析消费者的购买行为,并写出分析报告。

2. 实训步骤

各小组组长根据要求,明确各组员的任务,进行市场调查搜集资料,具体实训内容见图6.9。

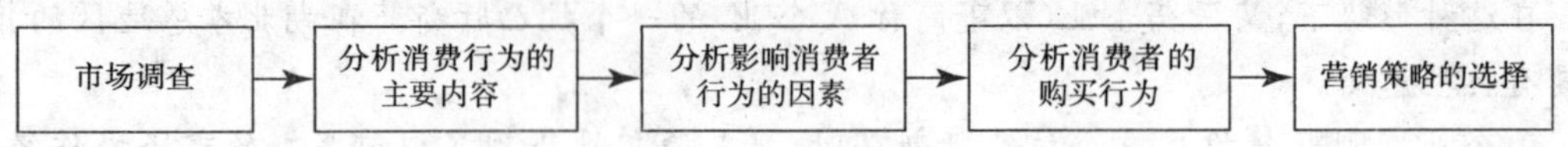

图6.9　分析消费者购买行为

(1)市场调查——市场调查是制订营销策略的前提。

参考做法:整个OTC肝药市场的销售出现危机,"租专柜、打广告、接咨询"营销模式的弊端突现,市场需求在收缩,这种收缩不是萎缩,市场依然大量存在,而是因为肝药市场的营销模式造成肝病患者的严重信任危机,从而使得肝药市场收缩。

现在,在乙肝用药市场上,肝药企业数量不断增多,乙肝新药的品种也层出不穷,让患者无从适应,乙肝药物的良莠不齐,监督管理机制的不完善,患者乙肝知识的缺乏,专业咨询的普及度低等主客观原因,而肝药市场的众多肝药产品违背其作为药物的基本原则,采用保健品的手法来进行宣传,让肝药市场呈现一片虚假繁荣的现象,所以市场急切呼唤诚信和新营销模式的诞生。

(2)分析消费行为的主要内容——确定消费者真正的需求。

参考做法:当潜在的消费需要转化为现实时,就形成了需求。消费需求是消费者的需要和购买动机在利用服务和产品过程中的具体表现,它较之需要动机有着更加直观、具体、丰富的内容。需要主要反映消费者为什么购买,以及由需要指向的购买对象,而需求则具体地表现消费者在何时、何处、如何以及由谁购买。

(3)分析影响消费者行为的因素——为营销决策提供依据。

参考做法:影响消费者行为的因素中,可以分为三个层次。第一个层次是直接作用导致对服务和产品需求的核心因素——个人的思想观念和生活方式。第二个层次是消费者的经济承受能力、环境与居住条件、家庭与配偶、文化知识等因素。第三个层次是文化与亚文化、科技、政治、社会经济与社会发展等因素。因此,企业必须仔细分析这些影响因素,把握消费者购买行为的规律性,为营销决策提供依据。

(4)分析消费者的购买行为——根据购买行为的不同阶段采取不同的营销策略。

参考做法:消费者的购买决策过程是一个从产生需要到买后感受的长过程,而不单单是购买行为实施的短暂时间。消费者购买决策过程包括引起需要、产生动机、收集资料、比较选择、购买行动、买后感受六个阶段,了解不同阶段可以采取不同的营销策略。

(5)营销策略的选择——正确的营销策略是成功营销的保障。

参考做法:影响消费者购买行为的要素主要包括了经济因素、社会环境因素、家庭因素、社会阶层的影响以及相关群体的影响等,这些相关因素都为如何有效地赢得消费者和为消费者服务提供了线索,为营销策略提供了依据。消费者购买决策过程包括引起需要、产生动机、收集资料、比较选择、购买行动、买后感受六个阶段,了解不同阶段可以采取不同的营销策略。

3. 实训总结与考评

各个小组成员要根据自己的调查和实践,在训练结束后分别写出自己的实训报告,由教师和其他同学对不同小组同学的报告进行比较和评价，见表6.4。

表6.4 分析消费者购买行为

成果展示与评价			分析报告及PPT形式答辩				
分析报告	分析报告必备项目		市场调研	分析消费行为主要内容	分析影响消费者行为因素	分析消费者购买行为	营销策略的选择
	评价标准		全面并能突出重点	准确、数据真实，参考文献在近一年内	能够客观、准确	思路清晰，对消费者购买行为各阶段准确把握	根据所提供的资料制订切实可行的策略
	应得分		20	20	20	20	20
	评价人	企业(50%)					
		教师(40%)					
		学生(10%)					
	实得分						
	报告最后得分						
PPT答辩	PPT答辩要求		时间	语言组织	表达能力	展现形式	形象及礼仪
	评价标准		控制阐述与回答问题的时间	语言精炼、针对性强	表达清楚、准确	汇报形式新颖	形象得体、大方
	应得分		10	20	25	25	20
	评价人	企业(50%)					
		教师(40%)					
		学生(10%)					
	实得分						
	答辩最后得分						
	任务综合得分						

6.3.3 知识点拨

著名的消费者决策模型是霍金斯(Hawkins)、贝斯特(Best)和科尼(Coney)在其著作《消费者行为学》(Consumer Behavior)中创立的。这个模型描述了消费者生活方式对消费者的消费决策的影响，其中主要的影响因素是外部因素和内部因素，这两个因素通过对消费者购买决策过程的影响，最后影响到消费结果的选择。

1. 消费者购买行为概述

(1)消费者和消费者行为。狭义的消费者是指购买、使用各种消费品或服务的个人与住户(household)。广义的消费者是指购买、使用各种产品与服务的个人或组织。本书主要从狭义的消费者角度讨论消费者行为。

在现实生活中，同一消费品或服务的购买决策者、购买者、使用者可能是同一个人，也可能是不同的人。比如，大多数成人个人用品，很可能是由使用者自己决策和购买的，而大多数儿童用品的使用者、购买者与决策者则很有可能是分离的。如果把产品的购买决策、实际购买和使用视为一个统一的过程，那么，出于这一过程任一阶段的人，都可称为消费者。

消费者行为是指消费者为获取、使用、处置消费物品或服务所采取的各种行动，包括先于且决定这些行动的决策过程。消费者行为是与产品或服务的交换密切联系在一起的。在现代市场经济条件下，企业研究消费者行为是着眼于与消费者建立和发展长期的交换关系。为此，不仅需要了解消费者是如何获取产品与服务的，而且也需要了解消费者是如何消费产品，以及产品在用完之后是如何被处置的。因为消费者的消费体验、消费者处置旧产品的方式和感受均会影响消费者的下一轮购买，也就是说，会对企业和消费者之间的长期交换关系产生直接的作用。传统上，对消费者行为的研究重点一直放在产品、服务的获取上，关于产品的消费与处置方面的研究则相对地被忽视。随着对消费者行为研究的深化，人们越来越深刻地意识到，消费者行为是一个整体，是一个过程，获取或者购买只是这一过程的一个阶段。因此，研究消费者行为，既应调查、了解消费者在获取产品、服务之前的评价与选择活动，也应重视在产品获取后对产品的使用、处置等活动。只有这样，对消费者行为的理解才会趋于完整。

(2)研究消费者行为的意义。

①消费者行为研究是营销决策和制订营销策略的基础。

• 市场机会分析。从营销角度看，市场机会就是未被满足的消费者需要。要了解消费者哪些需要没有被满足或没有完全被满足，通常涉及对市场条件和市场趋势的分析。比如，通过分析消费者的生活方式或消费者收入水平的变化，可以揭示消费者有哪些新的需要和欲望未被满足。在此基础上，企业可以针对性地开发出新产品。

• 市场细分。市场细分是制订大多数营销策略的基础，其实质是将整体市场分为若干子市场，每一子市场的消费者具有相同或相似的需求或行为特点，不同子市场的消费者在需求和行为上存在较大的差异。企业细分市场的目的是找到适合自己进入的目标市场，并根据目标市场的需求特点，制订有针对性的营销方案，使目标市场的消费者的独特需要得到更充分的满足。

• 产品与店铺定位。营销人员只有了解产品在目标消费者心目中的位置，了解其品牌或商店是如何被消费者所认知的，才能发展有效的营销策略。

• 新产品开发。通过了解消费者的需求与欲望，了解消费者对各种产品属性的评价，企业可以据此开发新产品。可以说，消费者调查既是新产品构思的重要来源，也是检验新产品能否被接受和应在哪些方面进一步完善的重要途径。通用电器公司设计出节省空间的微波炉和其他厨房用品，在市场上获得了巨大成功，其产品构思就是直接源于消费者对原有产品占有空间太多的抱怨。

• 产品定价。产品定价如果与消费者的承受能力或与消费者对产品价值的感知脱节，再好的产品也难以打开市场。由此可见，产品定价也离不开对消费者的分析和了解。

• 分销渠道的选择。消费者喜欢到哪些地方购物，以及如何购买到本企业的产品，也可以通过对消费者的研究了解到。

• 广告和促销策略的制订。对消费者行为的透彻了解，也是制订广告和促销策略的基础。

②为消费者权益保护和有关消费政策制定提供依据。随着经济的发展和各种损害消费者权益的商业行为不断增多，消费者权益保护正成为全社会关注的话题。消费者作为社会的一员，拥有自由选择产品与服务、获得安全的产品、获得正确的信息等一系列权利。消费者的这些权利，也是构成市场经济的基础。政府有责任和义务来禁止欺诈、垄断、不守信用等损害消费者权益的行为发生，也有责任通过宣传、教育等手段提高消费者自我保护的意识和能力。

政府应当制定什么样的法律，采取何种手段保护消费者权益，政府法律和保护措施在实施过程中能否达到预期的目的，很大程度上可以借助于消费者行为研究所提供的信息来了解。

(3)消费者行为的构成。消费者行为可以看成是由两个部分构成：

①消费者的购买决策过程。购买决策是消费者在使用和处置所购买的产品和服务之前的心理活动和行为倾向，属于消费态度的形成过程。

②消费者的行动。消费者的行动则更多的是购买决策的实践过程。

在现实的消费生活中，消费者行为的这两个部分相互渗透，相互影响，共同构成了消费者行为的完整过程。

2. 消费者行为的影响因素

影响消费者行为的个体与心理因素是：需要与动机、知觉、学习与记忆、态度、个性、自我概念与生活方式。这些因素不仅影响并在某种程度上决定消费者的决策行为，而且它们对外部环境与营销刺激的影响起放大或抑制作用。

影响消费者行为的环境因素主要有：文化、社会阶层、社会群体、家庭等。

3. 消费者购买行为类型

企业管理者和营销人员除须了解影响消费者的各种因素、消费者购买模式之外，还必须弄清楚消费者购买决策，以便采取相应的措施，实现企业的营销目标。

(1)购买决策的参与者。消费者消费虽然是以一个家庭为单位，但参与购买决策的通常并非一个家庭的全体成员，许多时候是由一个家庭的某个成员或某几个成员所决定的。而且由几个家庭成员组成的购买决策层，其各自扮演的角色亦是有区别的。人们在一项购买决策过程中可能充当以下角色：

①发起者。首先想到或提议购买某种产品或劳务的人。

②影响者。其看法或意见对最终决策具有直接或间接影响的人。

③决定者。能够对买不买、买什么、买多少、何时买、何处买等问题做出全部或部分的最后决定的人。

④购买者。实际采购的人。

⑤使用者。直接消费或使用所购商品或劳务的人。

了解每一购买者在购买决策中扮演的角色，并针对其角色地位与特性，采取有针对性的营销策略，就能较好地实现营销目标。

(2)购买行为的类型。消费者在购买商品时，会因商品价格、购买频率的不同，而投入购买的程度不同。西方学者根据购买者在购买过程中参与者的介入程度和品牌间的差异程度，将消费者的购买行为分为四种类型，见表6.5。

表6.5 购买行为的四种类型

购买介入程度 / 品牌差异程度	高	低
大	复杂的购买行为	多样性的购买行为
小	减少失调感的购买行为	习惯性的购买行为

①复杂的购买行为。如果消费者属于高度介入，并且了解现有产品的品牌、质量、品种和规格之间具有显著差异，则会产生复杂的购买行为。复杂的购买行为指消费者购买过程完整，要经历大量的信息收集、全面的评估、慎重的购买决策和认真的购后评价等各个阶段。对于复杂的购买行为，营销者应制订策略帮助购买者掌握产品知识，运用印刷媒体、电波媒体和销售人员宣传本品牌的优点，发动营业员和购买者的亲友影响其最终购买决定，简化购买过程。

②减少失调感的购买行为。如果消费者属于高度介入,但是并不认为各品牌之间有显著差异,则会产生减少失调感的购买行为。减少失调感的购买行为指消费者并不广泛收集产品信息,并不精心挑选品牌,购买过程迅速而简单,但是在购买以后会认为自己所买产品具有某些缺陷或其他同类产品有更好的效果而产生失调感,怀疑原先购买决策的正确性。对于这类购买行为,营销者要提供完善的售后服务,通过各种途径经常提供有利于本企业和产品的信息,使顾客相信自己的购买决定是正确的。

③习惯性的购买行为。如果消费者属于低度介入,并且认为各品牌之间没有什么显著差异,就会产生习惯性购买行为。习惯性购买行为指消费者并未深入收集产品信息和评估品牌,没有经过信念—态度—行为的过程,只是习惯于购买自己熟悉的品牌,在购买后可能评价也可能不评价产品。

对习惯性购买行为群体的主要营销策略是:利用价格与销售促进吸引医生试用,开展大量重复性广告加深医药消费者印象,增加购买介入程度和品牌差异。

④多样性的购买行为。如果消费者属于低度介入,并且了解现有各产品品牌和品种之间具有显著差异,则会产生多样性的购买行为。多样性的购买行为指消费者购买产品有很大的随意性,并不深入收集信息和评估比较就决定购买某一品牌,在消费时才加以评估,但是在下次购买时又转换其他品牌。转换的原因是厌倦原口味或想试试新口味,是寻求产品的多样性而不一定有不满意之处。

对于寻求多样性的购买行为,市场领导者和挑战者的营销策略是不同的。市场领导者力图通过占有货架、避免脱销和提醒购买的广告来鼓励消费者形成习惯性购买行为。而挑战者则以较低的价格、赠送样品和强调试用新品牌的广告来鼓励消费者改变原习惯性购买行为。

4. 消费者购买决策过程

消费者的购买决策过程是一个从产生需要到买后感受的长过程,而不单单是购买行为实施的短暂时间。消费者的购买过程可归纳为以下 6 个阶段,见图 6.10。

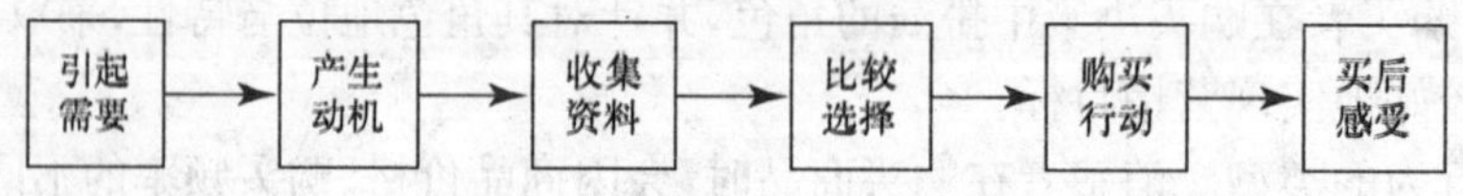

图 6.10　消费者购买行为过程

(1)引起需要。需要引起后,往往会延长一段时间,并随时上下波动。由内因引起的需要,延续时间越长,需要越强烈;由外因引起的需要,在短期内见效,时间越长,需要反而减弱。在商业营业活动中,要研究如何利用外在因素,去引起消费者的内在需要。营销人员应首先了解本企业经营商品的种类、特点以及与此有关的消费者现实或潜在的需要,并了解这些商品在不同时间里的需要程度,这种需要被哪些诱因所引起,这样就可以设计诱因。引起消费者需要的诱因是多方面的,可以是时间的、地点的、经营方式的、布局陈列的,也可以是产品本身的质量、价格、花色品种、规格、包装等。这些诱因可以单独使用,也可以综合使用。

(2)产生动机。需要产生动机,动机又各种各样,作为营业人员,主要应了解消费者产生什么样的动机,以优质的产品和良好的服务来满足消费者的需要。

(3)收集资料。人们产生购买动机后并不一定马上就买。在这种情况下,作为记忆的资料收集起来,并通过收集其他资料,来完成从知觉到坚定的心理程序,做出购买决定。

人们取得的资料大多数来源于同事、朋友间的交流以及广告、商品包装、参观、实践或使用商品的体验等。

对于营销人员来说，要加强广告宣传，积极向消费者提供可选择的资料，为向决定购买阶段的发展创造条件。

(4)比较选择。消费者在取得各方面的信息后，就要对其进行比较，从中选出自己要买的商品。不同消费者评价商品的标准和方法有很大的差距。营销人员必须了解消费者对资料是如何处理的，以便掌握消费者的购买意向；同时应注意增加花色品种，供消费者选择；而且在消费者选择购买方案时应发挥参谋作用。

(5)购买行动。从引起需要到比较选择这几个阶段都是购买行为的准备阶段，正是在这些活动的基础上，做出购买的决策即把购买活动付诸实施。在这一阶段服务质量特别重要，否则，不仅损害企业的声誉，也会影响顾客的购买。

营销人员应注意，一方面向消费者提供更多更详细的有关产品的信息，消除消费者的风险感觉；另一方面，要通过各种销售服务形成方便顾客的条件，诱导消费者坚定的实施购买意向。

(6)买后感受。在商品买回来后，消费者往往要通过使用，通过家庭成员和亲友的评判，来检验自己的购买是否正确，因而就产生不同的感受。消费者会产生满意和不满意两种感受。产生满意的感受以后，还会购买此商品或其他商品(重复购买)；产生不满意感受以后，不会再来购买并会影响亲友。

可见，消费者的购买活动是一个长过程，因此，作为营销人员千万不能仅仅在购买行为的瞬间上下功夫，而必须系统地研究整个购买过程，采取有效的对策吸引潜在顾客。

5. 消费者的动机

(1)动机。动机(motivation)这一概念是由伍德沃斯(R. Wood-worth)于1918年率先引入心理学的。他把动机视为决定行为的内在动力。一般认为，动机是“引起个体活动，维持已引起的活动，并促使活动朝向某一目标进行的内在作用”。

人们从事任何活动都由一定动机所引起。引起动机有内外两类条件，内在条件是需要，外在条件是诱因。需要经唤醒会产生驱动力，驱动有机体去追求需要的满足。例如，血液中水分的缺乏会使人(或动物)产生对水的需要，从而引起唤醒或紧张的驱力状态，促使有机体从事喝水这一行为满足。由此可见，需要可以直接引起动机，从而导致人朝特定目标行动。

(2)消费者具体购买动机。

①求实动机。它是指消费者以追求商品或服务的使用价值为主导倾向的购买动机。在这种动机支配下，消费者在选购商品时，特别重视商品的质量、功效，要求一分钱一分货，相对而言，对商品的象征意义，所显示的“个性”、商品的造型与款式等不是特别强调。比如，在选择布料的过程中，当几种布料价格接近时，消费者宁愿选择布幅较宽、质地厚实的布料，而对色彩、是否流行等给予的关注相对较少。

②求新动机。它是指消费者以追求商品、服务的时尚、新颖、奇特为主导倾向的购买动机。在这种动机支配下，消费者选择产品时，特别注重商品的款式、色泽、流行性、独特性与新颖性，相对而言，产品的耐用性、价格等成为次要的考虑因素。一般而言，在收入水平较高的人群以及青年群体中，求新的购买动机比较常见。

③求美动机。它是指消费者以追求商品欣赏价值和艺术价值为主要倾向的购买动机。在这种动机支配下，消费者选购商品时特别重视商品的颜色、造型、外观、包装等因素，讲究商品

的造型美、装潢美和艺术美。求美动机的核心是讲求赏心悦目，注重商品的美化作用和美化效果，它在受教育程度较高的群体以及从事文化、教育等工作的人群中是比较常见的。

④求名动机。它是指消费者以追求名牌、高档商品，借以显示或提高自己的身份、地位而形成的购买动机。当前，在一些高收入层、大中学生中，求名购买动机比较明显。求名动机形成的原因实际上是相当复杂的。购买名牌商品，除了有显示身份、地位、富有和表现自我等作用以外，还隐含着减少购买风险、简化决策程序和节省购买时间等多方面考虑因素。

⑤求廉动机。它是指消费者以追求商品、服务的价格低廉为主导倾向的购买动机。在求廉动机的驱使下，消费者选择商品以价格为第一考虑因素。他们宁肯多花体力和精力，多方面了解、比较产品价格差异，选择价格便宜的产品。相对而言，持求廉动机的消费者对商品质量、花色、款式、包装、品牌等不是十分挑剔，而对降价、折让等促销活动怀有较大兴趣。

⑥求便动机。它是指消费者以追求商品购买和使用过程中的省时、便利为主导倾向的购买动机。在求便动机支配下，消费者对时间、效率特别重视，对商品本身则不甚挑剔。他们特别关心能否快速方便地买到商品，讨厌过长的候购时间和过低的销售效率，对购买的商品要求携带方便，便于使用和维修。一般而言，成就感比较高，时间机会成本比较大，时间观念比较强的人，更倾向于持有求便的购买动机。

⑦模仿或从众动机。它是指消费者在购买商品时不自觉地模仿他人的购买行为而形成的购买动机。模仿是一种很普遍的社会现象，其形成的原因多种多样。有出于仰慕、钦羡和获得认同而产生的模仿；有由于惧怕风险、保守而产生的模仿；有缺乏主见，随大流或随波逐流而产生的模仿。不管缘于何种原由，持模仿动机的消费者，其购买行为受他人影响比较大。一般而言，普通消费者的模仿对象多是社会名流或其所崇拜、仰慕的偶像。电视广告中经常出现某些歌星、影星、体育明星使用某种产品的画面或镜头，目的之一就是要刺激受众的模仿动机，促进产品销售。

⑧好癖动机。它是指消费者以满足个人特殊兴趣、爱好为主导倾向的购买动机。其核心是为了满足某种嗜好、情趣。具有这种动机的消费者，大多出于生活习惯或个人癖好而购买某些类型的商品。

以上对消费者在购买过程中呈现的一些主要购买动机做了分析。需要指出的是，上述购买动机决不是彼此孤立的，而是相互交错、相互制约的。在有些情况下，一种动机居支配地位，其他动机起辅助作用；在另外一些情况下，可能是另外的动机起主导作用，或者是几种动机共同起作用。因此，在调查、了解和研究过程中，对消费者购买动机切忌做静态和简单的分析。

影响消费者购买行为的因素为如何有效地赢得消费者和为消费者服务提供了线索，为营销策略提供了依据。消费者购买决策过程包括引起需要、产生动机、收集资料、比较选择、购买行动、买后感受六个阶段，了解不同阶段可以采取不同的营销策略。

6.3.4 案例导入与解析

1. 福特汽车公司成功与失败的事例

美国汽车大王亨利·福特于1899年、1901年曾与别人合伙经营汽车公司，均因产品(高价竞赛车)不适合市场需要，根本无法销售而告失败。1903年，福特汽车公司成立，第一批福特车因实用、质量稳定、定价合理，生意一开始就非常兴隆。1906年形势发生变化，当时推出的福特车是面向较富有阶层的豪华型车，车体笨重，且多为订制，大众都买不起，结果福特车的销售量下降。1907年亨利·福特总结了过去的经验教训，及时调整战略计划，实行“薄利多销”的策略，于是生意又魔术般地回升。当时，全国性经济衰退已露端倪，许多企业纷纷倒闭，唯独福特汽车公司生意兴隆，盈利 125 万美元。到 1908 年初，亨利·福特按当时大众尤其是广大农场主的需要，做出了明智的战略性决策：从此致力于生产统一规格、价格低廉、大众需要而且买得起的“T 型车”，并且在实行产品标准化的基础上组织大规模生产。此后十余年，由于福特车适销对路，销售量迅速增加，销量一年高达 100 万。在 20 世纪 20 年代早期的几年中，福特汽车公司的纯收入竟高达 5 亿美元，成为当时世界上最大的汽车公司。到 20 世纪 20 年代中期以后，随着美国经济增长和居民收入、生活水平的提高，形势又发生了变化：公路四通八达，路面大大改善，马车时代坎坷、泥泞的路面已经消失；消费者开始追求时髦，简陋的“T 型车”虽说价廉，但已不能吸引顾客，因此销售量开始下降。可是，当时亨利·福特不愿面对现实。他在全国推销员年会上听到关于“T 型车”需要根本改进的呼吁后，静坐了两小时，然后答道：“先生们，据我看，福特车的唯一缺点是我们造得还不够快。”就在他顽固地坚持“不管顾客需要什么颜色的汽车，我只有一种黑色的”那种已经过时的陈旧战略的时候，通用汽车公司却时时刻刻注视着市场上的动向。当时，通用汽车发现了良机，意识到有机可乘，及时做出了适当的战略性决策：适应市场需要，每年不断创新，增加一些新颜色、新式样的汽车（即使因此须相应提高销售价格）。于是，“雪佛兰”车开始排挤“T 型车”。1926 年，“T 型车”销量陡降。到 1927 年 5 月，亨利·福特不得不停止生产“T 型车”，改产“A 型车”。改产不仅耗资 1 亿美元，而且这期间通用汽车公司乘虚而入，占领了福特车市场的大量份额。（本文由作者根据网络资料改写，原文见：MBA 智库文档.）

思考与讨论：福特汽车公司为什么会失败？

分析点评：福特公司 1907 年推出的“T 型车”适合普通家庭，价格低廉，满足了普通消费者。随着消费环境的变化，消费者心理发生了变化，廉价车很难吸引他们，满足不了当时的需求，所以“T 型车”没了市场。

2. 不同的价值观念不同的消费观念

王女士在某政府机关任职，一天在回家的路上，她路过时装店时进去随便看了一下，本未打算买衣服的她，在销售人员的极力游说下买了一件价格不菲的时装，心情不错。王女士回到家后，房间里烟雾缭绕，刚刚大学毕业参加工作不久的儿子，与做工程师的爸爸谈论着有关吸什么档次烟的问题。儿子认为，抽烟很大程度上是为满足心理的需要，抽低档烟有失身份，所以应抽中高档烟，至于经济承受能力，则以现在和将来的收入为前提。但父亲却认为，抽烟主要是为满足生理上的需要，不存在什么“掉份儿”的问题，经济承受能力应以过去和现在的收入为前提，量入为出，要留有余地，因为将来是不确定的。王女士听到这话题，立刻提议：既然大家都知道抽烟有害健康，不如就都戒了吧，有钱还不如买件衣服穿呢。但这提议立刻遭到父子俩的一致否决，他们均称这是妇人之见。（本文由作者根据网络资料改写，原文见：百度文库.）

思考与讨论：试分析案例中人物的消费心理。

分析点评：消费者的行为受到诸多因素的影响，有的来自消费者自身，也有的来自外部环境。分析影响消费者行为的因素，了解消费者的购买决策过程，为制订可行的营销方案提供依据。

6.3.5 模拟与实战训练

1. 模拟训练菜单

(1)按照美国的标准，巴西在谷物类早餐食品和其他早餐食品方面蕴藏着巨大的商机。巴西约有1.65亿人口,其年龄分布似乎也有利于早餐麦片的消费,因为20岁以下的人口占总人口的48%。另外,巴西的人均收入也足够使人们在早餐时享用食用起来十分方便的谷物食品。在评估这个市场时,凯洛格公司还注意到一个引人注目的有利因素——几乎没有任何直接的竞争。因此,从影响消费者行为的这些因素来看,巴西是麦片消费潜力巨大的市场。

于是凯洛格决定在巴西一个十分流行的电视连续剧中插播广告。广告画面是一个小男孩津津有味地吃着从包装袋里倒出来的麦片。在显示产品味道极佳的同时,该广告将产品定位于一种小吃而不是早餐的一部分。这一广告片由于反应冷淡,很快被撤了下来。经对巴西的文化分析显示,巴西人家庭观念极强,而且大男子主义观念根深蒂固。所以,随后设计的广告节目,画面集中显示父亲将麦片倒入碗中并加上牛奶的家庭早餐场面。较之第一个广告片,这一广告节目更为成功,麦片销售量增加了,凯洛格占有了99.5%的市场份额。(资料来源:霍金斯,马瑟斯博,贝斯特.符国群,等,译.消费者行为学:原书第10版[M].北京:机械工出版社,2007.)

应用思考:影响消费者行为的因素有哪些?凯洛格考虑了哪些因素从而取得了成功?该案例有何启示?

(2)一对颇有名望的外商夫妇,在我国某商店选购首饰时,对一只标价8万元的翡翠戒指很感兴趣,却因价格昂贵而犹豫不决。一个善于察言观色、揣测心理的营业员便特意介绍说,某国总统夫人曾来店里看过这只戒指,而且非常喜欢,由于价格太高,最终没有买成。这对外商夫妇听后,为了证实他们比总统夫人更富有,更阔绰,当即决定,买走了这只价值8万元的翡翠戒指。(本文由作者根据网络资料改写,原文见:华农经管土管院研究生思政网.)

应用思考:上例中,外商夫妇购买商品是一种什么心理?应用这种心理促销应注意什么问题?

(3)有“东方魔镜”之称的仿古铜镜被浙江衢州东方魔镜厂独家开发成功。然而,这一被国人誉为“华夏一绝”的独家产品,名声虽大,却购者寥寥。何为魔镜?当阳光照在铜镜正面时,其背面图案会穿过镜体,折射映照到对面墙壁上。厂长项水祥经过摸索、思考,终于悟出其中道理:东方魔镜与一般实用性商品不同,它集观赏性、收藏性和艺术性于一体,具有浓厚的文化色彩。要开拓“东方魔镜”市场,必须在产品的文化特色上下功夫,以迎合不同文化层次、不同地域背景的消费者。于是,他们一面聘请设计师,搞好新图案设计;一面派人四处搜集各地的文化时尚,捕捉文化信息;还直接与国外联系,争取有关图案。如今,按不同地域风情、不同宗教信仰、不同民族风俗,这家工厂已设计生产出万里长城、大小熊猫、圣母玛丽亚以及西湖风光等22种魔镜背面图案。新的产品定位和新的形象设计,加重了产品文化色彩,适应了消费者的需求,很快打开了销路。山东曲阜将举办“中国国际孔子文化节”,该厂闻讯后,即生产出300面背后刻有孔子半身像的东方魔镜,并及时发货曲阜。当与会者将魔镜面对太阳光时,其背面孔子半身像穿透镜体,清晰地反射到墙壁上。目睹此景,在场嘉宾无不叫绝,海内外嘉宾争购魔镜。(资料来源:季辉.市场营销学[M].北京:科学出版社,2004.)

应用思考:从消费者需求的特征和影响消费者购买行为的因素分析“东方魔镜”营销成功的原因?

2. 实战训练菜单

(1)对校园周边商场或超市进行市场调查,观察顾客的购买行为并了解销售情况,由学生进行分析研究,写出分析报告。

(2)跟校企合作,在实训教师的带领下进行实战推销产品训练,分析消费者的购买行为,并写出实训报告。

任务6.4 开发市场

在正确选择市场细分变量的情况下,正确选择目标市场,并根据具体情况进行准确的市场定位,开发市场。

6.4.1 任务描述

20世纪20年代的美国称为"迷惘的时代"。经过第一次世界大战的冲击,许多青年都自认为受到了战争的创伤,并且认为只有拼命享乐才能将这种创伤冲淡。他们或在爵士乐的包围中尖声大叫,或沉浸在香烟的烟雾缭绕当中。无论男女,他(她)们都会异常悠闲雅致地衔着一支香烟。女人们愈加注意起自己的红唇,她们精心地化妆,与一个男人又一个男人"伤心欲绝"地谈恋爱;她们挑剔衣饰颜色,感慨红颜易老,时光匆匆。女人是爱美的天使,社会的宠儿,她们抱怨白色的香烟嘴常沾染了她们的唇膏。于是"万宝路"出世了。为了表示对女烟民的关怀,莫里斯公司把Marlboro(万宝路)香烟的烟嘴染成红色,以期广大爱美女士为这种无微不至的关怀所感动,从而打开销路。然而几年过去了,莫里斯心中期待的销售热潮始终没有出现。热烈的期待不得不面对现实中尴尬的冷场。

"万宝路"从1924年问世,一直至20世纪50年代,始终默默无闻。它的温柔气质的广告形象似乎也未给广大淑女们留下多少利益的考虑,因为它缺乏以长远的经营、销售目标为引导的带有主动性的广告意识。莫里斯的广告口号"像五月的天气一样温和"显得过于文雅,而且是对女人身上原有的脂粉气的附和,致使广大男性烟民对其望而却步。"万宝路"的命运在上述原因的作用下,也趋黯淡。

第二次世界大战爆发以后,烟民数量上升,而且随着香烟过滤嘴出现,可以承诺消费者,过滤嘴可以使有害的尼古丁进入不了身体,烟民们可以放心大胆地抽自己喜欢的香烟。菲利普·莫里斯公司也忙着给"万宝路"配上过滤嘴,希望以此获得转机。然而令人失望的是,烟民对"万宝路"的反应始终很冷淡。

菲利普·莫里斯公司开始考虑重塑形象。公司派专人请利奥·伯内特广告公司为"万宝路"做广告策划,以期打出"万宝路"的名气销路。"让我们忘掉那个脂粉香艳的女子香烟,重新创造一个富有男子汉气概的举世闻名的'万宝路'香烟!"利奥·伯内特广告公司的创始人对一筹莫展的求援者说。一个崭新大胆的改造"万宝路"香烟形象的计划产生了。产品品质不变,包装采用当时首创的平开式盒盖技术,并将名称的标准字(MARLBORO)尖角化,使之更富有男性的刚强,并以红色作为外盒主要色彩。

广告的重大变化是:"万宝路"的广告不再以女人为主要对象,而是用硬铮铮的男子汉。在广告中强调"万宝路"的男子气概,以吸引所有爱好追求这种气概的顾客。这个理想中的男子汉最后还是集中到美国牛仔这个形象上:一个目光深沉、皮肤粗糙、浑身散发着粗犷、豪气的英雄男子汉,在广告中袖管高高卷起,露出多毛的手臂,手指总是夹着一支冉冉冒烟的"万宝路"

香烟。这种洗尽女人脂粉味的广告于 1954 年问世，它给“万宝路”带来巨大的财富。仅1954～1955年间，“万宝路”销售量提高了三倍，一跃成为全美第 10 大香烟品牌，1968 年其市场占有率上升到全美同行第二位。

现在，“万宝路”每年在世界上销售香烟 3 000 亿支，用 5 000 架波音 707 飞机才能装完。世界上每抽掉 4 支烟，其中就有一支是“万宝路”。是什么使名不见经传的“万宝路”变得如此令人青睐了呢？（本文由作者根据网络资料改写，原文见：瓷库中国.）

思考：万宝路原来的市场定位存在什么问题？万宝路的重新定位为何能够成功？

6.4.2 实训步骤与考评

1. 实训准备

按要求组建实训课题小组，将全班学生按每小组 5～6 人的标准划分成若干课题小组，每个小组指定或推选出一名小组长。确定实训小组课题，根据背景资料的要求进行实训并写出分析报告。

2. 实训步骤

各小组长根据实训内容明确各组员的任务，并督促大家有效地完成任务。市场机会对每一个企业而言，都需要一个甄别和选择的过程。要做好机会识别，至少应经过以下四个过程，具体实训内容见图 6.11。

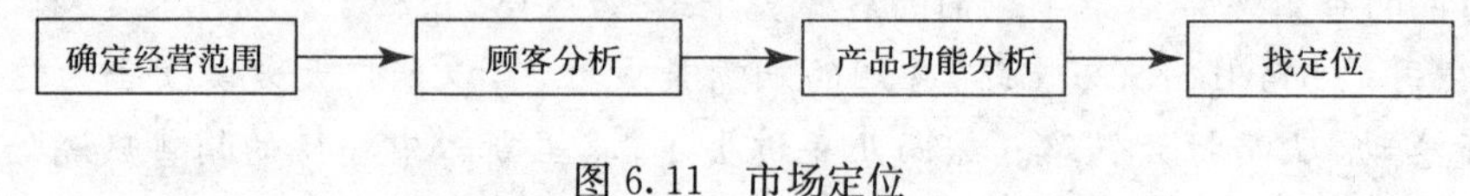

图 6.11 市场定位

(1)确定经营范围——就是首先应明确自己能做什么。

参考做法：不管是经营单一产品的企业还是同时经营多种产品的企业，首要的任务应该是确定自己的业务范围，即明确自己希望服务的顾客类别以及满足这些顾客的哪些具体需求，在此基础上，进一步确定通过哪些方法和手段来满足这些需求以及为顾客提供价值满足的程度。对这一系列问题的清晰回答，实质上就是对企业经营范围的界定。需要注意的是，企业在进行战略调整时，经营范围的变化应保持一定的连贯性。

(2)顾客分析——就是调查消费者对“万宝路”香烟的认知。

参考做法：品牌定位的制订，是在满足消费者需求的基础上，通过了解消费者认知，提出与竞争者不同的主张。为了了解消费者的认知，一方面研究“万宝路”香烟、竞争者传播的信息，另一方面，与经销商、零售商进行大量访谈，完成上述工作后，聘请市场调查公司对现有用户进行调查。

(3)产品功能分析——“万宝路”香烟给消费者带来的利益。

参考做法：消费者的这些认知和购买消费行为均表明，消费者对“万宝路”香烟的要求。许多被调查者明白无误地说喜欢这个牌子是因为它的味道好，烟味浓烈，使他们感到身心非常愉快。

(4)找定位——一个品牌定位的成立有据可依。

参考做法：一个品牌定位的成立，必须是该品牌最有能力占据的，即有据可依。“万宝路”的广告不再以女人为主要对象，而是用硬铮铮的男子汉。在广告中强调“万宝路”的男子气概，以吸引所有爱好、追求这种气概的顾客。“万宝路”的包装广告所赋予“万宝路”的形象已经像服装、首饰等各种装饰物一样成为人际交往的一个相关标志。

3. 实训总结与考评

基础训练在本组内进行，按规范操作结束后由教师随机抽出每组中的 1～2 位同学，各组间进行交互式对抗演练评比打分，以参加对抗演练同学的成绩作为小组的综合成绩，见表 6.6。

表 6.6　市场机会识别考核表

成果展示与评价		分析报告及 PPT 形式答辩				
分析报告	确定市场机会的报告必备内容	确定经营范围	顾客分析	产品功能分析	找定位	分析报告
	评价标准	全面并能突出重点	准确，数据真实，参考文献在近一年内	发掘更多的机会	清晰而有依据	思路清晰，语言流畅
	应 得 分	20	20	20	20	20
	评价人 教师(60%)					
	评价人 学生(40%)					
	实 得 分					
	报告最后得分					
PPT答辩	PPT 答辩要求	时间	语言组织	表达能力	展现形式	形象及礼仪
	评价标准	控制阐述与回答问题的时间	语言精炼、针对性强	表达清楚、准确	汇报形式新颖	形象得体、大方
	应 得 分	10	20	25	25	20
	教师(60%)					
	学生(40%)					
	实 得 分					
	答辩最后得分					
	任务综合得分					

6.4.3　知识点拨

1. 市场细分

(1)市场细分的概念。市场细分(market segmentation)是企业根据消费者需求的不同，把整个市场划分成不同的消费者群的过程。其客观基础是消费者需求的异质性。进行市场细分的主要依据是异质市场中需求一致的顾客群，实质就是在异质市场中求同质。市场细分的目标是为了聚合，即在需求不同的市场中把需求相同的消费者聚合到一起。这一概念的提出，对于企业的发展具有重要的促进作用。

(2)市场细分作用。

①有利于选择目标市场和制订市场营销策略。市场细分后的子市场比较具体，比较容易了解消费者的需求，企业可以根据自己企业的经营思想、方针及生产技术和营销力量，确定服务对象，即目标市场。针对较小的目标市场，便于制订特殊的营销策略。同时，在细分市场上，信息容易了解和反馈，一旦消费者的需求发生变化，企业可迅速改变营销策略，制订相应的对策，以适应市场需求的变化，提高企业的应变能力和竞争力。

联想的产品细分策略正是基于产品的明确区分，联想打破了传统的“一揽子”促销方案，围绕“锋行”“天骄”“家悦”三个品牌面向的不同用户群需求，推出不同的“细分”促销方案。选择“天骄”的用户，可优惠购买让数据随身移动的魔盘、可精彩打印数码照片的 3110 打印机、SO-

HO好伴侣的M700多功能机,以及让人尽享数码音乐MP3播放器;选择"锋行"的用户,可以优惠购买"数据特区"双启动魔盘、性格鲜明的打印机以及"新歌任我选"MP3播放器;钟情于"家悦"的用户,则可以优惠购买"电子小书包"魔盘、完成学习打印的打印机、名师导学的网校卡,以及成就计算机高手的XP计算机教程。

②有利于发掘市场机会,开拓新市场。通过市场细分,企业可以对每一个细分市场的购买潜力、满足程度、竞争情况等进行分析对比,探索出有利于本企业的市场机会,使企业及时做出投产、移地销售决策,或根据本企业的生产技术条件编制新产品开拓计划,进行必要的产品技术储备,掌握产品更新换代的主动权,开拓新市场,以更好适应市场的需要。

③有利于集中人力、物力投入目标市场。任何一个企业的资源、人力、物力、资金都是有限的。通过细分市场,选择了适合自己的目标市场,企业可以集中人力、财力、物力及资源,去争取局部市场上的优势,然后再占领目标市场。

④有利于企业提高经济效益。前面三个方面的作用都能使企业提高经济效益。除此之外,通过市场细分后,企业可以面对目标市场,生产出适销对路的产品,既能满足市场需要,又可增加企业的收入;产品适销对路可以加速商品流转,加大生产批量,降低企业的生产销售成本,提高生产工人的劳动熟练程度,提高产品质量,全面提高企业的经济效益。

(3)市场细分的标准和原则。

①市场细分的标准。

• 人口细分。它指按照人口统计变量进行市场细分。其具体变量包括年龄、性别、家庭人口数、文化程度、职业、收入、宗教信仰、国籍、民族等。不同年龄、不同性别、不同收入、不同文化水平的人,在价值观念、生活情趣、审美观念、消费方式、消费特点等方面会有一定差别,即使是对同样的产品,也会产生不同的消费需求。

• 地理细分。它就是把市场分为不同的地理区域。其具体变量包括国家、地区、省市、农村、南方、北方等。处于不同地区的消费者,对于同一类产品往往会有不同的需求和偏好,如中国的茶叶市场,各地区有不同的偏好,绿茶主要畅销于南方地区,花茶主要畅销于华北地区、东北地区,砖茶主要为某些少数民族地区所喜好。因而,企业采取的营销策略应与之相适应。

• 心理细分。它是指将消费者按照其生活方式、性格、态度而细分成不同的群体。这些群体形成不同的细分市场。其变量包括消费者的个性、购买动机、价值取向、生活方式、社会阶层等。

• 行为细分。它是指将消费者按照其对产品的理解、态度、使用或反应来细分成不同的细分市场。其变量包括消费者对产品的使用率、使用状况、从产品中追求的利益、购买和使用产品的时机、对品牌的忠诚程度、对质量和广告服务的信赖程度等。

生产者市场与消费者市场相比有所不同:一是其购买者是产业用户;二是其购买决策是由有关专业人员做出,一般属于理性行为,受感情因素影响较少。因此,细分消费者市场的标准,虽基本适用于生产者市场,但应对这些因素赋予新的内容,并增加新的变数。

②细分市场应具备的条件。

• 可衡量性。它指细分后的市场的规模、购买力和基本情况是可以衡量的。这样才便于企业进行分析、比较和选择,否则,对企业就没有任何意义。

• 可进入性。即企业有能力进入将要选定的目标市场。如果企业无能力进入所选定的目标市场,那么,这样细分显示出来的市场机会就不是企业的营销机会。

• 可盈利性。即企业要进入的细分市场规模必须保证企业能够获得足够的经济效益。如果市场规模太小、潜量有限,这样细分出来的市场对企业营销来说就毫无意义。

③市场细分的方法。

• 单一变数法。单一变数法就是根据影响消费者需求的某一变数进行市场细分的方法。例如,按性别对所有消费者进行划分,女性消费者群即为一个细分市场。

• 综合变数法。综合变数法就是根据影响消费者需求的两个或两个以上的变数进行市场细分的方法。例如,按性别、年龄、收入及文化程度对消费者进行划分,中等收入的中年女知识分子消费者群为一个细分市场,这种划分就是按综合变数法划分的。

• 系列变数法。系列变数法就是根据影响消费者需求的各种因素,按照一定的顺序由粗到细进行细分的方法。在大多数情况下,产业市场不是依据单一变数细分,而是把一系列变数结合起来进行细分。

2. 目标市场选择

(1)目标市场的概念。目标市场是指企业为了实现营销战略目标而根据自身条件要进入的细分市场,也就是企业准备投其所好,准备为之服务的顾客群。

市场细分与目标市场既有联系,又有区别。市场细分是按一定的标准划分不同消费群体的过程;而目标市场则是根据自身条件选择一个或一个以上细分市场作为企业营销对象的过程。市场细分是目标市场选择的前提和基础;选择目标市场则是市场细分的目的和归属。因此,细分市场的评估就很重要。

经过了市场机会识别的过程后,发现了可能的市场机会。很显然,并不是所有可能的市场机会都是适合企业的机会,还必须有一个对机会进行判断的阶段,即检验市场机会是否与企业相匹配,是否能转变为企业机会,主要有以下四个内容:

①检验与企业要素的匹配。主要是指与营销要素的匹配,包括要采用的营销渠道、营销沟通方式以及与企业定位和产品定位的一致性等方面内容。如果存在市场机会的产品或服务需要的营销渠道、沟通方式与企业现有产品或服务的营销渠道和沟通方式相似,则说明相互之间匹配;如果存在市场机会的产品或服务与企业的形象定位、经营宗旨、产品定位等一致,说明相互之间匹配。当然,存在市场机会的产品或服务与企业要素完全匹配的现象较少,此时需要结合考虑企业的发展战略和经营战略,如果与企业的发展战略和经营战略一致,则即使与要素不是很匹配,也可以考虑把这种市场机会转化为企业机会,否则,最好放弃这种机会。

②进行 SWOT 分析。这是进行市场机会判断的重要环节。S 表示对企业自身的优势分析;W 表示对企业自身的劣势分析;O 表示对市场机会的外部分析;T 表示对企业外部威胁的分析。通过 SWOT 分析,客观评价企业与存在着的市场机会相关的各种因素。而对存在着的机会,只有企业的劣势与来自外部的威胁是可以克服的,这样的机会才可以转化为企业的机会。

③市场容量的预测。一个产品或一项服务如果没有足够的市场容量,就没有市场机会。但市场容量并不是一个确定的值,它受到可控制与不可控制两方面因素的影响:一个是可以控制的企业自身的因素,如果企业的营销力度大,营销活动科学、合理,则市场容量会大些;另一个是不可控制的企业外部的因素,比如消费者的购买能力、政府的有关规定等。所以,在预测市场容量时,应考虑两个变量:一是愿意并有能力购买的潜在消费者数量(q);二是与企业进行生产、经营所发生的各项费用、成本相对应的会计期间潜在消费者的购买次数(n)。市场规模等于上述两个变量的乘积,可表示为:

$$\text{市场容量}(Q)=qn$$

通过市场容量的预测，如果市场容量足够大，使企业能盈利，对企业而言则显然是一个机会，否则只有放弃。

④检验与企业能力的匹配。这项很关键。企业能力主要指产品或服务的设计与开发能力、工艺与技术能力、生产与制造能力、营销能力等，这是把市场机会从可能转化为实际的企业机会的关键一步。如果这些能力都具备，企业才有能力为潜在消费者提供满意的产品或服务。

市场机会在经过了对机会判断的四个方面的分析后，如果都能通过，则这种市场机会可以转化为企业机会。

(2)目标市场策略。

①无差异市场营销策略。无差异市场营销策略是指企业在市场细分后，把一种产品的整体市场看做一个大的目标市场，只考虑消费者在需求方面的共同点，而不管他们之间是否存在差别，企业只推出一种产品去满足市场上所有消费者需求的营销策略。一般来说，这种策略主要适用于市场有广泛需求的、企业能大量生产并大量销售的产品。采用这种策略的企业一般是实力雄厚的大企业。

无差异市场营销策略有成本低、可以取得规模效益的优点。但是存在产品和服务缺乏针对性的缺点。

②差异性市场营销策略。差异性市场营销策略是指企业决定同时为几个子市场服务，设计不同的营销组合以适应各个子市场的需要。

差异性市场营销策略的优点是：关注各细分市场间需求的差异性，能满足各细分市场不同顾客群的不同需求，增强了竞争能力；企业的经营不依赖某单一细分市场，具有较大的灵活性，从而降低了经营风险。其缺点是：由于要满足不同顾客群的不同需求，企业资源将被分散用于各个细分市场，这样就会使企业的生产成本和各种营销费用增加，有可能降低经济效益。因此，差异市场营销策略往往比无差异市场营销赢得更大的总销售额，但也会增加成本。关键是比较效益的增加与成本的增加哪一个更快。

③集中性市场营销策略。集中性市场营销策略是指企业集中所有力量，以一个或少数几个性质相似的子市场作为目标市场，试图在较小的子市场上占有较大的市场份额。采用这种策略的原理是：与其在一个较大的市场上占有较小的市场份额，还不如在一个较小的细分市场上占有一个较大的市场份额。

集中性市场营销策略主要是通过营销专业化取得竞争优势，适用于那些资源力量有限的小企业。采用集中性市场营销策略有其优点，它是众多中小企业由小到大、由弱到强发展的必然的、有效的途径。其缺陷是风险较大，由于目标较狭窄，一旦目标市场发生变化，企业就容易陷入困境。因此，采用此策略的企业应密切关注市场动向，研究和预测市场发展趋势，并根据自身条件，注意抓住有利时机，适时调整，力争进入更多的细分市场，使企业有较大的发展空间。

(3)影响目标市场选择的因素。

①企业资源。如果企业资源丰富，实力雄厚，如在生产、销售、资源、研发、管理等方面均有很强的优势，可以考虑实行差异性市场营销策略；如若资源有限，应适合采用集中性市场营销策略或无差异营销策略较为妥当。

②市场特点。企业所面临的若为同质市场，即顾客的需求、爱好等大体相同时，企业可选择无差异性市场营销策略；反之，则可选择差异性市场营销策略。

③产品的特点。对于差别很小的同质产品，可选择无差异性市场营销策略；而对于差别较

大的产品，则应选择差异性市场营销策略。

④产品的生命周期。产品处于不同的生命周期，营销重点不同，选择目标市场的营销策略也不同。产品处于投入期与成长期时，品种单一、竞争者少，可采用无差异性市场营销策略以启发与巩固消费者偏好为主，或选择集中性市场营销策略，将力量集中于某个细分市场上。而当产品进入成熟期后，则适宜选用差异性市场营销战略，增加新的花色品种，开拓市场，以提高企业的竞争能力，延长产品的生命周期。

⑤市场供求情况。当产品供不应求时，可采取无差异性市场营销策略；相反，则采用差异性或集中性市场营销策略。

⑥竞争者情况。如果对手是采用无差异性营销的强有力的竞争者，那么企业就可以选择差异性营销；如对手已实行差异性营销，那么企业就应对市场做进一步的细分，实行更为有效的差异性营销或集中性营销。如果竞争对手力量较弱，也可采用无差异性市场营销策略。

3. 市场定位

(1)市场定位的概念和方法。

①市场定位的概念。市场定位就是在目标顾客心中为企业产品创造一定的特色，赋予一定的形象，以适应顾客一定的需要和偏好。

定位就是要使企业的某一产品、品牌在消费者心中获得一个据点、一个认定的区域位置。根据消费者对产品的某种偏好，塑造出本企业产品独特的个性或形象，并把这种个性或形象有效地传递给消费者。面对形形色色的市场需求，企业应力求通过设计、生产、促销等，为消费者提供具备独特个性的产品，在消费者心中树立起特别的市场形象。这种市场形象可以在不同方面得以显现。例如，以不同的颜色、形状、性能、构造、重量、质量来表现产品的实体；以优质优价、质优价廉、低质低价或质价适中来表现产品的价格和质量；以典雅、富贵、豪华、朴素、时尚、热情赋予产品不同的风格；以高、中、低档来表现产品档次的差异等。产品市场定位后，才能进一步研究和制订与之相适应的价格、渠道、促销等策略。

通过市场定位，企业可以对细分市场上的消费需求和竞争状况进行分析比较，从中了解细分市场的各个部分消费者需求的满足程度以及企业自身的优势和劣势，明确服务对象，从而采取针对性的措施。

②市场定位的步骤。市场定位的关键是企业要设法在自己的产品上找出比竞争者更具有竞争优势的特性。竞争优势一般有两种基本类型：一是价格竞争优势，即在同样的条件下比竞争者定出更低的价格，这就要求企业采取一切努力，力求降低单位成本；二是偏好竞争优势，即能提供确定的特色来满足顾客的特定偏好。这就要求企业采取一切努力在产品特色上下工夫。因此，企业市场定位的全过程可以通过以下三大步骤来完成，即确认企业潜在的竞争优势，准确地选择相对竞争优势和明确显示其独特的竞争优势。

第一步，确认企业潜在的竞争优势。这一步骤的中心任务是要回答以下三大问题：一是竞争对手的产品定位如何；二是目标市场上足够数量的顾客欲望满足程度如何以及确实还需要什么；三是针对竞争者的市场定位和潜在顾客真正需要的利益要求，企业应该和能够做什么。要回答这三个问题，企业市场营销人员必须通过一切调研手段，系统地设计、搜索、分析并报告有关上述问题的资料和研究结果。通过回答上述三个问题，企业就可从中把握和确定自己的潜在竞争优势在何处。

第二步，准确地选择相对竞争优势。相对竞争优势表明企业能够胜过竞争者的能力。这种能力既可以是现有的，也可以是潜在的。准确地选择相对竞争优势就是一个企业各方面实力与竞争者的实力相比较的过程。比较的指标应是一个完整的体系，只有这样，才能准确地选择相对竞争优势。通常的方法是分析、比较企业与竞争者在下列七个方面究竟哪些是强项，哪些是弱项。

• 经营管理方面。主要比较分析领导能力、决策水平、计划能力、组织能力以及个人应变的经验等指标。

• 技术开发方面。主要分析技术资源（如专利、技术诀窍等）、技术手段、技术人员能力和资金来源是否充足等指标。

• 采购方面。主要分析采购方法、存储及运输系统、供应商合作以及采购人员能力等指标。

• 生产方面。主要分析生产能力、技术装备、生产过程控制以及职工素质等指标。

• 市场营销方面。主要分析销售能力、分销网络、市场研究、服务与销售战略、广告，资金来源等是否充足以及市场营销人员的能力等指标。

• 财务方面。主要考察长期资金和短期资金的来源及资金成本、支付能力、现金流量以及财务制度与人员素质等指标。

• 产品方面。主要考察可利用的特色、价格、质量、支付条件、包装、服务、市场占有率、信誉等指标。通过对上述指标体系的分析与比较，选出最适合企业的优势项目。

第三步，显示独特的竞争优势。这一步骤的主要任务是企业要通过一系列的宣传促销活动，将其独特的竞争优势准确地传播给潜在顾客，并在顾客心目中留下深刻印象。因此，企业首先应使目标顾客了解、知道、熟悉、认同、喜欢和偏爱其市场定位，在顾客心目中建立与该定位相一致的形象。其次，企业通过一切努力强化目标顾客形象，保持与稳定目标顾客的态度与感情。最后，企业应注意目标顾客对其市场定位的理解出现偏差，或由于企业市场定位宣传的失误而造成的目标顾客模糊、混乱和误会等问题，及时纠正与市场定位不一致的形象。

要避免造成三种误解：一是档次过低，不能显示出产品的特色；二是档次过高，不符合企业实际情况，使公众误认为企业只经营高档高价产品，而实际上也经营中档产品；三是混淆不清，在顾客心中没有统一的认识，如对同一种产品或同一服务项目，有人认为是高档的，有人认为是低档的。以上误解是由于定位宣传失当所致，会给企业造成不利影响。

③市场定位的方法。

• 产品性质和利益定位法。根据产品本身的属性以及由此而获得的利益能使消费者体会到它的定位。

• 价格和质量定位法。不同的产品在消费者心目中按价值高低有不同的档次，企业可以采用“优质高价”或“优质低价”定位。如劳力士表的几万元的高价定位，象征着财富与地位。

• 产品用途定位法。根据产品用途定位，如“怕上火就喝王老吉”。

• 使用者定位法。根据某些市场特点，有意识指引使用者消费，为那个特点的消费群体创建恰当的形象。如强生公司将其婴儿洗发液重新定位于常常洗头而特别需要温和洗发液的年轻女性。

• 竞争定位法。根据竞争者定位，可以接近竞争者，也可以远离竞争者。

• 形状及外观定位法。根据产品的形式、状态定位，如“大大”泡泡糖，“蓝瓶的”葡萄糖酸锌口服液。

• 文化定位法。将某种文化注入产品之中，形成文化上的品牌差异，如万宝路引入的“男性文化”表现出粗犷的男子汉形象。

•感情定位法。运用产品直接或间接地冲击消费者的感情体验而进行定位，如“孝敬父母”的黄金酒，“真诚到永远”的海尔。

(2)市场定位策略。市场定位策略的核心问题是本企业(企业产品)与其他竞争对手的关系问题。

①迎头定位。这是一种“明知山有虎，偏向虎山行”的市场定位策略。它意味着要与目前市场上占据支配地位的、最强的竞争对手“对着干”，显示了企业知难而上，志在必得的自信心。是一种危险的战术。

必须具备以下条件：能比竞争对手生产出更好的产品；该市场容量足够大；比竞争对手有更多的资源和实力。

②避强定位。这是一种避开较强竞争对手的市场定位策略。避强定位不像迎头定位那样锋芒毕露、咄咄逼人，而显得较为平和、宽容，既避开了强有力的竞争对手，又给人们留下温和的印象。采用这种定位策略，能够使企业很快地在市场上站稳脚跟，并且能在消费者心目中快速地树立企业形象。避强定位是一种市场风险低、成功率较高的定位策略。

③重新定位。重新定位就是根据市场的情况对企业原有的市场定位进行调整后的再定位。现实中，这种定位方式有两种情形：第一类，经过一段时间的市场实践，发现原有的市场定位不准确，产品打不开销路，市场反应差，必须对原市场定位进行调整；第二类，企业产品在市场推出后，获得了意想不到的成功，有更多的消费者对产品提出更高要求。这说明企业对市场分析不够透彻，对市场潜力估计不足，原有的市场定位也必须进行调整。

④特色定位。特色定位指企业通过分析市场中现有产品的定位状况，发掘新的具有鲜明特色的产品，并在市场上找到合适的位置，来为企业的产品定位。企业根据市场需求情况与本身条件，尽量突出其产品的特色，本身就是差异性营销策略。实施这种策略，对企业条件要求很高。利用特色产品来占领市场最有利的位置是高明的竞争者。这种策略成功率很高，如2元店、8元店、10元店等，突出平民化、大众化，东西实用、价格便宜，这也是一种成功的定位。

6.4.4 案例导入与解析

1. 找到消费者的真正需求来开发市场

爱斯基摩人的居住环境温度约为－30℃左右。但是，美国一位推销员曾成功地向爱斯基摩人推销了电冰箱。他寻找的市场机会是什么呢？冰箱能够保温(冰箱内温度为5℃左右)，使食物的组织结构不致被破坏，从而保持营养，他以此作为机会点，而不是强调冰箱有多强的制冷。(本文由作者根据网络资料改写，原文见：道客巴巴.)

思考与讨论：他寻找的市场机会是什么呢？

分析点评：本案例采用了产品用途定位法，看似简单，但确是对产品的使用方面进行的创意性定位。

2. 辣椒的市场定位

卖辣椒的销售员，恐怕都会经常碰到这样一个非常经典的问题，那就是不断会有消费者问：“这辣椒辣吗?”这个问题不好回答——答辣，也许买辣椒的消费者是个怕辣的，立马走人；答不辣，也许买辣椒的消费者是个喜欢吃辣的，生意也可能做不成。当然有解决的办法，那就是把辣椒分成两堆，吃辣的与不吃辣的各取所需，这是一般销售辣椒者给出的策略，那么真正会卖辣椒的销售人员是如何做的呢？

假如消费者问：“辣椒辣吗?”聪明的销售者会很肯定地告诉他：“颜色深的辣，颜色浅的不辣!”一般消费者都信以为真,挑好后满意地走了。不一会儿,颜色浅的辣椒就所剩无几了。又一个买主问“这辣椒辣吗?”聪明的销售者答道:“长的辣,短的不辣!”买主选择其所需,这一轮的结果是,长辣椒很快告罄。当又一个买主来问:“这辣椒辣吗?”这个聪明的销售者信心十足地回答:“硬皮的辣,软皮的不辣!”,最后这个聪明的销售者卖完辣椒满意而归。(本文由作者根据网络资料改写,原文见:江西理工大学树人网.)

思考与讨论:试分析聪明的销售者的成功销售给我们什么启示。

分析点评:通过对消费者需求的了解,认清自己与竞争者相比较的优势及对自己产品定位的有效传播,适时、灵活、独特地市场定位,满足不同阶段消费者的相似需求,是一种高明的营销策略。

6.4.5 模拟与实战训练

1. 模拟训练菜单

(1)1998年下半年,美国RJR公司的帕米亚无烟香烟在美国亚特兰大、圣路易斯、菲尼克斯等城市试销,但是销售量不理想,再购率很低。

对于大多数人来说,帕米亚无烟香烟是个“新玩意儿”,它的一端有一个碳头和几个有趣的圆珠,香烟中的尼古丁来源于此,尼古丁被耐燃的铝箔纸包裹。这种烟很难点燃,一般要点三四次,原因是它不像一般香烟那样燃烧,并且不产生烟灰,吸过与没吸过在外表上无明显区别,价格比普通香烟高25%。RJR公司为此香烟的生产和促销投入3亿多美元,它没有采用以往“万宝路”香烟等比较成功的形象广告,而采用比较复杂的印刷广告(顾客买“帕米亚”时,会同时得到三页文字说明书),还采取了买一送二的鼓励方式。公司营销人员认为:大多数吸烟者开始会对帕米亚不适应,但随着使用频率和使用时间的增加,最终会适应。公司把“洁净者之烟”作为帕米亚的主题广告概念,宣传帕米亚是“一种全新的吸烟享受时代的开端”。但是,帕米亚的真正利益者非吸烟者个人,而是环境和他人。RJR公司对帕米亚香烟目标市场的定位极其广泛,包括:25岁以上,受过良好教育的文雅的吸烟者;试图戒烟和寻求替代品者;吸烟成瘾者;生活富裕者;寻求低焦油含量者;老年吸烟者。

来自《华尔街日报》的一个记者在亚特兰大机场对几十名吸烟者的一项调查表明:大多数人不喜欢帕米亚香烟,包括它的味道和太多的吸烟方式的改变。有人只吸了一两口就扔掉了。但一位广告公司的总裁说:“我不喜欢帕米亚,但在家中为了摆脱太太喋喋不休的唠叨时,我会抽它。”一位长期在办公室工作的职员说:“有时我感到疲劳,但办公室不准吸烟。此时,帕米亚可以帮助我解决问题。”一位正打算登机长途旅行的人说:“一般情况下,我不会选择它。但长途旅行中为打发时间,我可能会抽帕米亚。”最后,调查的结果是:60%以上的人不喜欢帕米亚香烟,主要是对它的味道和吸烟行为方式的改变不适应;40%的人回答说,只有在那些不允许冒烟的地方,才把帕米亚作为第二品牌。(资料来源:陈谦.孔府家酒的定位解析[J].市场营销案例,2010(1).)

应用思考:帕米亚香烟的目标市场选择存在什么问题?你认为公司应该如何确定其目标市场,如何改进其营销组合战略?

(2)宁波方太厨具有限公司创立于1996年1月,专业生产以“方太”牌集成厨房、吸油烟机、家用灶具、消毒碗柜为主导的厨房系列产品。

方太一直以品牌战略为导向,把自身对中国厨房以及厨房文化的独到理解融入产品的设计研发中,并结合利用人体功能学、美学等各种边缘科学以及集成技术,不断创造出最适合中国现状的厨房产品。同时，方太还凭借雄厚的技术实力、强大的营销能力，推动并引领中国厨房产业向“精工细作的现代工业”的转化。

方太在厨房领域的表现一直为业界关注，到2002年，方太油烟机在高端市场占有率已达到三成以上，在2004年初中国最有价值品牌评选中，方太的品牌评估价值达到8.42亿元人民币，是专业厨具生产企业中唯一入围者。

方太是一个把全副身家集中押宝在中高端市场，放言三专（专业、专注、专心）到底，锁定消费者厨房绝不回头的本土企业。自我定位为“厨房专家”的方太，决意走价值路线，希冀以产品设计、创新能力和品牌资产为核心，筑高反抗本土大厂和国际竞争的堡垒。

经过认真扎实的市场调研，两位创始人确信发现了消费者的需求。事实证明对于像方太这样悉心体察消费者需求的厂商，市场的回馈是极度慷慨的。但需要注意的是市场和业态背景的变化。有一句英文谚语可以为方太的成功加一个脚注：“在盲眼者的王国里，一只眼的人可以成为国王。”以“盲眼者的王国”来形容1995年时的中国厨电市场业态可能过于刻薄。若换句话表达可能更加贴切一点，如果说“新品研发必须以市场需求为导向”在数年前的厨电市场尚有新意的话，在2004年，已是丝毫不为过的常识和必须履行的程序。公司当然要对市场需求、市场信息反馈进行规范研究和调查，才能确定新品开发的方向、促销的手段和市场的定位等要素。消费者研究和市场导向的新品研发甚至是本土大厂和国际品牌的优势所在。客观地说，在本土厨电市场，由于市场业态、竞争格局和消费者成熟度等因素的改变，要打造人无我有的核心产品力的难度大大增加了。

方太厨具2002年销售收入逾5亿元，税前利润率约达20%，这可是个令本土家电大厂艳羡的数字。品牌为旗，创新为本。如果说过去的几年里，“方太”品牌与方太联手打下的江山只是一种偶然意义上的珠联璧合，那么2003年4月，方太在北京提出的“设计领先的厨房专家”的战略调整，则实实在在地将品牌目标写进了公司的愿景，成为方太应对新世纪小家电行业竞争的新方法。方太一直主打中高端市场、以专业定位的企业，在新的营销战略的调整上，方太表示仍然要坚持“专”字，并提出“三专”概念——“专业、专心和专注”。“专业”是指方太在厨电领域要求自己达到专业级的标准。始终保持在技术上的领先，并确保产品的高品质，使“专业”成为方太的专属特质。“专注”则是指企业发展的关键衡量指标将始终是产品力的建设，倚赖“专注”建设真正属于方太特色、不可复制的产品力。

方太在智能控制技术、核心模块研究、领先的外观设计、厨房集成技术、人体功能学研究等各方面，获得国家专利近120项。方太吸油烟机在高端市场的占有率达到三成以上，燃气灶具、消毒碗柜、集成厨房等系列厨房产品在高端市场的表现也令人刮目。方太已逐渐发展成为产品门类齐全的中国家庭厨房一体化解决方案的提供者。（资料来源：李先国．营销师[M]．北京：中国环境科学出版社，2003.）

应用思考：方太为什么能在众多的厨电厂商中脱颖而出？

2. 实战训练菜单

(1)假设在一个旅游名城，市民和旅客需要快餐，现有饮食公司、百货公司和旅馆公司都想利用这种市场机会生产经营快餐，试分析哪一家公司能享有最大的差别利益？

(2)自选一个产品类别，如饮料、牙膏、洗发水、化妆品等，对全班同学按其需求的差异性进行市场细分，能够进行多少种有效细分？细分的标准是什么？

项目7 设计产品

实训目的与能力要求

在现代激烈的市场竞争中，企业的生存和发展最关键的是它的产品能否满足消费者的需求和偏好。因此，制订有效的产品策略成为企业营销决策的重要环节。通过实训，要求学生理解产品、产品组合、产品生命周期、产品的品牌及包装的基本概念及理论，掌握产品组合策略、品牌和包装策略，具有运用所学的理论制订产品策略并进行必要的新产品开发的基本技能。

任务7.1 设计品牌

实训目标

通过实训，理解品牌、商标的含义，掌握品牌的作用和品牌设计的原则，掌握产品的品牌策略，培养进行新产品开发的基本技能，提高市场开发及新产品开发的创新能力。

7.1.1 任务描述

鹰牌花旗参是最早使西洋参在保质、原味、有效的同时实现方便化的品牌，在中国洋参产业，鹰牌的地位非同一般。1979年，鹰牌花旗参由健康药业引入内地，成为内地花旗参市场的拓荒者与引导者。在中国市场，鹰牌一直坚持高档路线，在同等洋参产品中质量最好，价格也最贵，比同类竞争品高出1/3左右。这条路线在中国稳稳当当地走了20年，1998年开始下行，鹰牌成了折翼之鹰，后来被深圳太太药业(现已更名为健康元药业集团)收入旗下。

鹰牌的盛极而衰，其品牌战略并无路线错误，而在于其未能应时势之变化，适时调整自身策略。中国洋参市场缺的并非消费需求，问题在于，在一个供给充分的网络经济时代，产品、价格、促销、通路都难免落入同质化，市场上可供选择的好品牌并不缺乏。鹰牌的品牌策略就在于：以合乎品牌高档定位的差异化传播，将产品的优良品质传达给消费者，并强化这一认知，占据高档洋参第一心理认知与品牌联想。如何将如此优越之“自我”传达出来，需要的是传神之笔。(本文由作者根据网络资料改写，原文见：中国营销传播网.)

思考：试分析鹰牌花旗参兴衰的原因？它选择的品牌策略是否成功？

7.1.2 实训步骤与考评

1. 实训准备

按要求组建实训小组，将全班学生按每小组5～6人的标准划分成若干实训小组，每个小组指定或推选出一名小组长。确定实训小组课题，每个小组按照要求根据案例描述来分析背景资料，以小组为单位进行模拟实训并提交分析报告。

2. 实训步骤

企业在营销过程中，需要根据市场实际情况，企业产品的特点和自身的资源状况，制订相应品牌和商标策略。具体实训内容见图7.1。

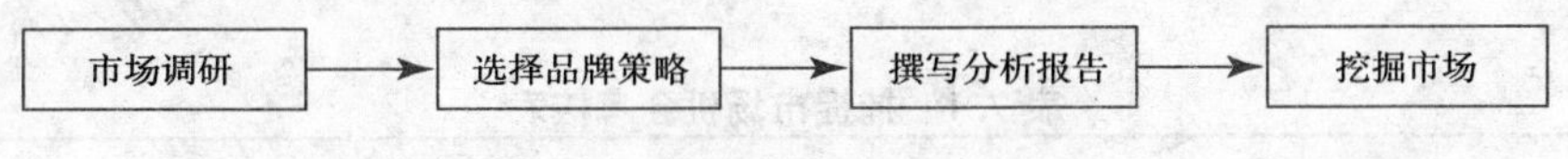

图7.1 运用品牌策略挖掘市场

(1)市场调研——分析产品的特点了解市场竞争。

参考做法：各小组进行市场调查分析鹰牌花旗参的产品特点，鹰牌花旗参保证了西洋参的原味，质量上乘，而且功效明显、使用方便，在中国洋参产业，鹰牌的地位首屈一指。

1979年，鹰牌花旗参成为国内花旗参市场的拓荒者与引导者，并且以高质量走高档路线。随着网络经济时代的来临，产品、价格、促销等落入同质化，市场上可供选择的好品牌多了起来。

(2)选择品牌策略——正确的品牌策略提高产品的竞争力。

参考做法：鹰牌花旗参选择品牌化策略，在中国市场，鹰牌一直坚持高档路线，在同等洋参产品中质量最好，价格也最贵，选择高档品牌定位。

由于网络经济时代的来临，同质化的市场来临，市场上可供选择的好品牌很多。在这个时候鹰牌花旗参应根据时势之变化，适时调整自身策略，进行品牌再定位，通过品牌再定位可以使现有产品具有与竞争者产品不同的特点，拉开与竞争者的距离，提高企业的竞争优势。

(3)撰写分析报告——为开发市场提供依据。

参考做法：通过调研分析，鹰牌的盛极而衰，其品牌战略并无路线错误，而在于其未能应时势之变化，适时调整自身策略。鹰牌的品牌策略就在于应该以合乎品牌高档定位的差异化传播，将产品的优良品质传达给消费者，并强化这一认知，占据高档洋参第一心理认知与品牌联想。

一是用"领导品牌"的语言说话，突出品牌核心识别的视觉语言。鹰牌将以往行业模糊的市场消费群概念进行细分与区隔，将花旗参品类目标消费人群划分为高、中、低三个区隔，分为自用、送礼两类，自身目标群重新定位在28岁以上从事脑力劳动、工作压力大的成熟职业人士。基于以上市场定位，"鹰牌"的主要传播任务是与目标人群——城市精英建立品牌关系，通过标榜他们认同的价值观，使"鹰牌"脱离大众市场定位，成为花旗参品类主流消费人群——城市精英的首选品牌。

(4)挖掘市场——市场细分确定目标群体。

参考做法：基于报告中的市场定位，"鹰牌"的主要传播任务是与目标人群——城市精英建立品牌关系，通过标榜他们认同的价值观，使"鹰牌"脱离大众市场定位，成为花旗参品类主流消费人群——城市精英的首选品牌。鹰牌以前的产品包装不整齐，除参茶外其他产品包装上都没有鹰的标志，为强化"认准这只鹰、真材实料有保证"这一概念，在每一产品上都设计了栩栩如生的鹰标志。在消费者认知当中，代表勇猛、力量和胜利的白头鹰就是美国的象征符号，这就巧妙地将原产地与产品品质形象地传达给受众，同时赋予这只鹰动感、时尚的个性，形成品牌烙印，每次广告传播都能实现品牌资产累积效应。重要的是，在消费者的认知结构中完成了这样一项工程的建构：鹰牌＝高档花旗参＝鹰牌。

3. 实训总结与考评

基础训练在本组内进行，按规范操作结束后由教师随机抽出每组中的1～2位同学，各组间进行交互式对抗演练评比打分，以参加对抗演练同学的成绩作为小组的综合成绩，见表7.1。

表7.1　捕捉市场机会考核表

<table>
<tr><td colspan="3">成果展示与评价</td><td colspan="5">分析报告及PPT形式答辩</td></tr>
<tr><td rowspan="9">分析报告</td><td colspan="2">分析报告必备项目</td><td>市场调研</td><td>建立SWOT分析模型</td><td>撰写分析报告</td><td>挖掘市场</td><td>文字表达</td></tr>
<tr><td colspan="2">评价标准</td><td>全面并能突出重点</td><td>准确，数据真实，参考文献在近一年内</td><td>能够客观、准确地分析企业自身的资源、实力</td><td>发掘更多的机会</td><td>结构完整、思路清晰、语言流畅</td></tr>
<tr><td colspan="2">应得分</td><td>20</td><td>20</td><td>20</td><td>20</td><td>20</td></tr>
<tr><td rowspan="3">评价人</td><td>企业(50%)</td><td></td><td></td><td></td><td></td><td></td></tr>
<tr><td>教师(40%)</td><td></td><td></td><td></td><td></td><td></td></tr>
<tr><td>学生(10%)</td><td></td><td></td><td></td><td></td><td></td></tr>
<tr><td colspan="2">实得分</td><td></td><td></td><td></td><td></td><td></td></tr>
<tr><td colspan="2">报告最后得分</td><td colspan="5"></td></tr>
<tr><td colspan="7"></td></tr>
<tr><td rowspan="9">PPT答辩</td><td colspan="2">PPT答辩要求</td><td>时间</td><td>语言组织</td><td>表达能力</td><td>展现形式</td><td>形象及礼仪</td></tr>
<tr><td colspan="2">评价标准</td><td>控制阐述与回答问题的时间</td><td>语言精炼、针对性强</td><td>表达清楚、准确</td><td>汇报形式新颖</td><td>形象得体、大方</td></tr>
<tr><td colspan="2">应得分</td><td>10</td><td>20</td><td>25</td><td>25</td><td>20</td></tr>
<tr><td rowspan="3">评价人</td><td>企业(50%)</td><td></td><td></td><td></td><td></td><td></td></tr>
<tr><td>教师(40%)</td><td></td><td></td><td></td><td></td><td></td></tr>
<tr><td>学生(10%)</td><td></td><td></td><td></td><td></td><td></td></tr>
<tr><td colspan="2">实得分</td><td></td><td></td><td></td><td></td><td></td></tr>
<tr><td colspan="2">答辩最后得分</td><td colspan="5"></td></tr>
<tr><td colspan="2">任务综合得分</td><td colspan="5"></td></tr>
</table>

7.1.3　知识点拨

1. 品牌与商标的概念

(1)品牌和商标的含义。品牌(brand)是一种名称、术语、设计、符号，或其他能将一个企业的产品或服务与竞争者的产品或服务区分开来的特征。一个品牌可能代表着销售者的一种产品、一组产品或是所有产品。品牌是一个综合体，包括品牌名称、品牌标志和商标三部分。商标(trade mark)是一种经过合法注册的产品文字名称、图案记号或两者相结合的设计，经有关部门注册登记后，享有其专有权的标志，即合法注册的品牌。商标的专有权受法律保护，任何人都不能侵权使用。因此，品牌是一个商业名称，而商标则是一个法律名称，它们共同构成了一种商品区别于另外一种商品的特殊标志。

①品牌名称(brand name)。品牌名称是能够发声地说出的那部分品牌内容,通常是一种产品唯一用以区分的特征。没有品牌名称,一个企业便无法将自己的产品与竞争对手进行区分。

②品牌标志(brand mark)。品牌标志是指品牌中可以被认识,但不能用语言称呼的部分。品牌标志通常为某种符号、象征图案、与众不同的颜色以及其他特殊的设计等。

③商标(trade mark)。商标是一种法定的标志,表示拥有者对品牌或品牌中的一部分拥有专有权,并从法律上禁止他人使用。只有在得到专用权人的许可并支付规定费用后,他人方可使用。商标一经注册便具有专门的使用权、禁止权、转让权和许可使用权,具有排他性,所以企业应该重视商标注册工作。

(2)品牌的内涵。营销大师菲利普·科特勒在其著作《营销管理》(2000,千禧版)一书中指出:品牌在本质上代表着卖者对其交付给买者的产品特征、利益和服务的一贯性的承诺。最佳品牌是质量的保证,是企业信誉的保证。理论上看,一个品牌丰富的内涵可以分成以下6个层次:

①属性。品牌最基本的含义就是代表某产品的特定属性。

②利益。品牌不止意味着一整套属性,顾客在购买商品时,实质是在购买利益,而不是在购买属性,这就需要将属性转化为顾客所追求的功能性或情感性利益。

③价值。品牌可以传递企业的某些价值,如"百服宁"就体现了疗效好、安全性高且质量好。

④个性。品牌反映了一定的个性,即与竞争者不同的地方。

⑤用户。品牌暗示了购买或使用产品的消费者类型。

⑥文化。品牌可能代表某一特定的文化。

品牌内涵的六个层次之间并不是并列的关系。品牌最持久的含义是价值、文化和个性,它们构成了品牌的基础,揭示了不同品牌间差异的实质。从顾客的认知过程的角度看,顾客往往是从品牌的利益、属性到功能,然后才会意识到品牌在用户、个性和文化上的独特,最后才能领悟到品牌的核心价值。而从企业的角度来说,品牌的塑造则应以其做出的价值承诺为核心,建立品牌文化,树立个性,定位企业的目标市场,从而设计品牌的属性和其将提供的利益。

(3)品牌的作用。企业和购买者都能从品牌中受益。对于购买者来说,品牌可以帮助其辨认某种他们喜欢或不喜欢的产品,便于他们购买能满足他们需要的产品从而减少购买花费的时间。对于企业来说,企业可以借助于品牌将自己的产品与竞争者区分开来,并将品牌策略与各种营销手段综合运用,树立企业产品的独特形象。名牌则更是一笔巨大的无形资产,是企业赖以生存的基础。在现代市场营销中,品牌的功能不断发展,作用日益突出,具体表现在以下几个方面:

①品牌代表产品的特色和质量特征。品牌可以代表产品的特色和质量特征,既便于生产者、销售者订货,也便于购买者识别。

②品牌有助于监督和提高企业的产品质量。品牌有助于监督和提高企业的产品质量,企业制造出受广大顾客欢迎的名牌,需要经过日积月累的努力,长期保证其产品质量,在顾客中建立良好的声誉。企业为了创立驰名品牌,或保持品牌已有的市场地位,必须兢兢业业,需要始终一贯地保证名牌所代表的产品质量水平。如果企业在创立了名牌之后,不注意品牌的质

量保证，最终会砸了自己的牌子。

③品牌有助于促进企业产品销售，形成品牌偏好，建立品牌忠诚。品牌是企业产品质量的标志，名牌享有高度的消费者知晓度和忠诚度，是企业的一种有效的广告，能吸引新顾客和保持老顾客购买。如果品牌忠诚度很高，就会给人们留下深刻的印象，易于引起消费者的注意并重复购买。

④品牌具有保价功能，有利于企业控制和扩大市场。名牌商品即使不降价也能保持市场份额，有利于企业控制和扩大市场，是企业控制市场的武器。厂商如果有了自己的品牌，就可以与市场进行直接沟通，形成自己良好的品牌形象，通过品牌来控制市场，从而掌握市场控制权。

⑤品牌有利于企业新产品的开发。品牌可以增强社会的创新精神，鼓励生产者不断开发出新产品。推出新产品是一项艰巨复杂的工作，企业如果在原有品牌的基础上，进行名牌商标延伸使用增加新产品，则比较容易被市场接受，有助于企业推出新产品。

⑥品牌经注册后有利于法律保护。品牌经注册登记成为注册商标，就使企业的产品特色能够得到法律保护，竞争者不能模仿、假冒，否则要受到法律制裁，从而保护了企业的正当合法权益，从而可以保证企业间的公平竞争。

⑦品牌是企业重要的无形资产。商品品牌是企业重要的无形资产，名牌更是企业的巨大财富，商标依据其知名度的高低和获利能力的大小，具有不同的价值。在市场经济条件下，商标的所有权和使用权可以买卖转让。

⑧名牌商标有助于提高企业形象，增强企业的竞争力。名牌的诱惑力刺激企业创名牌、争名牌、保名牌，促进企业提高管理水平，采用先进的技术、高超的质量、全面周到的服务，在市场上树立良好的形象，从而增强企业的市场竞争力。

2. 医药产品品牌设计原则

产品品牌设计应遵循一般性原则，主要有以下几个方面：

(1)简单醒目，便于记忆。一个声誉好的品牌，图案繁复往往易给投机者钻空子，因为只要在商标上稍加一些不易察觉的改动，即足以鱼目混珠。因此，企业在进行品牌设计时，应做到简单醒目，使人过目不忘。

(2)新颖别致，易于识别。品牌的雷同是品牌设计的大忌。品牌设计应力求构思新颖，造型美观，既有鲜明的特点，又要具有艺术性，避免庸俗繁复。

(3)容易发音，利于通用。品牌名称简短，容易发音，是品牌设计的另一项基本原则。一般认为，品牌名称应以不超过三个字为好。

(4)暗示产品的某种性能和用途。品牌的名称应该能够暗示产品的某种性能和用途，但是名称越是描述某一类产品，这个名称就越难向其他产品延伸，所以企业在设计品牌时，切勿使品牌的名称过分暗示经营产品的种类或属性，否则将不利于企业的进一步发展，品牌名称也就因此而失去了特色。

(5)适应地域文化，易于接受。产品品牌设计，包括品牌名称、图案、符号和颜色，可能在某些人看来是合适的，并可使其产生愉快的联想，因为他们总是从一定的背景出发，根据某些他们偏爱的品牌的特点来对待。这就要求企业在品牌设计时，还必须考虑其是否适合市场上消费者的文化价值观念，如当地的风俗习惯、宗教信仰、民族文化、语言习惯等。

(6)符合国内、国际和目标国的商标法的规定。符合国内、国际商标法的规定是产品商标设计必须遵循的一个重要原则。因为商标法对商标的注册、商标权利在不同国家和不同企业互不牵连、驰名商标的保护、商标的转让以及不能作为商标注册的内容等都做了明确规定。此外，企业还必须了解和遵守目标国有关商标法的规定，以避免法律纠纷和不必要的经济损失，使企业的商标得到目标国的法律保护。

3. 产品品牌和商标策略

品牌和商标是企业拟订营销策略时不容忽视的重要问题，品牌决策是产品决策中极其重要的组成部分。企业在营销过程中，需要根据市场实际情况，企业产品的特点和自身的资源状况，制订相应品牌和商标策略。

(1)品牌化策略，即有品牌或无品牌策略。使用品牌有助于对企业产品的宣传，帮助消费者识别企业的产品，但它会给企业增加相应的成本费用。企业是否采用品牌主要应根据产品特性、消费者购买习惯以及权衡使用商标的得失来决定。无品牌策略即大众品牌(generic brand)，只显示商品种类而不包括公司的名字或其他标示项目，其目的是节省广告、包装等费用，降低成本和售价，以增强价格竞争能力。

(2)采用制造商或中间商品牌策略。企业产品使用制造商品牌，可以建立起企业的信誉，建立消费者对企业产品的知晓度和忠诚度。

但采用制造商品牌通常会使生产商面临如何迅速打开市场的难题，尤其是对于知名度不高、实力不雄厚的小企业，为使产品能迅速进入市场，则多采用中间商-经销商的商标策略。借助于中间商品牌信誉可以使企业产品迅速打开销路，但这抹杀了企业的功绩，不利于企业的进一步发展。

(3)统一品牌策略。统一品牌策略指企业生产的各种产品都采用同一种品牌推入市场，采用此策略的企业通常具有较强的竞争实力，且该商标在市场已获得一定的知名度和美誉度。采用此策略有以下优缺点：

①优点。一是采用统一品牌策略，可以建立企业的品牌信誉，显示企业实力，树立企业形象，易于带动企业新产品的推广，有利于解除顾客对新产品的不信任感，使新产品能较快地打开销路；二是采用统一品牌策略可以利用各种媒体，集中宣传一个品牌形象，大大节约广告费，而且可以利用统一品牌建立广告传播体系，使用户具有强烈和深刻的印象，有利于强化企业形象和产品形象。

②缺点。使用统一品牌的任何一种产品质量发生问题，都会使企业的其他产品蒙受损失，影响企业的信誉，城门失火，殃及池鱼。如果各类产品的质量参差不齐，使用统一品牌就会影响品牌信誉，特别是有损于较高质量产品的信誉。因此，在使用统一品牌策略时，企业必须对所有产品的质量严加控制。

(4)个别品牌(individual branding)策略。个别品牌策略是指一个企业的各种产品分别采用不同的品牌，主要有两种形式：产品分别命名或各类产品分别命名。个别品牌策略的一个主要优点是分散风险，即使企业引进了一种较差的产品，它所带来的负面影响也不会影响到企业的其他产品。此外，当企业打算进入同一市场的各个组成部分时，个别品牌策略也便于企业进行市场细分，有利于增加销售额和对抗竞争对手，企业可以用各种独立的、没有关联的名字，而且每个名字都瞄准了特定的目标市场。

(5)扩展品牌(brand-extension branding)策略。扩展品牌就是企业用一个现有的品牌名称作为其改良产品或新产品品牌的一部分，而这些升级产品或新产品恰好又同现有品牌是同一类的产品。

(6)多品牌(multibrands)策略。多品牌即在一种产品上运用两个或更多的品牌。采用此策略是为了利用多种品牌产生的品牌权益,帮助企业把自己的产品和竞争对手的产品区分开来。采用此策略有以下优缺点:

①优点。一是利用顾客对包含其中的品牌的信任,可以使企业在不同的细分市场上获利,满足不同消费者的需求,占据较大的市场份额;二是可以使企业在市场上占领更多的分销商货架从而相对减少了竞争者,并且使企业建立侧翼品牌以保护其主要品牌,因为真正忠诚于一个品牌而且在任何情况下都不会试用其他品牌的顾客是极其少的;三是在企业内部具有激励和促进作用,品牌之间相互竞争,促进共同提高。

②缺点。每个品牌仅占领很小一部分的市场份额,甚至可能毫无利润。企业把资源分配于过多的品牌,而不是为获取高利润水平的少数品牌服务的。理想的方法是,一个企业的品牌应蚕食竞争者的品牌而不是自相残杀,至少运用此策略获取的净利润能大于同类相残后的损失。

(7)品牌再定位(re-positioning branding)策略。品牌再定位又称新品牌策略,是指由于顾客的偏好发生转移,或竞争者推出某一新品牌,使该产品市场份额下降,使得市场对该产品的需求情况发生了变化,企业全部或局部调整品牌在市场上的最初定位。通过品牌再定位可以使现有产品具有与竞争者产品不同的特点,拉开与竞争者的距离,提高企业的竞争优势。

(8)品牌特许(brand licensing)策略。品牌特许是指通过特许协议,企业允许其他机构把自己的品牌用于其他机构的产品中,并收取一定的特许费用。特许接受方需要承担所有的生产、销售和广告责任,如果被特许的产品失败了,特许接受方还得承担所花费的成本。运用此策略可以使企业获得额外的收入,降低企业成本,获得免费的新形象宣传以及商标保护等。

综上所述,品牌是企业营销手段的一项重要内容,创造名牌更是企业所希望所追求的目标之一。品牌策略的运用取决于企业生产的产品数量和它的产品线、目标市场的特点、竞争对手的产品状况和企业的资源大小。企业要创立一个名牌,必须在了解消费者需求的基础上,结合企业实际情况不断开发具有个性特色的高质量产品,并通过各种途径加强宣传,以提高其知名度,进而提高市场占有率。

4. 产品商标策略

所有的商标都是品牌,但并非所有的品牌都是商标。我国现行《中华人民共和国商标法》(以下简称《商标法》)第四条规定:“自然人、法人或者其他组织对其生产、制造、加工、拣选或者经销的商品,需要取得商标专用权的,应当向商标局申请商品商标注册。自然人、法人或者其他组织对其提供的服务项目,需要取得商标专用权的,应当向商标局申请服务商标注册。”商标一经注册便具有专门的使用权、禁止权、续展权、转让权和许可使用权,具有排他性,企业享有专用权。

(1)商标专用权的特点。

①商标一经注册企业就取得其独占权,他人未经许可不得擅自使用与仿冒。

②商标专用权对保护产品的知识产权具有极其重要的作用,其价值是无形的,名牌商标的价值更是难以估价的。

③商标专用权具有时效性。我国《商标法》规定其有效期为十年,但商标专用权可以续展,到期企业可以申请注册延续,该商品名称将永远受到法律保护,企业对此商品名称拥有永久占有权。

④商标专用权受到严格的地域限制，应该符合市场所在地的法律规范。

(2)商标的设计与商标管理。商标信誉给企业带来的经济效益由商标注册人独享，与企业的经济效益息息相关。企业的商标设计应符合以下原则：符合市场所在地的法律法规；表示产品的特色；美观、实用、构思独特、简单。

商标的使用直接关系到消费者、企业与国家的利益，企业应以相关法律法规为依据，建立和健全本企业的商标管理制度，以避免商标使用上的混乱，保护企业的合法利益。

我国《商标法》规定商标申请采用的基本原则是“一类商品、一个商标、一份申请”。商标权人的权利包括：独占使用权、许可使用权、商标转让权、续展权。商标权人的义务包括：按规定使用注册商标。连续三年停止使用商标的，商标局可撤销其注册商标，保证使用注册商标的商品的质量，按规定在申请商标注册和办理其他商标事宜时，缴纳费用。注册商标的有效期为十年，自核准注册之日起计算。有效期满，需要继续使用的，应在期满前六个月内申请续展注册，在此期间未能提出申请的，可以给予六个月的宽展期。宽展期满仍未提出申请的，注销其注册商标。转让注册商标的，转让人与受让人双方应签订转让协议，并共同向商标局提出申请，受让人应保证使用该注册商标的商品质量。转让注册商标经核准后，予以公告。受让人自公告之日起享有商标专用权。商标注册人可以通过签订商标使用许可合同，许可他人使用其注册商标。许可人就应当监督被许可人使用其注册商标的商品质量，被许可人应当保证使用该注册商标的商品质量。

(3)产品商标策略。

①商标注册与不注册策略。对于一个企业来说，是采取注册商标策略，还是采取不注册商标策略，主要考虑企业规模和商品特点两个因素。

第一，从企业规模来看。因规模较大的企业生产能力强，设备技术力量雄厚，经营管理组织系统相对健全，能够稳定地生产产品，为提高产品的竞争能力，一般来说，应采取注册商标策略；反之，则采用不注册商标策略。

第二，从商品的特点来看。对于较为稳定地生产一种或几种商品的厂家，应采用注册商标策略；而对于生产一次性商品、临时性商品、季节性商品、不定型商品和原材料没有保证的商品的厂家，则宜采用不注册商标策略。

②创新商标策略。创新商标策略又称为更换商标策略，它包括两种方式：一是企业放弃原有商标，采用另一个全新的商标；二是在原有商标的基础上做些改进，使其与原有商标在图案、符号、外观上很相似，形象上仍然相通。后者与前者相比，既可以节约费用，还可以使企业保持原有商标在市场上的信誉。

在现代市场营销实践中，品牌具有重要作用，品牌是企业重要的无形资产，有利于提高企业形象，增强企业竞争力，每个企业都应加强品牌管理。

7.1.4 案例导入与解析

1. 王老吉品牌文化升华之旅

2011年8月31日，第三届中国品牌与传播大会在北京举行，中国饮料行业领导品牌王老吉荣获“最具消费者信赖品牌”奖。有人说：“只有民族的，才是世界的。”正如好莱坞文化的国际化传播，而今伴随着中国综合国力的快速提升，中国文化也迎来了在世界舞台聚光灯下表演的历史机遇，并由此开启了中国民族品牌实施国际化战略的新纪元。

以弘扬中国文化为己任的王老吉，则是中国品牌的成功典范。品牌成功的基础是产品，王老吉的产品理念浸润着中华传统文化“天人合一”的核心思想，运用传统中医温润祥和的调合理念，以内理疏导为主，追求平衡自然的健康状态。这一产品核心理念继承和发扬了传统的中医养生理论，自然而顺畅地得到了中国消费者的文化认同，突破地域界限，行销大江南北，奠定了品牌忠诚度的牢固基础。不仅如此，随着中国文化的国际化蔓延，基于中国传统文化的中医健康理念在世界范围内日益受到关注和认同，这就为王老吉进入国际市场提供了契机。

品牌塑造的关键是文化，能够引起消费者广泛共鸣的文化是品牌之魂，也是品牌建设的最高使命。既然王老吉的产品理念凝聚了中国文化精髓——中医养生理论，这就决定了王老吉的品牌之魂必定是围绕着中国传统文化和民族精神的一种文化价值认同，这种文化价值的认同奠定了最为坚固的品牌核心价值认同，催生了国人的民族情绪和自豪感。

遥想当初，“怕上火，喝王老吉”这句带有浓厚中国文化色彩的广告语吹响了王老吉征战国内市场的号角，在这场硝烟弥漫的市场争夺战中，对于王老吉来说，以传统中医为核心的中国传统文化发挥了至关重要的作用，“怕上火，喝王老吉”的概念带领凉茶走出广东，走向全国，成就了王老吉灌装饮料的领导者地位。

2008 年 5 月，王老吉捐赠汶川地震灾区 1 亿元，中国消费者便将民族情感赋予了王老吉。而此后的王老吉也在思索，如何将品牌文化中“小家碧玉”式的传统中医文化，提升至民族和国家文化的高度，肩负起民族饮料品牌的国家使命。

王老吉开始出现在以国家为背景的舞台上，从 2008 年北京奥运会王老吉与 56 个民族一起为奥运祈福，到 2010 年广州亚运会，王老吉成为国际顶级赛事的绝对主角，传播中国文化和岭南文化。至此，王老吉的品牌文化注入了鲜活的时代元素，并与国家、民族的命运紧密地联系起来，完成了品牌文化的升华。

王老吉荣获“最具消费者信赖品牌”奖，可以说是实至名归。正如第三届中国品牌与传播大会的主题“无品牌，不传播”，品牌是企业进行市场传播的有力武器，而品牌要想赢得消费者信赖，关键在于品牌文化内核能够得到消费者的广泛认可。（本文由作者根据网络资料改写，原文见：总裁网．）

思考与讨论：分析王老吉荣获“最具消费者信赖品牌”奖的成功原因。

分析提示：王老吉的成功，就是基于品牌文化的不断提炼和升华，从最初的产品文化提升至品牌依附的国家文化，随之而来的则是王老吉从畅销品牌升华为国际性的民族饮料领导品牌。

2. 李宁以设计塑造品牌格调

2007 年，有“设计界奥斯卡”之称的德国 IF 大奖再次把目光投向了李宁有限公司（以下简称李宁公司），继 2006 年李宁的专业篮球鞋飞甲夺魁后，另一款新近设计面市的专业篮球鞋半坡又获殊荣。

在着手参与国际竞争的同时，李宁公司早就意识到设计是企业的生命线，“是产品的灵魂”，是用来实现品牌和消费者双赢的利器。

设计工作不可避免地会带有个人色彩，李宁公司最初的产品设计也是如此，更多的是依靠设计师天马行空般的直觉。然而这种设计导向的理念更适合艺术品，并不适合工业化生产的产品。企业所需要的是能够在技术条件、工艺水准、资金成本和适当价格规范下最大程度地发挥设计师创造力的真实产品。

如今,在李宁公司新建成的工业园里,记者听设计师们谈得最多的不是灵感,不是色彩,而是"消费者"、"用户导向"。

"我们现在的设计是用户端的设计,更强调合理性。产品设计理念有两个维度,一个是品牌价值观,一个是用户导向。企业的核心价值观是一把筛子,品牌的设计理念也是一把筛子,设计师的设计理念必须致力于为消费者带来最大的使用价值和审美价值,以提升品牌价值。挖掘消费者行为里有可能影响消费行为的因素,了解其背后的支配逻辑。"李宁公司鞋设计部负责人徐奇对记者说。

"从用户导向的设计理念出发,从某种程度上说,品牌是建立在消费者信赖基础之上的。在消费者接触的层面(媒体、店面、产品本身和消费者体验等释放主体)所释放的信息必须是一致的,通过不停的建构,消费者才能获知准确的信息。一旦哪一方面不完整或者不一致,传达给消费者的信息就是不准确的。"李宁公司设计部从事消费者生活形态研究的相关人员告诉记者。

据了解,李宁公司的设计师都是各自负责的体育项目的忠诚爱好者。他们常常去李宁公司的运动俱乐部接触消费者,准确地捕捉消费者的需求。但另一方面,设计师往往根据自己的理解定义消费者,而设计师在审美方面往往会高于市场的接受度,相反,市场部、规划部更贴近市场,了解市场需求,因此在产品的设计过程中,各个环节反复沟通是必不可少的。

李宁公司的很多产品设计都带有浓重的中国情结。比如,李宁弓减震系统的设计灵感就来源于中国赵州桥。又比如,在广告中运用墨汁、功夫等中国元素,李宁公司着力塑造的是一种具有东方文化 DNA 的品牌韵味。(本文由作者根据网络资料改写,原文见:中国纺织网.)

思考与讨论:分析李宁公司品牌的设计理念。

分析提示:李宁公司在美国有鞋产品设计团队,在香港有服装产品和配件产品设计团队。设计就是这样一种产生产品附加值的利器,凭借这一手段可以提升产品附加值,提高品牌在市场中的竞争力。

7.1.5 模拟与实战训练

1. 模拟训练菜单

(1)好记星进入市场之初,市场上只有传统的电子词典,产品的卖点主要围绕着词典的版权、词典的数量和单词的发音进行炒作,并没有英语学习机这一产品品类。因为电子词典仅仅只是一种辅助的电子查询工具,消费者关注度不高,因此市场一直是不温不火。

但好记星从这一不温不火的市场中发掘出消费者的潜在需求,突破传统电子词典仅用于查单词的功能局限,将产品功能利益从电子词典的查询单词提升到提高英语成绩,一举击中了消费者的潜在需求,在电子词典的基础上开创了英语学习机这一新的品类。

在品牌传播上,好记星创新地将保健品营销模式嫁接到学习机的营销推广上,通过整版整版的软文式报纸广告将好记星的产品功能详细并迅速地在当地市场进行普及,之后,好记星引入了电视直销模式,借助橡果国际电视购物方式和大山代言的名人效应,迅速占领这个新品类市场传播高点。

好记星品牌的成功之处,在于发现了消费者在英语学习工具上对产品功能潜在的消费需求,并且迅速地将产品功能利益在消费者头脑中进行普及,牢牢地占据了学习机这一新品类的第一位置。(本文由作者根据网络资料改写,原文见:阿里巴巴.)

应用思考:好记星是怎样进行品牌传播的?

(2)2002 年以前，思念食品是一个较为弱小的速冻食品品牌，但是到 2006 年，思念已经能够以强势地位成为 2008 北京奥运会速冻食品独家供应商。

思念食品的品牌战略是，聚焦速冻食品领域，心无旁骛只做最专业的事，聚焦创新品类产品。思念将品牌战略聚焦到速冻食品领域后，在这个领域，不断进行产品创新，以创新产品概念分化固有市场。通过一个个创新产品切割传统市场，比如通过“思念小小汤圆”产品，切割传统大汤圆市场，“思念袋装水饺”切割传统散装水饺市场等

在品牌传播方面，贯彻“聚焦一个声音”理念，广告传播持续围绕“速冻食品专家”这一大的焦点概念而深化传播。以“速冻食品专家”的大概念做统领，广告虽然多，但是并不混乱，多而不散。2006 年底“速冻食品品牌消费者认知调查”数据显示，在全国六大城市，提起“思念”能联想到“速冻食品专家”概念的被访者占所有样本量的 78%；提起“速冻食品专家”就联想到“思念”的被访者则占 75%。充分说明思念食品各种类型广告“聚焦一个声音”对品牌塑造的价值。（本文由作者根据网络资料改写，原文见：世界品牌实验室.）

应用思考：思念食品选择了什么样的品牌策略？

2. 实战训练菜单

(1)了解你常用的或喜欢的文化品牌，分析该品牌的含义及其设计理念。

(2)到学校周边的企业去调查，为该企业的产品进行品牌设计，并且进行新产品的开发与推广。

任务 7.2 设计包装

实训目标

产品包装是重要的营销组合要素，在实践中成为市场竞争的重要手段。通过实训熟悉产品包装内涵及原则，掌握产品包装策略的原理与应用，在实践中就产品包装问题针对某产品的竞争和营销现状提出设计方案。

7.2.1 任务描述

美国有一间日用品公司，生产的牙膏产品优良，包装精美，深受广大消费者的喜爱，每年营业额蒸蒸日上。记录显示，前十年每年的营业额增长率为 10%～20%，令董事部雀跃万分。不过，业绩进入第 11 年、第 12 年及第 13 年时，则停滞下来，每个月维持同样的数字。董事部对此三年业绩表现感到不满，便召开全厂经理级高层会议，以商讨对策。会议中，有名年轻经理站起来，对董事部说：“我手中有张纸，纸里有个建议，若您要使用我的建议，必须另付我五万元！”总裁听了很生气说：“我每个月都支付你薪水，另有分红、奖励，现在叫你来开会讨论，你还要另外要求五万元，是否过分？”“总裁先生，请别误会。若我的建议行不通，您可以将它丢弃，一毫钱也不必付。”年轻的经理解释说。“好！”总裁接过那张纸后，阅毕，马上签了一张五万元支票给那年轻经理。那张纸上只写了一句话，将现有的牙膏开口扩大 1 mm。总裁马上下令更换新的包装。试想，每天早上，每个消费者多用 1 毫米的牙膏，每天牙膏的消费量将多出多少倍呢？通过改变包装策略，使该公司第 14 年的营业额增加了 32%。（本文由作者根据网络资料改写，原文见：51.com.）

思考：假如你是该公司经理，你将采取什么样的包装策略扩大销量？

7.2.2 任务步骤

1. 实训准备

按要求组建实训小组，将全班学生按每小组5～6人的标准划分成若干实训小组，每个小组指定或推选出一名小组长。确定实训小组课题，每个小组按照要求根据案例描述来分析背景资料，以小组为单位进行模拟实训并提交分析报告。

2. 实训步骤

训练学生能够根据企业现状，展开有针对性的调研，并从调研中了解消费者需求、市场竞争情况以及同类产品价格、包装策略，来调整产品包装策略，具体做法见图7.2。

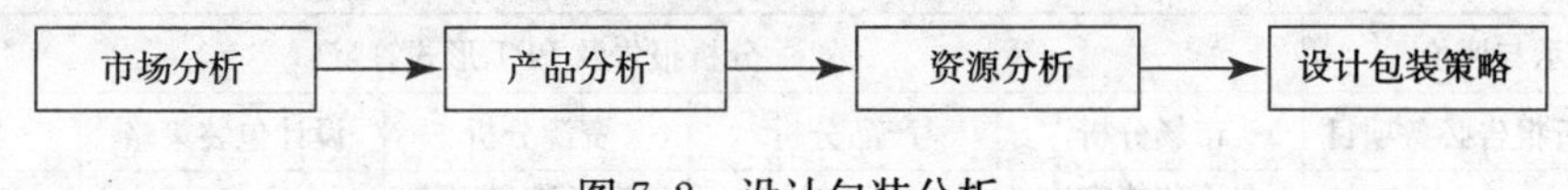

图7.2 设计包装分析

(1)市场分析——了解市场竞争情况。

参考做法：美国这家日用品公司生产的牙膏深受广大消费者的喜爱，每年营业额蒸蒸日上。记录显示，前十年每年的营业额增长率很高，业绩进入第11年、第12年及第13年时，则停滞下来，每个月维持同样的数字。市场竞争加剧，同类产品增多。

(2)产品分析——明确自身的定位。

参考做法：美国这家日用品公司生产的牙膏，产品优良，包装精美，深受广大消费者的喜爱，满足了消费者的需求。

(3)资源分析——为设计合理包装策略提供支持。

参考做法：公司有优秀的管理团队具有创新理念，有高级设计人才，有优良的生产线，为设计有效包装策略提供强有力的支持。

(4)设计包装策略——选择恰当的策略是营销成功的基础。

参考做法：

①采用等级包装策略。经调研了解消费者处在不同社会阶层对商品有不同的需求，根据牙膏的理化性能和形状、消费者的购买习惯和购买力大小等因素，为了扩大牙膏的销量，可以采用等级包装策略，把牙膏按质量、等级、档次采用不同包装，满足更多消费者。按消费者不同年龄、不同需求划分市场，可以把儿童使用牙膏包装设计卡通图案，尽量利用新材料、新图案，生动形象，满足儿童的心理需求。公司在牙膏采用等级包装策略后，要做大量的宣传促销活动，保留住原有的顾客，开发新的顾客，提升市场占有率。根据牙膏的性质、顾客购买力大小和顾客使用、购买的习惯，按产品的重量、分量、数量设计多种不同大小的包装，以便于购买，促进销售。

②采用组合包装策略。把多种在使用上有相互配合关系的商品放在同一包装物内销售。例如把牙膏跟牙刷放在同一包装内，方便顾客配套购买，有利于商品连带出售，并且比分散销售能赢得更多的利润。还可以把牙膏、刷牙杯、牙刷配套包装，可以节省设计成本和包装材料。设计要尽量合理，减少材料的使用，并尽量使用物美价廉、适宜的包装材料。

③采用附赠品包装策略。牙膏属于日常用品，为了鼓励消费者购买和重复购买，可以在牙膏包装上或包装内附有赠品，或附有折价券、积分券、抽奖券、礼品券等。根据不同消费群体心

理需求不同，附赠品不同。例如，儿童牙膏可以附赠一些小玩具，保护牙齿卡通画片等。

④采用改变包装策略。在公司牙膏销售不佳时，改变牙膏包装，使顾客产生新鲜感，刺激他们购买。改变牙膏包装，减少分量，但价格不变。改变包装使消费者感到牙膏作了改良更新，从而愿意接受同样价格减少分量。改变包装后要有针对性的说明，以增强顾客对商品的了解和信任。

3. 实训总结与考评

各个小组成员要根据自己的调查和实践，在训练结束后分别写出自己的实训报告，由教师和其他同学对不同小组同学的报告进行比较和评价，见表7.2。

表7.2 包装策略考核表

<table>
<tr><td colspan="3">成果展示与评价</td><td colspan="5">分析报告及PPT形式答辩</td></tr>
<tr><td rowspan="8">分析报告</td><td colspan="2">分析报告必备项目</td><td>市场分析</td><td>产品分析</td><td>资源分析</td><td>设计包装策略</td><td>文字表达</td></tr>
<tr><td colspan="2">评价标准</td><td>全面并能突出重点，参考文献在近一年内</td><td>准确，数据真实，运用科学方法</td><td>能够客观、准确地分析企业自身的资源、实力</td><td>调整包装策略</td><td>结构完整、思路清晰、语言流畅</td></tr>
<tr><td colspan="2">应得分</td><td>20</td><td>20</td><td>20</td><td>20</td><td>20</td></tr>
<tr><td rowspan="3">评价人</td><td>企业(50%)</td><td></td><td></td><td></td><td></td><td></td></tr>
<tr><td>教师(40%)</td><td></td><td></td><td></td><td></td><td></td></tr>
<tr><td>学生(10%)</td><td></td><td></td><td></td><td></td><td></td></tr>
<tr><td colspan="2">实得分</td><td></td><td></td><td></td><td></td><td></td></tr>
<tr><td colspan="2">报告最后得分</td><td></td><td></td><td></td><td></td><td></td></tr>
<tr><td rowspan="9">PPT答辩</td><td colspan="2">PPT答辩要求</td><td>时间</td><td>语言组织</td><td>表达能力</td><td>展现形式</td><td>形象及礼仪</td></tr>
<tr><td colspan="2">评价标准</td><td>控制阐述与回答问题的时间</td><td>语言精炼、针对性强</td><td>表达清楚、准确</td><td>汇报形式新颖</td><td>形象得体、大方</td></tr>
<tr><td colspan="2">应得分</td><td>10</td><td>20</td><td>25</td><td>25</td><td>20</td></tr>
<tr><td rowspan="3">评价人</td><td>企业(50%)</td><td></td><td></td><td></td><td></td><td></td></tr>
<tr><td>教师(40%)</td><td></td><td></td><td></td><td></td><td></td></tr>
<tr><td>学生(10%)</td><td></td><td></td><td></td><td></td><td></td></tr>
<tr><td colspan="2">实得分</td><td></td><td></td><td></td><td></td><td></td></tr>
<tr><td colspan="2">答辩最后得分</td><td></td><td></td><td></td><td></td><td></td></tr>
<tr><td colspan="2">任务综合得分</td><td></td><td></td><td></td><td></td><td></td></tr>
</table>

7.2.3 知识点拨

1. 包装的内涵

包装是指产品的容器或外部的包装物。绝大多数产品都需要包装，随着包装新材料的出现和包装技术的提高，包装已经成为一种专门的技术，形成了一门新的学科和独立的行业。现代营销过程中的包装已经远远超出作为容器保护产品的作用，而成为促进和扩大产品销售的重要因素之一。产品包装一般分为以下三种：

(1)内包装。内包装又称销售包装。它是产品的直接容器或包装物，随同商品一起卖给顾客。如香烟的小纸盒、啤酒瓶、墨水瓶等。

(2)中层包装。中层包装用来保护内包装和促进销售，如酒瓶外的纸盒。

(3)外包装。外包装也称运输包装或储运包装。它是为了便于储存、搬运和辨认产品的包装,如装运酒的纸板箱。

此外,附在产品包装上的标签也是包装的组成部分,用来说明产品名称、成分、用法、质量标准、生产厂家、使用有效期、生产日期等与买方利益有关的信息。

2. 包装的作用

(1)保护商品。它是指保护被包装的商品,防止风险和损坏,诸如渗漏、浪费、损耗、散落、掺杂、收缩和变色等。产品从生产出来到使用之前这段时间,保护措施是很重要的。包装如不能保护好里面的物品,这种包装就是一种失败。

(2)提供经营和消费的方便。制造者、营销者及顾客要把产品从一个地方搬到另一个地方,因此,包装要为他们提供这种便利。牙膏或钉子放在纸盒内可以很容易在库房里搬动;而散装的酱菜和洗衣粉,已被现在的独立包装所取代,这样,消费者采购后回家使用非常方便。

(3)便于识别商品。包装上必须注明产品型号、数量、品牌以及制造厂家或零售商的名称。包装既能帮助库房管理人员准确地找到产品,也可帮助消费者找到他想买的东西。

(4)促进商品的销售。

①有助于提高顾客的购买兴趣。在商店里,包装吸引着顾客的注意力,并能把他的注意力转化为购买兴趣。尤其在超级市场中,大部分购买者是即兴购买,短时间内要浏览许多商品项目,因此,作为商品外观的包装就执行着许多推销任务。这就要求包装能吸引顾客注意力,说明产品特色,给消费者以信心,形成一个有力的总体印象。所以,有人认为"每个包装箱都是一幅广告牌"、"包装是五秒广告"。

②吸引富裕消费者。随着人们生活水平的提高,富裕消费者大多愿意为良好的包装所带来的方便、外观、可靠性和声望多付些钱,因此,良好的包装能满足富裕消费者的需求。

③树立公司和产品形象。良好的包装有助于消费者迅速识别出是哪家公司或哪一品牌,有助于树立公司和产品形象,起到促销作用。

④以创新促销。创新的包装能给消费者带来许多益处和新感觉,同时也为制造商带来利润。如牙膏气压软管包装产品已占有12%的牙膏市场,因为许多消费者觉得它又方便,又不会弄脏手。

提高销售包装的吸引力要比提高产品单位售价的代价要低,良好的包装能为企业带来更多利润。一般说来,优质产品要有优质的包装,防止"一流产品、二流包装、三流价格"的被动局面。当然,追求好的包装不应导致包装过度,造成资源浪费或环境污染。

3. 包装设计的原则

包装的设计应根据包装的不同层次进行,作为外包装,其设计主要是立足于保护商品和便于运输、储存。内包装的设计优先考虑的是保护商品、美化商品、促进销售、便于使用。

一般说来,产品包装的设计在科学、经济、适销和牢固的基础上,应符合以下要求:

(1)外形和结构。包装应根据产品的理化性能和形状、消费者的购买习惯和购买力大小等因素,尽量减小体积,以便于运输、储存、携带和使用。在结构合理、突出产品特点的前提下,外形要美观大方、不落俗套、不搞模仿、便于识别。尽量利用新材料、新图案,生动形象,使人耳目一新。

(2)要与产品的价值和消费水平相适应。包装要与产品的档次和价值相一致。包装水平要考虑到消费者的承受能力,如贵重的高档产品或礼品包装要华丽高雅,增加产品的价值感。

因此,不同产品要配以不同包装,要考虑到消费者的购买目的和消费层次,满足不同消费者的需要。生活消费品特别是其中的贵重商品(如珠宝、首饰、人参等)和艺术品、化妆品的包装要能烘托出商品的高贵、典雅和艺术性。如珍贵的首饰和玉雕、牙雕等配以各种镶嵌、雕刻、编制等名贵手工艺包装盒。名画配以樟木雕刻的画卷盒包装。贵重皮大衣配以高级手提皮箱包装等。当然,不能单纯追求包装的华贵,搞成"金玉其外,败絮其中",但也不能"烂稻草包珍珠,自贬身价"。

(3)图案、色彩要符合民族习惯、宗教信仰及消费者心理。不同心理爱好的消费者对图案、色彩含意的理解可能是完全不同的。例如,中国人喜欢红色,埃及人喜欢绿色,伊斯兰国家和地区忌用猪的图案(认为亵渎神灵),北非忌用狗的图案(表示不洁之物),法国人视孔雀为祸鸟等。设计者一定要注意这些爱好与禁忌。

(4)节省费用、减少污染。设计要尽量合理,减少材料的使用,并尽量使用物美价廉、适宜的包装材料。为了追求社会的长远利益,维护生态平衡,应尽量选用易降解、污染小、易回收利用的包装材料。

(5)包装要能显示商品的特点或独特风格。对于以外形和色彩表现其特点或风格的商品,如服装、装饰品、食物等,其包装应考虑能向购买者直接显示商品本身,以便于选购。常用的方法有全透明包装、开天窗包装,或在包装上附有彩色画片。如我国向英国出口的 18 头莲花茶具,原包装只是光身瓦楞纸盒,给顾客的印象是陈旧、寒酸,而且顾客看外形还不知道里面装的什么东西,售价每套只有 1.7 英镑。伦敦一家百货商店为每套茶具加制了一个精制的美术包装,上面印有彩色实物照片,套在原包装外面,售价提高到一个 8.99 英镑。

(6)包装上文句的设计要能增加顾客的信任感并能指导消费。产品的性能、使用方法和使用效果常常不是直观所能显示的,需要用文字来表达。包装上文句的设计应根据顾客的心理,对不同商品有不同的突出重点。如食品类的商品包装应说明用料、食用方法;药物类的应说明成分、功效、服用量、禁忌及是否有副作用等。总之,要能直接回答购买者所关心的问题,以消除购买者可能存在的疑虑。在包装上要有针对性的说明,以增强顾客对商品的了解和信任。

4. 包装策略

为了更好地发挥包装的作用,实现保护商品、满足消费者需要和加强促销、降低成本以及减少环境污染的目的,就要认真研究包装策略,以便在不同产品、不同市场条件下使用不同的包装策略。

包装策略有如下几种形式:

(1)类似包装策略。企业对其生产的产品采用相同的图案、近似的色彩、相同的包装材料和相同的造型进行包装,便于顾客识别出本企业产品。对于忠实于本企业的顾客,类似包装无疑具有促销的作用,企业还可因此而节省包装的设计、制作费用。但类似包装策略只能适宜于质量相同的产品,对于品种差异大、质量水平悬殊的产品则不宜采用。

(2)配套包装策略。按各国消费者的消费习惯,将数种有关联的产品配套包装在一起成套供应,便于消费者购买、使用和携带,同时还可扩大产品的销售。在配套产品中如加进某种新产品,可使消费者不知不觉地习惯使用新产品,有利于新产品上市和普及。

(3)再使用包装。指包装内的产品使用完后,包装物还有其他的用途。如各种形状的香水瓶可作装饰物,精美的食品盒也可被再利用等。这种包装策略可使消费者感到一物多用而引起其购买欲望,而且包装物的重复使用也起到了对产品的广告宣传作用。但要谨慎使用该策略，避免因成本加大引起商品价格过高而影响产品的销售。

(4)附赠包装策略。记载商品包装物重附赠奖券或实物，或包装本身可以换取礼品，吸引顾客的惠顾效应，导致重复购买。我国出口的“芭蕾珍珠膏”，每个包装盒附赠珍珠别针一枚，顾客购至50便可串一条美丽的珍珠项链，这使珍珠膏在国际市场十分畅销。

(5)改变包装策略。即改变和放弃原有的产品包装，改用新的包装。由于包装技术、包装材料的不断更新，消费者的偏好不断变化，采用新的包装以弥补原包装的不足，企业在改变包装的同时必须配合好宣传工作，以消除消费者认为产品质量下降或其他的误解。

(6)更新包装策略。更新包装，一方面是通过改进包装使销售不佳的商品重新焕发生机，重新激起人们的购买欲；另一方面是通过改进，使商品顺应市场变化。有些产品要改进质量比较困难，但是如果几年一贯制，总是老面孔，消费者又会感到厌倦。经常变一变包装，给人带来一种新鲜感，销量就有可能上去。

(7)复用包装策略。复用是指包装再利用的价值，它根据目的和用途基本上可以分为两大类：一类是从回收再利用的角度来讲，如产品运储周转箱、啤酒瓶、饮料瓶等，复用可以大幅降低包装成本，便于商品周转，有利于减少环境污染；另一类是从消费者角度来讲，商品使用后，其包装还可以作为其他用途，以达到变废为宝的目的，而且包装上的企业标志还可以起到继续宣传的效果。这就要求在包装设计时，考虑到再利用的特点，以保证再利用的可能性和方便性。如瓷制的花瓶作为酒瓶来用，酒饮完后还可以做花瓶。再如用手枪、熊猫、小猴等造型的塑料容器来包装糖果，糖果吃完后，其包装还可以做玩具。

(8)企业协作的包装策略。企业在开拓新的市场时，由于宣传等原因其知名度可能并不高，所需的广告宣传投入费用又太大，而且很难立刻见效。这时可以联合当地具有良好信誉和知名度的企业共同推出新产品，在包装设计上重点突出联手企业的形象，这是一种非常实际有效的策略，在欧美、日本等发达国家是一种较为普遍的做法。如日本电子产品在进入美国市场时滞销，后采用西尔斯的商标，以此占领了美国市场。

(9)绿色包装策略。随着消费者环保意识的增强，绿色环保成为社会发展的主题，伴随着绿色产业、绿色消费而出现的绿色概念营销方式成为企业经营的主流。因此，在包装设计时，选择可重复利用或可再生、易回收处理、对环境无污染的包装材料，容易赢得消费者的好感与认同，也有利于环境保护和与国际包装技术标准接轨，从而为企业的发展带来良好的前景。如用纸质包装替代塑料袋装，羊毛材质衣物中夹放轻柔垫纸来取代硬质衬板，既美化了包装，又顺应了发展潮流，一举两得。

(10)系列式包装策略。系列式包装策略即企业生产经营的产品都用相同或相似的包装，引入CI设计的企业往往采取这种包装策略，因为系列包装可以使产品，甚至使企业形象更加明显。

(11)开窗式包装策略。开窗式包装是指在包装物上留有“窗口”，让消费者通过“窗口”来直接认识和了解产品，其目的在于直接让消费者体会、认识产品的品质。

(12)连带式包装策略。连带式包装策略即将具有消费连带性的产品包装在一起，其目的在于给消费者以便利感和整体感。

(13)分量式包装策略。分量式包装即对一些称重产品，根据消费者在不同时间、地点购买和购买量不同采用重量、大小不同的包装；也有一些价格较贵的产品，实行小包装给消费者以便利感；还有一些新产品，为让消费者试用而采用小包装，其目的在于给消费者以便利感、便宜感、安全感。

(14)等级式包装策略。由于消费者的经济收入、消费习惯、文化程度、审美眼光、年龄等存在差异,对包装的需求心理也有所不同。一般来说,高收入者,文化程度较高的消费层,比较注重包装设计的制作审美、品味和个性化;而低收入消费层则更偏好经济实惠、简洁便利的包装设计。因此,企业将同一商品针对不同层次的消费者的需求特点制订不同等级的包装策略,以此来争取不同层次的消费群体。

现代企业包装策略在考虑促销效果的同时,还要考虑其废弃物对环境的影响及是否存在对资源的浪费。中国是一个资源并不丰富的国家,人口众多,近年,随着人们收入水平的增加和企业竞争的加剧,包装过度问题十分严重,大而不当、奢华过度,或包装物对环境造成永久污染等现象都应本着对社会负责任的态度而加以避免。

7.2.4 案例导入与解析

1. 包装要能显示商品的特点或独特风格

在荷兰某一超级市场上有黄色竹制罐装的茶叶一批,罐的一面刻有中文"中国茶叶"四字,另一面刻有我国古装仕女图,看上去精致美观,颇具民族特点,但国外消费者少有问津。(本文由作者根据网络资料改写,原文见:价值中国.)

思考与讨论:试思考其原因。

分析提示:问题主要出在文字说明方面。出口商品的销售包装上应有必要的文字说明,如商标、牌名、品名、产地、数量、规格、成分、用途和使用方法等。使用的文字必须简明扼要,并让顾客能看懂,必要时也可中外文同时并用。具体到本案例,当地人除了对仕女图投入一瞥外,不知内装何物。即使消费者知道内装为茶叶,但是红茶还是绿茶?分量多少?质量如何?还是无从知道。因此,上述包装不便于消费者了解商品,不了解何谈购买。

2. 可口可乐的玻璃瓶包装

1898年,鲁特玻璃公司一位年轻的工人亚历山大·山姆森在同女友约会中,发现女友穿着一套筒型连衣裙,显得臀部突出,腰部和腿部纤细,非常好看。约会结束后,他突发灵感,根据女友穿着这套裙子的形象设计出一个玻璃瓶。

经过反复的修改,亚历山大·山姆森不仅将瓶子设计得非常美观,很像一位亭亭玉立的少女,他还把瓶子的容量设计成刚好一杯水大小。瓶子试制出来之后,获得大众交口称赞。有经营意识的亚历山大·山姆森立即到专利局申请专利。

当时,可口可乐的决策者坎德勒在市场上看到了亚历山大·山姆森设计的玻璃瓶后,认为非常适合作为可口可乐的包装。于是他主动向亚历山大·山姆森提出购买这个瓶子的专利。经过一番讨价还价,最后可口可乐公司以600万美元的天价买下此专利。要知道在100多年前,600万美元可是一项巨大的投资。然而实践证明可口可乐公司这一决策是非常成功的。亚历山大·山姆森设计的瓶子不仅美观,而且使用非常安全,易握不易滑落。更令人叫绝的是,其瓶型的中下部是扭纹型的,如同少女所穿的条纹裙子;而瓶子的中段则圆满丰硕,如同少女的臀部。此外,由于瓶子的结构是中大下小,当它盛装可口可乐时,给人的感觉是分量很多的。采用亚历山大·山姆森设计的玻璃瓶作为可口可乐的包装以后,可口可乐的销量飞速增长,在两年的时间内,销量翻了一倍。从此,采用山姆森玻璃瓶作为包装的可口可乐开始畅销美国,并迅速风靡世界。600万美元的投入,为可口可乐公司带来了数以亿计的回报。(本文由作者根据网络资料改写,原文见:中国供应商.)

思考与讨论：可口可乐的玻璃瓶包装采用了什么样的包装策略？

分析提示：一个经典的创意包装设计可以给企业带来巨大的利润。

3. 合理包装能最大化地满足消费者需求

榨菜原产四川，大坛装运，获利甚微；上海人买入，改为中坛，获利见涨；香港人买入，小坛出售，获利倍之；日本人买之，破坛，切丝，装铝箔小袋，获利又倍之，与四川大坛榨菜相比较，获利翻番又翻番。（资料来源：王瑶．市场营销基础实训与指导[M]．北京：中国经济出版社，2009.）

思考与讨论：包装越细，产品价值越大，试谈谈包装的作用。

点评：包装的作用有保护产品；便于运输、携带和储存；便于购买和使用；美化商品，促进销售。能在以上几方面最大化地满足消费者需求，其产品价值于消费者而言就越大。

7.2.5 模拟与实战训练

1. 模拟训练菜单

(1)百福得科技发展有限公司是一家以经营调料新产品为特色的高科技企业。在"民以食为天"的农业大国，在基本解决了温饱问题之后，人们对食物的质量需求和饮食口味等方面都发生了新的变化。这就需要科技工作者不断创新，推出能满足广大消费者口味变化的各种辅助性调味品。尤其是近年来崇尚健康食品、绿色消费的情况下对高科技调料产品的需求呈上升趋势。"百福得米面营品素"是不含任何防腐剂和人工色素的纯天然营养品，适用于任何品种的米面，只需一点点，即可使糙米饭变成精米饭；"福得蒜汁"留了大蒜的营养成分及杀菌消毒功能，采用现代生物防治技术的新科技除臭，食用后口腔内无异味残留，既可清洁肠胃，又可软化血管，对中老年人而言是理想的保健食品。为了体现产品的高科技特色，设计师对百福得产品的包装设计进行了精心策划。首先，将标志选型定为椭圆形，以流畅的曲线做块面分割，既取了"百福得"中文古语"福"字的字前青，又体现了高科技含量的现代感。其次，在标准字上，用变体字体现圆润可口的行业特征。在米面营品素的纸盒包装上，用麦穗的饱满来表达产品的功能特色，用似跳跃音符的手写体标准字来营造生活的乐趣等。百福得产品以其新颖别致的包装设计迅速打开了市场。（本文由作者根据网络资料改写，原文见：MBA智库文档．）

应用思考：百福得产品的包装策划是否成功？

(2)去年，雀巢又推出了特别礼品款，雀巢冰咖啡礼盒，里面特别附送雀巢酷摇杯一个。此款礼品装咖啡用的是微型瓦楞纸箱包装。这样的包装如果采用纸盒两面对裱技术，势必会提高成本。而微型瓦楞的包装就相对低廉，同时还能承载里面的杯子，起到更好的缓冲作用。

因为这种包装为特别的礼盒款，所以为了方便消费者看到内部的产品以及赠送的酷摇杯，纸箱厂在模切技术上专门采取了开天窗的设计，模切线也为流线型，这样令整体的包装看起来更为美观、流行。同时为了增强礼品的光艳效果，厂家在印刷上采取的是六色胶印，并在外涂上了覆光油，使得视觉效果更具备礼品的冲击力与时尚感。（本文由作者根据网络资料改写，原文见：中国行业研究信息网．）

应用思考：雀巢冰咖啡礼盒采用了什么样的包装策略？

2. 实战训练菜单

(1)自选一产品类别，如食品、饮品等进行包装设计。

(2)以牙膏为例,能设计出符合消费者需求的、有创意的品牌标志。

(3)到学校附近的企业考察该企业经营的产品包装及选择的产品包装策略,并能对该企业产品包装提出自己的建议。

(4)调查我国医药保健品包装设计方案和包装策略。

任务7.3 设计产品组合

实训目标

企业要在当前激烈的市场竞争中生存和发展,最关键的就是它的产品能够满足消费者的需求和偏好。因此,制订行之有效的产品策略成为企业营销决策的重要环节。通过实训,使学生掌握企业在市场营销活动中,首先要决定向市场提供什么样的产品以及产品组合结构的优化,掌握产品组合决策的各种策略,根据企业实际情况制订产品策略,来更好地满足市场需要,提高企业竞争力,取得经济效益。

7.3.1 任务描述

某啤酒企业在做整体营销策划时,根据市场调查情况,企业的产品几乎全为一些低档产品,在消费者心目中已形成了低档啤酒印象,而且这些低档产品的利润率极低,企业的整个销售情况并不景气。于是,该啤酒企业市场部开会商讨如何优化产品结构,调整产品组合策略,提高企业效益。(本文由作者根据网络资料改写,原文见:人人网.)

思考:假如你是市场部策划人员,你如何使企业走出困境?

7.3.2 任务步骤

1. 实训准备

按要求组建实训课题小组,将全班学生按每小组5~6人的标准划分成若干课题小组,每个小组指定或推选出一名小组长。确定实训小组课题,每个小组根据任务背景资料的要求,分组展开实训,每小组按规定时间完成实训报告。

2. 实训步骤

训练学生能够根据企业现状,展开有针对性的调研,并从调研中了解企业产品的市场情况,以及产品的发展趋势,来调整产品组合策略,具体做法见图7.3。

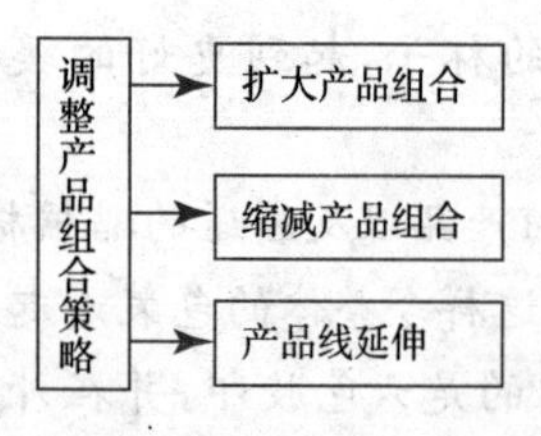

图7.3 调整产品组合策略

(1)扩大产品组合——增加产品线扩大市场份额。

参考做法:增加产品线,现在企业生产主要是低档啤酒,是否可以增加低档白酒生产。增加现有产品线的深度,现有低档啤酒产品大类,可以根据包装容器分类生产瓶装啤酒、易拉罐装啤酒、桶装啤酒;根据杀菌方法分类生产纯生啤酒、鲜啤酒、熟啤酒等。在维持产品原有的质量和价格的前提下,增加同一产品的款式和规格。

(2)缩减产品组合——集中资源经营获利或前景看好的产品线或项目。

参考做法:根据市场调查情况,企业的产品几乎全为一些低档产品,在消费者心目中已形成了低档啤酒印象,而且这些低档产品的利润率极低,企业的整个销售情况并不景气。调整产品组合策略，当整条产品线或产品线中某些产品获利甚微甚至已无获利希望时，企业可以缩减生产低档啤酒线，以便集中资源经营那些获利或前景看好的产品线或项目，以充分利用企业的人力、物力、财力，减少企业经营风险。

(3)产品线延伸——满足不同层次需求的消费者。

参考做法：运用双向延伸策略，在原来低档啤酒系列中，增加高、中档产品项目，也就是同时生产经营高、中、低档产品。

3. 实训总结与考评

各个小组成员要根据自己的调查和实践，在训练结束后分别写出实训报告，由教师和其他同学对不同小组同学的报告进行比较和评价，见表7.3。

表7.3 设计产品组合考核表

成果展示与评价			分析报告及PPT形式答辩				
分析报告	分析报告必备项目		市场竞争分析	企业自身情况分析	消费者需求分析	产品组合策略	文字表达
	评价标准		分析市场情况、竞争对手情况，重点突出	能够客观、准确地分析企业自身的资源、实力、产品线	准确、数据真实，根据消费者需求确定目标市场	调整和优化产品组合	100字左右，语言流畅，思路清晰
	应得分		20	20	20	20	20
	评价人	企业(50%)					
		教师(40%)					
		学生(10%)					
	实得分						
	报告最后得分						
PPT答辩	PPT答辩要求		时间	语言组织	表达能力	展现形式	形象及礼仪
	评价标准		控制阐述与回答问题的时间	语言精炼、针对性强	表达清楚、准确	汇报形式新颖	形象得体、大方
	应得分		10	20	25	25	20
	评价人	企业(50%)					
		教师(40%)					
		学生(10%)					
	实得分						
	答辩最后得分						
	任务综合得分						

7.3.3 知识点拨

现代企业为了满足目标市场的需要，扩大销售，分散风险，增加利润，使企业最大限度地实现其经营目标，往往生产经营多种产品。但是企业所生产或经营的产品并不完全是越多越好，必须根据目标市场需求、自身资源和能力状况，来确定生产和经营哪些产品，这就要求对产品进行科学合理的组合，即采取产品组合策略。

1. 产品组合

(1)产品组合也称“产品的各色品种集合(product assortment)”，是指一个企业在一定时期内生产经营的各种不同产品的全部产品、产品项目的组合。

它包括以下四个要素：

①宽度。宽度是指企业的产品线总数。产品线也称产品大类、产品系列，是指一组密切相关的产品项目。这里的密切相关可以是使用相同的生产技术，产品有类似的功能，同类的顾客群，或同属于一个价格幅度。

②长度。长度是指企业的产品项目总数。产品项目是指列入企业产品线中具有不同规格、型号、式样或价格的最基本产品单位。通常，每一产品线中包括多个产品项目，企业各产品线的产品项目总数就是企业产品组合长度。

③深度。深度是指产品线中每一产品有多少品种。增加产品项目，增加产品的规格、型号、式样、花色，可以迎合不同细分市场消费者的不同需要和爱好，招徕、吸引更多顾客。

④关联度。关联度是指企业的各产品线在最终用途、生产条件、分销渠道等方面的相关联程度。较高的产品关联性能给企业带来规模效益和范围效益，提高企业在某一地区、行业的声誉。

(2)产品组合的测量。

①产品组合的关联度。产品组合的关联度是指一个企业的各个产品系列在生产条件、分销渠道及使用等方面的相关程度。

②产品组合的宽度。产品组合的宽度是指一个企业生产或经营产品系列的多少，也称产品广度。产品系列多，就称为产品组合宽；反之，就称为产品组合窄。企业增加产品组合宽度，实行多元化经营，能扩大经营范围，壮大企业声势，使企业资源得到充分利用，有利于提高经济效益和减少风险。

③产品组合的长度。产品组合的长度是指每个产品组合中产品项目的总和，即所有产品线中的产品项目相加之和。增加产品长度可以更多地满足消费者的不同需求，吸引更多的消费者，提高竞争力。但同时由于品种规格增多，会给组织生产增加难度，从而导致生产成本升高，有的产品也会给服务带来麻烦。

(3)企业的产品组合方式应遵循的原则。企业的产品组合方式应遵循有利于促进销售和有利于增加企业利润这一原则，一般说来，拓宽产品系列有利于发挥企业的潜能，开辟新市场，同时能避免较大风险，“加深产品系列可以促使企业经营专业化，适合更多的特殊需要，突出其特色；加强产品系列的关联度，可以增强企业的市场地位，提高竞争实力。

企业在进行产品组合时，涉及以下三个层次的问题需要做出抉择：第一，是否增加、修改或剔除产品项目；第二，是否扩展、填充和删除产品线；第三，哪些产品线需要增设、加强、简化或淘汰，以此来确定最佳的产品组合。三个层次问题的抉择应该遵循既有利于促进销售，又有利于增加企业的总利润这个基本原则。

2. 产品组合策略

企业根据市场情况和经营实力对产品组合的广度、深度和关联度实行不同的有机组合，称为产品组合策略。产品组合策略是市场营销策略的重要组成部分。常见的产品组合策略有以下几种：

(1)扩大产品组合策略。扩大产品组合策略是指开拓产品组合的广度和加强产品组合的深度。开拓产品组合广度是指增添一条或几条产品线，扩展产品经营范围；加强产品组合深度是指在原有的产品线内增加新的产品项目。

具体方式有：在维持原产品品质和价格的前提下，增加同一产品的规格、型号和款式；增加不同品质和不同价格的同一种产品；增加与原产品相类似的产品；增加与原产品毫不相关的产品。

扩大产品组合的优点是：满足不同偏好的消费者的多方面需求，提高产品的市场占有率；

充分利用企业信誉和商标知名度，完善产品系列，扩大经营规模；充分利用企业资源和剩余生产能力，提高经济效益；减小市场需求变动性的影响，分散市场风险，降低损失程度。

(2)缩减产品组合策略。缩减产品组合策略是指削减产品线或产品项目，特别是要取消那些获利小的产品，以便集中力量经营获利大的产品线和产品项目。

缩减产品组合的方式有：减少产品线数量，实现专业化生产经营；保留原产品线，削减产品项目，停止生产某类产品，外购同类产品继续销售。

缩减产品组合的优点有：集中资源和技术力量改进保留产品的品质，提高产品商标的知名度；生产经营专业化，提高生产效率，降低生产成本；有利于企业向市场的纵深发展，寻求合适的目标市场；减少资金占用，加速资金周转。

(3)产品延伸策略。产品延伸策略是指将企业现有产品线加长，突破原有经营档次的范围。可供选择的延伸策略有三种：向下延伸、向上延伸和双向延伸。

①向下延伸。即生产经营高档产品的企业在原产品线内增加一些较低档的产品。向下延伸通常适合于下列几种情况：一是高档产品在市场上受到竞争者的威胁；二是高档产品的销售增长速度下降；三是原来发展高档产品只是为了树立企业的高大形象，待条件成熟时发展较低档产品；四是以较低档产品填补产品线空缺，防止竞争者涉足或吸引顾客。

向下延伸策略会使企业面临一些风险：一是推出较低档的产品可能会影响原高档产品的市场形象及声誉；二是推出较低档的产品迫使竞争者转向高档产品和新产品的开发，对本企业高档产品形成压力。

②向上延伸。即生产经营低档产品的企业，在原产品线内增加高档产品。向上延伸通常适合于以下情况：一是高档产品有较高的销售增长率和利润率；二是谋求较高档次的产品来提高整条产品线的档次，以谋求更高利润。向上延伸也同样使企业面临一定风险：一是顾客可能对生产经营高档产品的能力缺乏信任；二是高档产品可能促使原生产高档产品的竞争者采取向下延伸策略，从而对本企业原低档产品形成竞争压力。

③双向延伸。即生产经营中档产品的企业，在一定条件下，逐渐向高档和低档两个方面延伸。这种策略有利于企业扩大市场阵容，更好地满足不同层次购买力水平的顾客的需要，吸引更多消费者购买。但如果企业盲目地双向延伸，使得有限的资源不足以支持高、中、低档产品系列，则会顾此失彼，处于被动。

(4)产品线现代化策略。在某种情况下，虽然产品组合的宽度、长度都非常合适，但产品线的生产形式可能已经过时，这就必须对产品线实行现代化改造，把现代化科学技术应用到生产过程中去。例如，在中药生产过程中，采用一些现代化技术设备，提高中药提取水平。如果企业决定对现有产品线进行改造，产品线现代化决策首先面临这样的问题：是逐步实现技术改造，还是以最快的速度用全新设备更换原有产品线？逐渐实现现代化可以节省资金耗费，但缺点是竞争者很快就会觉察，并有充足的时间采取措施与之抗衡；而快速现代化策略虽然在短时间内耗费资金较多，但可快速更新完毕，占领有利位置，出其不意，击败竞争对手。

另外，有些企业有鉴于自身条件和市场情况，采取的产品决策比较单一，集中营销某一产品线上的几个品目，这便是所谓的“有限产品线组合策略”，采取此决策的公司常常有明确的专业性。

7.3.4 案例导入与解析

1. 可口可乐公司专注于饮料业把主业做得精益求精

可口可乐公司一改“给世界一罐可口可乐”的风格，正在向所有可饮用产品领域进军。由于可口可乐的旗舰产品难有再多的起色，公司不再将精力集中在充气苏打水上，而是致力于扩大饮料的品种。进入中国市场以来，可口可乐从推出单一品牌"可口可乐"，到拥有"雪碧"、"芬达"等国际品牌和"天与地"、"醒目"、"津美乐"等中国本土品牌，发展非常迅猛。其三种主要产品可口可乐、雪碧、芬达的销售额约占公司总销售额的20%、20%、10%。但可口可乐并没有实施多元化战略，因为可口可乐过去在发展饮料之余，也曾做过酒厂，开过种植场，甚至涉足电影业，但都遭到了失败。因此，可口可乐公司总部规定，公司可以涉足茶、减肥饮料、八宝粥在内的所有饮料行业，但不能搞多元化。专注于饮料业的可口可乐把主业做得精益求精。它在发展任何一种饮品的时候都可以利用原有的销售渠道，使新产品迅速打开市场，同时也大大节约了成本。（本文由作者根据网络资料改写，原文见：中国营销网.）

思考与讨论：分别分析可口可乐公司产品组合的宽度、长度和关联度（密度）。

分析提示：集中力量生产经营一个系列的产品或少数产品项目，实行高度专业化，试图从生产经营较少的产品中获得较多的利润。

2. 运用扩大产品组合策略满足市场多方面需求

百事可乐公司是世界第二大软饮料生产商，公司生产的软饮料包括百事可乐、激浪、斯里塞等世界著名品牌。1980年，百事可乐公司销售额150亿美元。百事可乐的国际开拓落后于可口可乐公司。百事可乐公司还涉足餐馆和小吃食品。1986年，百事可乐公司收购了肯德基，其年销售额在美国为30亿美元，在海外达23亿美元，遍布57个国家。1977年，百事可乐公司收购了必胜客，其年销售额达33亿美元，在国际餐馆业中发展迅速，已经进入27个国家。太坎贝尔1986年被百事可乐收购，它是美国最大的墨西哥食品快餐店，年销售额达20亿美元。美国的小吃食品包括糖果、薯片、甜饼和饼干，Frito-Lay公司是行业主导者，其市场份额达40%，1965年，百事可乐公司兼并了Frito-Lay公司。1989年，Frito-Lay公司成为其盈利最多的子公司，销售额和利润分别占到公司的35%和40%。（本文由作者根据网络资料改写，原文见：中国营销网.）

思考与讨论：分别分析百事可乐公司产品组合的宽度、长度和关联度。

分析提示：适应顾客多方面的需要，有利于扩大营业规模。但是，这种策略有很大制约性，它要求企业拥有多条生产线，具有多种销售渠道，促销也要多样化，这会使生产成本和销售费用增加。

3. 科学合理的产品组合是企业谋求竞争优势的基础

上海光明、北京三元、内蒙古伊利和蒙牛，这些大型乳品企业除了保持较广、较长的产品组合外，在加强重要产品线培育核心竞争力方面各具特色。光明与三元重点加强巴氏杀菌牛奶产品线的发展，而伊利与蒙牛则将资源集中在灭菌牛奶产品线的发展。由此可见，不同的乳品企业要根据行业发展趋势、消费者需求变化、市场竞争状况、企业历史、区位、战略目标、生产资源等因素来确定合理的产品组合，并且要加强重点产品线的发展，培育自己的核心竞争力。（本文由作者根据网络资料改写，原文见：壹食品中国网.）

思考与讨论：产品组合是一门很深的学问，管理好产品线是企业决策层尤其是营销经理的首要工作，液态奶产品组合又该如何做呢？

分析提示：集中资源，培育核心竞争力产品组合是营销战略的基础。除了确定合理的产品组合宽度、长度、深度以及相容性方面，而且会强调集中资源加强某些产品线来培育企业的核心竞争力。

7.3.5 模拟与实战训练

1. 模拟训练菜单

(1)在 2002 年全国主要城市洗发水市场占有率排名中,宝洁公司期下的“飘柔”、“海飞丝”、“潘婷”独占三元,而另一位新宠“沙宣”也是直线上升。四大品牌分头出击,各展风姿,使保洁公司牢牢地坐在中国洗发水市场霸主的宝座上。

应用思考:评价宝洁公司的产品组合策略和品牌策略,其市场细分依据、优势劣势分析,有没有需要改进的地方?(资料来源:俞永生. 市场营销与技能训练[M]. 北京:中国劳动社会保障出版社,2004.)

(2)品质卓越的君欣产品是菱湖公司经过十年的磨砺才取得成功的。然而在创办伊始,由于企业什么都想整,卧室家具、办公家具、宾馆家具一齐上,在受到南方家具北上的冲击下,菱湖很快吃不消,于是缩减了产品线,开始有目的地开发新产品,最终使菱湖在开拓市场最困难的时候站稳了脚跟。(资料来源:杨歆,刘文金. 家具产品组合策略探析[J]. 家具与室内装饰,2007(5).)

应用思考:菱湖公司在发展中选择了怎样的产品策略?

(3)早年,美国的“派克”钢笔质优价贵,是身份和体面的标志,许多社会上层人物都喜欢一支派克笔。然而,1982 年新总理上任后,把派克品牌用于每支售价仅 3 美元的低档笔上,结果,派克公司非但没有顺利打入低档笔市场,反而丧失了一部分高档笔的市场。其市场占有率大幅下降,销售额只及其竞争对手克罗斯公司的一半。(资料来源:俞永生. 市场营销与技能训练[M]. 北京:中国劳动社会保障出版社,2004.)

应用思考:如何针对公司现状调整产品组合策略?

(4)2002 年以前,千百度公司只生产洗发水系列产品,包含两个品牌:“千百度”和“千千秀”。2002 年开始,公司增加了一条洗衣粉生产线,洗衣粉生产线品牌设置为“千千净”;增加了一条香皂生产线,香皂生产品牌设置为“千日香”。至此,公司形成了能生产洗发水、洗衣粉、香皂三大系列,24 个品种的产品线。(资料来源:罗绍明. 市场营销实训指导[M]. 北京:机械工业出版社,2009.)

应用思考:2002 年以后,千百度公司采用什么样产品组合策略?

(5)三九集团前身是以“999”胃泰起家的,品牌定位于“一种关怀你的,有效的胃药”,企业的品牌经营也取得成功,许多消费者把“999”视为胃药的代名词,这正是品牌定位的最高境界。然而,三九集团随后进行了品牌延伸。其中,三九集团将“999”延伸到公司所生产的啤酒品牌上,这可让消费者不知所措,虽然广告词是“九九九冰啤酒,四季伴君好享受”,但是,消费者拿起这种啤酒,潜意识中的一个反应恐怕是联想起“999”胃泰,要喝这种带有“心理药味”的啤酒,可能不是什么“好”的享受。(本文由作者根据网络资料改写,原文见:全球品牌网.)

应用思考:三九集团品牌延伸的失败给我们什么启示?

2. 实战训练菜单

(1)对所在城市矿泉水市场进行调研,分析各公司的产品组合策略,并上交分析报告。

(2)到学校校餐饮中心调查食堂的产品组合策略实施受哪些因素影响?

(3)利用图书馆及网络,以及通过对各大商场实地走访,调查宝洁公司的产品,写出宝洁公司的产品组合策略分析报告。

(4)调查高档品牌服装或低档品牌服装企业是怎么进行品牌延伸的?

任务 7.4　开发新产品

实训目标

通过实训,使学生了解新产品的含义,掌握新产品开发的程序和可行性分析的方法,全面了解从新产品开发决策、创新到产品投放市场的整个新产品开发过程,能对现有的产品营销以及新产品的开发进行相关的研究,提高产品开发与管理能力。

7.4.1　任务描述

1994 年,军旅出身的闫希军从 1 200 万元创业起步,依靠拳头产品复方丹参滴丸带领天士力集团发展成为如今总资产超过 67 亿元的企业,保持了连续多年的高速增长,复方丹参滴丸则成为国内医药行业至今仍然不多的年销售额过 10 亿元的单品种,天士力集团成为中药现代化、国际化的排头兵。一个企业的成功,自然在生产、研发、战略管理等多方面均有其独到之处,而从对新产品的开发市场营销的角度,天士力集团的新产品复方丹参滴丸能够准确地符合市场需求,关键在于他们狠抓了新产品开发的各个环节。(资料来源:汤少梁. 医药市场营销学[M]. 北京:科学出版社,2007.)

思考:调查研究新产品复方丹参滴丸开发给予我们的启示?

7.4.2　任务步骤

1. 实训准备

按要求组建实训课题小组,将全班学生按每小组 5～6 人的标准划分成若干课题小组,每个小组指定或推选出一名小组长。确定实训小组课题,每个小组根据分析背景资料的要求,进行实训。

2. 实训步骤

训练学生能够根据企业情况,展开有针对性的调研,并从调研中了解新产品开发的程序,具体做法见图 7.4。

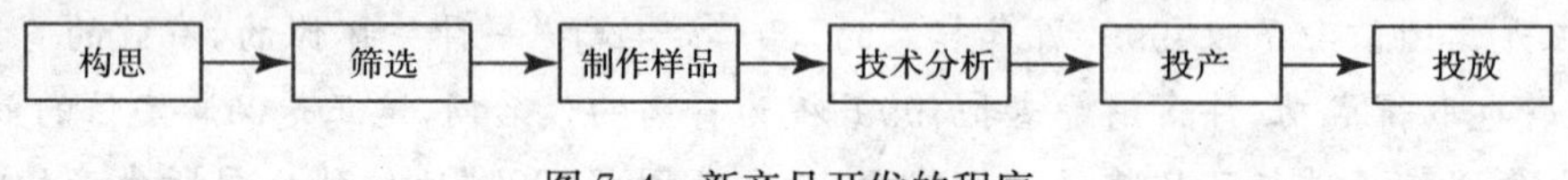

图 7.4　新产品开发的程序

(1)构思——新产品设计,始于良好的构思。

参考做法:中国正在进入老龄化社会,而老年人是心脑血管病的主要发病群体,心脑血管市场是目前医药市场最具潜力的市场之一。大量市场调研表明丹参制剂的市场很大,通过中医处方的调研,其中超过 78%的处方中都有丹参。传统中药已有数千年的历史,有系统的理论与丰富的临床经验,然而中药材质量不稳定,生产工艺技术、传统中药质量标准体系不完善,控制方法落后,同时绝大多数还没有摆脱丸、膏、散、丹、汤等传统剂型。丹参制剂一定要找个好的剂型,才能有所突破。把中药的混合物做成滴丸是从复方丹参滴丸开始的,这是一项技术创新。

(2)筛选——新产品构思的筛选。

参考做法:对新产品构思进行筛选,由新产品设计员、设计室主任及设计室相关人员参加。大家对新产品构思做出评价,并提出修改意见,使新产品构思更加完备。

(3)制作样品——生产样品。

参考做法：天士力率先与医学科研机构的专家合作，在陕西建立了全国第一家国家级的丹参 GAP 药研基地，开辟了我国符合 GAP(中草药栽培管理规范)标准化的中药原药材培育生长的“第一生产车间”。

(4)技术分析——对新产品设计进行全面分析。

参考做法：制出样品以后，要对新产品设计进行全面分析，主要分析该项目新产品的原料供应、生产成本、技术力量、销售前景等各方面因素。

(5)投产——正式生产新产品。

参考做法：根据时令，分批正式生产新产品，投放市场。复方丹参滴丸年销量突破 10 亿元，创下了国内药品单一品种销售额的奇迹。

(6)投放——建立专业的学术推广队伍。

参考做法：天士力建立了一个非常专业的学术推广队伍。在做复方丹参滴丸初期，曾在全国召开多个场次的中药现代化研讨会，派发了 400 万份报纸，这种“专家定位、学术推广”的方式成了天士力的主要营销模式。

表 7.4 开发新产品考核表

成果展示与评价			分析报告及 PPT 形式答辩				
分析报告	分析报告必备项目		市场分析	企业自身情况分析	产品分析	新产品开发策略的选择	文字表达
	评价标准		分析市场竞争、市场需求，准确、数据真实，参考文献在近一年内	能够客观、准确地分析企业自身的资源、实力	全面并能突出重点	提高新产品开发能力及对新产品的开发进行相关研究	结构完整、思路清晰、语言流畅
	应得分		20	20	20	20	20
	评价人	企业(50%)					
		教师(40%)					
		学生(10%)					
	实得分						
	报告最后得分						
PPT答辩	PPT 答辩要求		时间	语言组织	表达能力	展现形式	形象及礼仪
	评价标准		控制阐述与回答问题的时间	语言精炼、针对性强	表达清楚、准确	汇报形式新颖	形象得体、大方
	应得分		10	20	25	25	20
	评价人	企业(50%)					
		教师(40%)					
		学生(10%)					
	实得分						
	答辩最后得分						
	任务综合得分						

7.4.3 知识点拨

产品市场生命周期理论说明，企业要在市场竞争中获得生存、发展，产品就要不断更新换代。特别是在当今社会，随着科学技术和经济的迅速发展，产品市场生命周期越来越短，企业的新产品开发就显得更为重要。从某种意义上说，新产品开发过程就是企业创造生命力的过程。

1. 新产品的含义

新产品是指采用新技术原理、新设计构思研制、生产的全新产品，或在结构、材质、工艺等某一方面比原有产品有明显改进，从而显著提高了产品性能或扩大了使用功能的产品。从市场营销的角度看，凡是企业向市场提供的过去没有生产过的产品都叫新产品。具体地说，只要是产品整体概念中的任何一部分的变革或创新，并且给消费者带来新的利益、新的满足的产品，都可以认为是一种新产品。

市场营销意义上的新产品含义很广，除包含因科学技术在某一领域的重大发现所产生的新产品外，还包括：在生产销售方面，只要产品在功能和或形态上发生改变，与原来的产品产生差异，甚至只是产品从原有市场进入新的市场，都可视为新产品；在消费者方面，则是指能进入市场给消费者提供新的利益或新的效用而被消费者认可的产品。按产品研究开发过程，新产品可分为全新产品、模仿型新产品、改进型新产品、形成系列型新产品、降低成本型新产品和重新定位型新产品。

(1)全新产品是指应用新原理、新技术、新材料，具有新结构、新功能的产品。全新产品在全世界为首先开发，能开创全新的市场。它占新产品的比例为10%左右。

(2)改进型新产品是指在原有老产品的基础上进行改进，使产品在结构、功能、品质、花色、款式及包装上具有新的特点和新的突破。改进后的新产品，其结构更加合理，功能更加齐全，品质更加优质，能更多地满足消费者不断变化的需要。它占新产品的26%左右。

(3)模仿型新产品是企业对国内外市场上已有的产品进行模仿生产，称为本企业的新产品。模仿型新产品约占新产品的20%左右。

(4)形成系列型新产品是指在原有的产品大类中开发出新的品种、花色、规格等，从而与企业原有产品形成系列，扩大产品的目标市场。该类型新产品占新产品的26%左右。

(5)降低成本型新产品是以较低的成本提供同样性能的新产品，主要是指企业利用新科技，改进生产工艺或提高生产效率，削减原产品的成本，但保持原有功能不变的新产品。这种新产品的比重为11%左右。

(6)重新定位型新产品指企业的老产品进入新的市场，从而称为该市场的新产品。这类新产品约占全部新产品的7%左右。

2. 新产品开发的必要性

(1)新产品开发是企业发展的生命线。在激烈的市场竞争中，不论是哪家企业，胜利和失败的决定性因素，都取决于企业能不能用性能更好、质量更高、成本更低、款式更新的产品压倒对方，也就是能不能经常地有新产品上市。因为产品的市场生命周期规律告诉我们，在知识经济时代，新技术转化为新产品的速度加快，产品的市场生命周期越来越短。40年前平均周期是8年，20年前为5年，10年前为3年，与日常生活密切相关的消费品则更短。因此，企业需要不断开发适合市场需要的新产品，才能确保企业的持续发展。

(2)新产品开发是企业保持其市场竞争优势的重要条件。企业竞争能力的强弱往往体现在其产品满足消费者需求的程度及其领先性。忽视科技进步、科技创新和市场新动向，贻误研究、开发良机，就会成为时代的落伍者，而被市场所淘汰。只有不断创造出适应市场需要的新产品并持续地强化研究开发能力，才是企业生产力的源泉，才能保持企业竞争优势。曾经夸耀为世界最强大的美国汽车工业都曾由于向大众节能小型汽车转产的步伐迟缓，而遭到日本汽车的排挤并陷入困境。因此，企业必须重视科研投入，注重新产品的开发，以新产品占领市场，巩固市场，不断提高市场竞争力。

(3)新产品开发是充分利用企业资源，增强企业活力的条件。一般说来，企业在生产主体产品时，往往会有许多资源得不到充分利用，若从这些资源利用的角度去开发新产品，必然能够降低成本。同时，企业不断创造新产品，才会有压力，才需要新人才、新技术、新工艺、新设备，职工积极性、创造性才能充分发挥，从而激发企业的生机和活力。

(4)新产品开发是提高企业经济效益的重要途径。一个成功的企业，各种产品在其生命周期的各个阶段上应该平衡发展，即当某些产品处在成熟期时，另一些新产品已开始推向市场；当某些产品开始出现衰退时，另一些产品进入快速增长期，这样的状态能够保持企业经济效益的稳定上升。实现这一目标的保证就是新产品的不断开发。还有，适销对路的新产品市场广阔，能实现规模经济效益；新产品使企业在拥有国内市场的同时进一步赢得国际市场；新产品在生产工艺、材料采用、污染控制上更符合环保要求，减少了对环境的污染；新产品使高新技术被广泛应用到生产、生活的各个方面，方便了生产，提高了生活的质量。这些都有利于提高企业的经济效益与社会效益。

3. 新产品开发应遵循的原则

(1)新产品必须有市场潜力。新产品开发是从营销观念出发所采取的行动，因此，首先必须是适应社会经济发展需要，生产适销对路的产品。不能满足一定市场需求，或虽能满足某一需求但需求量太小的产品，对企业而言再新也没有意义，而符合市场需求的产品必须做到：

①有特色，包括式样新、功能全或高能化、性能特等等。只有这样，才能给消费者以特殊的感受，使其觉得它与众不同，产生购买的欲望。尤其在市场上产品品种繁多、消费者信息有限的情况下，有特色的新产品才能起到吸引消费者的作用。

②节能、小型、标准化。新产品能耗小，可以减少消费者使用成本。小型化则是在功能不变的情况下能细小轻便，便于使用，或者是体积重量略增而功能大大提高。标准化则是指产品结构、形式等力求精简、标准，达到产品系列化，零部件标准化、通用化，便于使用和维修。

③使用安全、质量可靠。新产品必须具有一定的安全性，保证常规使用不会给消费者造成伤害。儿童用品不能有有毒、有害物质，避免坚硬锐角。消费者对新产品缺乏了解，产品中的一些安全隐患因为新也不易察觉，因此，新产品开发必须严格遵守国家的有关规定，经过各种测试和检验，试验成熟后再推向市场。同时，新产品不应是假冒伪劣产品，应保证使用质量，维护消费者权益。

(2)企业必须有新产品开发和生产能力。新产品开发是一项高风险、高投入的活动，不能盲目进行，必须同时考虑企业的开发能力以及开发出来后的生产能力。首先，应明确所开发的新产品按企业的技术水平、财务承受能力能否完成，会不会因这些客观条件限制而夭折。其次，要研究新产品研制出来后，企业的生产条件(资金、技术、原材料等)是否具备。企业开发新产品的主要目的是生产后投入市场以获取较高利润，如果有了新产品而不能批量生产，新产品开发的经济效果就会大大降低。

(3)新产品开发必须坚持开发与管理并重。新产品开发又是一项非常复杂的活动，要消耗企业的大量资源，因此有必要抓好开发管理，提高开发效率。开发管理不仅包括对开发计划的实施过程的管理，而且包括可行性研究、开发规划制订以及营销方案制订等一系列的工作，因此，开发管理也是新产品开发成功的重要保证。

4. 新产品开发的形式

企业为了成功并且迅速地开发新产品，可以根据具体条件，采用以下几种不同的开发方式：

(1)独立研制。独立研制是指企业完全依靠自己的科研、技术力量研究开发新产品。这是新产品开发的基本形式，也是有独立研制能力的大企业产品创新的力量所在。这种方式可以密切结合企业优势和特点，容易形成企业的产品系列，使企业在某一方面具有领先地位，但相应须投入大量的人力、财力、物力，有很大的风险，主要是因为企业掌握的信息有限，开发能力有限，风险由企业独自承担，加上现代技术发展变化快，市场风云多变，消费者口味不断更替。因此，采用这种方式应当慎重，注意取他人之长，集众家智慧，力求新产品开发成功。

(2)技术引进。技术引进是指从企业之外引进先进技术，购买专利来开发新产品。引进有两种形式：一是引进样品进行仿制；二是引进先进的工艺技术，用于新产品的设计生产。这种方式可缩短开发时间，节约研制费用，风险也较小，而且可促进企业技术水平和生产效率乃至产品质量的提高。在企业科研、技术能力有限的情况下，技术引进是一种有效的方式。它不仅可以加快开发速度，而且有利于尽快推上市场获得利益。但企业引进的技术通常是已经开发出来的技术，因此，有必要对其新的程度和市场容量进行分析，估计自身的竞争能力。从国外引进的技术，要对技术的成熟程度、先进性、适应性及经济性进行充分论证，防止某一方面考虑不周给企业造成不利。

(3)研制与引进相结合。研制与引进相结合是指企业某种新产品的部分技术是自己研制出来的，另一部分是从企业外部引进的。这种新产品开发方式得以成功的关键在于企业要抓好技术知识的转换工作，同企业已有的技术合成，或是引进新技术以弥补不足，或是在充分消化吸收引进技术的基础上，结合企业已有技术进行创新。这种方式采取两条腿走路的方针，投资低，见效快，产品有一定的先进性和特色，并且能促进企业的技术改造和创新，是一种比较理想的开发方式。

(4)协作研制。协作研制是指企业与高等院校或科研机构利用各自在技术、经济、设备、人力等方面的优势，互相协作，联合开发新产品。这种方式能较快地研制开发出较先进的产品，使科研成果很快转化为商品，特别适合资源不足的中小企业。这种开发方式也反映了目前中国企业的现实，大多数企业没有自主技术和自己的研发人员，因此不得不采取合作的方式。

5. 新产品开发的过程

新产品开发是一项既重要而又充满风险的工作，要提高新产品开发的成功率，需要重视新产品开发的各个环节。新产品开发过程一般须经历八个阶段，包括：新产品构思、构思筛选、形成产品概念、制订营销规划与战略、商业分析、新产品研制、市场试销、批量上市等。

(1)新产品构思。构思是为满足某种需求而进行产品开发的设想。要开发出满足市场需求的新产品，正确的构思是前提。一种新产品的构思可以来自企业的销售或生产人员、高层管理人员、经销商、竞争者以及对消费者的调查，还可以来源于科学家、学者、营销策划者、广告商及贸易公司等其他相关人员或机构。在新产品构思阶段，营销部门的主要任务是寻找创意、搜集构思，为决策者或高层主要管理人员提供构思决策的素材与依据。寻找和搜集新产品构思的主要方法有：

①属性排列法。该方法是通过列举产品的主要属性,并对每一属性进行分析、修改,从而形成新的创意。

②强制关联法。该方法先列举若干不同的产品,并分析某一产品与其他产品的关系,从而产生新的构思。

③形态分析法。该方法从分析某一产品各个层面的关系着手,再形成新的创意。

④问题分析法。该方法是从消费者及社会公众对产品提出的问题着手,分析问题的症结,并寻找改进思路。

⑤头脑风暴法。该方法通过召集若干(一般不超过10人)发明家或有独到见解的人士对产品开发的关键问题进行慎重思考、热烈讨论,在相互激发中寻找新的创意。

(2)构思筛选。企业对收集到的新产品构思要进行筛选。筛选的过程实质上是对搜集到的新产品创意或构思进行评估,研究其可行性,从中挑选出可行性较强的构思。筛选的目的就是淘汰不可行或可行性较低的创意或构思,以便使企业有限的资源集中于可行性强、成功机会大的构思上来。构思筛选一般分两个阶段进行:第一阶段是初步筛选,即把不符合企业实际或无利可图的构思剔除;第二阶段是缜密筛选,是对初步筛选后的构思进行可行性评价,从中挑选可行性较强的构思。在新产品构思筛选中要考虑以下两个方面的因素:一是该构思是否符合企业实际与市场前景,并分析其利润目标、销售目标、成本目标、形象目标能否实现;二是分析企业有无足够的能力开发此新产品,并从资金能力、技术能力、人力资源、销售能力等方面综合考虑。

(3)形成产品概念。新产品构思经过筛选后,需要进一步发展更具体、明确的产品概念。产品概念是指已经基本定型的产品构思,是从消费者角度对此构思所做的详尽的描述,并能用文字、图像、模型等予以清晰的描绘。产品概念的形成一般需要经过产品设计与评估两个步骤来实现。产品设计是指用文字、图像、模型等清晰地描述产品概念;产品设计评估则是对各个设计方案进行评价,并选出最佳的或最满意的方案。企业确定最佳的产品概念,进行产品和品牌定位后,还要进行试验。产品概念的试验是指把产品概念用文字、图像、模型描述或用实物表示出来,并在某一目标顾客群面前展示,观察他们的反应,从而分析顾客对新产品的认识或好恶程度。

(4)制订营销规划与战略。形成产品概念后,企业需要制订市场营销战略,并由有关人员拟定新产品投入市场的初步的市场营销战略计划书,该计划书需要在以后的发展中不断完善。它一般包括三部分内容:第一部分主要描述目标市场的规模、结构和行为,以及新产品在目标市场的定位,短期的市场销售量、市场份额和利润目标等;第二部分主要描述产品的计划价格、分销策略和第一年的营销预算;第三部分主要描述预期的长期销售量和利润目标,以及不同时期的市场营销组合策略等。

(5)商业分析。企业确定产品概念及市场营销策略后,还必须对要开发的新产品进行商业分析。商业分析主要是从经济效益的角度分析新产品是否符合企业目标,能否满足市场需求。企业市场营销管理部门要审查新产品将来的销售量、成本和利润的估计。随着市场的变化以及新的情报的收集,商业分析应做进一步的修订。

(6)新产品研制。新产品概念经过商业分析后,进入研制阶段。研制阶段是指新产品研究与开发部门或技术工艺部门将产品概念转变成产品模型或样品,并设计其包装及品牌等。研制是新产品开发的重要阶段,只有通过试制,投入人力、财力、物力,才能使用文字、图像及模型描绘的产品设计变为真实的物质产品。通过试制能进一步发现问题与不足,找出差距,改进设计,促进产品概念成为商业和技术上均可行的产品。

(7)市场试销。如果企业对新产品的研制,包括样品、品牌、包装设计感到满意,就应把试制的小批量产品拿到市场上试销。试销的主要目的是了解消费者及经销商对于经营、使用和再购买此新产品的实际状况及市场的大小等。新产品试销要重视以下问题:试销的市场区域与范围;试销的地点;试销的费用;试销需要收集的信息资料;试销的营销策略及进一步改进工作的对策等。

(8)批量上市。新产品经过试销并取得成功后,企业就可以正式批量生产并投放市场。企业批量生产并投放市场需要考虑以下主要问题:一是全面投入生产的规模、厂房、设备、原料、资金、技术、人员;二是批量上市的策略及营销费用,主要包括:批量上市的时机、上市的区域及地点、目标市场、营销组合及营销费用等。

新产品上市的准备工作做好了,还应该确定产品上市的最佳时机,一般情况下,应当选择应季上市,还可以结合企业原有产品所处生命周期阶段,使新产品及时切入市场,搞好新老产品的衔接。

6. 新产品开发的策略

新产品开发的策略有许多种,企业要根据市场和竞争对手的实际情况以及自身的情况来采取不同的开发策略。目前市场上主要有以下几种策略可供企业选择:

(1)抢占市场策略。在高速发展的市场,高新技术发展的速度与商业利润的增值已成正比,这是信息化社会的必然趋势。加快新产品的开发速度,就能够在市场上捷足先登,取得丰厚的利润。从市场竞争的角度来看,如果能抢先一步,竞争对手就只能跟在后面追;而若不满足占领已有的市场,连续不断地更新换代,开发以前没有的新产品、新市场,竞争对手就会疲于奔命而遭挫折,好比一个不断变化的目标要比一个相对稳定的目标难以击中。这样,就会建立起企业在经营上的优势。

(2)超越自我策略。这种策略的着眼点在于长远利益,而不在于眼前利益,为了培育潜在的市场放弃一部分眼前的利益。采取这种策略的企业具有超越自我的气魄和勇气,具有强大的技术力量做后盾。这样做的结果是逼着自己在新产品开发和生产能力的提高上都走在竞争者的前面。在当今激烈的市场竞争中,"笑到最后,笑得最好",并不是一种轻易能达到的经营境界。

(3)"迟人半步"策略。在新产品开发上"先发制人"往往能占先机,但迟人半步跟随超越的威力也不可小觑。迟人半步就是等别的企业推出新产品后,立即加以仿制或改进,然后推出自己的产品。这种策略是不把投资用在抢先研究新产品上,而是绕过新产品开发这个环节,专门模仿市场刚刚推出并得以畅销的新产品,进行追随性竞争,以此而分享市场收益。采用这种策略基于以下两点理由:一是任何新产品都不可能一锤定音,完美无瑕:迟人半步,可以巧取他人之长,借用他人的力量,沿着铺就的道路,求得适合自身发展的捷径:二是客观上,现代企业产品之间的竞争,重要的不是谁的产品先推出,先入市,而是看谁的产品质量最优、功能最全、价格最低。所以,只要自己的产品能从质量、功能、价格等方面超过别人,也照样能胜过别人,他人"阵地"也照样能夺取。

采用"迟人半步"策略的企业并不是甘居第二位,也不是因为它们的技术能力差,而是为了避免一些不必要的风险,以较小的代价获取较大的收益,因而成功率高,竞争力强。

(4)借脑生财策略。新产品开发要以高科技为依托,加大新产品的技术含量,而要做到这一点,仅凭企业自身的技术力量是不够的,每一个企业都要全力以赴寻找合作伙伴,努力做到在自己企业的背后有几个大专院校、科研单位做后盾;在一种产品背后,有几个专家做靠山。通过技术引进和技术合作,借脑开发新产品,培植新优势,树立企业新形象。

(5)差异化策略。新产品开发贵在创新。《四书》中说:"人无我有则新,人新我精则妙,人妙我奇则智。"企业若能以此为原则,不断开发新产品,定会立于不败之地。企业在研制新产品时,应考虑到与其他同类产品的差异性,向消费者提供具有明显特色的产品,给消费者一种标新立异的印象,以此增强产品的吸引力和竞争力。

(6)市场扩散策略。无论何种新产品,研制出来后总要推向市场,接受消费者的品评。然而,如何将新产品推向市场并不是一件轻而易举的事。新产品的失败概率是比较大的。在美国新产品的失败中,消费品为46%,工业品为20%,服务业为18%。导致新产品失败的因素很多,其中有些是由于决策者不善于把握有利时机,结果使本来十分出色的新产品由于生不逢时而功亏一篑。因此,营销专家告诫企业家说"你的产品可能是世界上最好的,但是,如果它们不是在消费者所需要的时间和地点出现,那么它们就一文不值了"。市场扩散策略主要有渐进策略和急进策略两种可供企业选择,但不论选择哪一种,都要有周密的计划,并且要与企业的实际情况特别是生产能力相协调。

7.4.4 案例导入与解析

1. 根据市场和竞争对手的实际情况以及自身的情况来采取不同的新产品开发策略

大豆低聚糖是从优质大豆中萃取的一种成分,这种成分有利于人体肠道内有益菌的生成,抑制有害细菌,平衡肠道功能,对治疗肠道的各种疾病,特别是便秘等病症,有着比较明显的效果。

当今社会,随着竞争的加剧,人们的工作压力、生活压力越来越重,节奏越来越快,必要的室内、户外活动也越来越少,这样导致了人们各种疾病的发生,最明显地表现为失眠、厌食、便秘等症状。这些疾病往往使人面容憔悴,萎靡不振,影响了人们的身体健康和正常生活。如何"吃得好、睡得香、排得畅",成为人们衡量身体状况的一个标准。肠道的功能状况又是影响这几方面的重中之重。从以上情况可以看出,"大豆低聚糖"的市场空间是非常广阔的。特别是在有较大压力的青年白领和中、老年人当中,有着很大的市场。

山东临沂天松生物工程有限公司正是看准了这一广阔的市场空间,及时推出了新产品,并在化学的基础上把新产品命名为"天松大豆低聚糖"。对于这一产品,天松公司投入了巨大的人力、物力和财礼,也寄予了很大的希望。在媒体选择上,可以从前期在山东特别是济南投放的广告量上,可见一斑:山东卫视、影视等几个频道上轮番轰炸,《齐鲁晚报》、《济南时报》等报纸上连篇累牍,终端上POP海报、宣传单页铺天盖地,其气势之大,不在脑白金之下。在宣传上,主要诉求点为治疗肠道疾病和便秘,后期宣传时正赶上"非典"肆虐,又打出了提高免疫力这一卖点,力求扩大销售。同时,公司还打出了买98元一瓶的"天松大豆低聚糖"就赠100元猪肉的促销广告,鼓励消费者购买该产品。

天松公司采用了种种手段,不遗余力地推广"天松大豆低聚糖",可仅仅短短的几个月过去,"天松大豆低聚糖"就已风光不再,偃旗息鼓了。(资料来源:汤少梁. 医药市场营销学[M]. 北京:科学出版社,2007.)

思考与讨论:到底是什么原因导致了它的失败呢? 从"天松大豆低聚糖"失败的教训中,分析说明医药新产品推广的策略。

分析提示：新产品开发的策略有许多种，企业要根据市场和竞争对手的实际情况以及自身的情况来采取不同的开发策略。

2. 新产品推广要突出自身特色

“葛花茯苓咀嚼片”是华北制药集团推出的新产品，该产品是一种将瑶族“还阳藤”配伍砂仁、茯苓、陈皮等多味中药研制而成的新型解酒咀嚼产品，在酒前服用可以增加酒量，而且不会因饮酒过盛引起恶心、呕吐、消化不量、腹部胀闷、心悸失眠、反胃等症状。经过石家庄中医医院临床跟踪实验调查，酒醉之后引起的上述症状在服用该产品后的6～12个小时内即可康复。华北制药集团经过市场分析并对当前市场的同类解酒产品进行调查发现，目前解酒类产品多围绕“保肝、护肝”的概念做文章，而且这个概念海王金樽已经炒作了很多年，如果继续做下去，市场会有，但是做不大。为了让这个新产品可以在市场上找出新的突破口，华北制药集团决定从概念方面进行突围。“葛花茯苓咀嚼片”如果还是围绕“保肝、护肝”的概念来宣传的话，那就只能是一种跟风，很难在同类产品中形成气候。经过几次讨论后，集团决定把产品的概念放在“中和、宿醉”这两点上，为什么呢？不管是保肝也好，还是护肝也罢，消费者唯一不变的就是还是要喝酒。所以，考虑到消费者的需求，第一个概念就产生了：“中和酒精度数”。平时消费者可以喝一斤50度的白酒，如果超出酒量，那肯定会醉。但是企业结合产品功能打出了“中和”概念，消费者平时只有一斤50度白酒的酒量，吃了产品后，可能就可以多喝几两了，这个概念正好弥补了消费者还是要喝酒的需求。

酒前是可以了，那喝完呢？如果喝醉了怎么办？恶心、呕吐、消化不量、腹部胀闷、心悸失眠、反胃等症状是肯定有的。如果是晚上喝醉后回家，那肯定就是全家人都围绕着这个喝醉的人来转，整晚就不得安宁了，所以第二个概念也就出来了：如果喝醉了吃了该产品，就可以避免这样的情况发生，归纳起来，就以避免“宿醉”来概括。（资料来源：汤少梁．医药市场营销学[M]．北京：科学出版社，2007.）

思考与讨论：通过华北制药集团的成功理解新产品推广的策略？

分析提示：华北制药集团从不同的概念出发，开展差异性的宣传，产品销售获得了成功。企业在研制新产品时，应考虑到与其他同类产品的差异性，向消费者提供具有明显特色的产品，给消费者一种标新立异的印象，以此增强产品的吸引力和竞争力。

3. 根据市场需求要准确进行新产品定位以提高竞争力

“亲戚朋友一聚会，总是爱多吃……家中常备江中牌健胃消食片……”这句被郭冬临演绎的广告语中国老百姓已是耳熟能详。单从知名度上来讲，江中牌健胃消食片已然缔造了一个品类的传奇，同时也掀起了中国胃肠药市场的“保胃”战。

如果说20世纪90年代是胃肠道药品的暴利时代，那么21世纪生产胃肠道药品的厂家就进入了微利时代。不过从世界范围内来看，胃肠疾病占病人人次的前三、四位。消化道系统疾病占所有病人就诊数的15%，消化道疾病用药始终是全球销量的前两、三位。在中国，胃肠用药也总是占据药品销售金额的前三位，所以胃肠用药市场依然具有极强的诱惑力。在这样的情况下，企业如果不想步入竞争的后尘，那么真得“功能和疗效一起看了。”但目前我国胃肠药市场已基本形成群雄割据的态势，对于生产厂家而言这意味着竞争将异常惨烈。

在“日常助消化”功能性需求市场空白时，江中牌健胃消食片的重新定位，不仅获得了目前销量的飞升，从1个多亿到7个亿，用两年时间完成了吗丁啉用10年才完成的成长；更重要的是，在助消化用药市场，江中牌健胃消食片已抢先进入了消费者心里，从而占据了宝贵的心理资源，得以有力量主导这个新兴市场。如今，小小的健胃消食片已经是中国日常助消化用药市场的主宰。

从江中牌健胃消食片的发展中，可以看出该产品的历史上有过两次的"激增"，一次是在上市初期，当时还鲜有企业大量投入广告，江中以阿凡提形象制作了一条，至今让很多消费者还有印象，不断地投放电视广告，促使销售迅速提升，直到1997年销量达1亿元后才归于平稳。

第二次激增是在2002年的7月份，江中牌健胃消食片一改往日的沉默，突然发力，在各大电视频道重磅出击，很快在当年销售达到3亿多，2003年继续攀升，达到近7亿元。2002年，江中牌健胃消食片突破多年的销售瓶颈，实现了一个质的飞跃。（资料来源：健胃消食片亮剑吗丁啉一场轰轰烈烈的保胃战．财富时报，2006-03-17.）

思考与讨论：分析江中牌健胃消食片取得成功的原因。

分析提示：向消费者提供具有明显特色的产品，根据消费者需求准确的定位，运用各种促销策略提高消费者对此产品的吸引力。

4. 成功在于狠抓新产品开发的各个环节

大连童装厂注意加强设计队伍的建设。近年来，他们不断充实设计队伍，将设计人员增加到20余人，设计力量大大增强。他们采用举办设计培训班、以老带新、边学边干等方法，提高设计人员的水平。设计室分为设计、制作、绣花、样板、定料五个小组，分工明确，相互配合，提高了设计室的工作效率。1983年，设计了328种新产品，其中，有150种投放市场，投产率53%，给企业带来巨大效益。（本文由作者根据网络资料改写，原文见：企业管理网．）

思考与讨论：通过案例分析大连童装厂的新产品开发成功之处在哪里？

分析提示：大连童装厂的新产品能够准确地符合市场需求，关键在于他们狠抓了新产品开发的各个环节。

7.4.5 模拟与实战训练

1. 模拟训练菜单

(1)麦片有很多好处：富含营养，有益健康。希洛公司(Hero)生产各种食物，但在早餐麦片市场占有的份额却不高。公司如何在麦片市场提高占有率？麦片市场早已饱和了，希洛公司不打算在这个市场里碰运气。他们想到的出路是重新定义麦片的使用价值。他们选择了把麦片当做任何时候都能食用的健康点心，而不是当做通常的早餐。如果把当点心的麦片用袋装，顾客也许只能用手吃了。它们采用一种顾客熟悉的产品形状——巧克力条。麦片加上巧克力条就出现了新的类别——麦条。这种现在看来平常的产品，在当时却是一个突破。它是一种真正的新事物，并由此创造了新的消费场合。如今该公司是欧洲市场麦条类产品的领头羊之一。（资料来源：科特勒谈水平营销：新产品开发案例集锦．科特勒咨询集团．2008.）

应用思考：通过该案例分析影响新产品开发有哪些因素？

(2)随身听(Walkman)的出现始于偶然。1978年，索尼公司的工程师设计了一款便携式立体声录音机，样品的录音效果却不甚理想。索尼公司的名誉主席井深大(Masaru Ibuka)建议将当时另一个部门正在开发的耳机与录音机结合起来，虽然录音效果不好，复制声音的质量却会很好。井深大要求删去除播放以外的其他任何功能。这是一个不合常理的点子，因为当时不能录音的磁带播放机很难在市场上销售。这款新产品推向市场时的广告预算仅为10万美元。尽管如此，这个点子和产品却深受大家喜爱，随身听成了历史上最为成功的营销范例。

它使索尼一跃成为业界领袖，并且为索尼的其他产品项目带来了雄厚的资金。（资料来源：芮新国．科特勒谈水平营销[M]．科特勒咨询集团，2008.）

应用思考：新产品开发的各个环节是怎样的？

(3)拥挤的感冒药市场上，跳出了一个新的品牌——“白加黑”。在不到一个月的时间里，竟旋风般地覆盖了市场，成为广大消费者一致认可的药品。“白加黑”是江苏启东盖天力制药有限公司开发的产品。在品种繁多的感冒药市场上，开发新产品，并且与其中十余种著名品牌康泰克、帕尔克、三九感冒灵等竞争并在其中站稳脚跟，这需要勇气和自信。

该公司采用一个崭新的概念，即产品的创意。创意在广告界频繁使用，而产品是否需要创意呢？众多公司尚处于云里雾里时，盖天力制药股份有限公司已把它投入到企业的活动中去。公司领导走遍全国，进行广泛的市场调研，并借鉴广告公司广告创意的经验，对产品进行了精雕细琢，三年来，终于筛选出了一套完整的产品创意方案。这套独特的产品创意方案以黑白两色为基础，进行了全方位的延伸和辐射，产品定名为“白加黑”，平平淡淡的三个字，平中见奇。打开包装，白色药片八粒，黑色药片四粒，精美外盒上写着：“白天服白片，晚上服黑片。”好记易懂，创立了治疗感冒药的新概念。开发市场要有一个明确的着眼点。盖天力公司通过建立全国庞大的医疗专家队伍，终于找到了产品进入市场的着眼点。通过研究，他们发现目前市场上的各种感冒药虽然能缓解部分症状，但服药后会有头昏、嗜睡、乏力等副作用，人们期待更有效的治疗方法。而“白加黑”感冒片，在国内第一次采用将日夜分开给药的方法：白天、黑夜服用成分不同的制剂，白天服用的白色制剂，能迅速消除症状，并无副作用；夜晚服用的黑色制剂，在日制剂上基础上加入另一种成分，抗过敏作用更强，能使患者更好地休息。挥动CI策划大手笔，盖天力公司经过多次对比，选择了广州新境界广告有限公司为盖天力公司进行CI导入，经过几个月努力，产生了完整的CI导入方案。企业识别标志采用原始、简明、朴素的圆球形，并进行了疏密相同的组合，以传达企业的亲和、严肃和崇高的企业形象，折射出了企业敬业、求实、敢为先的经营理念。广告创意“白加黑”，是这一品牌形象设计的重中之重，盖天力公司投入了700多万元，在中央和各省电视台投播广告，在产品投放之前一句“清除感冒，黑白分明”的广告语已是多数消费者耳熟能详的了。（资料来源：汤少梁．医药市场营销学[M]．北京：科学出版社，2007.）

应用思考：盖天力公司在使新产品走向市场的过程中做了哪些工作？从此案例中你有何启示？

2. 实战训练菜单

(1)到校企合作企业调查新产品开发的步骤和方法？

(2)调查所在城市的企业，了解新产品市场推广应该做哪些工作？

(3)以所在城市的一知名企业为调查对象，并为该企业开发一新产品。

项目 8　确 定 价 格

实训目的与能力要求

通过本项目实训技能的练习，能够全面且准确地分析影响企业定价的主要因素，了解企业定价的目标及基本程序，掌握企业定价的基本方法，灵活地运用企业定价的各种策略技巧。

任务 8.1　识别定价要素

实训目标

理解影响企业产品定价的因素，了解定价的基本程序，培养学生的观察能力和决策能力，提升学生的综合素质。

8.1.1　任务描述

新疆 A 企业在进入乳品行业初期，由于产品单一，无品牌影响力，对主推产品纯牛奶上市之初，采取的是 243 mL/袋，利乐包装形式，产品规格 20 袋/箱，产品供货价 19 元/件，终端零售价 20 元/件，产品销售量每日不足 12 t，企业处于无利甚至亏损状态。

为此，新上任的总经理急于改变这种状况，对产品品种进行了调整，每袋容量改为 200 mL/袋，规格 24 袋/箱。然而在制订产品供货价时却遇到难题，由于各方面意见不一致，有的主张仍采取原先价格每箱 19 元就可以了，有些主张产品价格定在 24 元/箱，有些则主张定在 20～21元/箱即可，有的则主张定位在 22 元/箱，为此新上任的总经理陷于矛盾之中。固然采取原先的 19 元/箱价位产品上市会火，但产品利润率极低；然而采取提价把价格定在 20～24 元/箱之间，利润率提高了固然是好，却担心销售量上不去，况且当时企业面临生存的问题和销售量亟须提高的问题，因而总经理一直犹豫不决。（本文由作者根据网络资料改写，原文见：百度文库.）

思考：现假设你是新上任总经理找来的营销顾问，负责对这次产品定价进行分析和最终确定工作，你将如何做？

8.1.2　实训步骤与考评

1. 实训准备

根据任务描述情境，将全班同学按每组 5～8 人分为若干个小组。每个小组成员认真阅读分析案例，分工协作，分析、汇总资料，实行资源共享，进行各小组讨论。整理出每个小组的定价方案，并记录定价详细步骤(实训评价的依据)，由指导教师对各方案进行点评。

主要把影响企业产品定价的主要因素分析好，如产品特性、市场特性、企业自身情况等，按照企业定价的基本步骤，最终确定出合适的价格。

2. 具体步骤

为此牛奶设定合适的价格需要几个步骤，见图 8.1。

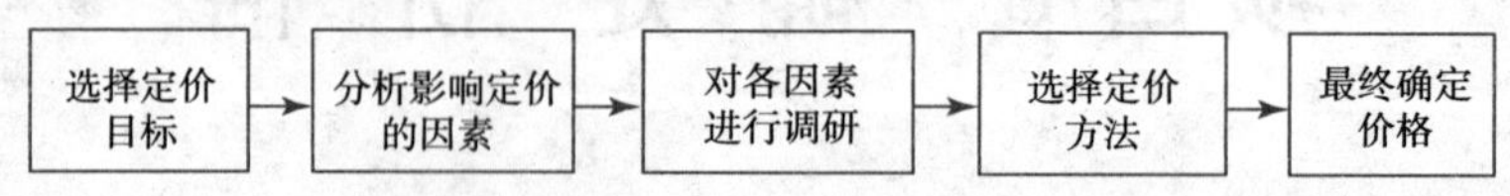

图 8.1　定价步骤图

(1)选择定价目标——采取什么样的定价目标，对企业制定价格有重要的影响。通过分析A公司的经营目标来确定定价目标。

参考做法：分析企业情况：A 企业的乳业处于市场发展初期，尚无品牌优势，因此纯奶产品的市场地位属于跟随者地位；A 企业母公司规模较大，财务状况良好，并拥有几个千头奶牛场，奶源质量高，对产品价格定位是白金品质，白银价格，是追求市场份额的企业；此外，A 企业对奶业发展充满信心，A 企业的目标是让全新疆人民喝上一杯放心奶，因而在后期会对于乳业在推广产品、品牌打造、企业宣传上进行大的投入，所以产品定价需要留出此部分利润。

因此，A 企业的定价目标是提高市场占有率，追求满意度，增大利润，提高销售量。

(2)分析影响定价的因素——产品定价对营销至关重要，需要对影响定价的因素进行详细分析，而每种产品由于其特性不同，使得影响定价的因素也不同。

参考做法：影响牛奶定价的因素主要包括：企业实力、企业经营目标、产品成本、产品自身特点、市场竞争情况、竞争品价格、消费者心理。

(3)对各因素进行调研——影响企业产品定价的因素众多而且复杂，在进行产品定价过程中，要全面透彻地分析这些因素，以找准定价依据。

参考做法：对影响牛奶定价的主要因素进行分析，具体分析如下：

①对产品特性进行分析。乳制品行业中纯牛奶产品一直是市场上走货量较大的产品，同时该产品肩负着传播企业品牌和形象的任务，是一个形象产品。该产品采用利乐包装，包装形式与市面产品大同小异，其功能、概念没有特殊和独到之处，产品普通。此外，纯牛奶产品是一个价格需求弹性大的产品，产品价格对产品销售量起到很大作用，特别是该地区消费者尚无品牌消费概念并且消费者对牛奶知识认识较少，对品牌形象还没有建立的 A 企业而言价格与需求的弹性表现更为明显。

②对目标消费人群进行分析。纯牛奶产品作为乳品行业中的一个普通品种，其消费人群上至老人下至小孩，涵盖了所有人群，属于以家庭消费占主导的普通消费品。通过对消费者调查得出：A 企业产品口味口感非常好，比该市场的第一品牌口味口感都要好，很受消费者欢迎，但终端商铺货量较少，价格对消费者影响并不大。

③对市场环境进行分析。从企业处的市场环境来看，牛奶产品正处于销售势头的上升期，销售量会有大幅提升。对整个市场上的竞争产品进行分析，发现产品规格、包装趋于一致，同一规格的售价一致，供货价也一致。但因促销手段差别较大，低的折算下来只有 18 元/箱，而高的在 22 元/箱，供货价 18～22 元是市场上的主流。

④对渠道状况进行分析。牛奶产品的消费面对广大家庭，A 企业的产品主要以街边超市和社

区周围的杂货店为销售渠道，是食品行业的传统销售渠道。通过对销售渠道的调查得出：A企业原产品供货价为19元，零售与整箱购买对渠道而言利润一致，虽然整箱利润与竞争产品一致，但零售与竞争产品相比价差1元，终端所能获得的利益不大，从而也影响终端零售店主的零售推荐力度。

(4)选择定价方法——定价方法是在特定的营销目标指导下，企业依据其定价目标，综合考虑影响定价的各种因素，并对商品价格水平进行测算。在企业定价过程中，定价方法的选择是最终价格形成的关键步骤，是将企业价格策略同具体的价格联系起来的重要环节。

参考做法：根据企业的定价目标，结合对各因素的综合考虑，通过分析，采取竞争导向型定价法的随行就市定价法，将该产品的定价定位在中档价位。

(5)最终确定价格——在确定最终价格时，企业必须考虑其是否符合政府有关部门的政策和法令的规定，还须考虑企业内部有关人员(如推销人员、广告人员等)对定价的意见，考虑经销商、供应商等对所定价格的意见，考虑竞争对手对所定价格的反应。

参考做法：价格定在22元/箱，建议零售价23～24元/箱，考虑市场后期发展的不可预见性，并建议企业在产品推广中预提2元用于产品的推广费和促销费用。

3. 实训总结与考评

各小组成员根据自己的调查和实践，在训练结束后分别写出实训报告，说出对影响产品定价的因素及对因素分析的认识和理解，由教师和其他小组同学进行比较和评价。表8.1为各小组训练考评表。

表8.1 各小组训练考评表

<table>
<tr><td colspan="3">成果展示与评价</td><td colspan="5">分析报告及PPT形式答辩</td></tr>
<tr><td rowspan="8">分析报告</td><td colspan="2">分析报告必备项目</td><td>定价目标</td><td>影响定价的因素</td><td>因素分析</td><td>定价方法</td><td>文字表达</td></tr>
<tr><td colspan="2">评价标准</td><td>全面、合理</td><td>较全面地分析出影响其定价的主要因素</td><td>对各因素进行较详细、准确的分析</td><td>选择合适的定价方法</td><td>简洁、清晰</td></tr>
<tr><td colspan="2">应得分</td><td>20</td><td>20</td><td>20</td><td>20</td><td>20</td></tr>
<tr><td rowspan="3">评价人</td><td>企业(50%)</td><td></td><td></td><td></td><td></td><td></td></tr>
<tr><td>教师(40%)</td><td></td><td></td><td></td><td></td><td></td></tr>
<tr><td>学生(10%)</td><td></td><td></td><td></td><td></td><td></td></tr>
<tr><td colspan="2">实得分</td><td></td><td></td><td></td><td></td><td></td></tr>
<tr><td colspan="2">报告最后得分</td><td colspan="5"></td></tr>
<tr><td rowspan="9">PPT答辩</td><td colspan="2">PPT答辩要求</td><td>时间</td><td>语言组织</td><td>表达能力</td><td>展现形式</td><td>形象礼仪</td></tr>
<tr><td colspan="2">评价标准</td><td>控制阐述与回答问题的时间</td><td>语言精炼、针对性强</td><td>表达清楚、准确</td><td>汇报形式新颖</td><td>形象得体、大方</td></tr>
<tr><td colspan="2">应得分</td><td>10</td><td>20</td><td>35</td><td>15</td><td>20</td></tr>
<tr><td rowspan="3">评价人</td><td>企业(50%)</td><td></td><td></td><td></td><td></td><td></td></tr>
<tr><td>教师(40%)</td><td></td><td></td><td></td><td></td><td></td></tr>
<tr><td>学生(10%)</td><td></td><td></td><td></td><td></td><td></td></tr>
<tr><td colspan="2">实得分</td><td></td><td></td><td></td><td></td><td></td></tr>
<tr><td colspan="2">答辩最后得分</td><td colspan="5"></td></tr>
<tr><td colspan="2">任务综合得分</td><td colspan="5"></td></tr>
</table>

8.1.3 知识点拨

1. 企业的定价程序

定价(price)是指标在商品上的市场零售价格。通常企业的定价程序包含六个步骤,即确定企业定价目标、测定市场需求、估算商品成本、分析竞争状况、选择定价方法、确定最后价格。

(1)确定企业定价目标。当产品需要确定价格的时候,企业首先要明确定价目标,即通过产品定价企业想要达到什么目的。通常情况下,企业的定价目标主要是在实现企业盈利并取得期望的市场占有率的基础之上,树立良好的品牌形象。

(2)测定市场需求。主要是对需求价格弹性预测,即价格变动对于需求的影响。当需求价格弹性较大,则表明消费者对该类产品的价格拨动比较敏感,高价会抑制购买欲望,而低价却会刺激消费,因此价格不宜过高,而且应与同品质竞争产品的价格相当。反之,如果需求价格弹性较小,则说明价格并不是影响销量的主要因素,此时可以考虑通过制定相对较高的价格以实现较大的利润,但还需要考虑到竞争对手的价格。影响需求弹性大小的因素主要有三个:该商品的替代品的数目、种类以及相近程度,商品在消费者日常生活中的重要性,消费者购买该商品所占收入的比重。

(3)估算商品成本。当企业在制定商品价格时,要对成本进行估算。企业商品价格的最高限度取决于市场需求及与价格有关的限制因素,而最低价格绝对不能低于商品的经营成本费用,这是企业对产品定价的下限。企业的成本包括两种:一种是固定成本;另一种是变动成本。在成本估算的过程中,离不开对“产量—成本—利润”关系的分析,而其中一个重要的过程是分析产品自身的“边际成本”。边际成本是指企业每增加(减少)一个单位生产量所引起的总成本变动的数值。由于产品的边际成本直接影响到企业的边际收益,所以企业必须对其有极大的关注。

(4)分析竞争状况。对竞争状况的分析内容包括三个方面:分析企业竞争地位;协调企业的定价方向;估计竞争企业的反应。

(5)选择定价方法。定价方法是在特定的定价目标影响下,根据对需求、成本、竞争状况等一系列基本因素的综合研究,运用价格决策理论,对产品价格进行计算的具体方法。定价方法一般有三种,即成本导向定价法、需求导向定价法、竞争导向定价法。这三种方法适用于不同的产品和产品的市场实际状况,企业需要结合市场的实际状况、大众评价等实际数据择优使用。

(6)确定最后价格。企业在为其产品确定最终的价格时,必须首先考虑定价是否遵循四项原则:

①商品价格的确定与企业预期的定价目标的一致性,即是否有利于企业总体战略目标的实现。

②商品价格的制定是否符合国家政策法令的有关规定。

③商品价格的制定是否符合消费者整体及长远利益。

④商品价格的制定与企业市场营销组合中的非价格因素是否协调一致、互相配合,价格是否能为达到企业的营销目标而服务。

2. 企业的定价目标

定价目标是指企业通过对其生产或经营的产品制定特定水平的价格,凭借价格产生的效应所想要达到的目的、标准和利益。定价目标是指导企业进行价格决策的主要因素,但它的确定首先要为企业的营销总目标服务。

通常，定价目标可分为利润导向型、销量导向型以及竞争导向型三大类型，具体内容如下：

(1)利润导向型定价目标。利润是企业从事经营活动的主要目的，也是企业生存和发展的源泉，不少企业直接以获取利润为定价目标。利润导向型定价目标主要有以下三种：

①以获取最大利润为定价目标。当目前利润的最大化并不会影响到企业的长远利润时，企业就会追求目前利润的最大化，并且以此作为目标定价。这种方法是指企业在综合分析市场竞争、产品专利、消费需求量、各种费用开支等因素后，以总收入减去总成本的差额最大化的定价基点，确定单位商品价格，争取最大利润。当然也可以直接为产品定一个较高的价格。但追求当前利润的最大化必须具备一定的先决条件，即产品的市场声誉很高，在目标市场上有极强的竞争优势和市场份额。此类方法也可以应用于一些中小型企业、产品生命周期较短的企业、产品的市场供不应求的企业等，通过此类办法以谋求企业短期上的最大利润。

产品的价格高低固然是影响企业利润的重要因素，但它不是决定企业利润大小的唯一因素，诸如固定资产利用率的变化、替代品的盛行情况、竞争者数量的扩大以及政府政策的干预等，对企业利润的影响都不可小视。追求利润最大化应以获取长远的最大利润为目标。一位有远见卓识的企业领导人，可以为了追求长期最大利润，而在短期内采取低价策略甚至亏本的方法抢占市场份额，并在目的达成后，逐步提高价格，从而达到获取最大利润的目的。

②以获取合理利润为定价目标。它是指企业在激烈的市场竞争压力下，为保全自己，规避风险，以及限于企业本身力量不足，只能在补偿正常开销、成本的费用支出的情况下，加上适度的利润作为商品价格，将此称为合理利润定价目标。因为这一定价目标能够有效稳定市场价格，规避不必要的竞争。而使企业的长期利润获得保障，价格适中也是消费者愿意接受的，又符合政府的价格指导方针。这是一种兼顾企业利益和社会利益的定价目标。

③以获取投资收益为定价目标。企业之所以投资于某项经营活动，是因为企业期望在一定时期内能够收回投资并获得一定的利润。这种定价方法是以获取投资收益为定价目标，是指企业以获取一定的投资收益或资金利润为定价的基点，加上总成本和合理的利润作为产品销售价格的一种定价目标。

确立以投资收益为定价目标，定价之前必须要全面考虑行业性质、产品特点、市场竞争情况、市场接受程度、法律政策等各项因素，事先进行充分的预测分析，结合投资额和回收期，来核定价格、销量和预期的利润水平。能够采用这种定价目标的企业大多是资产实力雄厚、经营状况稳定良好、生产规模较大并且还具有一定对市场的垄断能力的大中型企业。

(2)销售导向型定价目标。在生产经营过程中，企业只有在不断扩大产品销售规模的情况下，才有可能实现企业的利润、投资收益并同时扩大对市场的占有率、提升并巩固企业在市场之中的地位。通常，销售导向型定价目标主要有以下三种：

①以销售收入最大化为定价目标。这种定价目标是指企业在保证一定利润水平的前提下，谋求销售收入的最大化。这是因为销售收入是衡量企业经营绩效的一个非常重要的尺度，销售收入的大小反映了消费者对一个企业产品的认可程度、企业品牌实力和产品在市场上的竞争地位、企业总体经营管理水平以及企业的规模、实力等。这样，一些企业就会放弃利润最大化目标，转而追求销售收入的最大化。但是，企业追求销售收入的最大化，前提是在利润高于一个可以让企业接受的值的情况下。只有利润在达到一定水平的情况下，股东们才会满意，才能吸引更多的资金，让企业能够成长，发展壮大。

②以保持和扩大市场占有率为定价目标。市场占有率是一家企业经营状况、实力和企业产品竞争力的直接反映。作为定价目标，市场占有率与利润的相关性很强，从长远利益来看，较高的市场占有率必然可以为企业带来高利润。美国市场营销学者研究发现，市场占有率和利润具有一定的数量关系：当市场占有率在10%以下时，投资收益率大约为8%；市场占有率在10%～20%之间时，投资收益率在14%以上；市场占有率在20%～30%之间时，投资收益率约为22%；市场占有率在30%～40%之间时，投资收益率约为24%；市场占有率在40%以上时，投资收益率约为29%。因此，以市场占有率为产品定价目标是具有获取很大的长期较好利润的可能性的。

③以保持与分销渠道的良好关系为定价目标。对于那些需要经中间商推销的企业来说，保持分销渠道畅通无阻是保证企业获得良好经营效果的重要条件之一。为了能够使分销渠道畅通，企业必须研究价格对中间商的影响，充分考虑到中间商的利益，保持中间商所获得的利润合理，促使中间商有充分的积极性来销售企业所生产的商品。这种定价目标适用于刚进入市场的新企业和对中间商依赖性较强的企业。为了保持和经销商良好的关系，企业大多采用低价让利、高额回扣、价格折扣、价格补贴、分期付款等措施。

(3)竞争导向型定价目标。大多数企业对于竞争者价格十分敏感，在分析企业的产品竞争能力和市场竞争位置后，可有针对性地采取以下几种策略：

①以应付市场竞争为定价目标。价格是企业竞争的重要手段，竞争者的定价策略和对不同价格的反应，是企业定价时必须考虑的重要问题。随着市场竞争的加剧，有效应对或规避竞争所带来的风险作为一种定价目标已经被越来越多的企业所采用。在此，有两种情况：一是实力雄厚的大企业为防止其竞争者进入自己的目标市场，故意压低价格，以便抢先占领大部分市场份额；二是中小企业在市场竞争愈发激烈的情况下，以市场同行业领导者的价格作为基础，并结合自身的产品进行谨慎比较、权衡，然后根据企业自身的经营能力制定企业的产品价格，从而达到缓和竞争的目的，稳定市场。

②以保持价格的稳定为定价目标。稳定的价格通常是获得一定的目标收益的必要条件。一般的企业都希望能保持自己的商品价格稳定，如果商品价格过多地随供求的波动而波动，价格大幅下落，企业的投资就无法及时收回；上涨过高，产品价格会容易受到消费者的抵制和政策的干预，不利于企业进一步扩大市场份额。因此，稳定的价格通常由大型企业或市场声誉较高的企业先定出一个领袖价格，供其他企业的价格与之保持一定的比例关系。

③以维持优良的产品形象为定价目标。它是指企业定价目标是保持企业是市场上产品质量领导者的形象，采用这种定价目标的企业必须制定高价，一方面使顾客产生企业产品质量过硬的印象；另一方面收回由于优质产品生产和开发研究所需要的高额费用。名牌产品多采用这种定价目标。

3. 影响产品定价的因素

企业为科学地进行产品定价，必须从宏观上研究分析影响定价的基本因素。价格实际上是各因素综合影响的结果。总体上讲，影响定价的因素分为内部因素和外部因素。

(1)内部因素。企业在定价时，要考虑企业本身的生产经营条件，内部因素是定价的根本依据。内部因素包含企业的综合实力、企业的经营政策、产品成本、产品本身特点等。

①企业的实力。资金实力雄厚、技术力量强大的企业，在定价过程中拥有很大的优势，而实力不足的企业为避免风险就不能轻易地卷入价格战。当企业准备采取竞争导向定价，与竞

争对手之间展开直接的价格竞争时，竞争的成败将取决于谁的经济实力更强大，能够在较长的时间内维持比竞争者更低的价格。

②企业的经营政策。企业的整个经营政策大体上确定了企业的服务对象、目标市场、营销战略，因此，从根本上决定着企业的定价目标，成为价格策略选择的很重要的依据。

③产品的成本。成本是影响定价的基本因素，通常也是企业在给产品定价时考虑的第一要素。传统上和现实中，许多企业采用成本加成定价方法，即在成本之上加一定的利润率。企业制定价格时所估算的成本，包括生产成本、销售成本、储运成本和机会成本等。

④产品本身的特点。不同产品是为满足不同层次的市场需求，产品自身的特点将会直接影响到产品价格策略的选择。应考虑的主要包括：产品满足哪个需求层次？产品的质量如何？在产品生命周期的哪个阶段？

(2)外部因素。在定价过程中，企业在充分考虑内部制约因素的同时，更要充分考虑外部因素的制约，主要包括：市场因素、需求因素、竞争因素、消费者心理因素和国家政策因素等。

①市场因素。企业定价随不同的市场类型发生变化。在完全竞争的市场上，没有一个卖家能操纵价格，定价活动几乎无法发挥作用甚至根本发挥不了作用。在垄断竞争的市场上，少数拥有某种优势的企业可以直接或间接地影响市场价格，企业应开发不同的产品以应对不同的市场供应，努力地加强自身的竞争能力。在寡头垄断的市场上，少数企业占有大部分的市场份额，并共同控制着市场价格，彼此价格接近，企业的成本意识较强。在完全垄断的市场上，没有竞争的压力导致较高的销售价格，价格主要通过市场供给量来调节。

②需求因素。根据市场营销理论认为，产品的最高价格直接取决于产品的市场需求，最低价格取决于该产品的成本费用。而市场需求又受价格变动的影响，企业每制定一种价格，都要深入探究价格变动对需求变动的影响程度，也就是分析需求弹性。主要包括：

• 需求价格弹性。需求价格弹性是表明价格变动而引起的需求数量变动程度。

• 交叉弹性。交叉弹性是用来衡量一种产品的价格变动影响到另一种产品需求量的变动程度。

• 需求收入弹性。需求收入弹性主要说明需求量的变动对于收入变动的反应程度。

③竞争因素。企业在决定产品定价时，除了考虑自身的可控因素(如利润加成的大小和生产成本的高低)之外，还要考虑到市场的竞争状况。企业不仅要调查并明确本企业产品在市场上的非价格上的竞争优势，同时还要明确竞争产品的特性、竞争对手采取的价格策略以及中间商的信用程度等一系列问题。因为在竞争激烈的市场上，企业的定价必然受到其他竞争者的牵制。除非企业的产品独一无二并受专利保护，才有可能实行高价垄断策略；否则，一定要环顾周围市场竞争者介入的可能性和时机，相应地制定和调整价格。

企业在定价时还要密切观察企业与上下游合作者之间的关系状况，因为供应商和销售商时时刻刻都在竞相切分企业的利益。上游原材料和零部件供应的价格是经常变化的，下游批发商和零售商的讨价还价能力也不尽相同，企业因此必须随时准备在价格方面做出有效调整。避免发生由于价格变动所带来的利润问题。

④消费者心理因素。消费者的价格心理影响到消费者的购买行为和消费行为，企业定价必须考虑到消费者心理因素。在现实生活中，很多消费者的思想中存在“一分钱一分货”的观念。面对不太熟悉的产品，消费者常常从价格上判断产品的好坏，从经验上把价格同产品的使用价值联系。消费者的购买心理和习惯上的反应是很复杂的，某些情况下会出现完全相反的

反应。例如,在一般情况下,涨价会减少购买,但有时涨价会引起抢购,反而会增加购买。因此,在研究消费者的心理对定价的影响时,要持谨慎态度,要仔细了解消费者心理及其变化规律。

⑤国家政策因素。价格在现代市场经济的大环境下是关系到国家、企业和个人三者之间的利益的大事,它牵涉到的利益对象极其广泛,与人民生活和国家的安定息息相关。因此,政府在自觉运用价值规律的基础上,通过制定物价工作方针和各项政策、法规,对价格进行宏观调控或直接干预,抑或利用生产、税收、金融、海关等不同手段间接地控制价格。

政府对定价的干预在总体上会影响企业的自主权,但如果企业能洞察国家政策的导向,把握机遇,就有可能获得特殊的市场竞争优势,增加定价的自由空间。此外,政府开放的经济政策也会直接给企业营销带来积极的机会。政府在维护市场秩序方面的责任心和能力在影响企业的定价,例如反垄断、产品责任、环境保护以及反倾销等法律,尤其是反倾销法的建立和健全,会对采取低价策略的企业构成潜在的威胁。另外,政府的工作效率和官员的廉洁程度也是企业不容忽视的成本因素。

8.1.4 案例导入与解析

1. 15家大公司的定价目标

表8.2中内容为15家大公司的定价目标。

表8.2 15家大公司的定价目标

公司名称	定价主要目标	定价相关目标
阿尔卡公司	投资报酬率(税前)为20%;新产品稍高(税后投资率约为10%)	对新产品另行制订促销策略;谋求价格稳定
美国制罐公司	保持市场占有率	应付竞争(以替代产品成本决定价格);保持价格稳定
两洋公司	增加市场占有率	全面促销(低利润率政策)
杜邦公司	目标投资报酬率	保证长期的交易;根据产品寿命周期对新产品定价
埃克森公司	合理投资报酬率目标	保持市场占有率;求价格稳定
通用电气公司	投资报酬率(税后)20%;销售利润率(税后)7%	新产品促销策略;保持全国广告宣传产品的价格稳定
通用食品公司	毛利率33.3%(1/3制造,1/3销售,1/3利润);只希望新产品完全实现目标	保持市场占有率
通用汽车公司	投资报酬率(税后)20%	保持市场占有率
固特异公司	应付竞争	保持地位;保持价格稳定
国际收割机公司	投资报酬率(税后)10%	保持稍低于统治地位的市场占有率
海湾公司	根据各地最主要的同业市场价格	保持市场占有率;求价格稳定
琼斯一曼维尔公司	投资报酬率高于过去15年的平均(约为税后15%);新产品稍高	市场占有率不大于20%;保持价格稳定
堪尼科特公司	稳定价格	目标投资报酬率(税前)20%
科如捷公司	保持市场占有率	增加市场占有率
美国钢铁公司	根据市场价格	应付竞争,保持市场占有率

(本文由作者根据网络资料改写,原文见:博锐管理在线.)

思考与讨论：试从这些大公司的定价目标概括出企业定价目标的主要类型。

分析提示：利润导向型、销售导向型和竞争导向型。

2. 40元一袋洗衣粉算不算贵　洗涤品开打高档牌

买一包洗衣粉，你的心理价位是多少？你对它能达到的效果有怎样的预计？也许在你用惯了几元钱的洗衣粉后，对于每1 500 g要卖近40元的高端产品会望而生畏，但就是这样"昂贵"的洗衣粉，已经进入杭州的各个超市了。

(1)"有氧洗"提出洗涤新概念。在国内洗涤品市场一片"价格厮杀"声中，整个行业进入了微利时代，各品牌生产厂家都开始酝酿比拼环保、比拼洗涤效果的"技术大战"。率先将叫阵"技术大战"的是一家英资机构在杭的新生代日化企业——美生日化，其一上阵就展开了以洗涤新概念"有氧洗"为代表的技术攻势，并革命性地用欧洲包裹造粒技术开发出具有大颗粒的超浓缩洗衣颗粒，一改以往洗衣"粉"统领天下的局面。

据该公司销售管理部负责人介绍，这种洗衣颗粒内含独特的蓝绿双色SPC&TAED超洁粒子及优质活性氧Oxy Power，可以真正做到深层去污、除菌防霉、护色增白。当时，国内的洗衣粉尚不具备杀菌、护色、防霉等功效。因此，若要完成衣服的上述功效，还须增加其他的工序，比如有专门用以护色增艳的彩漂产品，但尚不具备这样全面的洗衣技术。

(2)从"射雕"到"华山论剑"。促使美生此次快速推出五款高端洗衣颗粒，是国内洗涤行业将由"价格大战"向"技术大战"转变的微妙动态。

20世纪90年代末，一场激烈的竞争在洗涤用品，特别是洗衣粉市场上展开。国产品牌雕牌、奇强和立白迅速崛起，在全国年需200多万吨的洗衣粉市场上，占据了优势。与此同时，宝洁、联合利华等为了抢占市场，悄然推出各种大众化包装，如宝洁的"汰渍"(其价格从5.9元下降到了3.5元)。紧接着，2003年"汰渍"、"碧浪"又开始轮番降价，汰渍的价格已跌至每350克2.2元。宝洁公司甚至于2003年12月，直接上演针对纳爱斯集团的"射雕"行动，竞争白热化程度可见一斑。

面对国外品牌的巨大挑战，国内洗涤用品生产企业大多采用了"价格战术"，有些品牌的洗衣粉每千克只有6～7元，已无利润可言，企业无力投资于技术开发。更令人担忧的是，恶性价格战还带来了产品成本的无限降低，洗涤用品品质上不去也就不奇怪了。

业内人士表示，这种竞争是以牺牲洗衣粉行业的可持续发展为代价的。我们可以"只选对的，不选贵的"，但应该拒绝低质低价，加之环境的恶化更要求我们对洗衣粉行业有清晰的认识。目前，洗涤用品企业不该只在低价市场进行殊死竞争，应找到宝洁、联合利华因降价留下的高端技术市场空隙，来一场真正意义上的"华山论剑"。(资料来源：李小洁.40元一袋洗衣粉算不算贵洗涤品开打高档牌.每日商报，2004-01-16.)

思考与讨论：在还是"几元"的低价市场上，美生日化的高端洗衣颗粒是否会迎合市场，得到消费者的认可？

分析提示：消费者对产品价格的敏感度发生变化，关注点从价格逐渐向品质转移。

3. 谁是你的顾客

如果曾经梦想过有朝一日穿上总统们穿的鞋，你也许会想要一双阿兰·埃得蒙公司出品的鞋。比尔·克林顿和乔治·布什都曾穿着阿兰·埃得蒙公司的鞋在椭圆形办公室里踱步。这种售价200～1 600美元一双的鞋被许多人认为是世界上最好的。鞋的高价限制了一些潜在顾客的购买，但公司总裁约翰·斯托伦沃克坚信高质量、高价格的策略是公司成功的关键。

在故去的十多年里,美国的制鞋业经历了一场革命。以耐克公司、利波公司、L·A·吉尔公司为代表的一些运动鞋制造商在市场上掀起了一场风暴,把数以百计的传统制鞋商挤出了市场。

阿兰·埃得蒙公司在20世纪70年代后期也面临着同样的命运。与此同时,以约翰·斯托伦沃克为首的投资集团从阿兰家族手中接管了这家正在困境中挣扎的公司。当时,公司销售不断下降,亏损也在成倍增加。

当约翰·斯托伦沃克于1978年接管公司后,他确立的市场营销目标是:在细分市场基础上,将产品定位于高档次、高价格,为少数消费的顾客群服务。他说:"首先,公司的经营要面向市场,以市场需求为中心。我们对顾客的信息要有足够的了解,找出谁是我们的顾客,然后告诉他们阿兰·埃得蒙。其次,我们要成为世界上最好的男鞋制造商。我们将不只是生产高质量的鞋,而且要生产世界第一的鞋。"

约翰·斯托伦沃克坚持他的目标并得到了意想不到的结果。当其他制鞋公司逐步退出这一行业时阿兰·埃得蒙公司的利润却每年达到创纪录的高水平。总收益在过去的十年里翻了两番。现在,阿兰·埃得蒙公司每年能卖出35万双鞋,收入近5 000万美元。(资料来源:蔡燕农,马常红.市场营销案例分析[M].北京:中国物资出版社,2001.)

思考与讨论:阿兰·埃得蒙公司的高价策略成功的关键是什么?

分析提示:合理定价要面向目标市场,以市场需求为中心。

8.1.5 模拟与实战训练

1. 模拟训练菜单

(1)探知消费者心理价位。美国一家生产猪皮便鞋的公司,在生产一种名叫"安静的小狗"牌便鞋时,他们首先将100双这种便鞋送给100位顾客试穿,经过8周的试穿后,便通知顾客说"公司准备收回鞋子,不过你想留下也行,但每双须付5美元。"(资料来源:烨子.在哈佛的日子里[M].北京:九州出版社,2003.)

应用思考:该公司是不是真的要收回那双5美元的鞋子?为什么?

(2)针对顾客防卫心理进行有效营销。一家自行车厂生产的自行车比别的自行车贵一点。一般自行车的价格在150美元左右,而该厂的自行车要卖186美元。为什么比别人的贵呢?因为该厂在刹车系统方面做了特殊的设计,因而成本比较高,但安全性能远胜于其他同类产品。该厂营销了很久,业绩一直不好。于是,该厂找了一家顾问公司,请他们帮助分析其产品为什么打不开市场?经过了解,得知顾客在选择他们的自行车时,经常说到他们的自行车"太贵了",提出"能否便宜点",而现实情况是他们的产品价钱必须还得维持这个水平。(本文由作者根据网络资料改写,原文见:业务员网.)

应用思考:面对这种局面,假如你就是这家顾问公司的营销经理,你认为应采取什么方法,才能帮助这个产品打开销路?

(3)定价要迎合企业经营目标。众所周知,大型超市除了堆头(码放在过道上的上架商品)商品价格便宜外,所经营的生鲜果蔬产品也很便宜。其实,经营这类商品成本是很高的——除了冷冻设备投入高外,损耗也是非常大的,因而生鲜果蔬产品的利润是非常薄的。据业内人士透漏,这类产品的毛利不足5%。(资料来源:吴炜,董杰.市场营销实训教程[M].武汉:华中科技大学出版社,2009.)

应用思考:为什么超市不提高出售价格呢?

2. 实战训练菜单

(1)在老师的指导下,到所在城市的零售卖点进行一次市场调查,了解其影响产品定价的主要因素。

(2)到学校食堂进行调查,了解其影响食品定价的主要因素。

(3)到所在城市的各企业了解各企业定价的目标以及影响企业给产品定价的因素。

(4)针对不同的人群,调查总结其对日常消费品的价格心理特点。

(5)走访学校附近的手机卖场,对手机价格策略的现状进行调查,并对某品牌手机的定价基础和方法进行了解。

任务8.2 选取定价策略

实训目标

加深对影响企业产品定价因素的理解,掌握企业定价的基本方法、定价的策略和技巧、产品价格调整的策略。

8.2.1 任务描述

位于美国加州的一家珠宝店专门经营由印第安人手工制成的珠宝首饰。几个月前,珠宝店引进了一批由珍珠质宝石和白银制成的手镯、耳环和项链。与该宝石商店以往销售的绿松石宝石不同,珍珠质的颜色更鲜艳,价格也更低,但很多消费者还不了解它。对他们来说,珍珠质宝石是一种新的品种。副经理希拉十分欣赏这些造型独特、款式新颖的珠宝,她认为这个新品种将会引起顾客的兴趣,形成购买热潮。她以合理的价格购进了这批首饰,为了让顾客感觉物超所值,她在考虑进货成本和平均利润的基础上,为这些商品确定了销售价格。

一个月过去了,商品的销售情况令人失望。希拉决定尝试运用她本人熟知的几种营销策略。比如,希拉把这些珠宝装入玻璃展示箱,摆放在店铺入口醒目的地方。但是,陈列位置的变化并没有使销售情况好转。

在一周一次的职工见面会上,希拉向销售人员详细介绍了这批珠宝的特性,下发了书面材料,以便他们能更详尽、更准确地将信息传递给顾客。希拉要求销售人员花更多的精力来推销这个产品系列。不幸的是,这个方法也失败了。希拉对助手说:“看来顾客是不接受珍珠质宝石。”希拉准备另外选购商品了。在去外地采购前,希拉决定减少商品库存,她向下属发出把商品半价出售的指令后就匆忙起程了。然而,降价也没有奏效。

一周后,希拉从外地回来。店主贝克尔对她说:“将那批珠宝的价格在原价基础上提高两倍再进行销售。”希拉试着采纳了贝克尔的建议,结果卖得很好。

可是希拉很疑惑:“为什么对处理的滞销商品提价,还会卖得好?”(资料来源:罗绍明.市场营销实训教程.北京:对外经济贸易大学出版社,2006.)

思考:

(1)希拉对这批珠宝采取了哪些定价策略?销售失败的关键原因是什么?

(2)贝克尔为什么通过提高售价却获得销售的成功?

(3)分析此批珠宝饰品适合哪种定价策略?试描述选取定价策略的过程。

8.2.2 实训步骤与考评

1. 实训准备

根据任务描述情境，将全班同学按每组5～8人分为若干个小组。每个小组成员认真阅读分析案例，分工协作，分析、汇总资料，实行资源共享，进行各小组讨论。整理出每个小组的分析报告，指导教师对各方案进行点评。

主要从影响产品定价的主要因素、各种定价策略的特点和使用条件出发，分析出西拉和贝克尔分别采取了什么定价策略，特别是其失败和成功的原因。

2. 具体步骤

训练学生能够对产品特性、消费者心理及市场竞争状况进行细致的分析，选择合适的定价策略，具体做法见图8.2。

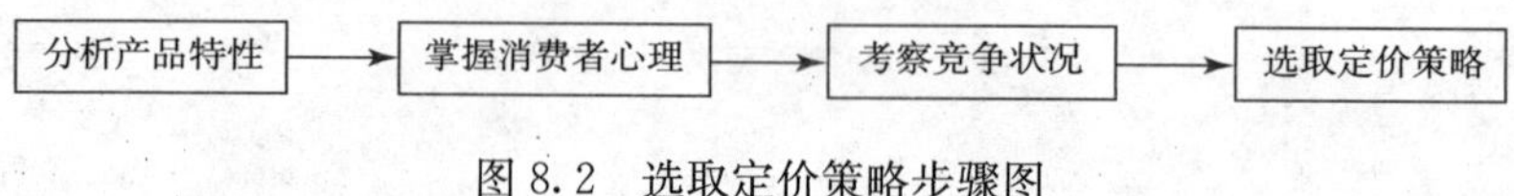

图8.2 选取定价策略步骤图

(1)分析产品特性——产品特性决定了消费者心理，不同产品有其适合的定价策略，因此，首先要进行产品特性分析。

参考做法：珠宝饰品属于高端消费品，是一个款式和形象产品，款式的差异性对其定价影响很大。此外，除了其本身价值外，其社会附加价值明显，具有彰显佩戴者身份及品位的功能。此批珠宝同商店以往销售的绿松石宝石不同，造型独特、款式新颖，属于特殊产品。而且，珠宝饰品是一个价格需求弹性小的产品，产品价格对产品销售量起到的作用不大，特别是特殊款式的产品。

(2)掌握消费者心理——消费者的消费习惯和心理很大程度上决定了其是否购买以及如何购买，定价策略一定要迎合消费者心理才能起到好的效果。

参考做法：消费者往往缺乏鉴别珠宝饰品的知识和技能，因此，在消费者心中价格往往代表其产品质量，认为高价代表高质量。其次，消费珠宝饰品的消费者愿意支付较高的价格购买有声望的名牌企业和名牌商店的名牌商品，或者是款式新颖、具有差异性的商品，可以体现自己的独特品味。此外，高收入阶层往往存在虚荣心理，倾向于购买价格高的产品，以彰显其地位和能力。

(3)考察竞争状况——市场竞争状况、同质性产品的数量和价格及竞争者使用的定价策略也是影响价格策略选择的主要因素。

参考做法：此批珍珠质宝石是一种新的品种，很多消费者还不了解它，可见市场上同质性商品并不多，并不是充分竞争的市场。

(4)选取定价策略——经过以上各步骤的分析、研究，企业最后选择有效的定价策略进行定价。

参考做法：通过分析，此批珠宝饰品可以采用新产品定价策略中的撇脂定价策略、心理定价策略中的声望定价策略。希拉由于不了解顾客的购买心理和需求欲望，以及珠宝针对的顾客和行情等，采用了折扣与折让、满意定价策略，导致销售失败了；而贝克尔提高售价的做法正符合撇脂定价策略和声望定价策略的需要，因此取得了成功。

3. 实训总结与考评

各小组成员根据自己的调查和实践，在训练结束后分别写出实训报告，说出对定价策略及其适用条件、选取定价策略的程序的认识和理解，由教师和其他小组同学进行比较和评价。表8.3为各小组训练考评表。

表8.3 各小组训练考评表

<table>
<tr><td colspan="3">成果展示与评价</td><td colspan="5">分析报告及PPT形式答辩</td></tr>
<tr><td rowspan="8">分析报告</td><td colspan="2">分析报告必备项目</td><td>产品特性</td><td>消费者心理</td><td>竞争状况</td><td>定价策略</td><td>文字表达</td></tr>
<tr><td colspan="2">评价标准</td><td>全面、准确地对产品特性进行分析</td><td>能够准确把握消费者的习惯和心理</td><td>充分了解竞争品及竞争对手</td><td>选取得当</td><td>简洁、清晰</td></tr>
<tr><td colspan="2">应得分</td><td>20</td><td>20</td><td>20</td><td>20</td><td>20</td></tr>
<tr><td rowspan="3">评价人</td><td>企业(50%)</td><td></td><td></td><td></td><td></td><td></td></tr>
<tr><td>教师(40%)</td><td></td><td></td><td></td><td></td><td></td></tr>
<tr><td>学生(10%)</td><td></td><td></td><td></td><td></td><td></td></tr>
<tr><td colspan="2">实得分</td><td></td><td></td><td></td><td></td><td></td></tr>
<tr><td colspan="2">报告最后得分</td><td></td><td></td><td></td><td></td><td></td></tr>
<tr><td rowspan="9">PPT答辩</td><td colspan="2">PPT答辩要求</td><td>时间</td><td>语言组织</td><td>表达能力</td><td>展现形式</td><td>形象礼仪</td></tr>
<tr><td colspan="2">评价标准</td><td>控制阐述与回答问题的时间</td><td>语言精炼、针对性强</td><td>表达清楚、准确</td><td>汇报形式新颖</td><td>形象得体、大方</td></tr>
<tr><td colspan="2">应得分</td><td>10</td><td>20</td><td>35</td><td>15</td><td>20</td></tr>
<tr><td rowspan="3">评价人</td><td>企业(50%)</td><td></td><td></td><td></td><td></td><td></td></tr>
<tr><td>教师(40%)</td><td></td><td></td><td></td><td></td><td></td></tr>
<tr><td>学生(10%)</td><td></td><td></td><td></td><td></td><td></td></tr>
<tr><td colspan="2">实得分</td><td></td><td></td><td></td><td></td><td></td></tr>
<tr><td colspan="2">答辩最后得分</td><td></td><td></td><td></td><td></td><td></td></tr>
<tr><td colspan="2">任务综合得分</td><td></td><td></td><td></td><td></td><td></td></tr>
</table>

8.2.3 知识点拨

1. 定价的基本方法

企业定价方法的确定，是在特定定价目标指导下，需要结合能够影响价格的三个很重要的因素，即：产品成本、市场需求情况和竞争情况。营销商在决定产品价格的时候，可以采取以下三种定价方式：成本导向定价法、需求导向定价法和竞争导向定价法。

(1)成本导向定价法。成本导向定价法是指以产品的基本成本为根据，分别以不同的角度去制定能让企业利益最大化的价格的方法。成本导向定价法由于操作性相对简便，可行性良好，是企业最基本、最普遍和最常用的定价方法。它可以分为以下几种：

①成本加成定价法。成本加成定价法是指以产品投资成本为基础，加上企业对产品的预期的利润来确定产品的售价的方法。预期利润可以由企业根据市场环境及企业营销实力确定。单位产品的总成本由单位产品的固定成本与单位变动成本之和组成。固定成本是指不会随产量的变化而变化的成本。变动成本是指随产品产量的变化而变化的成本。成本加成定价法的计算公式如下：

$$单位产品价格=单位产品总成本\times(1+成本加成率)\div(1-税金率)$$

【例 8.1】 某产品的产量为 5 万件，所耗固定成本 15 万元，变动成本 10 万元，总成本为 25 万元，预期利润率为总成本的 20%，产品的税率为 5%，则该产品的售价应该为多少？

如果只考虑预期利润：

$$单位产品总成本=(15+10)\div 5=5(元)$$

$$单位产品售价=5\times(1+20\%)=6(元)$$

加上对税金的考虑：

$$单位产品售价=5\times(1+20\%)\div(1-5\%)=6.3(元)$$

此法的优点是简单易行，只要产品能销售出去，就足以实现预期利润，达到盈利的目的。在市场环境下的诸多因素基本稳定的情况下，可有效地保证各行业获得预期的利润率，从而可保障生产经营的正常进行，确保企业的可持续发展。缺点是忽视市场竞争能力和市场需求情况，因而此方法是典型的生产者导向观念的产物；由于很难预知其产品的销售量，因此，使用此种方法很可能导致成本和价格的计算缺乏科学依据。

②盈亏平衡定价法。盈亏平衡定价法又称收支平衡定价法，是指在较准确的预测商品销售量和已知固定成本以及变动成本的前提下，通过求解商品盈亏平衡点来制定此类商品价格的方法。盈亏平衡点的计算公式为：

$$P=F\div Q+V$$

式中，Q 为盈亏平衡点的销售量；F 为固定成本；P 为盈亏平衡点单位商品的价格；V 为单位商品的变动成本。

【例 8.2】 某产品的固定成本为 15 万元，单位变动成本 2 万元，预计销售 5 万件，该产品的销售价格是多少？

$$P=15\div 5+2=5\ (元/件)$$

也就是说，该产品在达到收支平衡时(该产品的总成本和总销售收入均为 25 万元时)的价格为 5 元。这种方法的优点是计算简便，可使企业明确在保本时的产品价格及最低销售量。缺点是要首先预测产品销售量，若销售量预测有误，成本核算不准确，价格就很难准确；而且它是以销售量为依据倒过来推算出价格，然而现实市场中，价格高低本身对销售量就有很大的影响。

但是，企业从事生产经营活动的目的不仅仅是为了保本，而是要获得目标利润。因此，制定价格时还必须加上目标利润。其公式为：

$$P=F\div Q+V+E$$

式中，E 为单位产品目标利润。

③边际贡献定价法。边际贡献定价法也称变动成本定价法，这种方法只计算变动成本，暂不计算固定成本，而以预期的边际贡献补偿固定成本并获得利润。边际贡献是指企业每多出售一单位商品而使总收益增加的数量，可用总销售收入减去变动成本后的余额来计算。这种定价法，其价格的计算公式为：

$$价格=单位变动成本+单位产品边际贡献$$

边际贡献>变动成本，其超过部分的收益可用以补偿固定成本。若边际贡献能全部补偿固定成本，则企业不盈不亏；若边际贡献>总成本，企业就盈利；反之，边际贡献<总成本，只能补偿变动成本，不能全部补偿固定成本，企业就会进入亏损状态。

【例 8.3】 某产品固定成本 40 万元，变动成本 5 元/件，产品年产量可达 8 万件，每件售价12元。目前订货量为6万件，生产能力有富余，现有用户出价9元，订购1.5万件。企业经再三考虑决定接受订货比不接受为好，因为每件仍能获得9元－5元＝4元的边际贡献，短期内仍能使企业增加收入，减少损失。

边际贡献定价法一般是在卖主竞争激烈时，企业为迅速开拓市场，占据一席之地，而采用的一种较为灵活多变的定价方法。必须注意的是，销售价格必须高于变动成本，否则生产越多，亏损越大。

(2)需求导向定价法。市场经济条件下，判断商品定价是否合理，最终取决于消费者，从这种意义上讲，价格是消费者的一种选择依据。需求导向定价法是指企业主要根据市场需求的大小和消费者对商品价值的认识程度，分别确定商品价格的定价方式。定价会随着市场需求的变化而变化，且这种变化趋势是成正比的，即市场需求大，则定价高；反之，定价降低。

采取高定价，一般适用于竞争者产品未上市前；相当多的人自愿以高价购买该商品时；或即使高价格诱使竞争者进入市场的风险也不大时。

采取低定价，一般适用于以下情况：首先，市场对价格呈现高度敏感，企业通过降低价格的方式，以增大产品在市场的需求量；其次，为当低定价可阻止已有的或潜在的竞争者进入市场时；再次，单位生产成本与销售成本能因大量生产和销售而降低时。

需求导向定价的做法主要有两种：

①理解价值定价法。"理解价值"是指消费者对某种商品价值的主观评判，它与产品的实际价值常常发生偏离。理解价值定价法是指企业依据商品在消费者心目中可接受的价格区间为基础制定价格。采用这种定价方法需要企业能比较自己的产品与竞争者的产品在市场上被消费者理解的程度，从而做出合情合理的估计。为此，先要做营销调研，反向推出零售商及各中间商的销售价格和厂商的出厂价。

实施这一方法的要点在于提高消费者对产品的效用认知和对产品的价值理解程度。企业可以通过适当的市场定位和实施产品差异化，突出企业产品特色，再辅之以整体营销组合策略，塑造企业和产品形象，使消费者感到购买这些产品时能获取更多的相对利益，从而提高他们可接受的产品价格上限。

②需求差异定价法。需求差异定价法是指根据不同的市场需求制定不同的商品价格，是定价中极为普遍的一种定价法。这种定价的基础是：不同的购买心理、不同的购买力、不同的购买时间和地点等。例如，对饮料的需求，在旅游景点或舞厅中比在超市中的需求量要高很多，因此，在前一种情况下可提高商品定价。又如，旅游旺季对车票、机票和旅馆的市场需求要远远高于旅游淡季，因此，旅游旺季时可将价格调得高些。

通常采取以下几种形式：一是以顾客为基础的差别定价，相同的产品和服务，对不同的顾客可制定不同的价格，如同样的建筑材料，卖给经常采购的建筑单位和卖给一般用户相比价格低一些；二是以产品式样为基础的差别定价，同等质量和规格的产品，式样老的可定低价，式样新的可定高价，高档产品和低档产品，价格也会有较大差距；三是根据地理位置和时间差别定价，如商品在旺季时价格可定高一些，在淡季时可适当降低价格，有些商品和劳务甚至根据不同的时间而规定不同的价格，如电报、电话等公用事业，在白天、夜晚、节假日等都有不同的收费标准，又如同一幢楼中，每套面积相同的房间因楼层不同其价格也是不同的。

实行差别定价是有条件的：第一，市场必须能够对产品进行细分，且不同的细分市场能显示不同的需求强度；第二，要明确知道高价细分市场的竞争者不可能以较低的价格进行竞争；

第三，要确保低价细分市场的买主不会向高价细分市场转售；第四，高价销售的所得不能低于划分细分市场所增加的开支；第五，差别定价不会引起顾客的反感；第六，差别定价是合法的。

(3)竞争导向定价法。市场经济条件下，竞争是不可避免的，竞争对手的价格对企业定价有直接影响。竞争导向定价法是指通过研究竞争对手商品的价格、服务状况、生产条件等，以竞争对手的价格为依据，确定与其同类商品的价格。竞争导向定价法主要有以下几种形式：

①随行就市定价法。它是以本行业竞争者的价格，即同行业企业的一般水平作为企业定价的基础。这种方法在定价实践中运用比较普遍。随行就市的定价方式，既充分利用了行业的集体智慧所反映的市场供求情况，又能保证企业适当的收益，还有利于协调与同行业其他企业的关系，促进和刺激行业成长。在定价实践中，一般由某个大企业带头，根据生产成本和市场状况调整现行价格，随后由其他企业仿效。

②投标定价法。投标定价法是买方引导卖方通过竞争手段择优成交取得最低商品价格的定价方法，通常适用于建筑工程、大型设备制造、政府的大宗采购等。买方进行密封递价(又称标的)，公开招标，卖方则进行竞争投标。买方按物美价廉的原则和标准择优选取，并到期公布"中标"企业名单。中标的企业与买方签约成交。投标递价主要以竞争者可能的递价为转移目标。递价低于竞争者，可增加中标机会，但定价不能低于边际成本，否则难以保证正常合理的收益。

对经常参与投标的公司，制定一个期望的利润标准，然后以此为基础和目的确定投标价格是最为明智和合理的。但如果公司只是偶尔投一次标，且志在必得，预期利润指标用处就不大了。

③竞争差异定价法。竞争差异定价法通过研究竞争对手产品的有关情况，如质量、性能、价格、生产条件和服务等各方面条件，对照本企业产品的情况，制定出高于或低于竞争者的价格。若产品在质量、性能、服务等方面处于劣势，同时企业又想使其产品销售额迅速扩大，则竞争对手的价格就是本企业产品价格的上限，本企业产品定价必须要低于它；如果企业产品自身具有很高的信誉，质量优于竞争者的产品，则应实行优质优价，此时定价可高于竞争对手。

④拍卖定价法。拍卖定价法是指由卖方预先发表公告，展出拍卖物品，买方预先看货，在规定时间内公开拍卖，卖方通过拍卖市场和买方竞争并公开叫价，将商品售于出价最高者的一种定价方法。这是西方国家一种古老的买卖方式，我国从 19 世纪初期开始也出现这种买卖形式，至 1958 年拍卖行全部关闭，改革开放后又重新出现这种形式。

2. 定价策略

在市场竞争中，企业不仅需要确定价格的具体方法，来确定产品的初始价格，企业还要善于按照市场环境和企业的内部条件"量身定做"，正确选择定价策略，以便确定最终价格。定价策略是为了实现企业定价目标，在特定的经营环境下采取的定价方式和价格竞争方式。

(1)新产品定价策略。新产品定价是指产品处于介绍期的价格。新产品的定价是否合理，关系到新产品未来的开发与推广。在确定新产品的价格的同时，最重要的是充分考虑到用户所愿意支付的价格。在更多的情况下，企业可能会暂时没有利润，部分企业甚至发生亏损的情况。只有当产品打开市场销路，不断扩大生产批量，使成本显著下降时，才能取得利润。

①撇脂定价策略。又称取脂定价策略(skimming pricing)。"撇脂"原意是指把牛奶表面的那层奶油撇出来，含有提取精华之意。撇脂定价策略是指新产品上市初期，将新产品的价格定得相对较高，在短期内获取高额利润，以便尽快收回投资。以后，随着销量的不断扩大，成本

的降低，再逐步降低价格。然而每次降价前，企业都已在不同层次的顾客身上获取得了超额利润。所以，撇脂定价策略提供了价格先高后低，逐步推进获取高额利润的思路。它的适用条件是：新产品上市初期，在市场上奇货可居的同时又有大量的消费者；需求价格弹性较小，短期内没有类似的代用品；高价刺激竞争者出现的可能性不大。

撇脂定价策略的优点是：能够以最快速度收回投资，赚取大量利润，在策略上有较大的主动性，待需求减少或遇到竞争时，价格可逐渐下降，增强企业竞争力；由于价格是由高到低，因此还可获得较好的消费者心理效果；高价格高利润，更有利于企业的资金筹集问题，方便扩大生产规模。其缺点是：定价较高，即不利于消费者，也不利于企业的长远发展；新产品的市场形象未树立之前，定价过高，可能减慢市场开拓的速度；如果因高价投入市场而且销路旺盛，厚利将引来激烈的竞争，仿制品大量出现，会使价格惨跌。

②渗透定价策略。渗透定价策略(penetration pricing)是在新产品上市之初将价格定得低于预期价格，甚至可能低于产品成本，利用价廉物美的优势迅速占领市场，同时取得较高的市场占有率。实质上，它是一种薄利多销的策略。这种定价策略的适用条件是：新产品的需求价格弹性较大；生产和分销成本随产量和销量的扩大而降低；产品市场规模较大，存在着非常普遍的竞争。这种策略适用于长期的市场经营方针。

采用渗透定价有诸多优点：产品能迅速渗入市场，打开销路，刺激产量，使成本随着生产的发展而下降；低价薄利，使竞争者望而却步，从而获得一定的市场优势和生存空间。不足是：定价过低，不利于企业尽快回收投资成本，甚至产生亏损；由于是低价出售新产品，易使顾客对产品误判为质量不高，影响购买，还有可能影响企业和新产品的形象。

③满意定价策略。又称温和定价策略或君子定价策略，在新产品上市之机，把价格定在高价与低价之间，在产品成本的基础上加适当利润，采用买卖双方都有利的温和策略。由于撇脂定价策略定价较高，对顾客不利，既容易引起市场竞争，又容易引起消费者的不满和抵制，具有一定的风险；渗透定价策略定价过低，虽然对消费者有利，但企业在新产品上市初期收入甚微，投资周期长。满意定价策略居于两者之间，既可避免撇脂定价策略因价高而具有的高市场风险。又可以避免渗透定价策略因价低带来的经营困难，因而既有利于消费者，又有利于企业自身的利益，实现双赢。它适用于那些产销比较稳定的产品，不足的是有可能出现高不成、低不就的情况，对购买者缺少吸引力，也难以在短期内打开销路。

(2)产品组合定价策略。当某种产品只是产品组合中的一个部分时，企业需制定一系列的价格，从而使整个产品组合取得整体的最大利润。

①产品线定价。当企业生产的系列产品存在市场需求和生产成本的内在关联性时，为了充分发挥这种内在关联性的积极效应，采用产品线定价策略。在定价时，首先，确定某种产品的最低价格，它在产品线中充当领袖价格，吸引消费者购买产品线中的其他种类产品；其次，确定产品线中某种产品的最高价格，它在产品线中充当收回投资和品牌质量的角色；再次，产品线中的其他产品也分别依据其在产品线中的角色不同而制定不同的价格。在西方许多行业中，常常利用顾客对产品线系列产品所形成的理解来分别定价。如在服装商店可将男衬衣分三个档次，分别定价为 15 美元、18 美元和 24 美元。顾客自然就会把这三种价格的衬衣分为低、中、高档，即使这三种价格都有所变化，顾客仍会按他们的习惯去购买某一档次的产品。

②分部定价。服务性企业经常收取一笔固定费用，再加上可自由变化的使用费用。例如，游乐园一般先收门票费，如果游玩的地方超出规定，就再交费。又如，电话用户每月都要支付

一笔最少使用费，如果使用次数超过规定，还要再交费。在新加坡，新车的价格包括两个部分：第一部分是包括进口税在内的汽车成本；第二部分是获取驾驶执照的价格——拥有新车的权利。后者在拍卖行可以购得，拍卖行每月都提供一定数量的用于不同车辆的驾驶执照。成功的驾车执照投标人要为享有买车的权利支付费用。服务性公司面临着与补充产品定价同样重要的问题，即应收多少基本服务费和可变使用费。固定成本应较低，以推动人们购买服务，利润可以从使用费中获取。

③选择产品定价。选择产品定价就是顾客购买相关商品时，有多种价格方案以方便顾客选择。各种选择的定价依据是鼓励顾客尽量多买商品。如计算机与打印机的出售，可以有三种组合方式与其相对应的价格供顾客选择：只买计算机，每台 7 000 元；只买打印机，每台 3 000元；计算机与打印机一起买，每套 9 000 元。可见，这种组合方式及其定价是鼓励顾客成套购进计算机和打印机。

④俘虏产品定价。俘虏产品定价是指为了吸引顾客把相关产品中的主要产品的价格定得较低，这种商品称为“引诱品”；而把与主要产品一起使用的连带产品价格定得较高以赚取利润，这种商品称为“俘虏品’。当顾客以低价买了引诱品以后不得不以高价来买俘虏品。一般来说，作为引诱品的商品应当使用寿命较长，而俘虏品则是易损耗品。如把剃须刀的价格定得较低，而把配套的刀片价格定得较高。

采用这种策略的条件是俘虏品具有不可替代性，如某种型号的剃须刀片是其他刀片不能替代的。例如，美国的一个彩照实验室于 1988 年推出了一个“俘虏”消费者的新招。它首先在各大学普遍散发宣传其彩色胶卷新产品的广告，除了说明新彩色胶卷性能优越外，还说明由于是新产品，故而定价不高，每卷只要 1 美元(柯达胶卷价格为每卷 2 美元多)，以便让消费者有机会试一试。经济拮据的大学生们纷纷寄钱去购买。几天后，他们收到了胶卷以及一张“说明书”，其上写道：这种胶卷由于材料特殊，性能优良，因此，一般彩扩中心无法冲印。必须将拍摄后的胶卷寄回该实验室方能冲印。说明书上还列出了冲印的价格，这些价格比一般的彩照扩印店的价格贵一倍。但是，每冲印一卷，该实验室将无偿赠送一卷新胶卷，精明的大学生仔细一算，发现损益相抵后，胶卷、冲洗、印片三者的总价格仍高于一般水平，无奈已先花费了 1 美元的“投资”，只得忍气吞声做了“俘虏”。

(3)地区定价策略。企业在制定价格策略时，针对不同地区的顾客，采用不同的价格策略。特别是在变动成本中占较大比例的是运费时，更不可忽视。

①产地定价。以产地价格或出厂价格为标准，运杂费和运输损失等费用和风险全部由买方承担。这对于卖主是最省事、最方便的定价，一般适用于市场供应较为紧张的商品和地区的买主，因此，这种定价策略对于路途较远，运费和风险较大的买主是不利的。

②统一交货定价。也称邮票定价法，就是对所有的买主，且不论路程远近，由卖主单方将货物运往买主所在地都收取同样的运费。这种定价策略适用于运杂费占成本比重小，而商品价值高的商品，使买主感觉运送是免费的附加服务，有利于扩大和巩固买主，开拓市场。

③基点定价。它指卖方选定一些中心城市作为商品定价基点，按照基点到客户所在地的距离收取运费。采用这一定价策略对中小客户具有很大的吸引力，能够迅速提高市场占有率，扩大销售规模。这种定价策略适用于需求弹性小、生产分布较广、产品笨重、运费成本比例较高的产品。

④分区定价。拍卖方把销售市场划分为多个区域，按照不同的区域实行不同的价格，同区

域内实行价格统一的方式。

⑤免收运费价。当企业急于同某个顾客或某个地区做成生意，企业自己负担全部或部分运费，而不向买方收取，这样可以刺激销售额增长，使平均成本降低到足以补偿这部分运费开支的程度，从而达到将产品快速渗透进入市场的目的。

(4)心理定价策略。心理定价(psychological pricing)策略是企业根据顾客购买商品时的心理动机相应采取的定价策略。

①尾数定价。根据经济学家的调查证明：价格尾数的微小差别，往往会产生不同的效果。宁取9.9元不定10元，使人有商品便宜的感觉。尾数定价还能使消费者产生商家定价认真细致的感觉，认为有尾数的价格是经过认真的成本核算才产生的价格，令消费者对此定价产生充分的信任感。尾数定价多用于需求价格弹性大的中低档商品，不适合于名牌高档商品的定价。这种方法的缺陷就是由于价格尾数的存在，也会对计价收费增加诸多不便因素。

②整数定价。价格不仅是商品的价值符号，也是商品质量的"标准'。对价格较高的产品，如礼品、耐用品或高档商品，或者是消费者不太了解的商品，则可采取整数定价策略，以充分迎合消费者"一分价钱一分货"，"便宜无好货、好货不便宜"的心理，激励消费者购买。如一辆高级小轿车，定价50万元也不定价49.9万元，以给人一种"豪华'的感觉，满足一些消费者通过汽车的档次、价格来显示自己能力、地位的心理。再如，对古董或艺术品等高档商品，宁标1 000元而不标999元，以提高商品在顾客心目中的形象。

③声望定价。声望定价(prestige pricing)往往把价格定得相对较高，这种定价策略适用于两种情况。第一，在消费者心中有声望的名牌商品、名牌商店、名牌企业，即使在市场上有同质同类的商品，用户也会愿意支付相对较高的价格购买他们的商品，认为高价意味着高质量。第二，为了适应某些消费者，特别是高收入阶层的虚荣心理，把某些实际价值不大的商品价格有意定得很高。如首饰、化妆品和古玩等，因为定价太低反而卖不出去，但价格也不能高得离谱，这会让一些消费者群体不能接受。这种策略有利于提高企业和产品的总体形象，有助于吸引注重名牌的顾客去购买。

④招徕定价。又称促销定价(promotional pricing)，是指零售商利用部分顾客求廉的心理，特意将某几种商品的价格定得较低以用来吸引顾客。其主要目的在于希望顾客到商店后连带购买正常价格的商品。某些商店随机推出降价商品，每天、每时都有1～2种商品降价出售，吸引顾客经常来采购商店里的廉价商品，同时也选购其他正常价格的商品。有的零售商则利用节假日或换季时机举行"节日大酬宾"、"换季大减价"等活动，把部分商品降价出售，以招徕顾客。

⑤习惯定价。习惯定价是指在定价时参考已经存在的市场习惯价格进行定价。习惯价格是指那些顾客已家喻户晓、习以为常，个别生产者难以改变的价格。即使生产成本提高很大，再依照原价出售商品已经毫无利益可言时，生产企业也不能提价，否则会引起顾客的不满情绪，而只能采取降低质量、减少分量的办法进行调整；还可以推出新的商品品种，给人耳目一新的感觉，或者改进包装以求改变价格。

(5)折扣定价策略。企业为了调动各类中间商和其他用户购买本商品的积极性，对基本价格酌情实行折扣和折让价格，以鼓励购买者的购买欲望，或争取顾客长期购买。

①现金折扣。对按约定付款日期付款的顾客给予一定的折扣，对提前付款的顾客则给予更大的折扣。采用这种策略的目的是鼓励顾客提前付款，不拖欠货款，以便加速资金周转。现

金折扣的大小，通常应比银行存款利息率稍高一些，比贷款利率稍低一些，这样对企业和顾客双方都有好处。

②数量折扣。根据顾客购买货物数量或金额的多少，按其达到的标准，给予一定的折扣，购买数量愈多，金额愈大，给予的折扣愈高。以此鼓励顾客一次大量购买产品，减少产品库存。数量折扣可分为累计与非累计数量折扣。

• 累计数量折扣。规定在一定时期内顾客购买商品达到或超过一定数量或金额时，按其总量的多少，给予不同的折扣。这种策略鼓励顾客长期向本企业采购，与顾客建立长期的稳定的关系，因而有助于企业掌握销售规律，预测销售量。它还适合于推销过时的和生鲜易腐产品。

• 非累计数量折扣。顾客一次购买的数量或金额达到一定标准时，即给予一定的折扣优待。采用这种策略不仅对顾客有利，企业也可以节省销售费用，因企业每销售一次商品，不论数量多少，其支付的费用都差不多。

③交易折扣。也称功能折扣，是由企业向中间商提供的一种折扣。不同的中间商，企业可根据其提供的各种不同服务和担负的不同功能，给予不同的折扣优待。但对同一层次的渠道成员，一般应提供同样的交易折扣，如对所有一级批发商均给予同样的折扣点。当然，同时还可以结合数量折扣等。一般给予批发商的折扣较大，零售商的折扣较小。通常的做法是先定好零售价格，然后按不同的差价率顺序相加，依次制定各种批发价和零售价。例如，某商品的零售价为 200 元，对批发商、零售商的折扣率分别为 10%和 5%，这样，给予批发商和零售商的折扣价格分别为 180 元和 190 元。

④季节性折扣。季节性折扣是指生产季节性商品的企业向在季节前后购买非时令性商品或提前定购季节性商品的中间商给予一定的价格折扣。这对中间商有好处，也有利于企业安排生产。如一些季节性明显的服务行业，在淡季时给予顾客一定的价格折扣；再如，圣诞节礼品季节性很强，中间商订购时间越早，给予的折扣将越大。这种做法，第一可以调节供求，第二对顾客有利，第三总体上对企业仍有利可图。

⑤推广折扣。它是指生产企业为了鼓励中间商开展各种促销活动，给予某种程度的报酬，或以津贴形式或让价形式推广。让价主要有以下两种方式：一是促销让价，当中间商为产品提供各种促销活动时，如刊登广告、设置样品陈列窗等，生产者乐意给予津贴，或降低价格作为补偿；二是以旧换新让价，进入成熟期的耐用品，部分企业采用以旧换新的让价策略，刺激消费需求，促进产品的更新换代，扩大新一代产品的销售。企业在市场营销过程中，由于竞争加剧，企业可同时采用多种折扣策略以渡过危机。

3. 价格调整策略

当企业的内部环境或外部环境发生变化时，企业必须调整价格，以适应激烈的市场竞争。

(1)降价与提价策略。

①主动降价策略。当企业遇到下列情况就要考虑降价：一是产品生产过剩，库存大量积压，需要资金进行周转，然而其他营销策略无效时；二是在激烈的价格竞争中，市场占有率有下降趋势，企业为了扩大销售规模或稳住市场占有率只能选择降低销售价格。但降价要谨慎行事，降价容易引起商家之间的价格竞争，在降价之前，卖方应向自己的代理商、经销商保证，降价后对他们原来的进货和库存，统一按新价退补降价损失，使长期客户和该商品分销渠道的各个环节的利益得到保证，也保住了企业的市场。

②主动提价策略。企业在下列情况下可以考虑提价：一是产品在市场上的销售出现严重

的供不应求;二是资源供应短缺,生产成本上升。但是,无论任何原因提价都必然会引起顾客和中间商的种种不满情绪,市场营销中应采用不同的措施,来平抑由于提价所引起的各方不满。主要措施有:限时提供商品;在供货合同中注明随时调价的条款;对商品的附加服务收费或取消附加服务;减少或取消折扣或津贴;改动产品的型号或增加某种功能等,并配合其他营销手段,消除提价的负面影响。

(2)购买者对调价的反应。企业对商品无论是提价还是降价,购买者必然要受到影响,主要有以下两种反应:

①购买者对企业降价的反应。购买者对企业某种产品的降价可能有以下几种不同的反应:这种产品的样式陈旧,将被新型产品所替代;这种产品有某些缺陷,导致销售不畅;企业财务困难,资金周转不利,难以继续经营下去;价格还要进一步下跌;这种产品的质量下降了。

②购买者对企业提价的反应。购买者对企业某种产品的提价可能有以下几种不同的反应:这种产品很畅销,不赶快买就买不到了;这种产品物有所值;卖主想尽量取得更多的利润。

一般情况下,购买者对于价值高低不同的产品价格的反应也有所不同。对于那些价格高、经常购买的产品的价格变动比较敏感;对于那些价值低、不经常购买的小件商品,价格的变动不太注意。

(3)竞争者对调价的反应。企业在考虑变动价格时,不仅要考虑购买者的反应,还必须考虑竞争对手的反应。企业通常可以从以下两个方面来估计、预测竞争者对本企业的产品价格变动的可能反应。

①假设竞争对手采取老一套的办法来对付本企业的价格变动。在这种情况下,竞争对手的反应是绝对可以预测的。

②假设竞争对手把每一次价格变动都看成新的挑战,并根据当时自己的利益迅速做出相应的反应。在这种情况下,企业就必须断定当时所做出回应的竞争对手的目标利益是什么。企业必须调查研究竞争对手目前所面临的财务状况,以及近来的销售和生产能力情况、顾客忠诚情况和企业短期及长期目标等。如果竞争者的企业目标是提高市场占有率,它就可能随着本企业的产品价格变动而调整价格;如果竞争者的企业目标是取得最大利润,它就会采取其他对策,如增加广告预算、加强广告促销或者提高声品质量等。总之,企业在实施价格变动时,必须善于利用企业内部和外部的信息来源,观测出竞争对手的思路,以便采取适当的对策。

实际问题是复杂的,因为竞争者对本企业降价可能有种种不同理解,例如,竞争者可能认为企业想偷偷地侵占市场阵地;或者认为企业经营不善,试图扩大销售规模;还可能认为企业希望整个行业的价格下降,以刺激整个市场对此类产品的需求。

上面假设企业只面临着一个大的竞争者,如果企业面对着若干个竞争者,在变价时就必须考虑每一个竞争者的可能反应。如果所有的竞争者反应大体相同,就可以集中力量分析典型的竞争者,因为典型的竞争者反应可以代表其他竞争者的反应;如果由于各个竞争者在规模、市场占有率及政策等重要问题上有所不同,因此反应也会有所不同,在这种情况下,就必须分别对各个竞争者进行分析;如果某些竞争者随着本企业的价格变动而变价,那么就有理由预料其他竞争者也会这样做。

(4)企业对竞争者调价的反应。在现代市场经济条件下,企业经常会面临竞争者改变价格的挑战。如何应对竞争者改变价格做出及时、正确的反应和对策,是企业定价战略的一项重要内容。

①企业对竞争者提价后的价格调整策略。竞争者的产品提价，一般情况下并不会对企业造成严重威胁，对此，企业可以采取两种策略：一是保持价格不变，借此机会扩大市场影响力和市场份额；二是适当提价，但提价幅度需要低于竞争者的提价幅度，这样，既能适当增加利润，又能在市场竞争中占据更有利地位。

②企业对竞争者降价后的价格调整策略。一般说来，竞争者降价总是经过充分准备的，而企业则在此事先毫无准备，面对竞争对手降价，往往难以做出适当的抉择。所以，对企业来说，竞争者降价是最难应付的情况，根据西方企业的经验，企业面对竞争者降价，有以下策略可供选择：一是维持原价不变；二是维持原价，同时对产品质量加以改进或增加服务项目，加强广告宣传等；三是降价同时努力保证产品质量和服务水平稳定不变；四是提价，并与此同时推出某些新品牌，以便围攻竞争对手的降价品牌；五是以回击手段推出更廉价的产品。

8.2.4 案例导入与解析

1. 周大福的"一口价"策略

珠宝饰品价格是目标消费者关注的焦点，也是消费者与商家能否达成交易的关键所在，针对这一敏感的问题，在价格策略上，周大福创出了一套有别于其他同行的新路子。

周大福创新性地推出了"珠宝首饰一口价"的销售政策，并郑重声明：产品成本加上合理的利润就是产品的售价，通过"薄利多销"的经营模式，节省了消费者讨价还价的时间，让顾客真正体验货真价实的感受。

为了降低经营成本，从而更好地参与市场竞争，周大福还自己创立了首饰加工厂，生产自己所售卖的各类首饰，减少中间环节，使生产成本降至最低，并获得了全球最大钻石生产商——国际珠宝商贸公司DTC配发钻石原石胚加工琢磨和钻石胚配售权，保证了它最低的原料成本和较强的竞争实力。（本文由作者根据网络资料改写，原文见：中国联合市场调研网.）

思考与讨论：周大福为什么推出"一口价"的销售政策？其使用的定价策略是什么？

分析提示：消费者普遍对珠宝首饰是否物有所值充满怀疑，"一口价"政策可以解除消费者这一心理障碍。使用的定价策略类似于心理定价策略中的声望定价法。

2. 休布雷公司的价格策略

休布雷公司在美国伏特加酒的市场中，属于营销出色的企业，其生产的史密诺夫酒在伏特加酒的市场占有率中达23%。20世纪60年代，另一家公司推出了一种新型伏特加酒，其质量不比史密诺夫酒低，而每瓶酒的价格却比史密诺夫酒低1美元。

按照惯例，休布雷公司面前有三条对策可用：

(1)降低1美元，以保住市场占有率；

(2)维持原价，通过增加广告费用和推销支出与竞争对手竞争；

(3)维持原价，听任市场占有率低。

由此看来，不论休布雷采取以上哪种策略，都很被动，似乎将是输定了。但是，该公司的市场营销人员经过深思熟虑后，却采取了令人们大吃一惊、意想不到的第四种策略。那就是：将史密诺夫酒的价格再提高一美元，同时推出一种与竞争对手的新伏特加价格一样的瑞色加酒和另一种价格更低的波波酒。（资料来源：吴粲，李林.策划学精要[M].北京：中国人民大学出版社，2009.）

思考与讨论：这第四种策略是否恰当？为什么？

分析提示：恰当。通过提高价格，将企业自己的产品定位于高档产品，这就和竞争对手的产品区别开来了，另外，休布雷公司还增加了两个不同价格层次的产品，这样可以满足市场不同收入层次的消费者的需求。

8.2.5 模拟与实战训练

1. 模拟训练菜单

(1)把握产品特性。江山白毛乌骨鸡，食用、药用俱佳。用此珍禽做主料并佐以16种名贵中药材精制而成的"江山白毛乌骨鸡补酒"，称为浙江名酒。然而名酒在市场上却遭冷遇。该酒投产10年，总销量才451 t。

是酒质量不好吗？不！

是酒的价格太高了吗？不！

"薄利多销"是几千年商场中一直沿袭的真谛，以质优价廉取胜更被当今企业界尊为金科玉律。然而，生产白毛乌骨鸡补酒的江山酒厂，正是按这一营销规律办事，却打了败仗。"缺乏知名度，包装太差，难销"，即使是江山本地人，拿该酒作为礼品馈赠亲友的也越来越少，他们也觉得名气小，包装简，价格低，"拿不出手"。白毛乌骨鸡补酒的销售机会就这样一次次失掉了。(资料来源：彭石普．白毛乌骨鸡名酒为何滞销[J]．管理科学，1994，06．)

应用思考："江山白毛乌骨鸡补酒"滞销的现象说明了什么？如果你是该酒的营销经理，怎么才能改变该酒滞销的不利局面？

(2)了解对方心理。有一位教师，租了一套住房，他希望房租能够减低一些，但他知道房东是个难缠的人，因为许多房客曾经试过，都失败了。他决定用自己的方法试一试，于是，他写了一封信给房东，通知他说："约期一满，我就搬出去。"房东一接到信，就同秘书一起来找他。这位教师非常热情地在门口迎接他们，他并没有一开始就谈论房租，他说他十分喜欢这间房。他还极力称赞房东管理有方，表示很愿意再住几年，只是没有办法，因为房租实在负担不起。

这位房东显然从未见过一个房客对他如此热情，他简直不知道怎么办才好。他开始诉说自己的苦衷，抱怨房客一点也不通情达理。他说："有个家伙给我写了14封信，有些话太侮辱人了！还有一位天天威胁我，如果不能制止楼上那位房客打鼾的话，他就要退租。先生，如果房客都像你这样，我就轻松多了。"接着，他自动提出，可以减收一点租金，于是这位教师一边道谢，一边说出了一个他能负担的数字，房东一句话也没说就同意了，离开时还关心地问："房子有什么地方需要修理吗？"(资料来源：彭石普．市场营销原理与实训教程[M]．北京：高等教育出版社，2006．)

应用思考：从案例中能得到哪些有益启示？如果这位教师采取另外一种方式，那会出现什么情况呢？如果是你，你将采取何种策略应对？

2. 实战训练菜单

(1)利用假期时间，组织学生到商场进行考察，分析所有品牌促销活动期间所使用的价格策略，并对所有定价策略进行综合分析、评比。如果你是消费者，比较受哪种策略的吸引，理由是什么？

(2)到学校附近某企业进行调查，了解企业商品的定价策略和方法。

(3)利用双休日，选择某小商品市场，最好是服装市场进行讨价还价实践，然后写出讨价还价过程及心得体会。

(4)到本地各大商场调查面对竞争对手的降价促销时所采取的应对措施。

(5)为使自己能被企业接纳，进行自我介绍训练，提高沟通能力。

项目9 建设渠道

实训目的与能力要求

通过对本项目实训技能的练习，正确理解营销渠道的相关概念，能根据实际状况准确判断出影响营销渠道选择的主要因素，掌握渠道设计的步骤和方法，具备渠道诊断能力和革新能力，提高渠道策略的运用能力。

任务9.1 分析渠道模式

实训目标

通过实训，要求学生全面、正确地理解营销渠道的含义和功能，掌握营销渠道的基本类型、特点，了解营销渠道的发展趋势，在实践工作中能够依据所依赖的环境、企业、产品特点选择分销渠道，对目前所使用的渠道具有判断能力。

9.1.1 任务描述

A集团是著名IT企业，为避免在IT行业过度竞争，减少单一经营风险，寻找利润增长点，A集团进行多元化运作，推出一款新品——时尚高档的G3手机。该手机由科班出身、素有少壮派之称的侯副总负责。侯副总认为：为了满足市场渗透和市场增长目标，必须敢于创新，走出新路，需要采用复合的、竞争的渠道，包括取消二级代理，进行网上销售和建立自销队伍、直销店，并提出网上销售占30%以上的目标。

这给A集团的决策层带来了很大的问题：是维持现有渠道的稳定性，错失直销、网上销售的机会？还是选择跟进？而一旦选择直销、网上销售的模式以及削减渠道，恐怕又会引起与传统渠道成员之间的冲突，甚至影响到关联的主业销售。

侯副总力排众议，执意重新洗牌，力图以新渠道带动该手机的全新突破。但是网上销售与消费者传统购买行为格格不入，很少有消费者问津；庞大的直销队伍使A集团疲于管理，人工成本耗费甚大，也使A集团叫苦不迭。更要命的是，一厢情愿的砍减渠道引发厂商之间严重冲突，本来一些经销商想从A集团的新产品中分点羹，这下不但羹没分到，反而失去了在A集团原有的地位与利益，一些经销商含恨退出A集团的经销商行列，该手机的销售也处于半生半熟状态，停滞不前。（本文由作者根据网络资料改写，原文见：eNet 硅谷动力．）

思考：侯副总的新渠道策略为什么失败了？新产品推出时，到底是应该建设新的渠道，还是利用原有的渠道？该制订什么样的渠道策略？

9.1.2 实训步骤与考评

1. 实训准备

根据任务描述情境，将全班同学按每组5～8人分为若干个小组。小组中各成员应分工协作，考查、汇总资料，重点分析产品特点、市场特点、新老渠道特点、选择渠道策略时需要考虑的因素等。每个小组上交分析报告，指导教师对各组进行点评。

2. 具体步骤

训练学生能够针对产品特性、渠道特点、市场特性等进行分析，提出有效的渠道策略，具体做法，见图9.1。

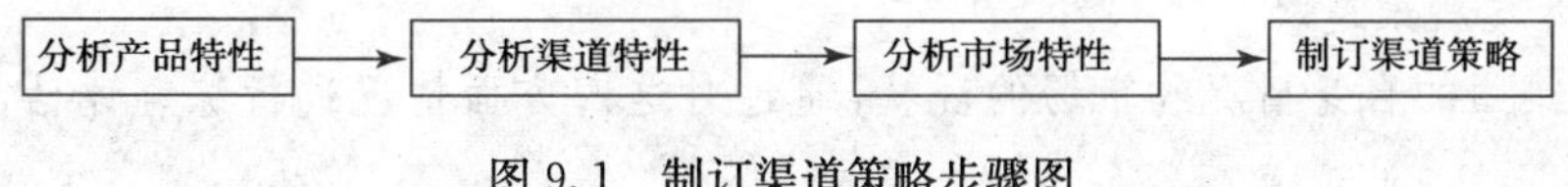

图9.1 制订渠道策略步骤图

(1)分析产品特性——消费者对不同产品的消费习惯不同，产品本身特点对渠道模式的选择至关重要。

参考做法：

①G3手机价值较高，一般而言，价值高的商品不宜使用过多的中间商，可选择直销。

②手机体积轻薄，便于运输，适合开展终端销售。

③手机属于容易损坏的商品，且对时尚性要求较高，对流通时间要求较高，因此不太适合多级的营销渠道。

④手机的售后服务很重要，其服务的技术性强，适合由生产者直接销售或选择少数有技术能力的中间商进行销售。

⑤该款G3手机是新产品，新产品刚刚进入市场，中间商往往不大愿意承担风险进行销售，适合自己组织营销队伍尽快打开市场。

⑥手机作为比较贵重的商品，消费者一般还是比较倾向于去实体终端店购买，尝试网上购买的消费者比例不大。

(2)分析渠道特性——每种渠道都有自身的优势及适用性，要按照企业的经营目标及产品特性制订有效的渠道策略。

参考做法：老渠道即为传统渠道，是与近些年兴起的直销、电子商务、直邮、OEM、集成合作伙伴等新渠道有区别的多级渠道。其优势与作用在于：老渠道常具有久经考验、忠诚稳定的客户资产；老渠道常与IT企业有共同的长远发展战略和文化理念；老渠道具有分担资金、节约成本、分散风险的功能；老渠道承担载接物流、快速部署、广撒网络的作用。

相比之下，新渠道减少了中间成本，提高了产品的价格竞争力；此外，新渠道缩短了与消费者的距离，更加准确地了解市场的需求，在管理方面更加先进。

是利用老渠道，还是开发新渠道，可以主要基于以下几点进行分析判断：

①新旧产品品类是否一致。如果新旧产品品类（产品属性、价格、档次）基本一致，就沿用

老渠道;如果差别较大,可能考虑采用新渠道。

②新旧产品目标消费群体是否一致。如果新旧产品目标消费群体(如消费阶层、性别、年龄)基本一致,采用老渠道为宜;如果新旧产品目标消费群体差别较大,可能就要改变渠道推广策略。

③开发维护新旧渠道所需要的成本系数。成本系数是指建立新渠道所必须投入的全部资源与维持、巩固原有客户渠道所需要的资源之比率。成本系数大于1,就必须沿用老渠道;系数小于1,意味着开发新渠道有可能获得较好回报,可考虑适当采用开发新渠道或建立复合型渠道,建立新渠道成本也应考虑包括不利用原有经销商的损失。

④开发维护新旧渠道所需要的风险系数。风险系数是指建立新渠道时未来将可能承担的风险损失与维持、巩固原有客户渠道所可能承担的风险损失之比率。风险系数大于1,意味着未来的市场收益极不稳定,应沿用老渠道;风险系数小于1,意味着开发新渠道将是潜力渠道,可考虑采用开发新渠道。

结合A集团的自身情况和市场的现状,通过对这四方面情况进行综合评估,选择得出正解的答案。

(3)分析市场特性——每个市场都有不同的特点,这便决定了往往不能所有的市场采取统一的渠道策略,需要分别对待。

参考做法:在经济发达、信息交流快的区域,消费者容易接受新概念,企业应当缩短销售渠道,甚至以直销模式为主,而将更多人力、物力放在产品宣传、推广上,并通过建立样板市场来创建品牌效应带动其他区域。

而在经济水平不高、信息较闭塞、消费者对传统商品信任度高的地区,利用本地成熟、有口碑的经销商,提供相应的广告投放和保障性项目(如技术支持等)增强经销商对新产品的信心,促进经销商逐步向顾客推广,往往风险小、见效快,比企业单枪匹马杀入的效果更好。

(4)制订渠道策略——在对以上各要素分析、研究的基础上,企业最后制订出有效的渠道策略。

参考做法:经过以上分析可以看出,侯副总的新渠道策略之所以失败是因为其在渠道建设、维护上出现了喜新厌旧、以新为荣、追求时髦的思想,顾此失彼,因此丢掉了更宝贵的东西。

明智的做法是采取渠道组合策略,即进行双重分销,甚至多重分销。为不同的市场及不同的目标群体设置不同的分销渠道,防渠道冲突于未然,避免单一渠道中自身不同产品的互相竞争,还能降低企业的销售成本,关键是要维持“跷跷板”的平衡。

3. 实训总结与考评

各小组要根据自己的调查和实践,在训练结束后上交分析报告,由教师和其他同学对其进行比较和评价。表9.1为各小组训练考评表。

表9.1 各小组训练考评表

成果展示与评价			分析报告及PPT形式答辩				
分析报告	分析报告必备项目		产品特性	渠道特性	市场特性	渠道策略	文字表达
	评价标准		全面、准确地对产品特性进行分析	能清楚分析出对每种渠道的优势及作用	客观、准确地把握市场特性	选取得当	简洁清晰
	应 得 分		20	20	20	20	20
	评价人	企业(50%)					
		教师(40%)					
		学生(10%)					
	实 得 分						
	报告最后得分						
PPT答辩	PPT答辩要求		时间	语言组织	表达能力	展现形式	形象礼仪
	评价标准		控制阐述与回答问题的时间	语言精炼、针对性强	表达清楚、准确	汇报形式新颖	形象得体、大方
	应 得 分		10	20	35	15	20
	评价人	企业(50%)					
		教师(40%)					
		学生(10%)					
	实 得 分						
	答辩最后得分						
	任务综合得分						

9.1.3 知识点拨

1. 营销渠道概述

在现代市场经济条件下，不少生产企业并不是将产品直接销售给最终消费者(用户)，生产者同消费者(用户)之间存在着时间、地点、所有权和数量等方面的差异和矛盾，只有通过一定的营销渠道，才能在合适的时间、合适的地点，并以合适的价格及数量，将产品顺利地从生产者转移到消费者(用户)的手中。

(1)营销渠道的概念。营销渠道是指产品或服务在从生产者向消费者或用户转移的过程中，帮助转移产品或服务所有权的所有企业及个人。这之中包含某种产品或服务的供、产、销过程中的所有相关企业及个人，如供应商、生产者、商人中间商、代理中间商和辅助商(指便利交换和实体分销者，如运输企业、公共货栈、广告代理商、市场研究机构等)、物流公司以及最终消费者或用户。

由于营销渠道是以供应商或生产者为起点，以用户或消费者为终点，因此，营销渠道又可以称为分销渠道或销售渠道。分销渠道在生产者和消费者或用户之间起到桥梁和纽带的作用。企业使用分销渠道是因为在目前的市场经济条件下，生产者和消费者或用户之间存在着空间分离、时间分离、所有权分离、供需数量的差异以及供需品种差异等不同方面的矛盾。产品分销是要通过营销渠道或通路来实现的。分销渠道是促使产品或服务能够顺利地被转移到最终消费者或用户手中的一系列组织或机构，其主要任务是转移产品所有权，是使消费者或用户能在适当的时间、适当的地点买到满足自身需求的商品，即创造购买的便利。

(2)营销渠道的职能。在如今社会大规模复杂化的背景下，必然出现各种经济上的不一致现象，在生产和消费之间，在产品、服务的提供者和其使用者之间，会出现时间、数量、地点和持有权等缺口。这时候分销渠道将承担起调整并除去经济上不一致现象和弥补各种缺口的重要职能。

①收集、提供信息。构成分销渠道的中间商或者直接接触市场和消费者，或者处在离其更近之处，最能快速、准确地了解市场的动向和消费者实际状况。这些信息都是企业产品开发、促销等创造需求和经营全盘所必不可缺的。在信息化社会，需要该渠道系统承担的这一职能越来越重要。尤其对那些信息收集能力相对较弱的生产企业来说，流通业者提供的信息便成为企业经营的导向标。

②刺激需求，开拓市场。市场营销的本质在于创造需求。分销渠道系统通过其分销行为和各种促销活动来创造市场需求，并借此扩展市场。分销渠道所采用的促销手段与制造商是几乎相同的，主要包括人员推销、广告、营业推广、公共关系等。分销渠道协助、配合制造商或者独自开展促销活动。

③减少交易次数。中间商存在的理论依据之一就是在其分销的过程中介入中间商，可以大大减少卖方和买方之间的交易次数。例如，以安全胡须刀而闻名的吉列公司通过约 4 000 家批发商向 50 万家零售商发售产品，然后再由这 50 万家零售商向近 1 亿消费者出售其产品。由于其中间商的存在，大大减少了吉列公司的交易次数，也降低了成本和节约了时间。

④调整。分销渠道所进行的调整活动主要包括产品的集中、选择、标准、规格化、编配分装、备齐产品等。这些职能可以起到在生产者和消费者之间的各种利害关系中取得平衡，使产品得以顺利流通。

⑤物流又称为实体分配。若使产品从生产者转移到消费者或用户就必然需要转储和运输，能够承担这种职能的便是物流。

⑥洽谈生意。应包括双向洽谈，一是前向性洽谈，即商家寻找可能的购买者并与其进行沟通；二是后向性洽谈，即营销渠道成员向生产者进行反向沟通并订购产品。

⑦承担风险。在产品分销过程中承担有关营销的各方面风险。

⑧融资。为补偿渠道工作的成本费用而对资金的获取与支出。

(3)营销渠道的结构。由于个人消费者与生产性团体用户消费的商品种类、消费目的与购买特点等具有明显的差异性，因此，产品制造商在选择销售渠道时具有两种基本模式：一个是企业对生产性团体用户的销售渠道模式(见图 9.2)，另一个是企业对个人消费者的销售渠道模式(见图 9.3)。

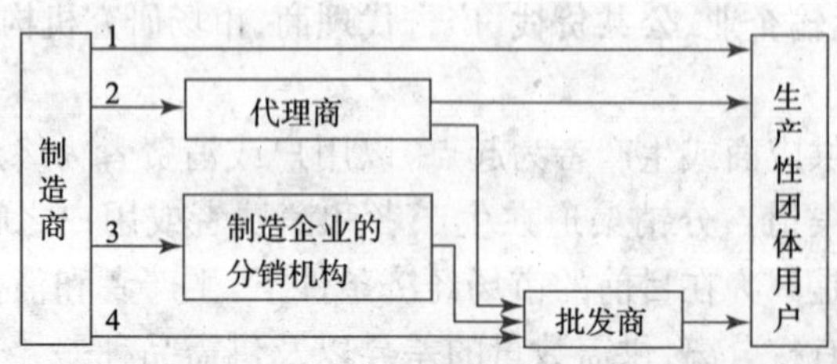

图 9.2　企业对生产性团体用户的销售渠道模式图

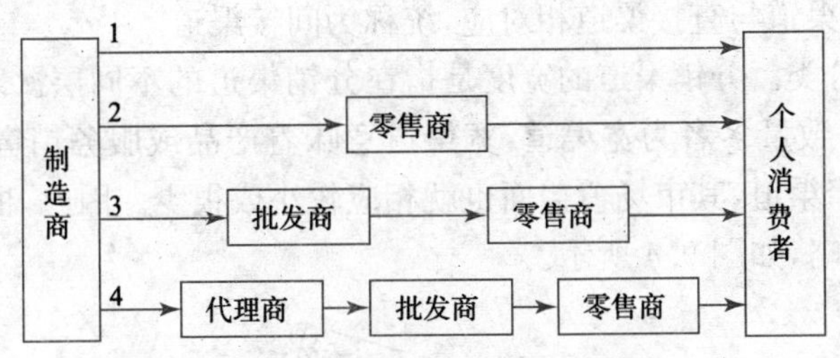

图 9.3 企业对个人消费者的销售渠道模式图

以上两图分别表示了企业对生产性团体用户和企业针对个人消费者消费的基本渠道模式，内容虽大体相同，但是途中箭头符号却发生了变化。图 9.2 表示企业对生产性团体用户销售的基本渠道模式，其中，最主要的销售渠道是通道 1，其次是通道 3。图 9.3 表示企业对个人消费者销售的基本渠道模式，其中，最主要的销售渠道为通道 4。

2. 营销渠道的类型

(1)按是否通过中间商分类。直接渠道和间接渠道的区别实际上就是企业在进行营销活动中是否会通过中间商的问题。

①直接渠道。直接渠道(direct channel)是指生产者直接把商品出售给最终消费者的分销渠道。基本模式为:生产者—消费者。直接渠道由于减少了一切中间环节，节约了大部分流通费用，而且产销直接见面，生产者能够及时、快速、准确地了解消费者对市场需求的变化，有利于企业及时调整产品结构变化，做出对产品的市场推广所需的相应决策。

直接渠道的具体销售形式有接受用户订货、设店销售、上门推销、利用通信和电子手段销售。

②间接渠道。间接渠道(indirect channel)是指生产者通过商品流通领域的中间环节将商品销售给消费者的渠道。其基本模式为:生产者—中间商—消费者。间接渠道是社会分工的结果，通过专业化的分工以便让商品的销售工作简单化。因为有了中间商的介入，分担了生产者的经营风险，生产者可以借助这些中间环节，增加其所生产商品销售的覆盖面，有利于扩大商品市场占有率。但中间环节过多，会增加商品自身的经营成本。

(2)按渠道长度分类。渠道长度是指一个产品在分销过程中所需要经过的中间环节的多少。所经中间环节越多，渠道就越长;反之，渠道就越短，最短的渠道是不经过任何中间环节的渠道。

分销渠道可以按其长度的不同分为以下四种基本类型:

①零层渠道。零层渠道也就是上面说过的直接渠道。

②一层渠道。一层渠道是指生产者和消费者(或用户)之间介入一层中间环节的分销渠道。在消费者市场，其中间环节通常是零售商;在生产者市场，大多是代理商或经纪人。

③二层渠道。二层渠道是指生产者和消费者(或用户)之间介入二层中间环节的分销渠道。在消费者市场，通常是批发商和零售商;在生产者市场则通常是代理商和批发商。

④三层渠道。三层渠道是指在生产者和消费者(或用户)之间介入三层中间环节的分销渠道。通常，三层渠道多见于消费者市场，通常包括两种情况:一是在批发商和零售商之间设有专业批发商，三者的关系为一级批发→二级批发(专业批发)→零售商;二是在批发商之前有一总经销商或总代理商，其关系是总代理商(总经销商)→批发商→零售商。

一层渠道至三层渠道与直接渠道相对应，统称为间接渠道。

(3)按渠道宽度分类。分销渠道的宽度是指在分销渠道的不同层次之中使用同种类型的中间商数目的多少。数量多者为宽渠道，宽渠道意味着产品或服务销售网点多，市场覆盖面大；中间商少者则为窄渠道，其市场覆盖面也就相应较小或很少。因此，根据不同的渠道宽度，通常分为三种分销策略，如图 9.4 所示。

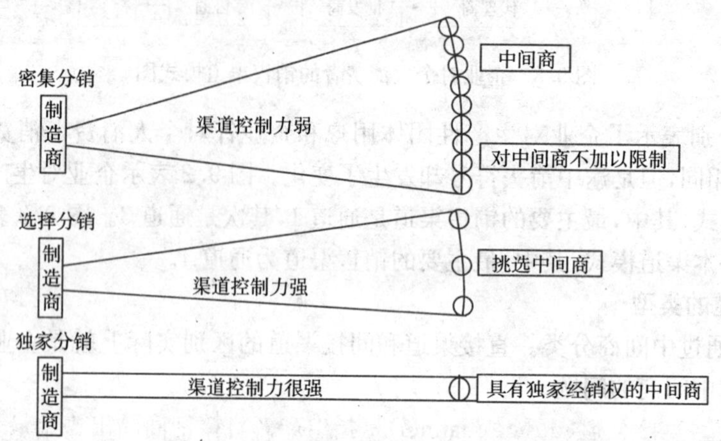

图 9.4　不同宽度的分销渠道

①密集分销。这是一种最宽的销售渠道。即在同一渠道环节层次上，生产企业尽量通过下设众多的中间商来在市场上推广其产品。这种策略的重点是在于扩大产品的市场覆盖面或迅速进入一个新市场，使众多的消费者或用户能够随时随地购买到这些产品。一般消费品中的日用品和产业用品中的通用机具大多采用密集分销的方式。

②选择分销。它是指生产企业在某一地区仅通过几个最合适的中间商推销产品。不管是资深的公司还是新成立的公司都可以通过承诺给予选择分销来吸引更多中间商的加入。这样，公司不必再为众多的中间商，尤其是那些无利可图的中间商去花费精力，并且公司可以容易地与选中的中间商形成良好的合作关系，并有期望得到高出于平均水平的推销努力。选择分销策略的重点是着眼于市场竞争地位的稳固，维护本企业产品在该地区良好的信誉形象，同时使生产者取得足够的市场覆盖范围，比密集分销成本更低，控制力也更强。这一策略适于消费品中的选购品，而且大多数商品都可用这种销售渠道进行销售。

③独家分销。它是指生产企业在面对某一市场对一种产品仅选择一家批发商或零售商销售的方法，通过双方协商签订独家经销合同，并规定生产企业不得让第三方承担购销业务。这一策略的重点就是能有效地控制市场、控制货源，或者是彼此充分利用对方的信誉口碑和经营能力，增强自己产品的推销能力。这样可调动中间商的经营积极性，其销售额可达到甚至超过通过众多中间商销售的总和。这一策略多见于新型汽车、大型家电和某些品牌服装的销售。

企业的渠道类型并不一定是统一的，还有可能是在本地区采用直接渠道，在外地则采用间接渠道；在部分地区独家经销，在其他地区多家分销；对消费品市场用长渠道，对生产资料市场则采用短渠道等。应根据实际情况择优使用。

3. 营销渠道的发展趋势

营销渠道并非是一成不变的，也会随着市场的变化而不断改变，以方便提高分销的效率。

营销渠道的发展趋势主要就是在渠道各成员之间形成统一的利益链条，谋求共同发展之路，实行统一组织、统一管理、统一设定渠道策略，方便调整市场的营销战略，以改变传统的营销渠道系统中制造商、批发商、零售商等各自为政的局面。

(1)垂直分销系统。垂直分销系统即垂直一体化，是指制造商、批发商和零售商等各部分不同的商家形成一个统一体。他们服从于同一个领导者，或是制造商、批发商、零售商，服从对象直接取决于其能量及实力的大小。垂直分销系统有以下三种主要类型：

①公司式垂直分销系统。公司式垂直分销系统是指制造商、批发商、零售商归属同一所有者并受其统一管理和控制的系统。其实，这样的垂直一体化既能向前一体化也能向后一体化。例如，日本松下电器公司不仅生产家用电器，在产品大量生产、大量销售的时代，松下公司以合并、共同出资等形式将众多的批发商和零售商收入自己的名下，使其同时成为系列批发商和系列零售商，最多时前者达224家，后者竟高达27 000家。类似的，西尔斯百货公司从其部分拥有或全部拥有的公司里销售产品的比例超过50%。

②管理式垂直分销系统。管理式垂直分销系统是指由某一家规模大、实力强的企业出面，将产品制造商和处于不同层次的中间商统一组织起来，并进行统一管理的分销系统。

③合同式垂直分销系统。合同式垂直分销系统也称契约垂直分销系统，是指以合同的形式将原本各自处于独立状态的制造商和不同层次的中间商联合起来而形成的系统。合同式垂直分销系统有以下三种形式：

• 批发商创办的自愿连锁组织。批发商组织独立的零售商成立自愿连锁组织，目的为帮助他们和大型连锁组织抗衡。

• 零售商合作组织。零售商组织一个新的企业实体来开展批发业务和所有可能的生产活动。

• 特许经营组织。包括特许批发商和特许零售商等。

(2)水平分销系统。水平分销系统是指在产品分销过程中履行同一渠道职能的两个或两个以上的企业联合起来共同开发并利用市场机会的系统。例如，某零售商店可以通过同其他零售商店合并或增加店铺来实行水平一体化。水平一体化能在采购、市场调研、广告推广、人事安排等多方面获得规模性效益，但这样做并非改善渠道的最佳方法。

(3)多渠道分销系统。多渠道分销系统是指一个公司建立两条或两条以上的分销渠道向一个、几个或更多的顾客细分市场分销其产品的系统。如某制造商一方面通过中间商分销产品；另一方面又利用网络销售其产品。采用多渠道分销系统，公司可以获得三个方面的好处：一是扩大市场覆盖面；二是降低渠道成本；三是增加销售特征，使产品更符合顾客的要求。

9.1.4 案例导入与解析

1. "县乡分销会"实现农村市场的爆炸式增长

大多数国产日化品牌的主要市场在县城以及乡镇，如何实现县乡以下市场的快速分销，提高销售量，是大家都十分关心的问题。

中国农村市场的确有不同于城市市场的特点：

(1)地域辽阔、人口众多、居住分散，短期内无法创造流行；

(2)终端销售网点多，但规模较小，单店产出销量较低；

(3)从众消费和攀比消费现象突出；

(4)店主推荐或乡亲的口碑效应更能决定产品的购买；

(5)影响产品农村市场销售的因素排名:渠道网络、质量、价格,最后是广告宣传。

因此,传统的一对一方式在县乡市场效率比较低,地域分散倒在其次。平时一个月销售几百元的小店,你让他一次进货几千元,靠最基层的业务员一家家去做这样的说服工作,难度之大可想而知。

县乡分销会是实现县乡终端快速分销的好方式。县乡分销会就是由县级经销商组织,把下面的零售客户请到一起开个订货会。经销商、批发商订货会早就存在,但针对县乡零售客户的订货会还不多见。订货会可以营造一个很好的气氛,大部分县乡零售客户都很少参加这样的会议,他们很容易受到会议气氛的感染。订货量是平时月销售的几倍甚至十多倍以上。

熟悉大卖场的人都知道,支付了高昂的进场费,产品进场后才是销售的真正开始。要提高销量还要靠厂家自己去维护陈列,不断搞促销活动。与大卖场不同的是,小终端一般为私营,店老板的推荐决定品牌销量的大小。那么在利润、品牌、支持等因素不分伯仲时,店主会推荐哪个品牌呢?答案是:库存最大的产品。

例如,江苏淮安某县有一家化妆品专营店,在当地数一数二,店主王老板年轻有为,精明强干,富有感染力,店面不过200 m^2,典型的小终端,销售额每天却有几万元。王老板同时代理了上海的一个不知名的高价品牌,首批进货就有10万元,而且几乎全部是现款,以后每月进货都有7万~8万元。王老板说:"一般的店经销新品牌,首批都不敢多要货,三五千最多万把块,卖着试试看。如果这样,那么新品牌永远也就几千块的量,不可能有大的突破。为什么呢?因为店主没有压力就不会花心思在这个品牌上。10万的产品,责任就大多了,不能老堆在仓库里,就要陈列大一些,位置显亮一些,让店员重点去推荐,销售自然就好多了。"

王老板所言,道出了县乡零售终端的重要特点:压货就能实现80%的销售。(本文由作者根据网络资料改写,原文见:中国营销传播网.)

思考与讨论:为什么县乡分销会会有这么显著的效果?其作用是什么?

分析提示:县乡分销会有建立网络、提升销售、增进客情三大作用。

2. 宝洁—沃尔玛协同商务模式

宝洁——全球最大的日用品制造企业与沃尔玛——全球最大的商业零售企业的"协同商务模式"并非一帆风顺。曾几何时,有着"自我扩张欲的家伙"之称的宝洁与沃尔玛经历过长时间的"冷战"。宝洁总是企图控制沃尔玛对其产品的销售价格和销售条件,而沃尔玛也不甘示弱、针锋相对,威胁要终止宝洁产品的销售,并把最差的货架留给它。

1987年,为了寻求更好的手段以保证沃尔玛分店里"帮宝适"婴儿纸尿布的销售,宝洁的CEO和沃尔玛的老板沃尔顿终于坐到了一起。那个时刻,被认为是协同商务流程革命的开始。

"宝洁—沃尔玛协同商务模式"的形成其实并不复杂。最开始时,宝洁给沃尔玛开发并安装了一套"持续补货系统",该系统使得宝洁可以通过计算机监视其产品在沃尔玛各分店的销售及存货情况,然后据此来调整生产和补货计划。此项措施很快在客户服务水平的提升和双方库存的下降方面取得了"戏剧性"的效果,并迅速地恢复了双方的信任关系。

在持续补货的基础上,宝洁又和沃尔玛合力启动了CPFR(collaborative planning, forecasting and replenishment,协同计划、预测与补货)流程。这是一个有九个步骤的流程,从双方共同的商业计划开始,到市场推广、销售预测、订单预测,再到最后对市场活动的评估总结,构成了一个可持续提高的循环。流程实施的结果是双方的经营成本和库存水平都大大降低,沃尔玛分店中的宝洁产品利润增长了48%,存货接近于"零"。而宝洁在沃尔玛的销售收入和利润也大幅增长了50%以上。

基于以上成功的尝试,宝洁和沃尔玛接下来在信息管理系统、物流仓储体系、客户关系管理、供应链预测与合作体系、零售商联系平台以及人员培训等方面进行了全面、持续、深入而有效的合作,宝洁公司甚至设置了专门的客户业务发展部,以项目管理的方式密切与沃尔玛等合作伙伴的关系,以求最大限度地降低成本、提高效率。

"宝洁-沃尔玛协同商务模式"的形成和实施,最终给双方带来了巨大的收益,并极大地提升了双方的市场竞争能力,巩固和增强了双方的战略联盟关系。(本文由作者根据网络资料改写,原文见:中国营销传播网.)

思考与讨论:宝洁和沃尔玛的"协同商务模式"的成效证明了什么?带给我们什么启示?

分析提示:渠道合作必须从对资源的抢夺和攫取转移到对供应链的再造和价值的增值上来。双方放弃短期的利益追逐,全面实施供应链全过程的商务协同运作,就能够把蛋糕做大,实现"双赢"。

9.1.5 模拟与实战训练

1. 模拟训练菜单

(1)选择合理的营销渠道。广东泰林食品有限公司是一家生产即冲即饮营养品"黑米片"的企业,产品销往全国市场。"黑米片"投入初期,企业为提高分销效率,采用了双重销售体系:在通过各地批发商销售的同时,还利用当地有实力的大零售商场进行双渠道批发。这确实使公司的市场份额有了较大幅度的提高。

但经过一段时间的发展,这种模式出现了问题。公司突然发现市场销售开始急剧下滑。经分析得知,产品在市场有了一定的知名度,市场批发、零售价格透明度增加后,这种双重销售体系的致命弱点也暴露出来。例如,兼营零售业务的批发商在获得了批零差价后,同其他不设批发的零售商直接竞争,打乱了保证零售商利益的零售利润,影响了零售商推销"黑米片"的积极性;批发环节也因争夺客户而降低价格促销,利润下滑导致中间商们推销的热情减弱。

泰林公司鉴于双渠道的诸多弊端,经研究及时改变了分销战略,将全国划成几大区域,企业投资建立直销办事处。首先废除过去的双渠道销售网,在删减部分流通环节的基础上,制定了一套"区域关系佣金代理"销售模式。一大批资金实力不雄厚但代理条件相对较好的代理商纷纷主动上门寻求合作。以泰林区域办事处为中心的佣金代理商们,被企业定为纯粹的销售代理,他们以赚取佣金收入为主,不承担大量经销买卖风险,在泰林划定的区域办事处进货。在分销中,若代理的某笔生意金额超过代理商的资金能力时,他们会积极介绍客户直接向厂家办事处进货,只要是在其负责区域内在办事处成交的订单,全部享受合同约定的佣金。

泰林这种利用代理商取代经销商的新分销战略很快取得成效,并且由于对各地代理商约束力加强,产品市场价格统一,使得市场规范,竞争力加强。

同时,新的佣金代理制也因为对代理商资金实力要求低,代理商经营风险小,使企业将大批有网络优势和经营热情的代理商纳入直销队伍,分销机会大增。"黑米片"在1998年的全国销量很快改降为升,市场占有率和覆盖面较双重销售体系高峰时增加近一倍。(资料来源:王瑶.市场营销基础实训与指导[M].北京:中国经济出版社,2009.)

应用思考:泰林公司成功地策划出适合本企业的营销渠道的关键是什么?

(2)新产品渠道选择。李某在某地区从事某国外A品牌计算机的销售工作,该地区有13

个县市，其中较大的有五个，而这五个城市的消费能力都差不多，每个城市都有一两家实力相对较大的经销商，他们也都成了每个厂家的首选目标。这些经销商目前或多或少都在推销A品牌计算机，但随着他们经销的品牌数量逐步增多，A品牌的销售增长却十分有限。

李某现在的做法是：将目前20多种不同型号的产品分给代理商包销，代理商负责发展当地有实力的经销商，并同样签署包销协议。在县市市场，由于当地市场不大，这些经销商同在一条商业街上，大部分既做零售又做批发。代理商为了自己的风险控制而不愿意增加旗下经销商的数量(因为会给代理商增加很多负担，如促销员等的费用就是由代理商支付的，销量上升了，但费用也增多了，利润能否增加就成了未知数)；而为了避免在价格上的不良竞争，保持高利润空间，与一家代理商合作的经销商也不愿意考虑同另一家代理商合作，所以，李某的产品在当地只能有一家经销商在卖了。

今年李某有很多优秀的产品上市，但销售量提高也很有限。所以，现在已经到了非改不可的地步了。目前已有很多其他经销商想卖李某的产品，或者提出要直接从李某这边进货，将代理商这一层给扁平掉。李某不知该何去何从？（资料来源：彭石普．市场营销原理与实训教程[M]．北京：高等教育出版社，2006.）

应用思考：如果是你，你将采取什么方法，解决这一难题？

2. 实战训练菜单

(1)到超市或商场进行库存管理活动或理货工作，实施了解各种商品达到终端的层次、宽度及途径。

(2)针对上述各类调研商品，选择较有典型意义的2～3个商品，就该商品的渠道选择调整及管理工作提出自己的建议。

(3)调查市场上产品尚处于投入期，而且该产品技术含量比较高，需要中间商有较高的专业知识的企业一般采取哪一种渠道策略？在选择渠道时一般考虑哪些因素？

(4)调查所在城市保健品的营销渠道是怎样的？

(5)调查所在城市处方药和非处方药的分销渠道有什么不同？

(6)调查所在城市的一生产企业，能正确选择一条适合该企业发展并且时间短、速度快、费用省、效率高的分销渠道。

任务9.2 设计营销渠道

通过实训，在实际工作中能根据企业实际情况正确进行分销渠道的设计和管理，能正确诊断并改革出现问题的分销渠道。

9.2.1 任务描述

深圳某家刚刚成立的日用品有限公司推出的A产品准备打入上海市场，建设分销渠道，该公司结合实际情况对影响渠道选择的关键因素分析如下：

(1)A产品特性。A产品是泡沫型妇科护理产品，剂型新颖，使用方便，但与传统的洗液类护理产品不同，首次使用需要适当指导。

(2)上海地区健康相关产品的渠道分析。药品、食品、保健品和消毒制品统称为健康相关产品,目前主要的销售渠道为药店、商场、超市(含大卖场)和便利店。其中药店多为柜台销售且营业员有一定的医学知识,目前,药店仍然是以国营体制为主,资信好,进入成本低,分布面广。商场、超市和大卖场近几年来蓬勃发展,在零售中处于主导地位,销量大,但进入成本高,结款困难且多为自选式销售,无法与消费者进行良好的沟通。便利店因营业面积小而以成熟产品为主。

(3)未来两年渠道变化趋势分析。目前,各大上市公司和外资对中国医药零售业垂涎欲滴,医药零售企业也在不断地做变革,加之医保改革使大量的药店成为医保药房,药店在健康相关产品的零售地位将会不断提高,其进入门槛也会越来越高,比起日渐成熟的超市大卖场而言,发展潜力巨大。

(4)该公司的营销目标。随着上海经济的快速发展,收入的不断提高,人们的观念也在不断地更新,对新产品更易于接受,该公司希望产品能够快速进入市场,成为女性日用生活的必需品,像感冒药一样随处可购买,从而改变中国女性传统的清水清洗和洗液清洗的习惯。最终,像卫生巾取代卫生纸一样成为女性妇科护理市场的主导产品。(本文由作者根据网络资料改写,原文见:百度文库.)

思考:试根据这些关键因素的分析,为A产品设计出理想的渠道。

9.2.2 实训步骤与考评

1. 实训准备

根据任务描述情境,将全班同学按每组5~8人分为若干个小组。每个小组成员认真阅读、分析案例,分工协作,分析、汇总资料,实行资源共享,进行各小组讨论。整理出每个小组的渠道方案,并记录设计渠道的详细步骤(实训评价的依据),由指导教师对各方案进行点评。

把影响企业渠道设计的主要因素分析好,按照企业设计渠道的基本步骤,最终设计出合理的渠道。

2. 具体步骤

训练学生能够根据对影响企业渠道设计的主要因素的分析,为企业设计出合理的营销渠道,具体做法见图9.5。

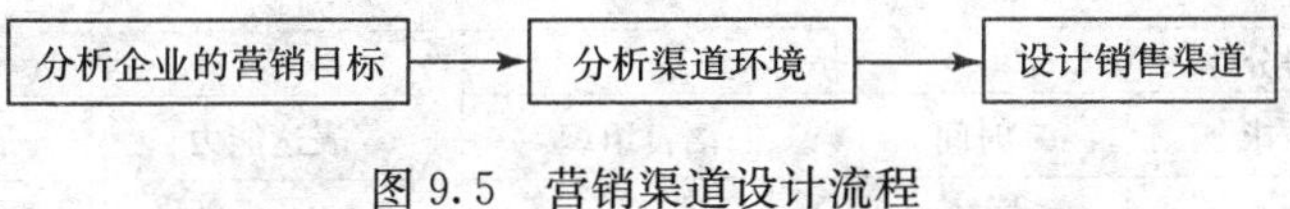

图9.5 营销渠道设计流程

(1)分析企业的营销目标——渠道策略是营销组合策略的重要内容,因此,设计营销渠道时必须先考虑企业的营销目标,选择适合的渠道模式。

参考做法:该公司的营销目标是希望A产品能够快速进入市场,并成为女性妇科护理市场的主导产品。这个过程需要很大的广告投入进行引导和时间积累,而在公司成立初期,大量的广告费和经营费意味着高度的风险。相关人员的口碑传播可能比较慢,但却是一种更安全和低投入的方式。努力使相关人员如营业员推荐和介绍本产品是优先考虑的方式。

(2)分析渠道环境——营销渠道的运作会受到外部环境的制约与影响,因此,设计营销渠道时有必要对渠道环境进行客观的分析。

参考做法:A产品属于健康相关产品,可以选择的销售渠道为药店、商场、超市(含大卖场）和便利店。各渠道特点不同，药店进入成本低、分布广且配有相对专业人员，但不足是药店销售会影响消费者对A产品的认知，消费群体有限；商场、超市、大卖场进入成本高，且其自选方式不利于对首次用药进行指导，但其优势在于覆盖面广，容易树立良好的产品形象，易于成为消费者生活必备品；至于便利店，适合成熟品的销售，因此，在进入市场初期不在渠道考虑范围，待时机成熟，得到认可后可以进入。

(3)设计销售渠道——要根据企业的营销目标和产品进入市场的不同阶段为产品设计合理的营销渠道，包括选择渠道模式和确定渠道结构。

参考做法：分步完善渠道结构，例如，起初发展传统国营医药渠道，在有限的广告中指定仅在药店销售，保证经销商的合理利润，在产品成熟后发展常规渠道。

渠道结构如下：

第一年度：公司→区级医药公司→药店和医院→消费者

（连锁药店）

第二年度以后：公司→区级医药公司→药店和医院→消费者

（连锁药店）

（商场、超市、连锁便利店）

3. 实训总结与考评

各小组成员根据自己的调查和实践，在训练结束后分别写出分析报告，说出对设计营销渠道流程的认识和理解，由教师和其他小组同学进行比较和评价。表9.2为各小组训练考评表。

表9.2 各小组训练考评表

成果展示与评价			分析报告及PPT形式答辩				
分析报告	分析报告必备项目		营销目标	渠道环境	渠道模式	渠道结构	文字表达
	评价标准		能准确把握企业的营销目标	客观、全面地分析渠道环境	合理选择渠道模式	渠道结构合理、新颖	简洁清晰
	应得分		20	20	20	20	20
	评价人	企业(50%)					
		教师(40%)					
		学生(10%)					
	实得分						
	报告最后得分						
PPT答辩	PPT答辩要求		时间	语言组织	表达能力	展现形式	形象礼仪
	评价标准		控制阐述与回答问题的时间	语言精炼、针对性强	表达清楚、准确	汇报形式新颖	形象得体、大方
	应得分		10	20	35	15	20
	评价人	企业(50%)					
		教师(40%)					
		学生(10%)					
	实得分						
	答辩最后得分						
	任务综合得分						

9.2.3 知识点拨

1. 影响分销渠道设计的因素

分销渠道设计是指生产者为实现分销目标，对各种备选渠道结构进行评估、分析和选择，从而开发新型的分销渠道或对现有分销渠道进行改进的过程。分销渠道的设计是企业重要的决策事项，分销渠道的选择对市场营销影响极大。

选择和构筑什么样的分销渠道要依据本企业的总体市场营销战略进行综合性判断和决策并加以整合，而且要适合或最能接近企业所确定的目标市场。影响分销渠道决策的主要因素有以下几个方面：

(1)产品因素。

①单位价值的高低。一般而言，商品单价越低，则分销渠道越长；反之，价值越高的商品，分销渠道越短。例如，一些日用百货通常都要通过几个中间商以后才到达顾客手中，而一些价格昂贵的商品，不宜使用过多的中间商，甚至可选择直销。

②体积与重量。一些体积大而且笨重的商品在运输上难度较大，所以选择比较短的分销渠道更加合适。

③易损性和时尚性。对于易储运、时尚性低的产品，可选择长而宽的间接渠道分销；反之，对于不易储运的鲜活易腐产品、易损产品和一些时尚性较强的产品，企业可选择直接分销或以短而窄的间接渠道分销。

④非标准化。非标准化产品通常由企业推销员进行直接销售，这主要是由于找到具有该类知识的中间商难度较大，如专业化商业表格和顾客订制的机器。

⑤技术性和售后服务。一些技术性强、售后服务要求高的商品可由生产者选择直接销售或选择少数有技术能力的中间商进行销售。

⑥新产品。新产品刚刚进入市场，中间商常常由于不希望承担风险所以不会对这样的商品进行销售，生产者则需要自己组织推销队伍尽快打开市场。

(2)消费者因素。消费者对商品的正确理解是所有市场营销活动的基础。对分销渠道的选择和构筑也无一例外，首先必须对消费者特性了如指掌，至少应明确以下一些项目：购买者、使用者是谁？为什么购买？何时购买？在哪儿购买？购买者会买什么？购买量、购买频率、顾客所能接受的购买单价分别是多少？是习惯性购买还是冲动性购买？购买行为是否慎重且有计划？购买者的生活方式通常是什么样的？最能接近目标顾客的最佳分销渠道是什么？

首先，不同的消费者对不同商品会有不同的消费习惯，而选择和构筑分销渠道时必须了解并努力贴近这些习惯。如便利品(香烟、肥皂、牙膏、大部分杂货、报纸、杂志等)的消费者很多(因而其市场很大)，而且消费者对这种消费品的购买频率很高，希望能随时随地买到这种消费品，所以制造商只能通过批发商和为数众多的中小零售商转卖给广大消费者，因此，便利品分销渠道是“较长而宽的”。而特殊品(如名牌西服等)，因为消费者在习惯上愿意花大量时间和精力去挑选这种特殊的消费品，所以特殊品的制造商(即名牌产品制造商)一般只通过少数几个经过精心挑选的零售商对产品进行销售活动，甚至在一个地区只通过一家零售商经销其产品，因此，特殊品的分销渠道是“较短而窄”。

此外，不一样的消费者有不一样的消费习惯。个人消费者一般是购买次数较多，每次购买数量较少；而产业用户一般都是购买次数少(设备要若干年才买一次，制造商所需要的原材料、零件等都是根据合同一年购买一次或几年购买一次)，单次购买量大。这就决定了制造商可以将产品直接销售给产业用户，而一般不能将产品直接销售给消费者，因为制造商多次、小批量销售会增加产品成本，不合算。

(3)市场因素。

①微观因素。有时企业要尽可能避免和竞争者使用相同的营销渠道；有时生产企业则希望在与竞争者相同或相近的分销渠道方面能够与竞争者的产品相抗衡。同时，要调查研究某一市场上批发商、零售商的规模大小、购买数量大小与商家竞争状况，将这些情况与企业生产量、生产周期进行对比，选择能更好地协调、适应市场的营销渠道。如果在某一市场上，大型零售商多，进货数量大，可以和生产企业的产量相匹配，在这种情况下，企业就可以采用较短的分销渠道，直接将产品销售给零售商；相反，中小零售商数量多，竞争激烈，则需要通过批发商的长渠道才能达到较好的营销效益。

②宏观因素。在经济萧条时期，通货紧缩，市场需求量严重下降，生产企业的侧重点只能是控制并降低产品的最终价格，所以必须尽量减少不必要的流通环节，使用较短的分销渠道，以避免影响产品销售。此外，政府有关商品的流通政策、法规也将会限制分销渠道选择的范围。

(4)企业自身因素。分销渠道的选择和构筑不仅仅只受到外部因素的影响，还要受企业自身各种因素的影响。

①声誉和资金。企业的声誉高，资产实力雄厚，具有大量经营管理销售业务的经验和能力，在选择中间商的时候就有更大的主动权，甚至还有可能建立起自己的销售力量和团队。企业以此为基础制订控制市场营销渠道进而控制市场的策略，这种营销渠道会短而窄。

②产品组合。如果一个企业产品组合的深度深、宽度大(产品种类、型号规格多)，则可以直接把产品销售给各终端零售商，这种分销渠道短而宽。反之，如果企业生产的产品种类单一、型号少，则产品只能利用更多批发商和零售商转卖给广大消费者，这种分销渠道长而窄。

③营销政策。企业现行的市场营销政策也会直接影响营销渠道的设计。例如，对最终购买者提供快速交货服务的政策，会影响到生产者对中间商所执行的职能、最终经销商的数目与存货水平和产品采用的运输系统的要求。

(5)环境因素。影响渠道结构的环境因素多而复杂，可以总体概括为以下几个方面：

①社会文化环境。社会文化环境包含了一个国家或地区的道德规范、思想意识形态、社会风气和生活方式、社会习俗、民族特征等诸多因素，与之相关联的概念可以具体到消费者的时尚爱好和其他与市场营销有关的一切社会行为。

②经济环境。经济环境对渠道的构成有重大影响，例如，生产越集中，人口分布面越广，分销渠道就越长。西方国家超级市场的以自助服务出售食物为主的方式的出现，是以科学技术发展到一定水平，消费者能看懂包装上的说明文字为前提的。如果在没有电视、报纸等大众宣传媒介的情况下，没有现代化的冷冻技术和包装技术为基础，没有其他自动化设备和收款机为依托，超级市场的出现是不可能的。

③竞争环境。竞争环境是指其他企业对某分销渠道及其成员所施加的压力，即令该渠道的成员面临市场被夺走的压力。竞争会影响各渠道行为，任何一个渠道成员在面临竞争时都有两种基本选择：一种是和竞争对手进行相同的业务活动，但一定要优于竞争对手；二是可以做出与竞争对手不同的业务行为。如日本的手表开始打入美国市场时，一反欧美手表通过百货商店、珠宝商店销售的传统渠道，而是采用由众多杂货店、折扣商店这种直接面向广大低收入阶层的销售渠道，从而取得了成功。

2. 分销渠道设计的原则

设计分销渠道时,无论出于何种考虑,选择何种渠道,一般都要遵循以下原则:

(1)畅通高效原则。这是渠道设计的首要原则。任何正确的渠道决策都应尽可能贴近经济高效、货畅其流的基本要求。商品的流通费用、流通时间、流通速度是衡量营销效率的重要标志。

畅通的分销渠道应以消费者的需求为导向,将产品尽好、尽快地通过尽可能短的路线,以尽可能低的费用送达顾客方便购买的地点。一个畅通高效的分销渠道,不仅是要让顾客在适当的地点、时间以合理的价格买到满意的商品,更应努力提高企业的营销效率,降低商品营销成本,以便获得最大的经济效益,赢得竞争的时间和价格优势。

(2)覆盖适度原则。随着市场环境的变化及整体市场的不断细分,传统的分销模式已经无法满足厂商对市场份额及覆盖范围的要求,而且顾客购物的偏好也在不断变化,他们希望购物更加便捷,更加物有所值或更加有选择余地。因此,企业应深入考察目标市场的购物心理变化,及时把握原有渠道的市场覆盖能力,并审时度势,对渠道结构做优化调整,勇于尝试新型渠道。

需要注意的是,企业在选择分销渠道模式时,只是强调降低营销成本是远远不够的,这样也可能导致市场覆盖率不足、市场潜力发掘不充分的后果。当然,在分销渠道的选择过程中,也应避免过度扩张、分布范围过大,从而导致沟通和服务的困难,以致市场管理失控的局面产生。

(3)稳定可控原则。企业的分销渠道模式一旦确定,就要花费相当大的财力、人力、物力去建立并加以巩固,整个过程往往是复杂而且漫长的。所以,企业一般轻易不会更换营销渠道成员,更不会随意转换渠道模式。只有维持渠道的相对稳定,才能进一步提高渠道所带来的效益。畅通有序、覆盖适度是分销渠道稳固的基础。

由于影响分销渠道的各个因素总是不断变化,部分原来固有的分销渠道难免会出现某些相对于市场不合理的问题。这时,就需要分销渠道具有一定的调整能力,以适应市场的新变化、新情况,保持渠道的市场适应力和顽强的生命力。调整时应综合考虑各种因素,使渠道始终都在可调控的范围之内并保持基本的稳定状态。

(4)协调平衡原则。企业在选择和管理分销渠道时,不能盲目追求自身的效益最大化而忽略其他渠道成员,应做到合理分配成员之间的利益。渠道的领导者应对渠道成员之间的各种合作、冲突、竞争的关系有一定的协调控制能力,以有效地引导渠道各成员之间的充分合作,化解矛盾,减少冲突,鼓励渠道成员之间有益的竞争,以确保总体目标的实现。

(5)发挥企业优势原则。企业在选择分销渠道模式时,为了争取在市场竞争中处于优势地位,要注意发挥自己在各方面的优势,要充分将分销渠道模式的设计与企业的产品策略、定价策略、促销策略结合起来,以增强营销组合的整体优势。

3. 分销渠道设计程序

虽然每个企业分销渠道设计的程序不尽相同,但通常渠道设计都会包括以下五个基本步骤:

(1)确定渠道目标。分销渠道目标是渠道设计者对企业渠道功能的期望,体现着渠道设计者的长远战略意图。分销渠道是所有参加分销者共同合作、有机结合的一个经济共同体,目的是获取各自所需的盈利及投资收益。所以,渠道目标可以通过销售、市场份额、盈利性、投资收益等进行多方面衡量。如果是以渠道运作的角度来探讨,渠道目标可以是市场覆盖率、渠道控制能力或市场灵活性。

(2)分析渠道环境。任何一个分销渠道的运作都是在一定的外部环境的影响和制约下进行的,而环境的不断变化又固然会引起渠道内部的一系列变革、分化与重组。因此,决策者在设计分销渠道时,有必要对分销渠道环境进行客观、全面的分析。

分销渠道环境有广义与狭义之分。广义的分销渠道环境主要包括两个组成部分,即微观环境与宏观环境。微观环境多指与分销渠道成员紧密相连的、直接影响其分销能力的各种参与者,在这个环境圈中,主要包括制造、批发、零售、仓储、选购、运输、信息、银行、广告、咨询、保险、调研等环节。宏观环境则涉及诸如市场趋势、市场时机、可能威胁、行业及政策限制等影响企业战略地位的巨大社会力量,包括政治、法律、经济、社会文化、自然、技术等多方面的内容。这些力量主要以微观环境为媒介对分销渠道间接地发挥作用,而微观环境中的每一个成员也会通过自己的意识与行为对宏观环境的变迁起着潜移默化的作用。

相对而言,狭义论者认为,环境研究应侧重于"不可控"这一特性,企业要做的应是更多地考虑如何去适应市场,顺应社会发展潮流,而将微观环境的分析纳入企业的具体的管理事务方式、战略制订和公共关系中去。这样,就不会让环境分析成为一纸空谈,甚至和具体业务的分析相脱节,而是更具有可行性和层次性。因此,渠道环境的分析更应该集中在对渠道产生间接影响的社会文化、经济、政治与法律、科技、自然与人口等宏观环境,为分销模式的选择打下良好的基础。

(3)选择分销模式。企业在建立自己的渠道时可以有许多模式供其选择,这些不同的模式是按照渠道成员之间的关系来进行划分的,具体来讲,企业可选择的渠道模式主要有四种:传统分销渠道模式、垂直分销渠道模式、水平分销渠道模式、多渠道分销渠道模式。

传统分销渠道中各成员处于一种相对松散的合作关系,各自追求利益最大化,最终将使得整个分销渠道效率低下。比较适合选择传统分销渠道模式的企业有:一是小型企业,小型企业资金实力有限,产品标准与类型不稳定,不适合采取分销系统固定的形式进行市场营销,例如,今年它生产床垫,明年就有可能生产服装,今年卖粮油,明年有可能卖水果,必然要求渠道的变革;二是小规模生产,产品数量太少,无法形成一个足够稳定的分销系统,因为实力强的分销商是绝不会与一个经营规模相差悬殊的企业形成紧密型关系的,小分销商也常常会努力寻求与大生产商合作。在市场营销不发达的时期,传统分销模式盛行。在生产相对较为分散的日常用品、小商品的生产领域,还是普遍存在传统的分销模式。

垂直分销渠道模式的特点是厂商与批发商或零售商形成紧密合作的关系,此类关系的形成机制有管理型、契约型和产权型。每一种机制都可让厂商与批发商、零售商之间形成利益共同体。垂直分销渠道模式的优势是:便于把握需求动向;渠道控制力强;易于安排生产与销售;合理管理库存;有利于组织竞争者加入;削减分销成本;商品质量有保障,服务水平高。垂直分销渠道系统的缺陷是:经销商缺乏独立创造性;维持系统的成本较高。

水平分销渠道模式具有的优势是:通过合作的方式实现优势互补与规模效益,节约成本,快速开拓市场。但水平分销渠道系统也有一定的缺陷:合作上经常出现冲突和困难。因此,水平分销渠道系统更加适合综合实力相当而营销优势互补的企业。

而如果选择了多渠道分销渠道模式,不同渠道之间的竞争既有可能促进销售额的共同增加,也有可能发生冲突。

(4)规划渠道结构。规划分销渠道的结构指确定分销渠道的长度、宽度和广度。

第一个要素是长度。相对制造商而言,渠道级次越高,销售面越广,控制难度越大,获得最终消费者的信息也就越困难。相对消费者而言,渠道级数越高,获得商品越容易,渠道服务水平越高,商品的价格越高。

第二个要素是宽度。如果一种产品通过尽可能多的销售网点供应给尽可能宽广的市场,就是宽渠道,否则,就是窄渠道。通常,分销主要有三种类型:密集分销、选择分销和独家分销。

第三个要素就是广度。主要有两种类型:一条渠道和多条渠道。在实际的分销渠道建立过程中,厂商大多要建立多渠道系统。

(5)分配渠道任务。企业在规划分销渠道架构之后,应制定加盟其分销渠道的成员的必须条件、明确责任、权利和义务。主要包括销售条件、地区权利、价格政策,还有每一方所应承担的责任和所应提供的特殊服务。

价格政策要求企业列出商品明确的价目表以及商品折扣明细表。企业应确保折扣优惠对于任何一个中间商都是一致的,不要厚此薄彼。

销售条件是指付款条件和期限以及对企业所提供的必需的担保。大多数的企业一般都会给付款期限短或付现款的中间商以更高的折扣优惠。企业也要向中间商提供有关商品的缺陷或者价格下跌等方面的风险担保,以鼓励各个中间商放心大胆地进货。

通常,中间商很想知道企业给予了其他中间商哪些特权,同时还喜欢把本地区的相关销售业绩都归于自己的名下,而不考虑这些成绩的取得背后有多少人付出了辛勤的劳动。因此,所有渠道成员必须要事无巨细地在事前列明各自的义务与责任,尤其是在特许代理和独家经营的渠道中更是如此,以免事后发生纠纷时影响渠道的正常运作。

4. 分销渠道管理

分销渠道管理是指产品制造商为实现企业分销的目标而对现有渠道中所有渠道成员进行统一管理,以确保企业和渠道成员以及各渠道成员内部间相互协调和通力合作的一切活动。

生产者和中间商各自的利益目标的不相同,必然导致二者对相同产品在产品销售方针、品牌营销策略、活动促销措施等方面存在矛盾。生产者和中间商的矛盾冲突在商品流转的过程中是普遍存在的,只是冲突的强弱程度不尽相同。从这个角度讲,分销渠道管理就是生产者设法解决与中间商之间的冲突,并以各种适宜的措施去支持和激励中间商积极分销,从而促使商品高效地流转到消费者手中的活动过程。

分销渠道管理工作的要点包含以下几个方面:

(1)选择渠道成员。为了实现企业的市场营销计划和目标,各企业都须招募合格的中间商来从事渠道分销活动,从而成为该企业产品分销渠道的成员之一。招募过程中须严格根据选择中间商的条件进行辨别。

(2)为中间商提供适销对路的产品,争做渠道中的"领袖"成员。在销售过程中,商品之间往往存在着某些连带作用,而顾客购买他所偏爱的某种商品时会顺便购买其他商品。因此,中间商总是设法去进购某些快货、俏货,也期望投资于这类商品的促销,并借此带动中间商的整体经营。

(3)合理分配销售利润。生产者与经销商协作销售,必须要给予经销商合理的销售利润,这样才能充分调动经销商对本企业产品促销的积极性。与此同时,也可对厂家分出的利润总额进行细分,并根据各经销商在销售各方面的工作绩效大小去合理分配利润,从而达到准确引导中间商配合厂家进行促销工作的目的。

(4)恰到好处地实施激励措施。生产者应对中间商采取适当的激励措施,如各种奖励、折扣、降价保证、质量担保等。但激励一定要适度,因为激励费用过高,会使生产者的盈利下降,而且在有些场合下,如果激励过度,会取得相反的效果。如累计折扣设置不当,会造成中间商盲目购进,从而给厂家造成市场需求量大的假象,进而致使生产的盲目发展和供给过剩。

(5)评估渠道成员。生产者必须定期完整评估中间商的绩效是否已达到某些预定标准。如果某一渠道成员的绩效远低于既定标准,则须找出主要原因,同时还应考虑所有可能的补救方法。当更换或放弃该中间商将会导致更坏的结果产生时,生产者只能无奈地容忍这种令人不满的局面;当不会致使出现更坏的结果时,生产者应要求工作成绩欠佳的中间商在一定时期内做出改进,否则,就取消其营销资格。

(6)对渠道成员实施适当的强制。如果一开始生产者与中间商就签订了有关绩效标准和奖惩条件的契约,就可避免种种不愉快的产生。在契约中应明确经销商的责任,如销售业绩、强度与覆盖率、次品与遗失品的处理方法、送货时间、平均存货水平、对企业促销与训练方案的合作程度、中间商必须提供的顾客服务等。如经销商违反相关合同则应实施制裁和处罚,如减少经销商产品的利润幅度,撤销过去所答应的奖励措施,减少采购量或供货量等。如果该生产企业是渠道领袖,拥有非常受欢迎的产品或十分雄厚的企业资源,而受控成员的企业资源十分薄弱却又热衷于经营该生产企业的产品,运用强制手段最为有效。

(7)利用专门知识。生产企业拥有能帮助渠道成员提高经营能力的专门知识,利用这些专门知识,可促使渠道成员的业务行为与自己的期望相贴近。

9.2.4 案例导入与解析

1. "家和"的营销渠道策略

家和葡萄酒有限公司坐落于河北省怀来县沙城产区。沙城产区是中国最著名的葡萄和葡萄酒产地之一,是闻名遐迩的"长城"葡萄酒的故乡。葡萄栽培有上千年的历史,以盛产白牛奶和龙眼葡萄而著称。20 世纪 70 年代,随着葡萄酒业的兴起,葡萄品种开始由鲜食葡萄向国际专用酿酒葡萄发展,特别是 1976 年沙城被定为国家葡萄酒原料基地之后,葡萄种植业迅速发展,短短 30 年间,全县已拥有各类葡萄品种 150 余个,种植面积近 7 000 hm^2,年产葡萄 8 万余吨。沙城产区的葡萄酒产业迅猛发展,先后兴建了龙泉葡萄发酵有限公司、河北夹河葡萄酒有限公司、河北马丁葡萄酿酒有限公司、容辰葡萄酒有限公司等 17 家葡萄酒、葡萄原酒生产企业。葡萄原酒生产能力达 15 万吨,成品酒生产企业的品牌也得到了进一步的推广,长城、沙城、桑干河、华西村、容辰、马丁等都是消费者耳熟能详的品牌。

家和葡萄酒有限公司便是当地专门生产葡萄原酒和葡萄酒的支柱性企业,生产的家和牌葡萄酒酒体丰满、口感醇厚,备受业内专家好评。产品上市之初,选择了首都北京这个大市场作为突破口,并且模仿长城公司,采用了分区代理营销渠道模式,然而在全国葡萄酒整体热销的大背景下,家和葡萄酒的销售业绩却差强人意,仅仅历时约一年,便以失败告终。为此家和公司专门召开高层会议,从市场的选择、采用的渠道模式、经销商及促销人员水平、产品定位、价格等多方面进行了详细的研究、分析、探讨,综合考虑了家和公司的规模、财力、入市时间、产品结构、定位等实际情况,最后决定采用总代理、分区代理和直销相结合的新型渠道模式,且以面向大部分工薪消费者的分区代理模式为主,以其他两种渠道补充高端市场和偏远贫困的低端市场空缺,精选对当地风俗和消费习惯都熟悉、业务水平高的经销商,再加一些行之有效的促销手段来推动市场，实践证明非常成功，销售业绩大幅增长。（本文由作者根据网络资料改写，原文见：栖息谷.）

思考与讨论：家和葡萄酒有限公司渠道策略起初失败和之后成功的原因又是什么？从中我们能得到什么启示？在接下来的渠道建设和拓展方面，你想给家和提出什么建议？

分析提示：刚入市选择首都北京，品牌众多且杂乱，市场的竞争相当激烈、残酷，家和企业规模相对较小，产品不够成熟，在竞争如此激烈的大都市，采用分级较多的渠道模式是行不通的。之后，针对企业自身特点，摒弃采用单一传统模式的做法，博采众家之长，确立一种新型营销渠道模式，使得销售业绩大增。得到的启示就是在营销渠道的选择上也要采取灵活多变的方式，如果一味僵硬地固守一种传统模式，势必要失败。在渠道建设和拓展方面，首先，要进一步扩大营销渠道规模，拓展在行业内有优势的代理商和合作伙伴，最大限度地占领市场，促进企业发展。此外，进一步加强厂商和渠道之间的和谐关系，突出和气生财理念，谋求各方利益的共赢，这样企业才会不断发展壮大，才会稳立市场潮头。

2. 联想：渠道先行

联想采用的是通过“1＋N＋N”的渠道策略将触角伸至农村市场最深处，以“推广基金”和让利来刺激经销商的积极性。

“1”指的是分布于地市县的700家地标店，两个“N”则分别代指与地标店互为补充的7 800家乡镇专卖店和深入乡镇村的便民窗口。这一连串渠道的铺设，不仅可以保证农村用户在一小时车程内购买到下乡产品，同时还能让缺乏计算机知识和技能的用户，在店面中获得产品体验和服务。“地标店”是联想渠道策略的依托。为了确保地标店能成为队伍中的精英，其建设初期都要经过联想“三选标准”的严格筛选，先选城市，次选经销商，再选店址。地标店的经销商将得到来自联想强有力的支持，无论是形象还是管理，甚至在供货最紧张的时候，新建店也将得到优先保障。

光靠联想一层一层建地标店肯定是不现实的，第一没有这么大的人力和物力，第二速度太慢，第三消耗资源太大。联想集团希望，通过这一全新的渠道模式，将联想的产品和服务高效覆盖到县级区域市场。家电下乡早于计算机，家电企业既有的乡镇渠道被联想很好地再利用了起来。2009年上半年，联想经过镇级市场调查，已经搜集了两万个镇级经销商的信息。

纵深市场的发展，联想主要依靠增值分销商，由他们代替联想进行市场开发和渠道建设、管理，一层层发展下级经销商，开设乡镇销售网点，直至覆盖县以下的庞大市场。如何激发经销商的积极性，是联想一直在考虑的事情。下乡计算机利润率偏低，没有盈利空间，渠道就没有积极性。联想从2009年9月开始提供一项特殊政策，给每个地标店一个选件产品包，囊括计算机周边产品，地标店可以非常优惠的价格订购，联想在这部分几乎不盈利，主要目的是支持经销商积极性。

“1＋N＋N”模式逐渐深化，越来越多的县镇级市场要深入推广，为了调动镇级渠道积极性，联想设立了经销商“推广基金”，以更加有针对性地在本土开展推广活动。推广基金根据县镇经销商上季度销量作为当季推广资源量化的标尺，针对季度销量大于或等于50台的A类经销商，由联想和经销商按7∶3的比例共同承担推广资源，渠道可独立按照推广基金使用规范实施推广活动；对季度销量小于50台的B类经销商，联想提供经销商推广基金包，依然由分区和渠道按照原有的灵活推广方式实施。

根据商务部近期发布的家电下乡2010年底统计结果显示，在计算机厂商中，联想计算机的销售额占家电下乡计算机厂商总销售额的43.97%，成为计算机下乡的最大赢家，这份成绩单相当一部分的功劳要归功于联想的渠道建设。（资料来源：少艾．联想：渠道先行[J]．世界经理人，2010.）

思考与讨论：试总结联想计算机在农村市场进行渠道建设和管理的主要策略？

分析提示：第一，构建“1＋N＋N”渠道策略，通过地标店、乡镇专卖店和深入乡镇村的便民窗口，将渠道向农村市场纵深处延伸。第二，设立推广基金，由联想和经销商共同承担资源，经销商可独立按照推广基金使用规范实施推广活动。第三，让利渠道，给每个地标店一个选件产品包，囊括计算机周边产品，地标店可以非常优惠的价格订购，以此支持经销商积极性。

9.2.5 模拟与实战训练

1. 模拟训练菜单

(1)根据目标市场来确定渠道策略。某有限公司成立于1992年，最早以生产寻呼机闻名。随着寻呼业务的逐渐衰退，1999年，该公司选择了手机作为转型产品。2000年，为了开拓国产手机市场，该公司自建了一个庞大的手机营销服务网络，在全国范围内设立了28家分公司、300多个办事处。这种垂直渠道销售模式，使A品牌手机2001年的销量达到246万台。该公司很快占领市场并提高了知名度。但是，该公司销售网络的扩张，也花掉了巨额的销售费用，再加上2001年A品牌以销售中低端手机为主，这使得A品牌手机虽然销量非常大，但是利润回报却比较低。在经历了几年的微利、困苦经营后，2006年，该公司做出重大战略调整，决定进军高端手机领域，提高A品牌手机的品牌价值。公司总经理多次找到营销部经理讨论有关销售渠道问题，其中问题的关键是：原有的延伸到县级区域的销售网络并不能直接应用于高端手机的销售，需要对现有的销售网络进行改造。（资料来源：张润琴．市场营销基础[M]．北京：高等教育出版社，2005.）

应用思考：如果你是营销部经理，你将采用什么方法或方案让现有的销售网络支持A品牌今后进军高端手机市场？

(2)根据渠道环境确定渠道策略。饭店的利润空间很大，除了菜肴上的，酒水更是块肥肉。据了解，饭店酒水进场费的形式多样，一种是促销买断费，分为包厢买断、楼层买断、整个饭店买断。另一种形式是产品买断，以某品牌牛奶为例，如果是饭店独家买断的费用一年得15万元，也就意味着顾客在这饭店只能喝到一种牛奶。当然生产商也可以选择促销员买断，就是只允许一家供货商的促销员驻店。不少大酒店每年光各类酒水的“进场费”、“开瓶费”就能收入几万甚至几十万元。

饭店直接派促销员成本太高，也受客人排斥，酒店服务员就是最好的隐性促销员。服务员除了固定的工资之外，开瓶费也是一种额外的高收入，而且酒店的开瓶费相当之高，所以酒店给推销人员巨大信心的就是高额的开瓶费：68元一瓶的酒开瓶费35元，28元一瓶的大特液开瓶费15元，250克装酒开瓶费8元。他们相信，面对超过酒价一半的开瓶费，每名服务员都会心动。所以作为服务员会想方设法得到这种额外的收入，服务员赚得多了，那么酒店也就赚得多了。但是酒店想要以低价购入高价出售，必须和供货商建立良好的关系。

在整个酒水供应的利益链上，生产商、经销商、酒店三方相互牵制，形成了一个利益共同体，三方获利的前提是酒水销量。在这之中，各家又有所不同。酒店即使收取了进场费，还有销售提成，其他小费用(大小节日、庆典费、礼品费等)往往也是“只要一个电话”。其实不仅仅是酒类，饮料的促销也是如此。一盒在超市售价5元的酸奶，在酒店起码要10元，服务员拿只空酸奶盒可换取2元，有些服务员还会拿走尚未倒光的酸奶盒。所以说，酒水在饭店这个地方利润空间很大，运用适当的方法来获取利润对酒店的发展有一定的好处。(本文由作者根据网络资料改写，原文见：金华新闻网.)

应用思考：综上所述，若你是酒店的销售经理，你将如何选择饭店产品的销售渠道？

(3)解决渠道冲突。在N市，K公司的分销渠道由两个经销商组成，他们拥有各自的销售区域。由于市场空白较多，未出现窜货、价格冲突等问题。

经销商小李实力较强，但经营多种品牌，什么赚钱卖什么，对K公司忠诚度低。K公司多次找经销商小李谈话，希望他能够专心于K公司品牌。但小李不愿放弃经营竞争品牌带来的利润，期望通过脚踏几只船，在各个品牌之间捞取好处，使自己的利益最大化。经销商老张经营K品牌的热情度很高，在他的销售区域内，K品牌表现良好，但他是刚踏入这个行业的新手，经验和实力与经销商小李相比，有一定差距，在短期内难以有质的飞跃。分析了市场和渠道的现状之后，K公司办事处认为，依靠原有经销商难以建设一个高效的渠道。想全力扶植小李壮大，但小李对K品牌的忠诚度低，极易造成渠道的动荡；老张虽然忠诚度高，但是实力弱小，依靠他反而会丧失市场的良机。

于是办事处决定，在保持原有渠道现状的基础上，自建直销渠道，利用公司投入的人员和运输工具开拓N市空白市场。这样直销与经销相结合，利用渠道组合进行优势互补，就避免了渠道单一形成的“渠道依赖症”，加强企业对渠道的掌控力。

K公司在N市制定了这样的渠道格局：将小李和老张的空白市场划分出来，由办事处、老张、小李三方进行共同开发。办事处负责的区域由企业自建渠道，采用直销的方式。

虽然办事处的直销区域大部分是空白市场，但是凭着办事处业务员丰富的直销经验，对终端良好的服务，迅速填补了市场真空，市场覆盖率和占有率得到明显提升，带动整体市场逐渐火热起来。

但好景不长，两个月以后，K公司自营渠道与经销渠道之间的矛盾也逐渐暴露出来。随着时间的推移，经销商和办事处的矛盾不断地加深，导致办事处无法与经销商沟通，统一的价格和促销难以执行。有一些经销商的业务员为了提高竞争力，直接把促销折算成钱从货款中扣除，在终端之间开始流传一些有关K品牌降价的消息。渠道的利润非但没有增长，反而有所下降。老张和小李也失去了积极性，开始联合起来抵制办事处。

K公司渠道面临崩溃！(本文由作者根据网络资料改写，原文见：有效营销.)

应用思考：试详细分析K公司面临的渠道冲突情况。根据你的分析，设计出渠道冲突解决方案。

(4)渠道防御。光明啤酒厂是一家中小企业，产品市场局限在该市及下辖各县。竞争对手星光啤酒集团是一家股份制企业，准备一举拿下光明啤酒厂的市场。

无论是资金、人才、品牌、生产能力、反应能力，还是产品质量、品种准备、广告、促销准备，光明厂的实力都无法与星光比较。但该市现有啤酒经销商大多是与光明公司携手成长起来的，渠道呈现扁平化，形成了一个密集的网络和良好的服务体系。而这恰恰是星光的弱点。(本文由作者根据网络资料改写，原文见：MBA智库文档.)

应用思考：面对这个局面，如果你是光明啤酒厂新上任的销售部经理，试做一个模拟对抗，把自己防御的方法与竞争对手的反击以及可能出现的结果进行事前分析，然后提出有效的策略。

(5)渠道创新。河北省鹿县盛产枸杞,其产量占全国枸杞总产量的较大比重,但是有关部门不愿意收购,说是产大于销,无销路。果真如此吗?经调查了解,枸杞不是无销路,而是拥有很大的市场。问题在于缺乏一个合适的销售途径。原来,人们生活水平提高了,枸杞不再是纯粹的中草药,还有其他用途:滋补品,桌上佳肴,馈赠亲友的上好礼品。(本文由作者根据网络资料改写,原文见:MBA 智库文档.)

应用思考:试根据以上情况,为企业枸杞行销疏通渠道进行策划。

2. 实战训练菜单

(1)走访所在城市大型水果批发市场的所有批发商行,了解行业渠道选择、行业渠道运行、行业渠道管理的状况。

(2)调查所在城市食品专卖店的渠道运行情况。

(3)了解所在城市的矿泉水企业选择了什么样的渠道模式,以及是如何规范中间商行为的。

(4)调查所在城市的几个知名企业选择了什么样的渠道模式,以及是如何使通路更有效地完成产品销售的。

(5)调查所在城市一些企业对经销商采取的直接与间接激励措施有哪些。

(6)在当地选择一家工业品生产企业,对其渠道状况进行分析,指出其存在的问题,并提出改进的意见。

项目10　策划促销

实训目的与能力要求

通过本项目实训技能的练习，正确理解促销、组合促销的基本理论，进一步加深组合促销策略的认识，能通过对影响组合促销决策的主要因素的分析，依照促销目标，为企业量身打造适合的促销方案。

任务10.1　掌握促销策略

实训目标

通过实训，加深对促销及组合促销的认识和理解，掌握组合促销的决策因素，掌握促销方法和策略，了解影响组合促销的主要因素，为企业选择适合的促销策略。

10.1.1　任务描述

王女士就职于某五星级饭店潮州餐厅经理，几年来，餐厅经营业绩非凡，回头客不断。近来，由于受内外环境的影响，餐厅营业额开始每况愈下，王女士承受着巨大的压力。

压力之下，王女士在新厨师长的配合下带领员工们开始了各种促销活动，如龙虾特荐、海鲜食品节等。王女士及其助手还在每天的班前例会上，不厌其烦地向员工讲述昨天的营业状况，分析与本日预算收入及利润的差额。要员工接受推销技能的各种培训，提高客人的平均消费。一时间，餐厅的员工们被笼罩在浓重的经营氛围之中。

不尽如人意的是，尽管王女士进行各种促销，但营业收入仍无法达成目标。王女士考虑再三，出台了一套销售奖励政策，其主要内容如下：员工若销售出高档食品，如龙虾、鱼翅、鲍鱼等，可以得到菜肴售价3%的奖励提成；员工销售出高档酒水，如白兰地、香槟、茅台等也可获得相同比例的提成。此政策经餐饮部讨论和饭店当局认可后，开始在餐厅实行。可以说，这个政策的实施，极大地调动了员工的推销积极性，员工们满怀热情地将以往向客人提建议的交谈口气调整为竭力推销的口气。几天以后，客人平均消费指数有了明显的提高，总收入也开始令人欣喜。

但好景不长，两个月后，餐厅开始门庭冷落，许多过去常来光顾餐厅的老顾客也不见踪影了，餐饮部总监看着平均消费不断提高，就餐人数不断下降的经营报告，终于意识到了问题的严重性。

几天以后，王女士被调离潮州餐厅。（本文由作者根据网络资料改写，原文见：职业餐饮网.）

思考：你若是新聘请的餐厅经理，试分析王女士的促销策略为什么失败？为了达到较好的效果，你会采取什么样的措施？

10.1.2 实训步骤与考评

1. 实训准备

根据任务描述情境，将全班同学按每组5～8人分为若干个小组。每个小组成员认真阅读分析案例，分工协作，分析、汇总资料，实行资源共享，进行各小组讨论。整理出每个小组的分析报告，由指导教师对各方案进行点评。

2. 具体步骤

训练学生能够对产品特性、消费者心理及企业实际情况进行细致的分析，选择恰当的促销方法，具体做法见图10.1。

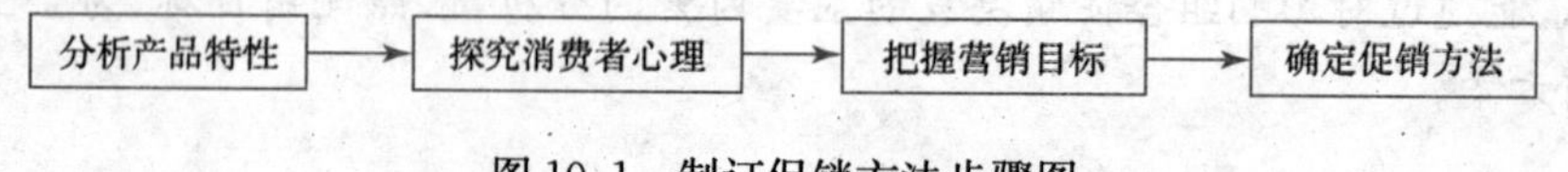

图10.1 制订促销方法步骤图

(1)分析产品特性——消费者对不同产品具有不同的消费心理，因此，策划促销活动时需要对产品特性进行分析。

参考做法：餐饮经营者销售的产品包括食物和服务两部分。餐厅销售饮食产品，需要有令人愉快的、业务熟练的服务人员在热情、轻松、友好的气氛里为顾客提供诱人、美味的食品，并且要使顾客乐于接受。优质服务的含义是服务员能最大限度地为顾客着想。

(2)探究消费者心理——消费者的消费习惯和心理对促销方法的选择至关重要，因此，有必要对消费者的消费心理进行深入的探究。

参考做法：当顾客认为服务员的建议是关心自己的就餐需要时，他才会发自内心地乐于消费，因为他知道这样的消费是有价值的。反之，如果某服务人员仅仅为了增加餐厅收入而向顾客勉强推销的话，势必要伤害顾客。受伤害的顾客永远不会再次光顾该餐厅。

(3)把握营销目标——企业的促销活动应是围绕着企业的营销目标展开的，有助于实现营销目标的促销策略才是成功的促销。

参考做法：餐厅的营销目标有五点，第一，提高顾客就餐人数；第二，提高回客率；第三，提高顾客平均消费；第四，提高饮品占食品的销售百分比；第五，成本控制。这五大目标中，首要完成的必须是第一、第二两大任务。因为没有客人，就无从销售，没有回客率，就餐人数也不可能得到保证。

(4)确定促销方法——围绕企业的营销目标，结合企业自身实际情况，充分考虑产品特性及消费者消费习惯及心理，制定有效的促销方法。

参考做法：王女士的促销活动之所以失败，有三个原因，第一，高压促销导致顾客流失；第二，王女士及其员工没有建立正确的销售观念；第三，面对压力王女士只想一次从客人口袋中多拿出一点钱，而没有想到这种做法隐含的危机。

可以采取的促销方法是增加餐厅菜品种类，丰富价格层次，逐渐修正顾客关于潮州餐厅只卖海鲜等昂贵食品的概念。例如，开设北京烤鸭宴吸引欧美客人，午餐提供不同价格的工作套餐吸引商务散客，开设中式自助早餐，方便喜欢中式早餐的住店客人，周末提供家庭套餐供市民享用等。注意对员工进行正确的销售技能培训，使员工学会科学推销。

3. 实训总结与考评

各小组成员根据自己的调查和实践，在训练结束后分别写出分析报告，说出对策划促销活动的认识和理解，由教师和其他小组同学进行比较和评价。表10.1为各小组训练考评表。

表10.1 各小组训练考评表

成果展示与评价			分析报告及PPT形式答辩				
分析报告	分析报告必备项目		产品特性	消费者心理	营销目标	促销手段	文字表达
	评价标准		能客观、全面地对产品特性进行分析	能准确把握消费者的消费习惯和心理	能正确设定和解读营销目标	合理、有效地选择促销手段	简洁、清晰
	应得分		20	20	20	20	20
	评价人	企业(50%)					
		教师(40%)					
		学生(10%)					
	实得分						
	报告最后得分						
PPT答辩	PPT答辩要求		时间	语言组织	表达能力	展现形式	形象礼仪
	评价标准		控制阐述与回答问题的时间	语言精炼、针对性强	表达清楚、准确	汇报形式新颖	形象得体、大方
	应得分		10	20	35	15	20
	评价人	企业(50%)					
		教师(40%)					
		学生(10%)					
	实得分						
	答辩最后得分						
	任务综合得分						

10.1.3 知识点拨

1. 促销概述

在现代社会，由于社会经济的飞速发展，市场需求与市场竞争越发得复杂多变，仅有合理的价格、优质的产品和适当的渠道，并不一定能让消费者对某一企业的产品及其有关的情况产生关注，企业还需要采用各种合理有效的方法和手段，促进企业产品的销售，加快企业发展进程。由此，促销活动就成为现代市场营销活动的重要组成部分，促销策略也就成为企业营销策略的重要组成部分。

(1)促销的含义。促销就是营销者对消费者传递有关本企业及产品的各种信息，说服或吸引消费者购买其产品，以达到增加销售量的目的。促销实质上是一种沟通活动，即营销者(信息提供者或发送者)发出各种能刺激购买者消费的信息,把信息传递到一个或更多的目标对象(即信息接受者,如听众、观众、读者、消费者或用户等),以影响目标对象的态度和行为。

随着现代市场营销观念的建立,并且这种营销观念也日益被社会所接受,促进销售活动的范围已远远超过以往,这已经不仅仅是一种单纯的促成商品所有权转移的商业行为,更多的还在于通过促销活动创造社会需求,进而达到促使整个社会生产的发展和繁荣的目的,以维持一定的生活水平。

(2)促销的方式。一般说来,促销有以下几种方式:

①广告。广告是企业以付费的方式获得各种媒体向目标市场和社会公众进行信息沟通的活动。作为一种高度大众化的媒体传播方式,广告在促销功用上最大的优点是:信息传播广,速度快,重复性良好,在送达的时间、频率、人文、地理的覆盖面上一般都方便控制和选择,某些媒介如电视、杂志等还可以提供令人欢乐的图像再现效果。其缺点是:接受信息的部分人有时并非广告主所预期的宣传对象,难免会造成一定的浪费。此外,广告在反馈信息的收集方面,即时性差。这些特点决定广告更合适于消费品的宣传,而工业产品一般很少利用广告作为主要的促销手段。

②人员推销。人员推销主要应用于售给集团和购买规格复杂、价值高昂的商品的销售业务。其优点是:介绍细致,信息反馈及时,推销人员据此可以随时对营销策略加以调整来适应市场销售的需要;同时,由于是面对面销售,还具有密切、协调买卖双方关系的作用。其缺点是:合格的推销人员很难物色和培养,而且信息传播面比较窄,费用很高。

③营业推广。也称为"销售促进",包括赠券、有奖销售、附加赠品、特别折扣、产品展销、使用操作表演等。它的优点是能强行刺激消费,并会产生速效功能,以刺激人们试购。因此,在竞争相对激烈的市场条件之下,它能为新兴产品打开缺口,但从树立企业和产品自身的良好形象上来看,却有可能产生某些副作用。

④公共关系。公共关系是指主办者无须付费,即可在某种出版媒体上发布重要的商业新闻,抑或在广播电视或舞台上获得有利的报道、展示和表演,以达到宣传企业形象和推销产品及服务的目的。这种宣传只是一种间接的促销方式,企业并不要求达到直接的销售目标,但它却对企业具有某些特殊意义,由于许多人认为新闻报道相对广告而言更为客观、可信。通过公关宣传,企业可有效地将营销信息传递给那些并不相信推销员和广告的顾客。

(3)促销的作用。促销的作用概括起来有以下几方面:

①沟通信息,架起促销桥梁的作用。促销的本质就是企业与其目标市场之间的信息沟通,这是促销最基本的作用。企业的营销活动过程,就是信息流、商流和物流有机结合的过程,而信息流是商流和物流的前导。促销能有效地在企业和消费者之间架起沟通的桥梁,通过促销活动能把企业的产品、价格、服务、市场信誉、交易条件和交易方式等有关信息告知广大公众,让他们对企业信息由无知变为有知,从知之不多到知之较多,从而能使他们在选择和购买目标时,将企业的产品或劳务纳入其选择范围。通常消费者对企业的信息了解得越多,那么消费者选择该企业产品的可能性也就越大。另一方面,企业也可以通过促销活动中的信息反馈,能及时了解中间商与消费者对产品的不同看法和意见,方便迅速解决营销活动中存在的种种问题,以更加适应市场需求,达到促进销售的最终目的。

②显示产品特点,建立产品形象的作用。促销活动通过广泛的社会信息传播,往往能形成一种社会舆论,从而通过消费者的从众心理的作用,对目标市场的消费者产生一种舆论导向,

使他们在不知不觉中渐渐接受企业的各种宣传，建立企业良好的社会印象，形成大众对企业的好感。在目前竞争日趋激烈的市场环境下，消费者或用户往往难以细致辨别或察觉许多同类产品的微小差别，这时企业就可以通过促销活动，宣传本企业产品与竞争企业产品的不同特点及它能为消费者或使用者带来的特殊利益，并在市场上建立起本企业产品的良好形象。

③激起购买欲望，扩大产品需求的作用。消费需求具有可诱导性，有效的促销活动不仅可以诱导和激发市场需求，在一定条件下还可以创造需求，从而使市场需求朝着对于企业产品销售更有利的方向发展。促销活动往往会致力于通过提供证明、展示效果、允诺和解释疑虑等方法来说服消费者，加强他们对本企业产品、劳务的信心，以达到促进其迅速采取购买行为的目的。一般说来，消费者购买在犹豫不定的时候，是希望能够有新信息来帮助引导其做出决策的。促销活动在这方面往往能促进消费者做出对企业有利的购买决策。

2. 组合促销

(1)组合促销的含义。在激烈竞争的市场条件下，企业应满足顾客需要，并完成营销目标，才能赢得市场竞争的胜利，不能单独依靠某种单一的促销方式或手段，企业必须要从目标市场的需要和市场环境的特点出发，依据企业资源条件和优势，综合运用各种促销方式，达到形成统一的、配套的促销策略，进行组合促销的目的。实践证明，是否能够综合运用企业的各种促销方式，利用组合促销满足顾客需要，实现企业营销目标，是现代营销活动与传统营销活动的一个重要分界，也是市场营销观念能否得以贯彻的关键所在。

组合促销是指在促销过程中，对广告、人员推销、营业推广和公共关系四种促销方式的组合进行综合研究，通过对各种促销方式进行综合、选择、编排，形成有效组合方式，达到促销目的。

(2)组合促销的特点。

①组合促销是指广告、人员推销、公关宣传、营业推广四种促销方式的组合。四种促销方式都有它们不同的优点和缺点，促销的着重点在不同时期、不同产品上也有差异。因此，在促销的实际过程中，就需要根据企业的现实需要，对上述四种促销方式进行综合、选择、编排，形成不同的组合促销策略。例如，产品在一种市场生命周期的不同阶段里，会有不同的促销目标，因此，要相应地选择并组合不同的促销策略。在导入期内，促销的主要目标是引导消费者认识产品，因而应以赠送样品和发布有开拓性的广告为主；而到了市场的成长期、成熟期时，促销的主要目标是使购买者对产品本身产生偏好，应以竞争性广告和公关广告为主；在市场衰退期，多以扩大销售、防止产品积压为促销目标，所以要以各种营业推广手段和提示性广告为主。

②组合促销不仅仅是四大促销方式的组合，这之中还包括多种次级促销方式的亚组合。四大促销方式各自包括了多个次级组合方式与手段，例如，广告包括杂志广告、报纸广告、电视广告、广播广告等；人员推销包括小组推销、访问推销、电话推销、会议推销等；公关宣传包括展览会、公众服务、赞助活动、新闻发布会等；营业推广包括推销竞赛、买一送一、赠品销售、有奖销售等。因此，企业在制订组合促销策略的时候，不仅要追求四大促销方式的最佳组合，而且还要安排好每个次级促销方式的选择、搭配，使之形成面对市场的有效组合。

③组合促销并不是固定不变的静态组合，而是灵活变化的动态组合。因为组合促销是多种变量的组合，这些变量受企业内部条件和外部环境的共同影响，常处于变化状态。在组合促销中，任何一个变量的变化都必然会导致原有组合发生变化，出现新的组合。同时，在组合促销的四大变量中，所包含的若干种小变量的任何一次的变动，都能引起整个组合促销策略的变

化，因而形成一个新的组合。在促销策略的实施过程当中，企业必须随时调整组合促销的因素，使组合促销的策略与市场保持一种动态的适应平衡关系。不动是相对的，动是绝对的，在动中才能求得稳定的促销优势。动态组合促销表明不同时期企业的促销重点是不同的。

④组合促销是围绕着企业的促销目标进行的。不同时期内企业有着不同的促销目标，促销目标的不同，就要求组合促销的构成要素、组成形式有所不同。总之，在制订组合促销策略的时候，要根据具体而明确的促销目标选择促销方式并组合使用，从而达到促销目标的要求。

⑤组合促销策略是企业市场的营销组合策略的一个有机组成部分，组合促销会受到市场营销组合的影响。企业营销的效果如何，与组合促销策略是否合理、是否优化有着很密切的联系。而企业的组合促销策略是否能取得成功，不仅取决于时机、促销形式、促销预算和地点的安排是否合理，更取决于企业营销组合策略的正确与否。简言之，企业的组合促销将会受企业营销组合的制约，组合促销方式要根据市场营销组合的要求去优化和选择。市场营销组合的变化引起组合促销策略的变化，而组合促销策略应该严格根据市场营销组合的变化而变化。

简言之，企业在进行促销活动的时候，必须针对促销的目标，运用各种促销变量进行综合分析，以形成优化的、合理的组合促销策略，并按照市场环境和市场营销组合的变化，适时调整产品组合促销策略。

(3)影响组合促销决策的主要因素。

①产品类型。不同类型的产品消费者往往都有不一样的信息要求，各种促销方式的有效性会由于产品类型的不同而有所差异。例如，价格昂贵、购买风险较大的耐用消费品或生产资料，购买者往往倾向于理智性购买，他们并不会只满足于一般广告所提供的信息，而希望能得到更为直接、可靠的信息来源，对这类产品采用人员推销更加有效；而对于服装、化妆品等时尚性产品以及消费者购买频繁的一般生活耐用品，购买者则更加倾向于品牌和习惯偏好，因而产品的知名度就成为很重要的因素之一，对此类产品，采取广告和公共关系等促销手段效果更加明显。

但无论是产业用品还是耐用消费品，都应根据市场具体情况进行具体分析。例如，为了让工业用户事先大致了解产品情况，进而为人员推销铺平道路，通常会先选择适当媒体做广告宣传；而对技术性相对较强、使用方法较复杂的耐用消费品，尤其是新产品，往往产品需要先进行人员推销，视顾客对产品的反应再决定广告策略。

②促销目标。企业在不同时期和不同市场环境下进行的促销活动，都有其特定的促销目标。这些目标可分为三种：

• 以产品介绍为目标。它通过报道和展示影响购买者的决策，引起购买者对产品的初始需求，这种目标的组合促销应以广告为主。

• 以说服和提示为目标。它侧重于利用宣传报道的方式，说服消费者购买本企业的产品。这种目标的组合促销应以广告和人员推销为主。

• 以树立品牌和企业良好形象为目标。即大力宣传产品品牌和企业本身，努力树立良好的企业信誉、影响力和品牌形象，从而扩大企业市场占有率。这种目标的组合促销应以公共关系和广告为主导，并配合以适当的人员推销。

由于促销目标对选择促销方式会产生直接影响，即相同的促销方式在实现不同的促销目标时，企业所取得的成效和支出的费用有所不同，因此，各种促销目标所对应的组合促销会有各自不同的侧重点。

③市场范围和类型。目标市场的特点是影响组合促销的重要因素之一。如在地域广阔、客户多而分散的市场里，广告有着不可忽视的作用；如果目标市场多而集中，则使用人员推销的方式收效更快。此外，目标市场上的其他特性，如消费者的受教育程度、收入水平、风俗习惯等，也都会对各种促销方式产生不同的影响。

④产品生命周期。在产品生命周期的不同阶段，消费者对产品的了解和熟悉程度不同，企业的促销目标和重点就不相同，企业要适当地选择相应的促销方式和组合促销策略。

在产品导入期，潜在消费者对产品较为陌生，扩大产品的知名度是企业的首要任务，在各种促销手段中，应以广告宣传为主，因为广告可以利用其广泛的覆盖面在短期内形成较好的品牌效应和市场影响，使目标市场能尽快了解、熟悉该产品。

在成长期中，市场特点发生了很大变化，消费者对产品逐渐了解，销售量开始迅速上升，这时企业的促销重点应从宣传产品转而宣传本企业的产品特色，树立名牌效应，使消费者逐渐形成对本企业产品的偏好。本阶段广告宣传仍是主要的促销方式，利用人员推销也能深入地宣传产品的特点，并能争取那些犹豫不定的购买者，迅速扩大产品的销量。

在产品成熟期，消费者已逐渐了解了企业的产品，因此，可适当削减广告投入，但厂家为了巩固产品的市场地位，需要积极的公共关系宣传并辅之以一定的营业推广手段，通过种种手段往往能有效地巩固和扩大企业的市场份额，增加企业的竞争优势。

当产品进入衰退期时，替代它的新产品已在市场上出现，此时消费者的兴趣和企业营销战略重点全部发生转移，这时应尽量削减原有产品的促销费用，一般采取一些以营业推广为主的促销手段，配合以少量提示性广告，以求迅速销售产品，收回资金投入，减少产品的生产。

⑤促销策略。企业根据营销战略的需求，可以采取“推动”和“拉引”两种总策略。“推动”策略主要是指运用人员推销和营业推广等手段把产品推入市场，以中间商为主要促销对象，将产品推进分销渠道，然后再由中间商将产品推向市场。此策略的目的着眼于让中间商产生“利益分享意识”。“拉引”策略则是以最终顾客为主要促销对象，首先设法引起潜在购买者对某种产品的需求与兴趣，由最终顾客向各中间商询购该产品，中间商最终向制造商进货。不同企业对“推动”和“拉引”策略的偏好各不相同，这会影响到沟通方式的选择，进而影响资金的分配。例如，企业采用“推动”策略，会比较重视人员推销；如果采用“拉引”策略，则会偏重于广告。具体采用哪一种策略，要根据具体情况决定，一般商家总是两者兼用，但各有侧重。

(4)几种重要的组合促销。影响组合促销因素的多样性、复杂性和促销方式多重、多变的特点，会导致组合促销的模式多种多样，下面介绍几种最普遍、最重要的组合促销。

①广告、人员推销组合。广告、人员推销组合是指通过以推销人员为主体的推销行为和以大众传媒为载体的广告组合而成的一种促销策略。广告的作用在于一定时期内产品的广而告之，让社会公众知晓该产品，了解相关企业及其产品的信息。而人员推销的作用在于通过人际传播形式，借助双向沟通找到社会公众中的真正用户并令其产生购买欲望，实现购买行为。一项研究证明，运用广告、人员推销组合进行促销，可比单纯的人员推销增加23%的销售额，同时使总促销成本所占销售额的比重降低20%。

英国市场营销学者斯摩博恩(D. W. Smallbone)提出的斯摩博恩组合模式、美国市场营销学者布恩(L. E. Boone)和库尔茨(D. L. Kurtz)倡导的布—库组合模型、美国著名市场营销学者麦卡锡(E. J. Mclarthy)创立的麦卡锡组合模型、美国市场营销学家盖德克(P. M. Gaedeke)和图特利安(D. H. Tootalian)建立的盖-图组合模型都对组合促销进行了创造性的研究，共同之处都是倡导广告、人员推销组合，并揭示了目前世界市场营销界一致公认的两条重要原理：消费品组合促销的主要促销手段是广告，产业用品组合促销的主要促销手段是人员推销。

②营业推广、广告组合。这是以营业推广为主，广告为辅形成的组合促销策略，其目的是以广告配合营业推广活动来进行促销。营业推广会运用多种激励工具刺激消费需求，能够迅速激发消费者的购买行为，促使市场需求加大，实现快买多买。营业推广可以由零售商在零售点或其商业范围内进行独立策划实施，也可以由制造商直接策划实施。但是不论谁策划和实施营业推广方案，一定形式的广告是必不可少的。在营业推广实施的同时，集中的、大面积的广告可以在一个统一的市场上产生步调协调一致的促销行为，从而达到降低促销总成本，减少中间商的压力，提高营业推广效果的目的。

1988 年前后，美国广告和营业推广的比例是 60∶40。而如今，在不少美国日用消费品公司里，营业推广已占到促销总预算的 60%～70%。广告支出每年正以 7.6%的速度增长，营业推广支出则以每年 12%的速度增长。这充分地说明营业推广作为一种行之有效的促销工具和手段正逐渐被众多的企业接受，并发挥其重要作用。

③广告、营业推广和人员推销组合。这种组合就是将广告、营业推广和人员推销进行有机结合并加以综合运用。没有切实可行的营业推广策略设计，人员的推销将是空泛的、简单的、低层次的、千篇一律的推销行为；没有广告的作用，再好的营业推广策略，再强的推销阵容也同样不能发挥作用。

④广告、营业推广、人员推销和公关宣传组合。很明显，该组合是四大促销方式整体结合而成的整体组合促销策略。如果广告、人员推销、营业推广组合能实现促销目标，达到促销效果的话，那么也仅仅是短期效应，并不利于企业长期稳定的共同发展，因为它缺少了以长远利益为切入点，以树立企业形象、扩大企业知名度和社会信誉度为目的的公关宣传。整体组合促销利用四大促销方式相辅相成、相互依存的关系，能够产生全方位的舆论效果，使企业在现今竞争激烈的市场中打造出一片完全属于自己的天地，分散并抵消竞争对手的影响。

世界著名市场营销权威科特勒(P. Kotler)在 1980 年创立了科特勒组合模型——整体组合促销，并在以后的几年内对这个模型进行了多次修改，目前该模型是国内外市场营销界公认的效果最好、形式最新颖的模型。科特勒认为，对于消费品和产业用品，不同的促销方式的重要性是不同的，因而就产生不同的组合促销策略。在消费品促销中，各促销方式的排序是广告、营业推广、人员推销、公关宣传；在产业用品组合促销中，其顺序为人员推销、营业推广、广告、公关宣传。

3. 促销策略

促销策略从总的指导思想上可以分为两类：推动策略和拉引策略。

(1)推动策略。推动策略是指企业通过以人员推销的方式为主的组合促销形式，以中间商为主要促销对象，将产品推广至各分销渠道，再最终推向消费者。这种推销策略需要推销人员针对不同顾客、不同产品采用相应的推销方法，灵活运用不同的手段。常用的推动策略有如下几种：

①示范推销法。通过举办现场演示、实物展销、技术讲座、试看、试玩、试用等方法将所要推广的产品充分地展现在顾客面前，引导消费，刺激购买欲望。

②走访推销法。由推销人员携带样品目录走访顾客，征求顾客意见并了解顾客需求，掌握

各种市场需求信息。

③网点推销法。在目标市场设立销售网点，采取经销或联销等方式，邀请顾客登门选购。

④服务推销法。例如，售前按顾客要求对产品进行设计，进行价格协商；售中向用户介绍产品，教授安装及调试知识，解决各种难题；售后坚持送货上门、征询意见，做好保养、维修等工作。

⑤会议促销法。通过组织专业性或综合性的产品展销会、订货会，邀请有关企业及个人前来参观或订货。

(2)拉引策略。拉引策略是指企业利用广告、营业推广和公共关系等促销方式，以最终消费者为主要促销对象和目标，设法激发消费者对本产品的兴趣和需求，促使消费者向中间商询购产品，而中间商再主动向制造商要求进货，由下至上，层层拉动购买。常用的拉引策略有如下几种：

①广告促销法。通过广告、信函、订单等向目标市场的消费者及时传递产品信息，介绍产品的特征、性能和订货方法，吸引顾客购买。

②代销试销法。为了消除目标市场的中间商承担风险的顾虑，提高中间商推销产品的积极性，当新产品问世时由生产厂家委托其代销或试销，以达到尽快占领市场的目的。

③信誉促销法。通过实行"三包"、赠送样品、开展捐赠与慈善活动等手段创名牌、树信誉，增强顾客对产品及企业的信任感，从而促进销售。

推动策略和拉引策略都包含了企业与消费者双方的能动作用，但前者的重心在于推动，着重强调企业的能动性，表明市场消费需求是可以通过企业的积极促销而被激发和创造的；而后者的重心更多在于拉引，着重强调消费者的能动性，表明消费需求是决定生产的基本原因。企业在经营过程中要根据市场客观实际的需要，综合运用两种基本的促销策略模式，满足市场消费需求，才能取得事半功倍的效果。

10.1.4 案例导入与解析

1. 康师傅的"再来一瓶"

2010年，康师傅发动了中国有史以来规模最大的一次促销运动——15亿瓶大赠送，"再来一瓶"。这次促销运动规模之大，震惊了全行业，并波及整个大食品产业。整个行业被卷了进来。2010年是康师傅竞争对手的灾难年。很多人看不懂康师傅的这次促销，以为就是一次规模较大的销量促进。但事实上，这次促销的背景和目的极其复杂。

2009年，康师傅的茶饮料市场遭受了前所未有的冲击，可口可乐原叶茶、今麦郎清茶、统一系列茶、娃哈哈蓝莓红茶对康师傅形成围攻之势。2010年，农夫山泉也加入战争，推出苏打红茶。虽然康师傅仍然控制着50%左右的市场份额，但对手的高速增长很可能在不久的将来动摇康师傅的霸主地位。康师傅怎能给对手长大的机会？另外，燕京九龙斋在北京将康师傅酸梅汤斩落马下，农夫山泉、娃哈哈、可口可乐等对手纷纷推出四、五元的高端饮料，康师傅却始终没有新品推出，原计划大举投入"传世新饮"系列，培养继茶饮料、果汁饮料之后的第三个战略业务版块，结果遭遇两线作战的巨大困难。矛盾的核心是茶饮料对手们的犀利攻势，这不仅威胁到康师傅茶饮料的霸主地位，同时极大地牵制了康师傅在新产品方面的注意力。

2010年，为扭转不利局面，巩固康师傅茶饮料霸主地位，同时为新品的开发与推广争取时间,15 亿瓶的"再来一瓶"横空出世。

其实,此次促销运动还有一个背景,就是康师傅多年没有有力的新品推出,面对对手的先行一步,康师傅留给市场的品牌印象是"后劲不足,创新乏力,竞争力大为削弱",全球股东对康师傅的信心发生了动摇。2009 年,康师傅利润只有十几亿,与娃哈哈近百亿的利润相比大为逊色。因此,康师傅必须制造一些事件,转移消费者和股东们的注意力,唤回社会对其品牌的信心。

此战的结果是:可口可乐原叶茶、今麦郎清茶、统一系列茶、娃哈哈蓝莓红茶、农夫山泉苏打红茶均被打回原形,其上升势头得到遏制。深层的结果是:对手强劲的势头一旦受挫,会引起蝴蝶效应,它们对康师傅茶饮的挑战基本就算提前失败了。康师傅巩固了茶饮料霸主地位,提升了市场份额,增强了各界对康师傅的信心,转移了大家的注意力。更重要的是,康师傅肃清了后院,为开发新品、培育新品争取了足够的时间,而茶饮料巨大的销量,更将弥补新品上市所需的巨额资金投入。

这次促销运动可谓惊心动魄,康师傅一石多鸟,取得完胜。只此一战,即解决了困扰康师傅的几乎所有重大难题。同时,康师傅在全力推进新品创新与市场策划。2011 年,康师傅将继续强劲增长。(本文由作者根据网络资料改写,原文见:成功营销网.)

思考与讨论:试分析"再来一瓶"的促销策略是如何取得成功的?和以往饮品"开盖有奖"的促销策方式相比如何?

分析提示:促销策略的制订必须符合消费者的消费心理,最大程度地满足消费者的需求。不以现金进行奖励,而是以奖励同类产品的方式,会使消费者再购买后更加关注奖品,会更符合消费者的需要,从而赢得市场热烈的反应。

2."一毛钱促销"之道

在一个菜市场,有几家卖豆制品的摊点,可总是只有 A 店的生意火爆,大家宁可排队等也不到旁边的店子里买同样的东西。是 A 店的价格比起旁边店铺便宜许多吗?不是,价格和别人都是一样;是所卖产品的质量比别人好很多?也不是,质量差不多,很多东西估计和别人在同一个地方进货;是有买赠促销手段吗?更不是,小本生意不可能有这么大的利润。原来只有一个非常简单的原因:这个店主无论顾客买什么东西都主动地少收一角钱。例如,顾客问好豆腐是 1 元一斤,挑了块豆腐,他把豆腐放到电子秤上一称显示 1.7 元,他就会说:"就收 1.6 元吧。"就这小小的一角钱让他获得了顾客的信赖,使他的生意越来越火红。

一角钱的让利可能大家都觉得根本就无法打动消费者甚至不值得一提,但 A 店主"一角钱促销"方法,不但让店主生意兴隆而且还让顾客对该店主称赞有加,宁可排队也要照顾他的生意,这其中有着什么样的奥妙呢?简单的现象背后仍然是深刻的促销原理,对于现在终端促销也有着非常大的启示意义。(资料来源:皓元."一毛钱"成功促销的启示[J].农家致富,2005,22.)

思考与讨论:看似简单的"一角钱促销"为什么能产生这么强烈的促销效果?试分析一下这个促销成功的关键因素。

分析提示:

(1)促销产品质量不能打折扣。摊主豆腐的质量是有保证的,如果豆腐的质量不好,再便宜顾客上了一次当下次也不会再买。

(2)促销产品、赠品要让消费者眼见为实。豆腐价值的衡量是通过电子秤的称量,让消费者很清楚地可以判断产品真实价值,不存在“水分”。

(3)促销活动必须诚实可信。如果摊主豆腐的价格本身就定得比旁边竞争者的高,或者在称量计算的时候抬高价格都是不会赢得顾客的信任的,一定要实实在在。

(4)促销活动要让消费者感觉“因为购买而获利”。摊主主动的让利是关键的一招,这让该摊主给顾客的印象就完全有别于旁边的竞争者,推销首先是销售自己(品牌),一旦认可了这个人(品牌),自然东西(产品)就好卖了。

(5)促销的让利幅度应控制在合理的范围以内。如果摊主卖一块豆腐可以便宜 0.5 元,不光自己不赚钱,顾客更要怀疑这个豆腐肯定有问题,要不怎么可能这个便宜。“一角钱”,顾客不是很在乎这个数目,可是给顾客让利的感觉是真实可信的。

3. 化妆品的“赠品”促销

日本有一家生产销售美容化妆品的公司,生意特别好。日本的习惯是女学生高中毕业后才可以化妆,于是,每当一些高中举行毕业典礼时,该公司除当面表示祝贺外,还向每个学生赠送高级化妆品一盒,由美容师当场给学生进行美容化妆示范表演,毕业生回家以后,便高兴地用这盒“赠品”进行模仿化妆学习。等到这盒化妆品用完后,假如这学生想改用其他公司生产的产品,就不那么容易了。鉴于美容化学用品的一些特性,改用其他化妆品,有些女生可能不太适应,皮肤会出现一些过敏现象。没办法只好仍用这家公司的产品。而这些女生过些年成家立业后,将来她们的孩子首先得到的印象是“我母亲最爱用某某化妆品”。这样,又可以为下一代留下了一个美好的印象。(本文由作者根据网络资料改写,原文见:博客网.)

思考与讨论:该公司使用的是什么促销策略?

分析提示:该公司在推销产品时,根据日本的实际情况,运用了社会学、心理学、美容学的一些原理,采用一种“牵引战术”,即拉引策略来推销产品。

10.1.5　模拟与实战训练

1. 模拟训练菜单

(1)人员推销技巧。李强是一家手机公司销售部的一员,最近公司出了一款新型手机,该款手机外形美观,但许多当下流行的功能(如手机 QQ、电子词典等)并不具备,因此这款手机的销量一直不是很好,鉴于李强是部门的销售高手,经理将这款手机的促销任务主要交给他负责。(本文由作者根据网络资料改写,原文见:道客巴巴.)

应用思考:如果你是李强,你将如何向顾客推荐这款手机?(一名队员扮演李强,一名队员扮演男顾客,一名队员扮演女顾客。)

(2)制订组合促销方案。现有一家生产涂料的小型乡村企业,产品质量好,近几年发展状况稳定,但始终不能够发展壮大。企业现有资产 200 万,每年盈利 30 万左右。企业没有自己的品牌,由于老板姓王,货商常常都指其产品“老王厂的涂料”。附近的乡村也有几家涂料生产厂,经营规模基本相差不大。每个厂子获得订单主要靠老板关系和人脉。(本文由作者根据网络资料改写,原文见:泸州职业技术学院.)

应用思考:现在该涂料厂准备投资进行促销,试为该厂制订一份组合促销方案。

(3)同样的促销手段为何效果不同。一家饲料企业原本效益很好,也没有做过促销,直至其他企业后来居上,这家企业才慌了,于是召开销售人员会议。销售人员没有不抱怨的:人家企业做得多好,农民买一包饲料可以得到一件文化衫,经销商做大了组织你去国外考察。这家企业经理心想,这不是很难,我们也做!

江南每年6月至8月是农忙时节，农户都忙着双抢，养殖业是淡季。这位经理想，淡季一定要刺激农民，诱导农民购买。于是，该企业制作好了很漂亮的文化衫。7月底，销售人员又向老板抱怨：怎么这么晚才给市场发放促销品，别人早就做了。原来，竞争企业在5月底就将文化衫全部发放到位，农民在双抢时根本没有时间去购买饲料。第二年，该企业很早就准备好了促销品，是质量很好的香皂。农忙时农民每天都要洗澡，香皂是他们的必需品。但结果和预料大相径庭：经销商拒绝大量进货。销售人员从市场前沿发回报告：经销商已经大量购进了竞争厂家的货，原因是该厂家开展了一个活动，在市场淡季完成旺季85%销售额的经销商可以参加企业的出国考察团。竞争厂家已经抢占了经销商的仓库和资金。（本文由作者根据网络资料改写，原文见：畜牧经理人网.）

应用思考：这家企业的促销活动为什么会屡屡碰壁，错在哪里？假如你是这家企业的经理，你将采取什么方法解决这一促销难题？

(4)推销员的第一句话。推销员的第一句话、第一个举动是否巧妙，十分关键。能让对方即时产生兴趣，愿意听你介绍，就成功了一半。

一个铲车推销员对一位搬运厂负责人说："您想减少厂内搬运物料的时间吗？"如同久旱逢雨，这句话一下子就把负责人的心抓住了。他长期考虑的就是这个问题。于是，他兴致勃勃地听新铲车的介绍。

"夫人，您认识这些人吗？"一位走家串户的家庭用品推销员一边对一位家庭主妇说着，一边递过一份名单。怎么不认识？全是左邻右舍。怎么？这些人都买了他的家庭用品。她们信得过，我还有什么信不过，总不能不如她们。这位家庭主妇很快点头认购。

一位推销员走到一家门前礼貌地问主人："先生，我能用一下您的打字机吗？"得到允许后，他坐下来，在九张打字蜡纸中分别夹上八张自己带来的复写纸，接着熟练地打出一行字："您用普通的复写纸能复写这么多份，又这么清晰吗？"看到蜡纸上清晰的字体，主人一下子明白了，因为，他亲眼看到这种复写纸的良好功能，而又是用自己的打字机打出来的。（本文由作者根据网络资料改写，原文见：中国经理人.）

应用思考：如果你是一家保健食品企业的推销员，你会怎样设计你的开场白？

(5)危机公关。一位名叫基泰丝的美国记者，来到日本东京的奥达克余百货公司。她买了一台"索尼"牌唱机，准备作为见面礼，送给住在东京的婆家。售货员彬彬有礼，特地为她挑了一台未启封包装的机子。回到住所，基泰丝开机试用时，却发现该机没有装内件，因而根本无法使用。她不由得火冒三丈。准备第二天一早就去"奥达克余"交涉，并写好了一篇新闻稿，题目是《笑脸背后的真面目》。（本文由作者根据网络资料改写，原文见：第一营销网.）

应用思考：以团队为单位，一个团队选派一名队员模拟美国记者基泰丝，一个团队模拟奥达克余百货公司公关部人员，进行危机公关训练。

2. 实战训练菜单

(1)现在你作为一名书籍推销员，马上要到一所高校进行推销我们这本《市场营销操作实务》教材。推销前该做何准备？推销过程中会出现哪些情况？如何应对？

(2)自行组建团队，以团队为单位深入某一企业，在公关人员的指导下分析该企业某次公关计划实施的过程。

(3)收集一个企业开展公关活动的资料并将其整理，归纳出其公关活动的成功经验。

(4)总结你所看到的印象最深刻或你认为最好的广告，分析其成功的原因。

任务10.2 策划促销

实训目标

通过实训，加深对策划促销的认识，掌握策划促销的工作流程和方法，把握好在策划促销过程中需要注意的事项。

10.2.1 任务描述

河南蓝马啤酒有限公司是金星啤酒集团有限公司和已有160多年历史的美国明尼苏达啤酒酿造公司于1993年合资成立的。蓝马啤酒是河南省第一个高档啤酒品牌，上市十多年来因其精美的高档包装、魔鬼般的独特口味、美轮美奂的品质和浓厚的美国文化（广告语是：来自美国的好啤酒。宣传画和广告片形象代言人都是外国人，画面不是反映浪漫的爱情故事，就是充满激情和活力的运动主题）塑造出非常个性化的品牌形象受到许多追求时尚、消费水平较高的年青人和成功人士的喜爱，在河南省高档啤酒市场一直保持着较好的销售业绩，尤其是在郑州市的高档酒店、宾馆、酒吧、歌厅等高档消费场所占有一席之地。但近年来高档啤酒市场竞争非常激烈，百威、喜力、青岛等外来啤酒借其品牌优势对郑州市场的大举进攻，给蓝马啤酒造成了较大的市场压力。

随着中国改革开放，人们思想观念、生活习惯发生了深刻的变化，越来越多的人尤其是年轻一代更容易接受外来文化。圣诞节这个欧美国家的传统节日近年来已经在我国大中城市被越来越多的中青年人所接受和喜爱。过圣诞节对他们来说不再是一种时尚和流行，而是成为一种生活的必需，不再是可过也可不过，而是必须过。而在圣诞节平安夜，人们去最多的地方就是酒吧、迪厅等休闲娱乐场所，去感受那一种浪漫和疯狂，去体验那种新鲜的外来文化气息。而蓝马啤酒的品牌文化内涵就是浓浓的美国文化，酒吧、迪厅又是蓝马啤酒的主要销售场所。平安夜到酒吧和迪厅的消费者几乎100%的人要消费啤酒，因为啤酒最能够表达当时的情感，最能够营造气氛。如果抓住平安夜这个机会，搞一次大规模的促销活动一定会取得良好的效果，不但会促进当期销售量的快速增长，而且会在众多竞争对手中进一步提升自己的品牌形象和竞争力，促进市场的健康发展。

经过以上的分析，蓝马啤酒的策划部门决定在即将到来的圣诞节狂欢夜，在郑州市的部分酒吧和迪厅搞一次大规模的促销活动，主题定为“体验域外文化的激情与浪漫”。（本文由作者根据网络资料改写，原文见：百度文库．）

思考：假设你是策划部门的负责人，要想这次促销活动搞得成功，你会采取哪些措施，开展哪些活动？

10.2.2 实训步骤与考评

1. 实训准备

根据任务描述情境，将全班同学按每组5～8人分为若干个小组。每个小组成员认真阅读、分析案例，分工协作，分析、汇总资料，实行资源共享，进行各小组讨论。整理出每个小组的活动方案，由指导教师对各方案进行点评。

2. 具体步骤

训练学生能够根据产品特性、消费者心理及企业的促销目标组织有效的促销活动，具体做法见图 10.2。

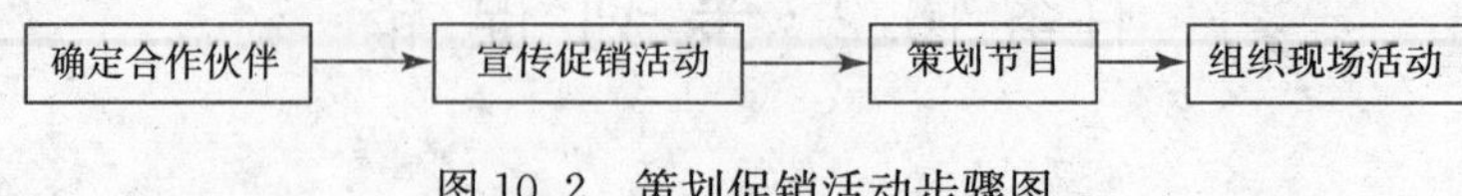

图 10.2　策划促销活动步骤图

(1)市场考察和调研,确定合作伙伴——促销的地点对消费者有多大的吸引力和号召力,决定了此次促销活动的规模,应慎重选择。

参考做法:对郑州生意好、规模大、知名度高的酒吧和迪厅进行排序,选择 30 家店(按城市实际规模)作为此次活动的合作伙伴。派精干的销售人员到这些店与老板进行交流和沟通,争取他们的认同和支持,保证方案的顺利执行。估计凡是经销蓝马啤酒的店都会对活动感兴趣,会积极支持。而没有经销蓝马啤酒的店,有的稍有兴趣表示可以试试,有的则会拒绝合作。要把没有经销蓝马啤酒的店作为攻克的重点,因为借此活动可以把蓝马啤酒推销出去。

(2)扩大宣传,广而告之——一场促销活动要想成功必须尽量使目标顾客得到促销信息,参与的顾客越多,成功的可能性才越大。

参考做法:可以利用当地报纸、电视打出文字广告,在高校区散发传单,在合作店外打横幅、贴海报等,以对此次活动进行广泛、深入的宣传。宣传文案要煽情,具有诱惑力。比如,标题为"蓝马啤酒邀请您参加圣诞狂欢夜",内容是"中美合资蓝马啤酒有限公司为答谢新老朋友,特在圣诞平安夜在以下酒吧和迪厅(列出合作店名字,对这些店进行一次广泛宣传,老板会非常高兴)举行蓝马啤酒狂欢夜,凡参加者均可以免费享受蓝马啤酒的魔鬼风味,并和外国朋友一起表演节目,还有机会参加抽奖活动,可以得到精美礼品,还能够得到免费现场留影照片!咨询热线为＊＊＊。你还等什么？快快拨打!"

(3)联系外国留学生,组织节目——本次活动的主题是体验域外文化,因此,邀请国外留学生参加活动,更能激发消费者的好奇心和参加的欲望。

参考做法:到高校联系欧美国家留学生,邀请他们参加活动,到酒吧和迪厅与大家一起表演节目,共度狂欢夜。一般说来,留学生也期盼体验当地文化和节日气氛,有啤酒,还能够与英俊的中国小伙和美丽的中国姑娘一起庆祝节日,关键还是免费,估计都会欣然接受邀请。可以把留学生分成多组,每组轮流参加多家店的活动。

(4)组织现场活动,营造热烈氛围——现场的气氛对促销的结果至关重要,要努力营造欢快、激情、有感染力的现场气氛,提高顾客的消费欲望。

参考做法:现场活动一是赠酒和鲜花祝福。每桌客人都免费赠送一瓶精装蓝马啤酒,并由礼仪小姐向情侣们中的女士送一支红玫瑰,并真诚地对他们说:"感谢你们光临,我代表＊＊店和蓝马啤酒祝你们圣诞快乐,情深似海!"二是举行抽奖活动,设置丰厚奖品。当晚凡购买蓝马啤酒四瓶以上者均可获得抽奖券一张,参加晚上的 9 点和 11 点举行的现场抽奖活动,一等奖 1 000 元,二等奖 800 元,三等奖价值 500 元的消费卡一张,鼓励奖为一顶圣诞帽。诱人的奖品会调动消费者的激情,掀起购买狂潮。三是与留学生同歌共舞,燃烧品牌激情。留学生的节目会具有浓厚欧美风格,充满动感和激情,可以安排留学生们在表演中不停地用中文或英文喊"蓝马啤酒,我爱你!",消费者的激情会与蓝马啤酒的品牌激情产生高度的共鸣。四是赠送精美照片,留住精彩瞬间。为了让消费者永远记住蓝马啤酒,对参加抽奖的消费者,每张奖券可以免费获得为其拍摄的精美照片一张。让消费者手里举着蓝马啤酒拍照,并且每张相片都装进一个简易的相框里，这样消费者会把照片放在显眼的地方，而不是放进相册，能够经常看到照片和照片上的蓝马啤酒，也能帮助蓝马啤酒进行品牌推广。

3. 实训总结与考评

各小组成员根据自己的调查和实践，在训练结束后分别写出活动方案，说出对策划促销活动的认识和理解，由教师和其他小组同学进行比较和评价。表10.2为各小组训练考评表。

表10.2 各小组训练考评表

成果展示与评价			分析报告及PPT形式答辩				
分析报告		分析报告必备项目	合作伙伴	推广宣传	节目策划	促销方式	文字表达
分析报告		评价标准	合理地选择合作伙伴并能与之达成协议	全面、有效地对促销活动进行宣传	能策划出丰富、有效的促销节目	完整、翔实	简洁、清晰
分析报告		应得分	20	20	20	20	20
分析报告	评价人	企业(50%)					
分析报告	评价人	教师(40%)					
分析报告	评价人	学生(10%)					
分析报告		实得分					
分析报告		报告最后得分					
PPT答辩		PPT答辩要求	时间	语言组织	表达能力	展现形式	形象礼仪
PPT答辩		评价标准	控制阐述与回答问题的时间	语言精炼、针对性强	表达清楚、准确	汇报形式新颖	形象得体、大方
PPT答辩		应得分	10	20	35	15	20
PPT答辩	评价人	企业(50%)					
PPT答辩	评价人	教师(40%)					
PPT答辩	评价人	学生(10%)					
PPT答辩		实得分					
PPT答辩		答辩最后得分					
		任务综合得分					

10.2.3 知识点拨

1. 促销策划的含义

促销是企业营销战略链条上的一个极其重要的环节，产品的促销成功与否会直接影响到企业的发展与生存，一旦促销失败，带来的后果将不仅仅是短期销售额的降低，而是企业或品牌形象在消费者心目中的重新定位，甚至品牌形象受到严重贬损，这种定位将决定着消费者是否还会继续作为企业或品牌的忠诚客户。因此，企业在进行促销活动前，需要制订周详而严密的促销计划，进行科学和准确的促销策划。否则，再好的促销创意也毫无意义。

三国演义里的周瑜的"一步三计"却敌不过诸葛亮的"三步一计"，为什么计多敌不过计少？这里面的区别就在于"谋划"。"火攻"不仅仅是周瑜和诸葛亮想到了，曹操也想到了。从"创意"角度来说，双方没有多大的差别，但为什么曹操明知而不防，周瑜担心"万事俱备，只欠东风"到口吐鲜血的地步，而唯独诸葛亮能做到泰然自若呢？关键在于诸葛亮对天文有科学的把握。正是因为诸葛亮对天、对地、对人都有很正确的判断、清楚的认识、深入的了解,所以才谋划了一个关键之策:让赵子龙按他所设定的时间和地点去接应他。否则,虽使周瑜破曹成功,自己也是要亡命他国了。

促销策划是指运用科学敏捷的思维方式和灵活创新的精神,在调查研究的基础上,依照企业总体营销战略的要求,对某一时期内的各种产品的促销活动做出总体规划,并为具体产品制订出周详而严密的活动计划,包括建立促销目标、设计沟通信息、制订促销方案、选择促销方式、评比促销效果等营销决策过程。

2. 促销策划的程序

策划促销主要包括如下几个环节:

(1)建立促销目标,确定目标沟通顾客。促销的总目标是通过向市场和消费者传递信息,以达到促进销售、提高经营绩效的最终目标。同时,它还有各种各样的具体目标,如鼓励消费者大量购买和重复购买,诱导消费者试用和购买某类产品;吸引更多潜在消费者走进商场,对企业和其商品产生兴趣等。企业的营销部门应通过多种因素综合分析,确定一段时期内的具体目标,并尽可能使之易于量化并切实可行。

促销目标建立后,与促进销售配套的其他促销信息向谁传播就成为关键问题。传播的对象称为目标沟通顾客,目标沟通顾客将会极大地影响产品的促销决策。目标沟通顾客有可能是企业的潜在消费者、目前使用者、决策者或影响者;也可能是一般公众、特殊公众、个性的个人或严密的组织。在市场营销中,目标沟通顾客的特征也常常是企业进行市场细分的标准。

企业产品促销活动中体现出的风格应该与这些特征相适应,否则就会影响到促销效果。

对目标沟通顾客进行分析的一个重要内容是评价他们对本品牌、本产品以及竞争品牌的印象。因为他们对某品牌产品的行为常常受制于他们对品牌的印象。在确定了沟通对象的特征和其对某品牌产品的印象之后,促销策划者就可以利用其来指导信息及选择促销工具。

确定了目标沟通顾客以后,策划者还必须要了解目标顾客对本次促销活动将有何反应。当然,顾客的购买行为才是最终的反应,但购买行为是消费者进行决策了一定过程后的最终结果,促销策划者应该知道如何将目标顾客从目前所处的阶段推向更高的准备购买阶段。

从产品促销的整个过程来看,促销策划者是需要通过一定的方式来向目标市场上的所有消费者灌输某些信息,使他们改变对某一品牌产品的不良印象,最终达成交易行为的。

(2)设计沟通信息。在了解顾客的心理反应模式以后,促销策划者进而应当设计一个与销售促进同步配套的有效的沟通信息,即所设计的沟通信息需要解决以下问题:表达什么?按怎样的顺序阐述?采用何种信息格式?谁来表达?

第一,表达什么?即促销策划者在产品促销中向目标市场传输的信息应包含哪些内容,才能让顾客产生策划者预期的反应。通常,向目标市场传输的信息主要有产品的特征与感情方面的促销。前者称为理性诉求,后者称为感情诉求。理性诉求是指将促销产品的特征以客观的评价告诉目标市场,如产品的效用、价格、产地、经营历史等方面的情况;感情诉求是把产品和消费者的某种感情联系起来,从内心激发顾客的认同感,使他们对产品感到亲切、熟悉或向往等,例如,以产品所体现的社会阶层、生活口味、情趣偏好、精神风貌等来激发消费者的共鸣。

第二,按怎样的顺序阐述?就是向目标顾客传输的信息结构是什么样的。常见的促销信息的结构主要有:结论式、单面式和双面式三种。结论式信息结构是指向目标市场传输的信息是已经被证明过的,顾客必须接受这一结论。例如,我国“两面针”牙膏的促销信息强调,“两面针”植物的医药保健作用是被科学界已证实的，是结论性的。单面式信息结构是指在促销中仅宣传产品的优点。双面信息结构是指在促销中优点、缺点同时宣传，以给顾客思考的余地。一般来讲，在产品促销中，双面信息更具有说服力，其效果也更好。

第三，采用何种信息格式？即用什么符号进行叙述。促销策划者必须为促销信息设计成具有吸引力的形式。例如，在杂志广告中，营销策划者应该确定广告的方案、颜色、标题、构图、字形等；在广播广告中，要仔细考虑播音员的语音、语速、伴音、声调、配音等问题，使它们能够协调统一，与广告的产品个性相适应；在人员促销中，促销人员更要注意自己的面部表情、举止，要选择恰当的服饰、服装、发型、姿态以及促销语言等。

第四，谁来表达？即选择何种信息载体。在电视广告促销中，对模特的选择常常决定着信息发布后的效果。名人常常会是促销策划者考虑的首选模特，因为他们的名人效应经常使目标市场上的消费者模仿他们的行为，但是选择的名人的个性必须要与广告产品的特征相一致，否则就会淡化甚至歪曲已经建立起来的良好的品牌形象。

(3)制订促销方案。促销方案主要包括以下几个要点：

①确定规模。根据费用与预期目标确定促销投入。

②选择激励对象。激励对象的范围、类型和数量会直接影响到促销的最终效果。

③传播促销信息。如何将促销信息迅速传递给促销对象，将关系到促销方案能否得到贯彻。

④把握促销时限。一是要控制促销时间长短，不宜过短或过长；二是要选择恰当的时机，如可选择节假日及某些特殊日子作为促销时机。

(4)选择促销方式。促销方式是多种多样的，企业应根据具体情况和销售目标，使用一种或组合使用多种促销工具，以实现最好的促销收益。选择促销方式时还需要考虑市场类型、竞争状况、消费者特点和促销预算及每种促销方式的成本效益等因素。

(5)建立反馈系统，评估促销效果。促销策划者在促销方案执行完成之后，还要调查目标市场的消费者对这些活动的反应，对某品牌或企业态度的变化，购买行为发生的变化等，以便评估产品促销的效果，方便为以后的促销决策提供客观依据。

3. 促销策划的注意事项

在策划促销活动的过程中，需要注意如下问题：

(1)注意有关法律、法规对促销的约束。企业促销必须遵照相关法律、法规的要求进行。例如，《中华人民共和国反不正当竞争法》第11条规定：“经营者不得以排挤竞争对手为目的，以低于成本的价格销售商品。”第13条规定：“经营者不得从事下列有奖销售：(一)采用谎称有奖或故意让内定人员中奖的欺骗方式进行有奖销售；(二)利用有奖销售的手段推销质次价高的商品；(三)抽奖式的有奖销售，最高奖的金额不超过五千元。”随着我国法律制度的不断完善，法律对促销的约束会更加严格。对尚未制定约束条款的促销行为，企业应从政策允许和商业道德的多角度出发判断其促销合理性，对有损于商业道德和企业形象的行为应严加杜绝。

(2)促销活动切忌背离了市场营销观念。现代促销活动实质就是企业与顾客进行信息沟通。在促销沟通中，企业是占主导地位的，信息选择与安排完全都由企业决定，顾客是被动的；企业是有组织的、有计划的专业操作，而顾客常常是分散的、个别的个人。很显然，企业与顾客之间在商品知识、专业水平、理性和信息等许多方面是不对等的，此类促销沟通十分有利于企业，某种程度上讲，促销实质是一种由企业操纵的沟通活动。企业在诸多方面占有绝对优势，而顾客所能占有的优势较少。因此,很容易造成企业在促销沟通过程中错误利用这些优势而单纯地为企业盈利服务,甚至不惜损害顾客利益,从而使促销活动背离原有市场营销观念。具体表现在:

①促销宣传只求轰动效应,只做表面文章,脱离产品质量水平、实际功能、技术创新等,严重误导消费者。

②服务承诺大打折扣。在技术相对成熟、近期内不可能有重大技术创新的行业内,不同厂家生产的同类产品的功能、实体质量差异较小,竞争取胜的关键转移到服务上。

③夸大促销的作用,在提高产品质量上进取心不足。其实满足消费者需求主要靠适销的高质量产品和服务,而促销仅仅起辅助作用。

(3)不能单纯利用降价促销,要寻找其他促销诉求点。确定促销诉求点是制订促销方案的关键。有效的促销诉求点必须做到个性突出,有别于竞争者,可以塑造一个与众不同的清新形象。但近几年来,我国绝大多数企业热衷于降价或进行变相降价促销,如买一送一、打折、优惠等,忽视了促销诉求点,因而引发了一场场价格战。究其原因在于我国绝大多数消费者属于中低收入阶层,理性程度较低,对价格比较敏感,不太注重服务、质量等。

值得一提的是,降价促销是把双刃剑,不是最有效的促销诉求点。如果采用价廉诉求点必须具备两个前提条件:一是该类产品市场需求价格弹性较大,价格略为下降将会引起市场需求较大幅度增加;二是促销必须以成本降低为前提,能够不断提高劳动生产率,降低生产与销售成本。否则,市场占有率上升就将会是企业以出让自身的利益所换回的,而有盈利能力、有盈利空间的市场占有率才是企业所应当追求的。非理性的降价促销是价格战,会导致企业利润过低,不利于售后服务、技术革新及扩大生产规模。消费者在短期内得到一定量的实惠,但是他们的长远利益将会受到威胁,比如,新产品质量、产品享用、售后服务等可能无法得到保证。大幅降价让基层经销商苦不堪言,经销商的切身利益得不到保障,并造成零售价格混乱。在高度同质的市场中,一旦竞争者发动价格战,企业将除了跟进别无选择。但同质市场是极为罕见的,在日常生活中所接触的大多数市场是异质的,因此,促销诉求点的选择不必过分拘泥于价廉,可以有多种选择,如质量、品牌、形象、服务、文化、创新、情感等。采用降价促销诉求点不符合消费者需求的变化。随着社会实体经济的发展,人们收入水平的不断提高,消费心理的逐渐成熟,消费者行为越来越个性化、多元化和理性化。人们对价格的敏感性逐步降低,价格因素的决定性越来越小,不同收入水平的消费者会追求不同价位的同类产品。如目前我国消费者对家电产品的选择更多地集中在品牌、性能、质量、规格、款式和服务上而并非价格上。因此,降价促销肯定不是唯一的、最有效的促销方法,而培植和采用其他非价格诉求点才是促销的必然趋势。

(4)要注意与顾客建立长期稳定关系。不少企业在促销时往往局限于如何最大限度地招揽新顾客,不断扩大产品销售区域和市场份额,实现增长利润的目标。但近年来这种促销策略却导致了顾客增加有限、促销成本居高不下、促销效率低、企业效益不好的被动局面,根本原因在于忽视了与顾客建立长期稳定的关系。

事实上,在买方市场条件下,由于市场竞争激烈,想要不断赢得新顾客是极其有难度的,争取新顾客要明显比维持老顾客的成本高出许多。如果把促销重点放在吸引新顾客上,就必然对现有顾客重视不足。在企业拼命“挖墙脚”的情况下,受到冷遇的现有顾客一定会流失。

按照意大利经济和社会学家帕雷托的80/20营销法则,企业经营利润的80%来自于20%

的重要顾客的重复购买。因此,企业促销的重点应放在这些重要顾客身上,与顾客建立长期稳定的友好关系,例如,建立顾客数据库等。通过数据库的建立和对数据细致的分析,以帮助企业准确了解顾客需求信息,对产品进行科学准确的定位,收集并分析顾客对产品和服务的反馈信息。企业要认真对待每位顾客的来信和来电,或进行顾客满意度调查,全面把握顾客对产品和服务的态度、看法、批评和建议,从顾客提出的众多问题中归纳出企业经营中所有存在的缺陷,为了改进产品及促销提供依据,培养对本企业产品的忠诚顾客,如建立顾客优惠卡制度,组建消费者俱乐部,进行消费者教育和培训等。

10.2.4 案例导入与解析

1. 只花“38”,过好“三八”

某美容院打出“今年只花‘38’,过好‘三八’”的促销标语,在2011年3月8日国际妇女节期间实施美容院全部服务项目“38”特价优惠活动。在促销活动开展的一周中,美容院门庭若市,吸引了大量消费者参与消费,并成为美容院的长期顾客。整个促销活动为美容院获得53名新顾客,并实现现金收入产品销售额76 000余元的销售业绩。该美容院的促销活动数据见表10.3。(本文由作者根据网络资料改写,原文见:健康沙龙网.)

表10.3 美容院促销活动数据

数 据 项 目	数 据 结 果
促销目的	吸引新顾客,扩大美容院顾客消费群,销售美容院内春季产品
促销对象	所有需要美容的消费者
促销项目	美容院所有服务项目
促销工具	直接折价产品工具
促销诱因	过“三八”只花“38”
促销时机	3月8日国际妇女节
促销理由	祝贺女性独有的节日,关爱自己
促销方式	特价优惠
促销地点	美容院院内
促销时间	一周
促销人员	本院全体员工,厂家美导一名
促销效果	企业获得53名新顾客;产品销售额76 000余元

思考与讨论:试分析该美容院促销成功的原因。你还能给该美容院提出什么促销建议?

分析提示:成功原因有三点,第一,“过‘三八’,只花‘38’”的促销主题,明确告知消费者在活动中可以获得的利益,同时由于是美容院内的全部服务项目均参加促销,因此打消了消费者认为是滞销项目才进行促销的认识。第二,“过‘三八’,只花‘38’”的促销诱因,可以有效激发、鼓励消费者做出尝试、接触新产品、新项目的实际行动。第三,消费者大量光临给美容院销售产品、留住顾客、制造热卖场景、提高品牌和美容院的声誉创造了条件。

促销建议:第一,促销方式过于单一,可结合其他促销工具一起进行,如新品赠送或新项目免费体验活动;第二,此类促销消费者会尽量消费高价格服务项目,因此,应当核算好促销费用;第三,促销要合理考虑老顾客的利益,可给老顾客额外的优惠。

2. 为超市促销"把脉"

超市促销多种多样，有赠品促销、打折促销、"买一送一"促销等手段，但促销失败屡见不鲜。下面给出一些实例：

(1)某地方名牌洗发水踌躇满志地在各大超市推出了买 400 ml 装送精美浴刷的促销。依照去年成功的经验，这样的促销至少能够提高 80%左右的销量。四周过去了，销售结果让人大跌眼镜：销量只提高了 12%！在新任的市场部经理抓耳挠腮百思不得其解的时候，一个经销商的电话道破天机：联合利华和宝洁的促销装我还没卖光呢！

(2)某葡萄酒厂一新品靠着原产地的优势在本省市场取得了较好的销售业绩，于是厂家急于扩大该产品的知名度和销量，并试图利用中秋和国庆期间利用商场促销好好地火一把，于是决定在全国的连锁超市中实行了 20%的让利促销。此举使该新品的零售价格比主要竞品低出了 10%。从活动本身来看无可厚非，在本省也提高了不少的销量。但事实上这个产品在 80%的周边省市还基本处于产品推广阶段。结果，这个促销在整体上没能取得较好的业绩回报。

(3)四川某酱菜厂有一个拳头产品 W，在当地非常好销。为了扩大销量，该厂开始动起了浙江市场的脑筋。在一番市场调查后，了解到在浙江已有了四川的同类产品，而且销量还是不错的。而且，通过当地办事处对千余名消费者的调查，也发现能接受辛辣食品的消费者也比原先有较大的增长。于是 W 产品开始大举进攻浙江市场。该厂花了很多钱在小包装的免费赠品和通路的折让上。在风光了三个月后，W 产品开始走下坡路，销量萎缩到只有原来的二分之一。厂家有些着急了，通过多方了解发现竞品在终端上加大了投入，并且开始出"加量不加价"的促销包装。于是 W 厂家也搞了一个"一大一小"的赠品装。但几个月拼下来，销量依旧没有大的起色。厂家只得挠头，哪里出错了？最近，该厂新来的市场部经理是一个宁波人，他的一句话提醒了公司老板："这东西这么辣啊，怎么吃啊？"

(4)某儿童玩具厂家为在暑期加大一种智力玩具的销量，煞费苦心地在产品上捆绑了一种时下在小学生中非常流行的飞镖玩具，以期博得他们的青睐。但结果令该厂家非常失望：销售额还不如上一个月。后来该厂家通过调查才发现原来有许多家长认为这种飞镖玩具的安全性有问题。

(5)某小食品集团公司有一市场领导品牌 A。在该集团推出另一品类的产品 B 时，该公司试图利用 A 产品的影响力来推动消费者对 B 产品的尝试。从两个产品的目标消费群来讲是比较接近的。于是公司设计了一个"集七个 A 产品的盒子即可免费换取 B 产品一个"的促销活动。当时公司有很大一部分人相信该活动不但能使 A 产品的消费者得到免费品尝 B 产品的好处，而且也会使 A 产品的销量得到提升。活动做出去后，结果让人啼笑皆非：公司设在各地办事处的兑奖处每天来的不是他们期望的 A 产品的忠实消费者，而是收破烂的小贩！并且对话如下："问：'这些标帖怎么来的？'答：'捡来的。'问：'换了后准备干嘛？'答：'卖给小店。'"(本文由作者根据网络资料改写，原文见：效果网.)

思考与讨论：试逐个分析这些企业促销为什么会失败？问题究竟出在哪里？

分析提示：

(1)告诉我们促销时间对促销结果的重要性，如果洗发水的厂家事先进行详细的市场调查，它完全可以用别的促销方式来代替赠品促销。

(2)告诉我们厂家进行促销时要把握好促销的范围，一般来讲，推广阶段的产品需要让消费者尽快地尝试购买,所以促销较多采用免费品尝、样品派送、赠品捆绑、DM和POP宣传等手法。

(3)告诉我们了解市场特性、了解消费者需求也许就是促销高招的第一招。

(4)告诉我们不要忽略了消费决策者的作用,买玩具的是儿童,但掏钱的毕竟还是家长。

(5)告诉我们要想做好促销必须要了解消费者,有多少消费者会因为一个莫名的新产品去收集旧产品包装盒并到办事处兑奖?

10.2.5 模拟与实战训练

1. 模拟训练菜单

(1)关注促销绩效。"搞促销伤心,搞完促销痛心",这是很多企业搞完促销后的感受。在经理办公室经常可以看到这样一幕:

促销主管:"经理,我们在××卖场要上几个促销员才行,要是再销不动,商场那边可能会让我们撤场了,抛开公司给我们的销售任务不说,白交了进场费也很不爽啊。"

财务主管:"经理,从这个季度的财务报表来看,我们在××卖场的销售处于亏损状态,主要原因是促销员的工资提成超过了其所售产品的利润,我建议把这些卖场的促销员撤下来,不然我们可顶不住了。"

从促销投入来说,主要有四个方面的费用投入:一是促销员的工资和提成;二是折让后的利润流失;三是赠品的成本;四是促销活动广告宣传方面的费用。(本文由作者根据网络资料改写,原文见:业务员网.)

应用思考:上促销亏,不上促销也亏,怎么办?假如你就是这位经理,你将采取什么方法解决这一难题?

(2)搞促销应对市场竞争。兴旺市的经销商韦老板2011年初代理祛斑产品,前三个月市场走势良好,但6月兴旺市又新上了另一个强势的祛斑品种,广告保持一周三次,每次半版的频率,一上市就引起了市场消费者的热烈追捧,韦老板一下慌了神,不知如何应对。于是求助某营销咨询公司。

当时韦老板的市场存在以下优势:较早启动市场,具有较为广泛的知名度;产品属于国药准字,效果较好,且已形成一定的口碑,电话反馈效果较好;终端布局合理,促销员具有较强的终端促销能力。劣势:对方广告来势凶猛,力度和版面投放较大,形成相当的市场冲击力;对方包装较好,终端陈列比较醒目;消费者对于祛斑类产品缺乏足够的忠诚度,比较容易选择新品牌;自身广告力度不占优势,很容易在对方的广告轰炸中被淹没。(本文由作者根据网络资料改写,原文见:MBA智库文档.)

应用思考:假如你是该咨询公司的经理,你将采取什么方法帮助韦老板解决这一难题?

(3)人员推销技巧。随着社会大环境的不断进步,受到科学技术提升、新产品换代升级加快等诸多因素的影响,手机、计算机等高新技术产品的竞争日益激烈。促销是最直接刺激消费者购买的有效方法,因此,很多商家为了聚拢人气、提高营业额,经常会举办各种各样的促销活动。导购通过推荐促销活动,可以自然而然地接近顾客。导购在推荐促销活动时一定要声音洪亮,语速适当,确保顾客能够听清楚促销内容,达到吸引顾客的目的。此外,导购说话要有节奏感,突出重音,运用兴奋的促销语言以激起顾客的购买激情,用满腔热情去带动全场顾客的消费欲望。同时,作为一个优秀的导购,还应该充分利用促销活动的时间限制、数量限制将顾客重视、紧张等心理完全调动起来,为顾客即刻消费做好良好铺垫。(本文由作者根据网络资料改写，原文见：百度文库.）

应用思考：假设你是正在举办促销活动柜台的销售人员，会怎样向顾客推荐你们的促销活动？

（4）促销现场。中秋节前夕，潇潇秋雨的一个周末下午，在某一大型超市门前，雀巢咖啡在举行免费促销活动。

促销场景：促销小姐穿着鲜明、个性、统一的公司服装，面带微笑，热情地为每一位路过客人递上一杯热咖啡；另一边的电视播放该公司的简介和“味道好极了”的广告语。

促销时间：中秋节前夕的周末。

促销地点；大型超市门口。

促销对象：逛超市的年轻人和中年人，

促销内容：着装统一、热情、礼貌、漂亮的促销员让顾客免费品尝雀巢咖啡。

促销方式：人员推销与电视推销相结合以及通过免费品尝，让潜在消费者变成现实的消费者，让现在的消费者增加对雀巢咖啡的满意度和忠诚度。（本文由作者根据网络资料改写，原文见：育龙网.）

应用思考：以团队为单位，一个团队模拟促销人员，一个团队模拟路过的顾客，模拟现场促销。

2. 实战训练菜单

（1）在授课老师指导下，由学生选择学校所在地域内一个具有一定规模的超市，对其进行促销和组合促销分析，指出其成功与失误之处，然后为其进行促销活动策划，并写出该超市促销活动策划书。

（2）根据新的《全国年节及纪念日放假办法》，一年中共有七个法定假期，试从中选择两个假期，为市内一家连锁超市企业策划促销方案。

（3）到附近的零售商店进行实地观察和访问，列举出其运用的面对消费者的各种营业推广方式，并对各自的促销效果进行比较。

模块三　营销操作技能

📖 项目 11　立志创业

📖 项目 12　构思企业

📖 项目 13　评估市场

📖 项目 14　组建团队

项目 11 立志创业

实训目的与能力要求

通过本项目实训技能的练习，对准备自谋职业，特别是有创办小企业意向的学生开展创业能力训练，使他们了解创业者必备的基本素质和能力，提高适应市场的能力，理清创业思路，增强创办企业的能力，提高创业成功率。

任务11.1 分析自己

实训目标

创业者素质对成功创业起决定性作用，通过本任务的训练，使学生了解一个创业者需要具备什么条件，判断自己是否适合创业。

11.1.1 任务描述

甘肃人黄亮40岁，是某市一家陶器厂的技工，手艺很高，而且还是个好班长，多年被评为厂里的先进工作者。妻子李燕38岁，过去在供销社当过售货员和业务组长，后因单位效益不好，一直赋闲在家。他们15岁的女儿在上初中，家里生活虽然不富裕但过得挺美满。

近来黄亮的厂里经常停产，致使收入急剧下降，所以他俩为以后的生活和孩子的学业担忧。黄亮有主见，做事认真严谨，还有管理班组的经验。李燕干活勤快，为人热情，性情开朗，而且身体也很好。他们虽然人到中年，却还想自己积极探索一条新路子，闯出一番天地。

他们所在的城市处于西部，工业不发达，老百姓收入低，一般的生意不好做。近年来到当地旅游的人日益增多，他们注意到本地有人做朱砂泥工艺品，做游客的生意，销路很好。于是，他们希望发挥自己的优势，打算在家开个作坊，制作类似的手工艺品。（本文由作者根据网络资料改写，原文见：中国创业培训网.）

思考：黄亮和李燕的条件适合创业吗？

11.1.2 实训步骤与考评

1. 实训准备

根据任务描述情境，将全班同学每两人分为一个小组。教师发给每个学生一张打印纸，两人相互介绍自己的特点，另一人记录。根据记录情况，让对方分析自己具备哪些创业的素质和能力。

2. 具体步骤

在教师指导下，训练学生如何正确分析自己的创业能力和素质，见图11.1。

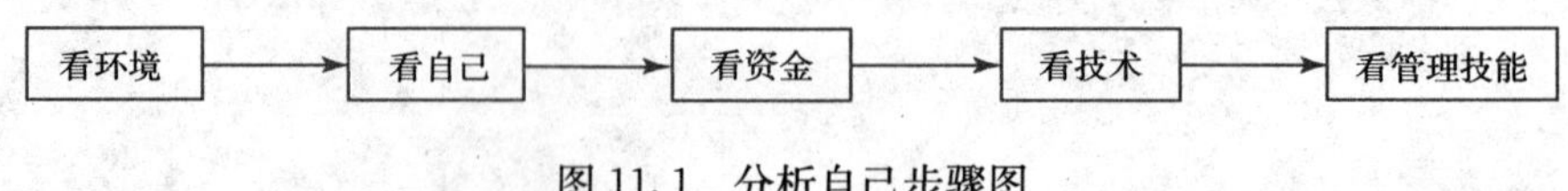

图11.1 分析自己步骤图

(1)看环境——看准西北大开发的势头。

参考做法：近年来，随着西北旅游事业的飞速发展，到甘肃的游客越来越多。游客大都在旅游点买些有当地特色的工艺品作为纪念。而朱砂泥手工饰品是新近出现的特产，做的厂家还不多。现有的产品种类少，制作比较粗糙。如果能参照古老文物开发精巧的新产品，这个市场还有不小的发展潜力。

(2)看自己——认为自己具备创办企业的基本素质。

参考做法：黄亮和李燕都有事业心，能吃苦，做事认真努力，还有一定的组织能力。黄亮抓生产有经验，李燕过去当过售货员，尽管这不算是做买卖，但对如何满足客户的需求很有体会。

(3)看资金——投资不大，他们的积蓄和收入基本够用。

参考做法：黄亮和李燕决定用自己的积蓄和收入在家开办一个生产朱砂泥手工艺品的作坊。他们计划在2012年3月，即夏季开始前三个月开办企业。他们有两个月的时间做准备。这期间黄亮继续在陶器厂工作，多少还能领到点钱。黄亮和李燕有4 500元存款，黄亮和李燕父母各支持550元。但他们考虑起码要留2 000元存款保底，以防万一。所以，实际可用来创办企业的资金是3 050元，他们估计这笔钱就差不多够了。

(4)看技术——制作朱砂泥制品技术比较简单。

参考做法：制作朱砂泥制品，当地原料充足，所需工艺、工具、设备和场地都比较简单。而黄亮和土坯打了20多年的交道，改行学朱砂泥的制作技术比较容易，黄亮决心花钱出去学。在开发新产品方面，黄亮虽然手巧，但承认自已的历史知识和美术素养不足，他打算请中学的美术老师和历史老师提供指导。

(5)看管理技能——可以通过学习弥补。

参考做法：因为没有真正做过生意，他们对于营销、财会等经营技能心里还没有底，知道这是自己的弱项。不过他们打算上夜校学习这方面的知识，此外，还可以从几个做生意的朋友那里取些经。单位的会计也表示愿意辅导李燕做账。

3. 实训总结与考评

各小组成员要根据自己的调查和实践，在训练结束后分别写出实训报告，说出对创业者自身素质的理解与认识，由教师和其他同学对不同小组同学的认识进行比较和评价。

表11.1为各小组训练考评表。

表 11.1 各小组训练考评表

成果展示与评价			分析报告及 PPT 形式答辩					
分析报告		分析报告必备项目	环境分析	自身分析	资金分析	技术分析	管理技能分析	文字表达
		评价标准	全面并能突出重点	准确、数据真实	能够客观、准确地分析自身的资金、实力	能够客观、准确地分析自身的技术能力	能够客观、准确地分析自身的管理技能	思路清晰、语言流畅
		应得分	20	20	20	20	10	10
	评价人	企业(50%)						
		教师(40%)						
		学生(10%)						
		实得分						
		报告最后得分						
PPT 答辩		PPT 答辩要求	时间	语言组织	表达能力	展现形式	形象礼仪	
		评价标准	控制阐述与回答问题的时间	语言精炼、针对性强	表达清楚、准确	汇报形式新颖	形象得体、大方	
		应得分	20	20	20	20	20	
	评价人	企业(50%)						
		教师(40%)						
		学生(10%)						
		实得分						
		答辩最后得分						
		任务综合得分						

11.1.3 知识点拨

企业的成败取决于自己。在决定创业之前,应该分析评价一下自己,看看自己是否具有创业的素质、技能和物质条件。成功的创业者之所以成功,不是因为他们走运,而是因为他们工作努力,并具有经营企业的素质和能力。

创业者的素质是指其自身所具备的基本条件和内在要素的总和。基本素质包括心理素质、应变素质、管人素质。

(1)心理素质。自信心是根本。创业是艰难的,在创业的过程中难免会遇到这样或那样的苦恼、挫折、压力甚至失败,这就要求创业者必须具备承受挫折、迎接挑战的心理素质,而这些素质的培养就是靠增强自己的创业信心。对创业者来说,必须树立这样一个理念:你一定会赢。困难、挫折乃至失败,都是暂时的,关键是如何吸取教训继续前进。哪一天自信没有了,泄气了,那一切也就完了。创业难,守业更难,即使成功创业之后,还要苦心经营,更需要良好的心理素质。总之,只有具有百折不挠的精神,才能到达胜利的彼岸。

(2)应变素质。商海变幻莫测,创业者作为小企业的代表和掌舵人,应该具备以变应变的能力。以变应变,要有敏锐的洞察力。当今市场千变万化,机会和风险并存,要抓住机会必须要"先知先觉",也要有冒险精神,不敢冒险就不敢前进,一旦疏忽,机会就稍纵即逝。冒险精神就是要求创业者时时刻刻拥有对市场决断的勇气与洞察力,能审时度势地在复杂环境与情况下洞察到事物的内在本质和运动发展趋势,能通过各种渠道认真听取与分析各方面意见,并不失时机地做出科学合理的决策。独树一帜的预见能力是创业者战胜对手的法宝。成功的创业者常常是先声夺人地打破一些不成文的规则,这就是创造力。创业者要有强烈的时代感和责任感,敢于开拓进取不断创新,以活跃的思维不断吸取新的知识与信息,开发出新的产品和新的招式,使自己的事业充满活力和盎然生机。从更高的标准看,以变应变还要求创业者有较强的社交能力和语言表达能力。俗话说:"一个好汉三个帮。"市场经济有时是"朋友经济",创业者在从事经济活动中,免不了有各种社会交往,它对于搞好生产与经营工作,加强与各方面的沟通联系,扩大影响,减少负面效应,提高经济效益都有着不可估量的作用。口才是扩大社会交往必不可少的条件,演讲、对话、讨论、答辩、谈判、介绍等各方面的技巧与艺术的运用,滔滔不绝,口若悬河,思辨敏锐,谈笑风生,再加上待人接物恰到好处,就能结缘天下。

(3)管人素质。管好"一群人",需要创业者知人善用。将帅的胸怀贵在"用",必须学会"容才",这是知人善用的前提条件;善于发现人才、培养人才和使用、爱惜人才,充分调动员工的聪明才智和积极主动精神,是知人善用的根本所在。知人善用能使创业者的组织指挥能力得到充分发挥,能使各要素与环节准确无误地高效运转。知人善任还必须建立起和谐的内外部环境,创业者要善于妥善安置、处理与协调内部的人际关系,树立起自身和企业的良好形象。管好了"一群人",财务管理、质量管理、信息管理、合同管理等所有的管理都能得到不断创新和良性发展。管好自己讲的是创业者应有的道德规范自律。成功的创业者必须要有较高的道德素质,必须遵守大家确认的商业道德,包括:捍卫和遵守本企业所定的道德规范;强化本企业在业界的形象和声誉;维持本企业的道德责任感,以诚信为原则;永远以客户的需求为第一考虑;确实掌握生产和服务成本,获取合理利润;确保安全性和效率;没有违法和不道德的行为。

除上述基本素质,创业者还要看看自己具备哪些基本条件。

(1)资源。业务资源:赚钱的模式是什么?客户资源:谁来购买?技术资源:凭什么赢取客户的信赖?经营管理资源:经营能力如何?财务资源:是否有足够的启动资金?行业经验资源:对该行业资讯与常识的积累。行业准入条件:某些行业受到一些政策保护与限制,需要进入资格条件。人力资源条件:是否有合适的专业人才?

(2)业务。创业者在创业之前,一定要有明确的创业方向,再决定创业。假如选择了某一个行业,创业前一定要积累一些该行业的经验,收集相关的资讯,如果有可能,可以先考虑进入该行业为别人打工,通过打工的经历来积累经验与资源。那么"学费"自然由别的老板给你付了,也就用不着用自己创业的时间交学费。行业知识、客户资源渠道、赢利模式都有了,再创业,成功就指日可待了。

(3)动机。如果是真心想创办企业,成功的可能性就大得多。要问问自己,为什么想创办自己的企业?如果仅仅想有些事情可做,创业成功的可能性就不大。

(4)诚实。如果做事不重信誉,名声会不太好,这对创办企业是不利的,会对生意产生负面影响。

(5)健康。必须健康。没有健康的身体,将无法兑现自己对企业的承诺。要知道,为企业操劳会影响健康,要衡量一下自己的身体条件,是否适应办企业的需要。

(6)风险。世上没有绝对保险的生意,失败的风险随时可能发生。必须具有冒险精神,甘愿承担风险,但又不能盲目地去冒险,先看看自己可以冒什么样的风险。

(7)决策。在办企业的过程中,必须做出许多决定。当要做出对企业有重大影响的决定而又难以抉择时，必须果断。也许会不得不辞退勤劳而忠诚的员工，只要有必要，就得这么做，不要都发不出工资了，还碍于情面保留雇员。

(8)家庭状况。办企业将占用很多时间，因此，得到家庭的支持尤其重要。要征求家庭成员的意见，如果他们同意自己的创业想法，支持自己的创业计划，就会有强有力的后盾。

(9)技术能力。这是生产产品或提供服务所需要的实用技能。技能的类型将取决于自己计划创办的企业的类型。

(10)企业管理技能。这是指经营企业所需要的技能。市场营销技能固然很重要，但掌握其他经营企业的技能也很必要，如成本核算和做账方面的技能等。

(11)相关行业知识。对生意特点的认识和了解是最重要的，懂行就更容易成功。

(12)永远学习。创业是一种思考、推理和行为方式，它为机会所驱动，需要在方法上全盘考虑并拥有和谐的领导能力。创业必须要贡献出时间，付出努力，承担相应的财务的、精神的和社会的风险，并获得金钱的回报、个人的满足和独立自主。

11.1.4 案例导入与解析

路在脚下

小张没有上《福布斯》中国富豪榜，也没有什么轰轰烈烈的传奇故事。他和大多数人是一样的，唯独不一样的是他有和普通人不一样的经历。

小张今年24岁，是一家不大不小的电子配件外贸公司的总经理，这家公司是他自己经营的。小张平时很忙，经常不停地出差。谈起他的创业史，小张很谦虚地说："我实在是太平凡了，没有什么特别之处。"

小张高中毕业考上了一所外语翻译学院。很多同学都还在享受大学的美好时光时，小张却整天穿梭在图书馆和自习室之间。他酷爱学习，成绩很优异。但是每年一万的高昂学费让他有些犹豫。家里条件不是很好，父母前几年做生意赔了不少钱，还欠了很多的债。小张想想自己的学费和家里的条件，做了一个让很多人意想不到的决定：放弃学业，自己去挣钱给家里减轻负担。虽然父母不同意，同学、老师都表示惋惜，但是2006年大二还没有读完的他就一个人背着背包只身去了深圳。

深圳是一个充满机遇和挑战的地方，没有毕业证，没有学位证，只凭一张嘴给别人说自己是个大学生，小张起初遭到了不少的白眼，但最终一家公司接受了他。经过大半年的工作，小张觉得这家公司工资低不说，自己在这里呆着也没什么发展前途。就有种想自己单干的想法，一次无意间和朋友透露了这种想法，没有想到朋友也有这种想法，于是几个人不谋而合，说干就干。辞去了工作，租来了房子。2007年5月，属于他们自己的公司成立了，起初几个人的干劲都十分大，刚开始时什么都不懂并且自以为是，什么都不怕。几个月过去了，发现其实有很多困难，并没有自己想象的那么简单，开销越来越大，但是没有生意，没有进账。最终他们的合伙于2007年底宣告破产。失败了的小张没有气馁，又继续回去找工作，又回去磨炼，在这期间他又不断地学习，学习到了很多以前自己不会的东西和经验，也结识了很多新的客户。但是自己创业的念头一直都没有打消，但是现在的待遇比较好，觉得一切都还比较好，此时的他犹豫了，不知道要不要放弃现在的一切从零开始。他给自己几天的考虑时间，期间他分析了放弃与否的利与弊，最终他决定自己创业。

经过一段时间的筹备，于2008年下半年小张创立了自己的公司，刚开始时困难重重，觉得有的客户自己能谈下来，可是别人看到他是新手就不愿意跟他合作，由于他的公司刚刚起步，别人不敢相信他，信誉度不高，曾经也受到了很大的打击。当时的他也产生过动摇，积蓄以及借别人的钱都投了进去，但是都没有生意，不挣钱反而赔钱。他苦思冥想决定改变策略，努力地改善自己，不断地创新，最终做成了第一笔生意。恰逢当时又遇到了经济危机，生存下来更不容易，他不断地学习，不断地创新，当时很多公司倒闭了，但是他在风雨中坚持了下来，现在他的公司已经小有规模，生意越做越大。他有一个很大的遗憾就是没有把大学给读完，而他一有时间就买各种各样的书籍来看，以不断地提高自己。他说："以后有机会了，我要把我的大学给读完。"

谈到公司的前景，他没有夸夸其谈，只说："路在脚下，我会一步一步、脚踏实地地走下去且走好。"(本文由作者根据网络资料改写，原文见：豆丁网.)

思考与讨论：有哪几项能力和素质是决定小张成功创业的最重要因素？

分析提示：

(1)创业是一项艰苦、复杂的系统工程，这就要求创业者具备一些比常人更高的素质。小张在其他同学都还在读书的时候只身一人去深圳，面对别人的白眼他没有退缩，没有放弃，这体现了他能吃苦的精神。

(2)小张好不容易找到了一家公司接纳了自己，他在那里工作了大半年，发现这种朝九晚五的生活并不适合自己，自己在那里也没有什么发展前途，一腔热血无处释放，决定自己辞职单干。这体现了他强烈的自我实现欲望。强烈的自我实现欲望是创业者的精神支柱，自我存在、自我意识、自我实现是成为创业者的首要因素，小张因为不甘心默默无闻和满足于现状而创业，这或许和大多数白手起家的创业者走的是同样的道路。

(3)小张第二次辞职单干，起初遇到了很多困难，没有生意，公司不赚钱反而赔钱，又恰逢经济危机。但是他仍然坚持了下来，这点体现了他顽强、执著的精神。创业的道路充满坎坷，无论面对成功抑或是失败，创业者都必须有执著和坚韧不拔的品格。成功的人和失败的人只有一个区别，就是能否做到顽强和执著。

(4)公司刚刚起步时，并没有生意，小张能坐下来冷静地思索，并决定要创新。不走以前的老路，从而给自己在这片市场上博得了一片空间。这体现了他作为一个创业者所具有的敏锐的洞察力和创新能力。不走寻常路，敢于冒险是他成功的一个重要的因素。

(5)虽然小张平时很忙，但是他一有时间就买各种各样的书籍来不断地提高自己。人类已经步入知识经济新时代，终身不断学习，将越来越成为人们生存和发展的第一需要，作为创业者更应如此，创业者要不间断地提高自己，这样才能够把自己的公司做得更好更强。

11.1.5 模拟与实战训练

1. 模拟训练菜单

白雪家住闽江上游的武夷山区，这里农活不忙，许多年轻人都进城打工去了。因为母亲病重，她不能出远门。她很想多挣点钱接济家用，给母亲治病，也给自己买些衣物用品。

她原打算在村里办一个小旅店。翻来覆去地想过后，她觉得自己的想法不现实：村里的人太保守，他们不会欢迎陌生人到村里住，而且村子离公路干线太远，即便能说服大家，也很难吸引到游客；再说，如果老天总是阴雨连绵的，就是说服了游客在村里住下，他们呆着也很无聊。

邻村的小兰也打算在村里办个小旅店。她知道，她得先向村里人宣传自己的想法，得到乡亲的理解和支持才行。她相信自己能做出个好样子，使大家相信小旅店也能赚钱，而且不会打扰村里人的生活。她为区旅游局写了份宣传小册子，又搭车进县城，与一些旅行社和客运公司的人谈了自己的想法。让她兴奋的是，各方人士都赞同她的想法，认为很多旅游者其实喜欢住在村里。许多旅行社已经在探讨为游客提供在武夷山的山村里歇脚的途径。小兰很受鼓舞，立即准备她的创业计划。（资料来源：国际劳工组织北京局．创办你的企业：创业意识培训册[M]．北京：中国劳动社会保障出版社，2003.）

应用思考：

(1)白雪和小兰各自的长处和弱点是什么？

(2)你认为谁将成为一个好的企业创业者。

2. 实战训练菜单

你具备一个成功业主的能力和素质吗？

填表说明：

(1)要实事求是地填写表。

(2)填写每一项能力或个人素质时，先阅读说明，然后再评价你在这方面有长处还是有弱点。

(3)把你的创业构思讲给一位家庭成员或与你关系比较密切的朋友听。请他们对你进行评价，然后把他们对你的评价填入表格中。

(4)数一数你总共有多少长处，有多少弱点(先打√再计数)。

自我评估			家庭成员或朋友的评估意见	
个人素质	长处	弱点	长处	弱点
承诺——为了创业成功，你需要对你的企业做出承诺，承诺意味着你愿意把你的企业放在最重要的位置上，也意味着你有长期经营企业的打算，你愿意用自己的钱冒创业的风险。(你肯这样做，就是你的长处。)	□	□	□	□
动机——为什么你打算创办自己的企业？如果你确实想成为成功的企业主，那么，你的企业很有可能成功。(你有这样的动机，便是你的长处。)	□	□	□	□
诚实——如果你对自己的员工、供应商和客户不诚实，你将有损于自己的信誉。名声不好对生意不利。(如果你不是如此，这是你的长处。)	□	□	□	□
健康——经营企业是一项十分艰苦的工作，它要求创业者有良好的身体。(你如果身体好，也是一项长处。)	□	□	□	□
承担风险——没有绝对可靠的企业构思，企业时刻存在倒闭的风险。创办企业的人必须愿意承担风险，当然仅限于合理的、深思熟虑的风险。(你如果认为如此，就是一项长处。)	□	□	□	□
决策——在你的企业里，你得做出重要的决策。你不能把决策权让给别人。经营企业时，做艰难的抉择十分重要。你能在难以决断时果断地做决定吗？(如果你能这样，便是你的长处。)	□	□	□	□

续表

自 我 评 估			家庭成员或朋友的评估意见	
个人素质	长处	弱点	长处	弱点
家庭状况——经营企业需要很多时间，取得家庭的支持非常重要。他们应当赞同你创办企业的计划。拥有家庭的支持是一项优势。（你具备这个优势，也就成为你的长处。）	□	□	□	□
财务状况——如果你有钱投资于你的企业，赔光了也问题不大。如果你自己没有钱投入，完全依赖于创业的成功，则处于弱势。（如果你资金充足，是你的一项长处。）	□	□	□	□
个人技能与知识	长处	弱点	长处	弱点
技术——这是企业生产产品、提供服务所要具备的实际能力。例如，开办成衣店，你得会裁剪和缝纫；如果办个机修厂，你要有机电知识。如果你不具备所需要的技能，这就是你的一个弱点。（你有技术，就是你的长处。）	□	□	□	□
企业经营技能——指的是有效经营企业所需要的能力，包括销售、成本核算、记账，以及最重要的人员管理能力。（同时具备了两项技能，就是你的长处。）	□	□	□	□
对同类企业的了解——如果你对自己创办的这类企业有丰富的知识和经验，你就能避免犯常见的错误。（你懂行就是你的长处。）	□	□	□	□
算一算你有多少长处和弱点，并将数目写在这里	长处□		弱点□	
看看你的长处多，还是弱点多？把两边的数据加在一起做个比较。如果长处多，说明你具有办企业的潜力，选择“是”；反之，选择“否”。	是□		否□	

任务11.2 控制风险

对于刚刚走出校门的大学生来说，如何正确投资，回避创业误区，成为商海“试水”成功与否的关键。现在我们就从投资思维、方法、技术等方面，介绍中小创业投资者“走麦城”的案例，指出造成失误的根源以及走出困境的路径。

11.2.1 任务描述

杭州市为了宣传城市的品牌，在闹市区开设了女装街。小李有个亲戚在服装厂当老板，服装进货没有问题，于是她借了十几万元开始准备开店。事先她考虑最多的是店面的位置、店内的装修，对如何经营却考虑得很少。一个月后，她在女装街最好的地段投资十万元租了一个100 m^2的门面，装潢得富丽堂皇，从亲戚的服装厂批发了几百件女装，开始营业。但开业不久就遇到了难题：同样的女装卖了两三件就再也卖不动了，服装店出现大量积压，之后干脆一个星期卖不出几件，还不如别人十几平方米的小零售店卖得好。小李呆坐在店里不知如何是好。（本文由作者根据网络资料改写，原文见：百度文库.）

思考：小李应该如何走出困境？

11.2.2 实训步骤与考评

1. 实训准备

根据任务描述情境，将全班同学每6～8人分成一组，先利用10～15 min时间完成小组交流。在此基础上进行组间交流，结合大学生创业实际，分析大学生创业会遇到哪些风险。

2. 具体步骤

吃、穿、住、用、行是人们的生存需求，有人生活的地方，相关的产品就存在商机。但就是这些大众都熟悉、都了解的商机，恰恰是最难做的商机。就像古人说的"画鬼易，画人难"的道理一样，小李的女装店就失败于此。在小组讨论的基础上，在教师指导下，训练学生如何在创业过程中控制风险，具体做法见图11.2。

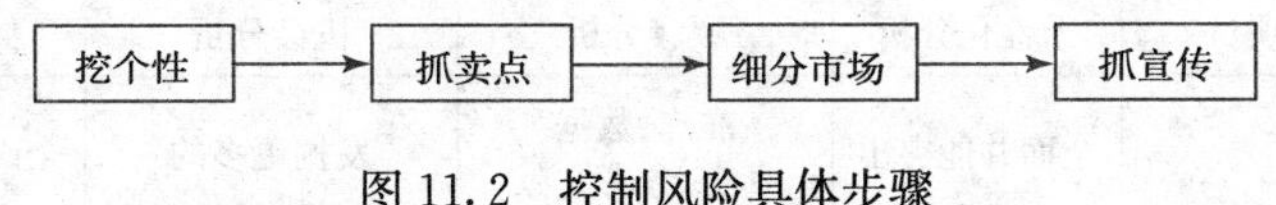

图11.2 控制风险具体步骤

(1)挖个性——个性化的女装是适合小店的生存模式。

参考做法：21世纪是产品个性化的时代，如果把有关人们吃、穿、住、用、行的传统产品都能够融入个性化卖点，就更容易抓住相对集中、需求明确的小众消费群体，平时被人们最熟悉的产品也能产生新的商机。而且对于规模化投资能力较弱的小投资来讲，个性化可以有效提高小规模投资的利润水平。做到个性化应该建立在对行业的充分了解上。

(2)抓卖点——以个性化的女装为卖点。

参考做法：小李服装店的硬件不错，但她单一的服装品种过于大众化，小店经营的销量很难保证，利润水平很低。目前的服装行业中，小投资利润较高的是比较有个性的小店，比如外贸服装店，其利润率比那些依靠数量取胜的普通服装销售要高出许多。服装个性时期是目前小投资从事服装生意的有效途径，小李应该充分利用自己亲戚的资源，借用他的设计制作能力，在服装个性化上做文章，提高利润水平。同时，自己要展开市场调查，了解服装个性化趋势，寻找可做的卖点。

(3)细分市场——对目标市场进行细分，把大众划分为小众。

参考做法：小李是个不轻易服输的人，听取了追求个性化的意见后，她报名参加了缝纫培训班，订阅了各种服装杂志寻求个性卖点。很快她就发现受之前唐装的带动，如今旗袍需求开始预热，而且利润很高。杭州作为一个传统文化浓厚的大城市，市场应该不错。之后经过在闹市区的随机市场调查，100个女性里有60多个表示有合适的旗袍愿意购买，这让她下定决心做旗袍。几个月后，她从亲戚的服装厂里"借调"了一位服装设计师，把服装店改成了旗袍店定做旗袍。

(4)抓宣传——从细心观察中找到机会。

参考做法:由于她请来的设计师很有水平,有几个结婚的年轻人穿了她店里做的旗袍后大出风头。借助这一良机,她迅速联系了婚庆公司开展合作,采用租赁和销售并行的方式顺利和十几家婚庆公司达成合作协议,每次的合作都能为她带来1 000～2 000元的利润。但问题是上门定做的顾客很少,总体利润水平仍然不高。她想宣传一下,可广告费用太高,自己跑出去发放宣传材料,工作量又大,宣传范围也小。怎么办呢?一次她看新闻的时候,在字幕中发现"主持人化妆由××美容店友情赞助"的字样。于是,她找到那家美容店,详细询问了与电视台的合作方式。原来,他们为主持人免费化妆,电视台则免费提供字幕广告。这种合作很合适啊!她赶紧联系了电视台,顺利达成了合作。此后电视上每个月都会出现10次左右的文字广告,来店里定做旗袍的人开始增多。此外,她还与旗袍需求大户××礼仪公司达成合作,以出租为主,进一步扩大了小店的市场空间。半年时间,小李就已经收回了十几万元的投资。

3. 实训总结与考评

各小组成员以小组为单位提交讨论提纲,在小组打分的基础上,教师根据提纲进行综合评价。表11.2为各小组控制风险训练考评表。

表11.2 各小组控制风险训练考评表

<table>
<tr><td colspan="3">成果展示与评价</td><td colspan="5">分析报告及PPT形式答辩</td></tr>
<tr><td rowspan="8">分析报告</td><td colspan="2">分析报告必备项目</td><td>个性化分析</td><td>顾客分析</td><td>机会分析</td><td>促销分析</td><td>文字表达</td></tr>
<tr><td colspan="2">评价标准</td><td>全面并能突出重点</td><td>准确、数据真实,参考文献在近一年内</td><td>发掘更多的机会</td><td>全面并能突出重点</td><td>思路清晰、语言流畅</td></tr>
<tr><td colspan="2">应得分</td><td>20</td><td>20</td><td>20</td><td>20</td><td>20</td></tr>
<tr><td rowspan="3">评价人</td><td>企业(50%)</td><td></td><td></td><td></td><td></td><td></td></tr>
<tr><td>教师(40%)</td><td></td><td></td><td></td><td></td><td></td></tr>
<tr><td>学生(10%)</td><td></td><td></td><td></td><td></td><td></td></tr>
<tr><td colspan="2">实得分</td><td></td><td></td><td></td><td></td><td></td></tr>
<tr><td colspan="2">报告最后得分</td><td></td><td></td><td></td><td></td><td></td></tr>
<tr><td rowspan="9">PPT答辩</td><td colspan="2">PPT答辩要求</td><td>时间</td><td>语言组织</td><td>表达能力</td><td>展现形式</td><td>形象及礼仪</td></tr>
<tr><td colspan="2">评价标准</td><td>控制阐述与回答问题的时间</td><td>语言精炼、针对性强</td><td>表达清楚、准确</td><td>汇报形式新颖</td><td>形象得体、大方</td></tr>
<tr><td colspan="2">应得分</td><td>20</td><td>20</td><td>20</td><td>20</td><td>20</td></tr>
<tr><td rowspan="3">评价人</td><td>企业(50%)</td><td></td><td></td><td></td><td></td><td></td></tr>
<tr><td>教师(40%)</td><td></td><td></td><td></td><td></td><td></td></tr>
<tr><td>学生(10%)</td><td></td><td></td><td></td><td></td><td></td></tr>
<tr><td colspan="2">实得分</td><td></td><td></td><td></td><td></td><td></td></tr>
<tr><td colspan="2">答辩最后得分</td><td></td><td></td><td></td><td></td><td></td></tr>
<tr><td colspan="2">任务综合得分</td><td></td><td></td><td></td><td></td><td></td></tr>
</table>

11.2.3 知识点拨

创业路上,成功与失败并存,成功原因自然是由多种因素组成,但失败者往往集中在以下

12种典型原因：

(1)没有事先进行详细、周密的市场调查，只是道听途说哪个行业好赚钱，就贸然投资进去。在国外做生意通常要委托专门的市场调查公司做专项调查，而我们国家的人往往头脑一热拍脑袋凭直觉来决策，而且更多的因素是为节省这笔费用而免去这个环节，但是自己又没有能力做系统的市场分析。

(2)生意上贪大求新，野心很大，排场不小，但是却往往超过了自己的经济承受能力。一些人尤其是曾经成功的商人，不愿意再从最小的公司做起，希望一开始就是大的资金起点，规模搞得很大，固定费用不少，但是一旦业务遇到困难，企业就很容易倒闭。

(3)没有从自己最熟悉、最善长的业务起步。往往听说什么赚钱，就开什么店，做什么业务，在业务深入到一定程度后，方才发现自己的经验、知识、能力和人际关系都与业务不吻合甚至相差太远，从而导致失去竞争能力。

(4)打价格战。讨价还价现在已经成为生意场上的习惯，而业内不合理价格竞争也一直在上演，其结果是要么偷工减料以保证利润，要么保证质量而仅获微利甚至亏损，如以薄利多销为策略经营，则会有不得不经营低档货的可能。

(5)缺乏依法经营和自律的观念。在国内，一些人的正常经营是靠钻法律空子或者走政策边缘，如把这种思维定势带到创业初期，则必然会导致出现许多法律上的不良后果，一些企业以侥幸心理雇用学生，不执行最低工资保障，不给买必要的保险，没有必要的消防措施等，一旦出问题，则损失大得难以承受。

(6)思维受限制，不能立足长远，总想赚快钱，寻找短平快项目。有的人嫌赚钱时间太长看不到希望或者急功近利，办企业更想立竿见影，马上就能盈利，而一般一年至两年的创业亏损期却不愿承担，不少人到外地创业，还没有把当地市场情况摸清楚，就贸然投进去，做到一定时候才发现问题，但是抽身已经来不及了，现在我国经济增长相对平稳，尤其在传统产业很少有暴发的机会，只能靠磨时间积累财富。

(7)只注重硬件的投人，在软件上却舍不得投资。现在许多服务场所的设备、装修都不错，但感觉服务质量、人员素质、管理水平却不高。

(8)在创业初期，财务上没有遵循审慎原则，大多比较冒险，因为对业务前景过于乐观，没有预留足够的准备资金，在生意不顺利时，财务上往往面临资金周转不灵的问题。

(9)单纯以为商业经营万事不求人，而独在小楼自成一体。这样的经营很难能获得会计师、律师、商业顾问的专业知识与经验，企业只能在低水平层次上经营，却不能充分利用政府的优惠政策以合法避税，有时还有意无意触犯法律，反而留下法律上的后遗症。

(10)企业经营理念不清、不执著。有人可能认为1～2个人的小企业、小餐馆不需要经营理念、哲学，认为那些东西太高了，谈企业文化是大企业的事情，只有紧跟着市场流行变化走才比较实惠。这种想法不能算错，从商业生态的角度上讲，各种各样的企业都有其生存的必要，所以，如果创业经营相对有特点和特色，肯定会更容易获得顾客的认同。

(11)没有考虑当地文化背景。我国整体市场是由一个个区隔市场组成的，如何获得尽可能多的区隔市场，适合更多区隔市场的需求以及面对各层次员工，雇佣和管理都是要面对的问题，这可比在当地的经营环境更为复杂，因为要避免区隔文化的振荡，许多人都把自己局限在当地自己熟悉的小圈子内，开展业务的范围当然也就非常狭窄。

(12)创办人缺少必要的企业经营经验。许多人尽管在政府、研究机构、大专院校或者大中型企业工作过，但是本身却没有兴办民（私）营企业的经历，即使在先前成功办过企业，那也是与现代市场规则有着相当差异的，所以现代的创业者办企业尤其不可缺少的是对当地市场的感觉和管理经验。

如果你已经开始计划创业经营，那首先要做的就是学习和熟悉你所面临地区的经商文化和环境、公司法、受雇标准、环保法规，以及公司管理的一般方式等。但是你所关注并且看好了的市场前景，已经准备实施的商业经营也不一定成功，所以一定要有从头开始、第二次创业的精神和物质准备。

11.2.4 案例导入与解析

展思路，揽客户，“女人吧”划分美丽空间

随着时代的进步、生活的改善，人们的需求从生存的需要、安全的需要上升到精神的需要、文化的需要，由此带来的商机组成了我们生活的一部分。然而满足这种精神文化需求在操作上相对传统需求困难更多，古女士的“女人吧”就曾经陷入困境。

古女士曾经是一家大企业的总经理，她在社会上有很多和她经历相仿的女性朋友，她们都希望有一个倾诉和聚会的场所。于是以她为首，几位女士集资100万元，2005年在杭州开办了第一家“女人吧”——专门面对女人的酒吧（茶吧）。

也许是办大企业的惯性，古女士觉得要么不办，要办就要大气，就要与众不同。于是她们在闹市区的豪华酒店租了一个数百平方米的场地，招聘了20多位漂亮的女服务员，光装修费就花了近百万元。“女人吧”开业的时候，新闻媒体连续给予报道，生意火爆。可是没过三个月，来的客人日渐稀少。经营成本的高昂很快就给古女士带来了压力，只得停止营业。

古女士的几个好朋友一起商量对策的时候，无意中听说省里成立了“女企业家协会”。这是个扩大业务量的好机会，可以使宽大的场地得到有效利用，成本自然就下来了。于是，她立即主动上门联系，希望在“女人吧”中划分出场地作为“女企业家协会”活动场所。比如，定期组织各种讲座和活动，邀请专家在“女人吧”讲授企业管理、营销策略、品牌建设、人力资源等各方面的课程；组织银行、证券、投资公司和省市各行各业的女企业家对话。几次活动不但吸引了100多位女企业家，而且还吸引了省内外几十个媒体的关注，“女笔者协会”、“女律师协会”也接连成为“女人吧”的团体客户。同时，经过重新装修的只有不足100 m^2的“女人吧”原有业务也做活了，吸引了不少高收入的女士成为长期客户。仅该业务每月盈利就在4万元以上。另外，古女士修改了原来的规定，允许女士带一位男士入内，随之开辟出了一个新的区域提供给省内最大的婚介公司合作经营。不到一年时间已经成功收回100多万元。（本文由作者根据网络资料改写，原文见：慧聪网.）

思考与讨论：试分析古女士最初失败和最终成功的原因。

分析提示：“女人吧”非常有创意，只可惜操作思路有误。作为满足如今职业女性精神需求的场所，市场前景和利润水平都很好，大城市中的成功投资者不乏其人。但古女士犯了一个最重要的错误——贪大。做过大企业，不习惯从小开始。而实际上这种讲究环境高雅、安静的“女人吧”更适合不超过100 m^2的小店，而非大面积的大众消费场所。要想扭转困境，可以缩小店面，或者在保留部分“女人吧”功能的前提下，划分出区域，开辟针对女士的新业务扩大顾客量，同时在成本控制上做文章。

换了思路和经营方式以后，高档、宽敞场地的优势被古女士经过功能划分，在没有偏离女

性市场的情况下，获得了优质的回报。其实在各种精神文化商机中，“女人吧”只是一个小小的例子。沿着这个满足人们精神需求的思路伸展，高质量的婚姻介绍所、带有陪聊业务的家政服务、针对中年人的娱乐项目等，都存在很多新的创业机会。做好这种项目，关键是明确顾客定位，提供准确的精神文化产品。而精神文化产品需求档次差别很大，数量、种类、质量和水平一定要进行细分。目前利润水平较高的项目基本属于小众化、较高档的需求层次，小投资不适合依靠大众化经营的数量取胜，而应在质量特色上做文章。这样才能吸引并留住固定客户，保证长期盈利。

11.2.5 模拟与实战训练

1. 模拟训练菜单

刘芳一直想开食品杂货店，自己做主当老板。她有个邻居开了一家小食品杂货店，收益一直非常好，她看着眼热，便决定开业当老板。于是，她把这一想法告诉了亲戚、朋友和邻居们。她家有一间房适合用来开食品杂货店。她丈夫帮她做了一些隔板和一个柜台。刘芳有一些积蓄，加上从亲戚那里借来的钱，足以进货。她在申请到了营业执照之后，就开业了。

一开业，刘芳就遇到了问题。来她的商店的顾客远不及邻居店里的多。而且，孩子告诉她，邻居的店铺现在的经营情况也不怎么好。（本文由作者根据网络资料改写，原文见：中国创业培训网.）

应用思考：

(1)刘芳的食品杂货店为什么会出现问题？

(2)在这种情况下，刘芳还能做什么？

2. 实战训练菜单

(1)大学生开店，一方面可充分利用高校的学生顾客资源；另一方面，由于熟悉同龄人的消费习惯，因此，入门较为容易。正由于走学生路线，因此，要靠价廉物美来吸引顾客。此外，由于大学生资金有限，不可能选择热闹地段的店面，因此，推广工作尤为重要，需要经常在校园里张贴广告或和社团联办活动，才能广为人知。结合自己所在学校的地理位置，选择你感兴趣的项目，分析并总结与该项目有关的风险因素有哪些？

(2)智力是大学生创业的资本，在智力服务领域创业，大学生游刃有余。例如，家教领域就非常适合大学生创业，一方面，这是大学生勤工俭学的传统渠道，积累了丰富的经验；另一方面，大学生能够充分利用高校教育资源，更容易赚到第一桶金。大学生创业投资项目推荐：家教、家教中介、设计工作室、翻译事务所等。从以上项目中选择一个你感兴趣的项目，具体谈谈可能遇到的风险是什么，应该如何进行控制。

项目12 构思企业

实训目的与能力要求

通过本项目训练，教会学生怎样选择企业类型，如何建立一个合适的企业，以及怎样去验证构思是否可行。

任务12.1 设计构思

实训目标

面对众多的行业和项目，如何选择适合自己的创业项目非常重要，但也是十分困难的。通过本次训练，使学生学会如何判断适合自己的创业项目。

12.1.1 任务描述

李红梅大学毕业后进一家工厂上班，工作没到一年就遭下岗厄运。一气之下，她索性做起旧书生意。

读大学时，李红梅就发现许多二手书店通常是将人家卖不出去的书籍抱到店里来销售，却忽视了顾客究竟要什么读物。而随着图书市场格局的变化，目前现存的正规旧书店已为数不多，这就无形中导致旧书业的现状已无法满足市场和读者的实际需求。加上近年来纸张飞涨，包装精美的新书更是价格不菲，这无疑给二手书市场留下了巨大的交易空间。

李红梅认为，时下做什么生意都要讲定位，而做旧书生意的定位就在于——业精于专！根据现实情况，她打算主营社会科学类书籍，从而形成自己的特色。换言之，面对五花八门的图书市场，经营者绝对不能“贪”，面面俱到是经营旧书的致命弱点。有了定位，李红梅收购旧书时就心中有数了。她首先看书的内容，其次是出版社。

“业精于专”同时显现了另一个优势。旧书作为一种文化消费模式，具有特殊性，买者素质高，成交量也高，而主营财富、金融类书籍的旧书店，其前来捧场的顾客的文化素养可想而知。要做到业精于专，对书店老板也是一种挑战。首先，经营者要有文化素质、有品位，这样才能收购到高质量、又好卖的旧书，才不会使一本绝版好书总是垫压在箱底。2011年春节过后，李红梅收购到100多本财富类书籍，没想到新学期开学没几天，就被大学生抢购一空。

书店开张没多久,为增加有效的交易渠道,李红梅还开设了网上交易(主要是学术类著作),意在便于与同行交流。现在,网上交易量已占到书店业务总量的15%。此外,李红梅还销售一些基本不赢利的书籍,这样做可稳住老客户,争取新顾客,从而带动其他生意。增设"寄设"业务,又是李红梅的新招。这一招则充分站在顾客的立场上,也宣扬了书店的诚信之本。此项业务主要面对那些有书却不愿贱卖的顾客,他们希望手上有价值的旧书能像字画一样寄在店里由老板"代销"。"代销"成功,老板收点"代劳费"。小小的二手书屋如此这般经营了一年,现在李红梅的书店每月有3 000元的纯利。(本文由作者根据网络资料改写,原文见:生意宝.)

思考:李红梅是从哪几方面入手,对书店进行整体设计的?

12.1.2 实训步骤与考评

1. 实训准备

根据任务描述情境,将全班同学每5～8人分为一个小组成立模拟公司。每个小组选定创业项目和产品,并进行可行性分析。

2. 具体步骤

在教师指导下,训练学生如何设计构思,见图12.1。

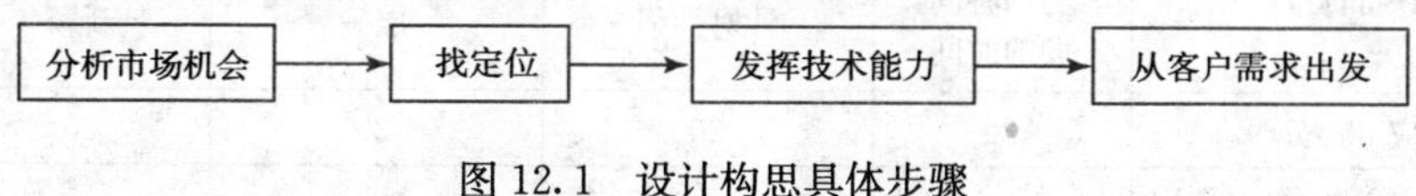

图12.1 设计构思具体步骤

(1)分析市场机会——看准市场空白。

参考做法:一个企业以提供产品或服务来满足他人的需要,并以解决人们的问题来求得生存与发展。人们遇到的问题和未满足的需要为新的商机提供了线索,优秀的创业者善于从他人的问题中发现商机。李红梅发现许多二手书店通常是将人家卖不出去的书籍抱到店里来销售,却忽视了顾客究竟要什么读物。而正规旧书店已为数不多,旧书业的现状已无法满足市场和读者的实际需求。解决了这一问题即为自己赢得了市场机会。

(2)找定位——定位是成功的关键。

参考做法:无论经营什么,市场定位是最关键的。影响一个企业成败的因素很多,但其中最关键的因素就是市场的定位。没有调查就没有发言权,要明确自己的定位,就必须广泛调研。明确自己的定位,才能在市场中有竞争力,才能生存和发展。

(3)发挥技术能力——准确判断顾客需求。

参考做法:当你找到了市场机会时,首先要判断一下它在当地是否存在发展的机会。然后要确定自己是否有能力利用这些机会。李红梅是有文化素质、有品位的大学毕业生,因此,有独到的眼光收购到高质量又好卖的旧书,满足了目标顾客的需求。

(4)从客户需求出发——顾客是产生市场推力的第一要素。

参考做法:顾客是企业的根本,如果企业不能以合理的价格向他们提供他们需要和想要的产品,他们就会到别处去购买。对企业感到满意的顾客会成为回头客,他们会向自己的朋友和其他人宣传该企业。让顾客满意,就意味着会给企业带来更多的销售额和更高的利润。李红梅为了稳住老客户、争取新顾客,充分站在顾客的立场,宣扬了书店的诚信,从而带动其他生意。

3. 实训总结与考评

各模拟公司成员在训练结束后分别写出自己的实训报告,教师批阅,全班交流。表12.1

为各小组设计构思训练考评表。

表 12.1 各小组设计构思训练考评表

<table>
<tr><td colspan="3">成果展示与评价</td><td colspan="5">分析报告及 PPT 形式答辩</td></tr>
<tr><td rowspan="9">分析报告</td><td colspan="2">分析报告必备项目</td><td>市场机会分析</td><td>定位分析</td><td>需求分析</td><td>技术分析</td><td>文字表达</td></tr>
<tr><td colspan="2">评价标准</td><td>全面并能突出重点</td><td>准确、数据真实</td><td>能够客观、准确地分析顾客需求</td><td>能够客观、准确地分析自身的技术能力</td><td>思路清晰、语言流畅</td></tr>
<tr><td colspan="2">应 得 分</td><td>20</td><td>20</td><td>20</td><td>20</td><td>20</td></tr>
<tr><td rowspan="3">评价人</td><td>企业(50%)</td><td></td><td></td><td></td><td></td><td></td></tr>
<tr><td>教师(40%)</td><td></td><td></td><td></td><td></td><td></td></tr>
<tr><td>学生(10%)</td><td></td><td></td><td></td><td></td><td></td></tr>
<tr><td colspan="2">实 得 分</td><td></td><td></td><td></td><td></td><td></td></tr>
<tr><td colspan="2">报告最后得分</td><td colspan="5"></td></tr>
<tr><td colspan="2"></td><td colspan="5"></td></tr>
<tr><td rowspan="10">PPT答辩</td><td colspan="2">PPT 答辩要求</td><td>时间</td><td>语言组织</td><td>表达能力</td><td>展现形式</td><td>形象及礼仪</td></tr>
<tr><td colspan="2">评价标准</td><td>控制阐述与回答问题的时间</td><td>语言精炼、针对性强</td><td>表达清楚、准确</td><td>汇报形式新颖</td><td>形象得体、大方</td></tr>
<tr><td colspan="2">应 得 分</td><td>20</td><td>20</td><td>20</td><td>20</td><td>20</td></tr>
<tr><td rowspan="3">评价人</td><td>企业(50%)</td><td></td><td></td><td></td><td></td><td></td></tr>
<tr><td>教师(40%)</td><td></td><td></td><td></td><td></td><td></td></tr>
<tr><td>学生(10%)</td><td></td><td></td><td></td><td></td><td></td></tr>
<tr><td colspan="2">实 得 分</td><td></td><td></td><td></td><td></td><td></td></tr>
<tr><td colspan="2">答辩最后得分</td><td colspan="5"></td></tr>
<tr><td colspan="2">任务综合得分</td><td colspan="5"></td></tr>
</table>

12.1.3 知识点拨

想成功创业，必须具备市场机遇、人生机遇、素质和能力、勤奋和努力，以及如何做好产品、价格、地点、促销的最佳市场配置。从自身的知识、技能、经验、能力、素质和顾客需求出发，遵循志向大、计算精、规模小、起步稳和“不爱的不做、不熟的不做、不精的不做、违法的不做”的原则，选择适合自己的创业项目。

1. 如何选择行业

“没有不赚钱的行业，只有不赚钱的企业。”

企业定位的第一点是企业为谁服务，即面向的客户群是谁。很多人在立项时求新求异，或选择低层次、趋于饱和、竞争激烈的行业创业，而不考虑市场与需求，即使创业计划得到实施，也终会因没有市场而惨淡收场。只有在具备足够市场空间的前提下，企业才有发展的余地。在创业之初就要对市场做深入的了解，对市场的容量、自己经努力经营可能占有的市场份额及发展空间做出准确判断。那么，怎样才能找到一种适合自己的行业呢？

(1)做自己熟悉的行业。俗话说：“行行有道”，“隔行如隔山”。不同的行业都有自己的一套规则和规律。不熟悉这个行业贸然进入，就如同进入一个黑暗的房子，不知东西南北，失去了方向。

前几年,保健品市场热火朝天。天津的一位房地产老板看得眼热,以为保健品是谁做谁赚、早做早赚。他用大量的资金购买专利,建造厂房,购置设备和原料,把很大一部分资金用于广告制作以及广告播放上。对于产品上市策略、渠道建设、终端设计、人员管理、招商政策和技巧等方面的知识,可以说一窍不通。他以为产品加广告轰炸,就会日进斗金。

可是严酷的事实、惨烈的市场竞争给了他当头一棒。几千万的资金投进去了,广告投放了五个月,产品就销声匿迹了。他的宝马车卖了,房子也抵押了。

(2)考量自己的资金状况。俗话说:"看菜吃饭,量体裁衣。"有多少钱的资本,就做多少钱的事情。为筹集创业启动资金,不考虑筹资成本和自己实际资金需求情况,是大多数创业者的一个通病,也就是这样一个通病让创业者们带着十足的信心迈进创业门槛,而最后却不得不以失败终结。如果没有那么大的资本,就踏踏实实做能做的事情。

(3)整合自己的社会资源。中国是一个十分重视人情关系的国度。各种关系纵横交错:同学关系、师生关系、战友关系、同事关系、老乡关系、亲戚关系等,这些关系就蕴藏着一座座金矿。如果善于挖掘,巧妙利用,就能创造出不菲的收益。

一位做家具生意的老板,由于竞争激烈,生意一直十分平淡。但他后来听说他的一位战友在某市做秘书长,正遇到该市政府搬迁,需要大量的办公家具。他就找到这位战友,依靠这层关系,再加上他的家具的确不错,价格适宜,该市一次就从他的家具厂采购了几万套。仅此一项,他就赚了个盆满钵溢,兴高采烈。企业和产品从此名声大震,成为众多企事业单位和政府采购家具的首选。

俗话说:"多一个朋友多一条路,多一个敌人多一面墙。"多交朋友,善于交朋友,就会从朋友那里得到很多有用的信息,得到很多有益的启发,当然也会得到很多实惠(这里不包括非法交易)。

(4)重视信息收集和利用。现在社会是一个信息的时代。从某种程度上讲,信息是成功的关键。市场在变化,信息在更新。昨天畅销的产品,今天可能已经落后,只有掌握了信息,才能及时了解市场,了解消费者的需求,才能更主动地调整自己的经营方向和产品结构,才能不致落后和失败。

收集信息的方法多种多样,可通过报纸、杂志、电视、电台,也可通过亲戚、朋友的走动交流,或者通过手机、因特网等现代通信工具。创业者不但要善于收集信息,更要善于识别有用信息,并加以分析利用。

一个在市交通局开车的司机,从领导那里得到一个信息:省公路局和市公路局准备近期在当地修建一条高等级公路。这本来是一条很普通的消息。可说者无心,听者有意。因为,这位司机的家乡附近就有一座适合生产石子的大山,而修建公路又需要大量的石子。这位朋友就马上买下了当地山石的开发权。此后不久,公路开始修建。他生产的石子源源不断地运往工地。这一次,他狠狠地赚了一笔。很多人说他有远见,有眼光。同他一起工作的人都知道修路这个信息,为什么只有他利用好了这个信息呢?只是他更有心,更善于利用信息罢了。

有些人,昨天做洗化,今天做服装,明天做电器,后天做医药,整天忙忙碌碌,什么都做,什么都做不好,最终一事无成。

温州的一家塑料制品厂,专做饮料吸管。一支吸管只赚0.2厘钱,在别人眼里简直是不值一提的。可是该厂经过几年的打拼,成了世界最大的吸管生产厂。可口可乐、百事可乐、娃哈哈等著名厂家都是该厂的客户,年盈利几千万元。小产品成就大事业,小产品也能赚大钱。

(5)勤于学习,善于合作。一位哲学大师说:“学习是毕生的事情,合作是永恒的主题。”

当今社会是一个知识爆炸的时代。昨天的先进知识,今天可能已经落后,只有学习先进的知识,了解更多的信息,才能使自己更专业、更主动。

学习专业知识,学习营销知识,才能更清楚所处的位置,明确竞争格局,明确自己的方向,以便制订更为科学、合理的策略和计划。

金六福的老总是做房地产起家的。他靠着好学上进,与著名策划公司合作,开创了白酒贴牌经营和买断代理的新模式,开创了夕阳产业、朝阳模式的新天地,成了白酒业的一颗耀眼明星。

俗话说:“尺有所短,寸有所长。”世上的人,只有专才,没有全才。只有充分利用别人的长处,弥补自己的短处,才能共赢,才能成功。因此,合作共赢是当今社会发展的主题。

合作的事例不胜枚举。大到国家、地区间的合作,小到企业、个人间的合作,无不验证着“合作共赢”哲理的正确。生产商离不开原料供应商和批发商,批发商又离不开生产商和零售商,一节连着一节,一环扣着一环,谁也离不开谁。

俗话说:“三百六十行,行行出状元。”只要勤于学习,充分思考,善于合作,对自己所处环境有正确的认识和准确定位;只要巧于整合各种资源,持之以恒地去做,踏踏实实地去做,成功就离你不远,赚钱也就不再困难。

2. 如何选择项目和产品

企业定位的第二点是企业提供什么产品(服务),即以何盈利。明确了为谁服务,接下来就要明确为客户提供什么产品。产品满足社会的需要,这是企业的首要责任,也是生存发展之道。对一般小企业来说,产品的寿命就是企业的寿命,没有好的产品,企业就没有生存和发展的空间。严重同质化的产品和盈利模式是很多小企业经营失败的主因,企业要有核心竞争力,要相对垄断或有特色,人无我有,人有我优,以产品制胜是永恒的成功法则。创业者在创业之初就必须打造出自己独有的优质产品,只有这样才能迅速打开市场,从激烈的市场竞争中分得一杯羹。

(1)项目和产品的选择。项目和产品的选择要遵循以下三个原则:

①创业所选择的项目和产品必须真实地植根于生活,是社会大众生活所必需,一定是雪中送炭,而不是锦上添花。要做一些传统项目和产品,项目不怕老,只需要比同行做得好一点就行,就可以获得稳定而持久的成功。追求新奇特,找市场空白,做别人没有的东西,在经济学理论上称为创造需求。创造需求,开发新项目、新产品,不是创业初期所能为之的,而是那些成功企业、航母企业才能做的。况且就是这些企业也不容易成功,多少在这方面吃螃蟹的企业以失败而告终,反而让后来者坐收渔人之利,这样的例子举不胜举。消费者已经形成消费思维定式和消费习惯的产品,即使性价比较差也好卖,如纯净水。消费者没有形成消费思维定式和消费习惯的产品,即使性价比再好也不好卖,如食品,大众习惯吃的,不用尝就知道品质和口味的好卖,而大众从没吃过,没有形成消费习惯和长期培养出消费口味的产品,品质再好,性价比再好,也不好卖。

这里并不是否定创新,否定差异化。差异化可以更好地吸引消费者的注意力,吸引分销渠道的经销商,并能获取高额的利润空间。但是创新和差异化要真正植根于生活,是生活所必需。比如，阿迪锅也好，不冒烟锅也好（不谈真假问题），首先它必须是锅，锅是生活所必需，它不过是更好了一点。创新是锅，差异化还是锅，而不是差异出别的什么东西，因此，它成功了，卖火了。新型建材首先是建材，特色日用品首先是日用品。创新和差异化必须坚持以正为合，以奇为胜。离开正，何以谈奇。无本之木，何以生存。项目和产品是这样，市场营销策划是这样，渠道和通路的建设也是这样。

②所选择的项目和产品的市场规模要足够大。市场规模是指项目和产品要有足够大的市场空间，包括足够大的地域空间、足够大的消费人群、足够大的消费量。这个规模和销量要达到足够获利，足够达到心理所预期。如果不是一水二路三建筑这样的大项目，而是小产品，就要做够规模，做够销量。

③产品要能重复消费，渠道要能重复使用。产品能够重复消费自不必多言。渠道能够重复使用，就是一旦建立起来的商品流通和分销通路，能使同类别的不同商品和新增商品长期反复地使用。修建一条公路既要能跑轿车，也要能跑货车和其他新型车，不能是新增加一个车型，就要新修一条公路。

(2)做好有效的管理和销售。管理从根本上要做好两个工作。一是选人用人，要选心态积极的人。某画家给一个老翁做寿，画了一幅牡丹，牡丹花的边缘没有画全。一个人看了说不好，这是富贵不全。而另一个人看了说好，这是富贵无边。说富贵不全的人就是心态消极的人，说富贵无边的人就是心态积极的人。心态积极的人给团队带来积极向上的气氛，心态消极的人给团队带来消极的气氛。要选用自觉主动超额完成交办工作的人，不要选用只完成分内工作的人，更不能选用姑息懒惰的人。积极工作的人会节省管理成本，懒惰的人不仅增加管理成本，而且是无效的管理。要选用能够弥补团队和自身不足的人，无须讳言，每个创业者都有自身天分不足的方面，即使无限努力，也达不到超级高手的境界。要勇于智慧地放弃自己在这方面的努力，节省在这方面的时间和精力的投入，而是借用别人的长处为我所用。天道酬勤，勤者，勤学，勤思，勤劳也！要把自己的勤用对地方，用在自己有天分的地方，才能有所大成。在创业的不同时期要选用不同的人。创业初期不要选用太高的人才，首先付不起薪酬，而且未必适用。竖起杏黄旗，邀八方好汉聚义。无论出身，各显奇才异能。无论黑白，抓住耗子就是好猫。二是责权利明晰，并切实落实。无论经济管理理论说得多么高深，多么五花八门，根本上就是明晰和落实责权利。

12.1.4 案例导入与解析

1. 杂货店老板代缴罚单

武汉市硚口区汉中街王师傅，最近除了卖饮料、卖电话卡，还在小杂货摊前竖起一块牌子：代缴罚单。一次偶然的代顾客缴罚单的机会，让他发现了这个“商机”。王师傅隔壁是一家中国银行。每天，银行门前都会排起长龙，存钱取钱的、缴纳各种费用的……队伍一直排到了门外。2011 年 3 月的一个早晨，同一社区的一位居民陈先生在王师傅小摊上买电话卡，他突然对王师傅说：“王师傅，我赶着上班，来不及排队了，您帮我缴一下违章罚单吧。”王师傅答应后，陈先生留下 100 元钱和罚单，匆匆离开。中午，排队的人陆续离去。王师傅来到空无一人的窗口，2 min 内完成缴费手续。当晚，就把回执还给了陈先生。此后，王师傅留了个心，发现到银行缴罚单的人特别多，有社区居民，也有附近工作的人。于是，依靠着小摊靠近银行的优势，王师傅在最显眼的地方挂起牌子：代缴罚单。王师傅的收费标准是按人头计算，一人 20 元。没想到，自从开通这一业务，他的生意出奇得好。有时候，一天甚至有近 10 人委托他代缴罚单。

大多数都是工作繁忙,懒得排队的年轻“有车一族”。王师傅每天的收入四五十元到一两百元不等。“我这个小店常年开在这里,很多人常在这里买东西,不怕我跑了。”每天,王师傅有意识地避开客流高峰,然后跑到银行,迅速帮他的“客户”们完成这项特殊的业务。(本文由作者根据网络资料改写,原文见:求教网.)

思考与讨论:王师傅为什么能取得成功?

分析提示:

(1)王师善于思考,同样的一件事给别人或许就是帮个忙那么简单,其实很多创业的机会就在于我们能再多思考一步。

(2)利用自身优势:天时地利。

2. 白手起家靠玻璃称霸

曹德旺1946年出生于福建福清,是福耀玻璃集团的创始人、董事长。1987年成立福耀玻璃集团,目前是中国第一、世界第二大汽车玻璃制造商。他创业的每一步都浸透了艰辛和毅力,对后来者有借鉴的意义。

曹德旺3岁听到“中华人民共和国中央人民政府成立了”的天籁之音,算是幸运的事情,不过现实是残酷的,由于家境不好,9岁才上学,14岁就被迫辍学,对知识如饥似渴的他自读了中外名著,然后走上了自我创业之路。

曹德旺自16岁起就以在街头贩卖烟草为生,此前,他也曾在人民公社种田,一天只赚一角多钱。由于太苦又没啥收入,之后他去当了厨师,随后还卖过水果……总之,为生活所迫,曹德旺努力尝试通过各种途径养家糊口!

1976年,曹德旺开始在福清高山异形玻璃厂担任采购员。他的工作是为这家乡镇企业推销俗称“大陆货”的水表玻璃。

在高山异形玻璃厂时,有一次,曹德旺出差去火车站。一位携带几片玻璃的人对人群呼喝:“让开,小心,打碎你们赔不起。”曹德旺听了非常诧异,“我就是做玻璃的,怎么不知道玻璃有这么贵重?”一打听才知道,原来这位路人带的是进口的汽车玻璃,一片就要上百元。而且因为进口,周期很长,客户一般要等很久才能配上玻璃。“为什么我们不能做汽车玻璃呢?”刹那间,一道光划过曹德旺眼前。

1983年,这家工厂逐渐出现亏损,当地政府无法使其扭亏为盈,于是曹德旺毅然承包了这家年年亏损的乡镇小厂,将主业迅速转向汽车玻璃,在短短一年内,工厂就获得盈利,彻底改变了中国汽车玻璃市场由国外品牌垄断的历史。

曹德旺承包高山异形玻璃厂初期,就立志要为中国人造出属于自己的一片玻璃。当时高山厂设备简陋,技术落后,在调试大曲率前挡钢化玻璃时,反复调试都未成功。曹德旺得知情况后,来到车间,在炉体余温还很高的情况下,他亲自俯身半探到炉里查找原因,直至找到原因得出结论为止。他的辛勤、执著、敬业和勇敢,无声地感动着员工们的心。

1987年,他集资627万元,成立福耀玻璃有限公司。1993年,福耀玻璃登陆国内A股,是中国第一家引入独立董事的公司,也是中国股市唯一一家现金分红是募集资金4倍的上市公司。

领先布局制胜汽车玻璃业界

1995年,当中国轿车市场一年只有32万辆时,福耀已开始送样申请车厂认证;1999年,当同业开始冲刺中国市场时，福耀已领先外销美国成功。

2001～2005年，曹德旺带领福耀团队艰苦奋战，历时数年，花费一亿多元，相继打赢了加拿大、美国两个反倾销案，震惊世界。福耀玻璃也成为中国第一家状告美国商务部并赢得胜利的中国企业。2006年，美国商务部部长来中国时，点名约见曹德旺。

高品质的产品、领先的研发中心、完善的产品线加上巨大产能，决定了福耀产品强劲的市场开拓力。如今，福耀公司生产的汽车玻璃占中国汽车71%的市场份额的同时，还成功挺进国际汽车玻璃配套市场，在竞争激烈的国际市场占据了一席之地。成为宾利、奔驰、宝马、德国奥迪等豪华品牌重要的全球配套供应商，是世界第二大汽车玻璃厂商。

如今，曹德旺已成为中国汽车玻璃大王。他经营的福耀玻璃近年高速成长，不仅是福建首家挂牌上市的企业，也是排行国内第一、世界第二的汽车玻璃公司，在中国市场占比超过六成，全球前八大车厂都是福耀的客户。

朴素的社会责任感让其成为一名名副其实的企业家

2010第3季度，福耀玻璃收入16亿人民币，同比增长4%，但净利润却达到4亿人民币，比去年同期增长135%，比较第2季度更是增长237%。经过半年多的调整，曹德旺终于带领福耀玻璃度过了“最困难的时期”。

2008年，金融危机席卷全球，福耀玻璃也受到波及。2008年全年福耀玻璃收入57亿元，比2007年增长10%，但净利润却只有2亿元，比2007年下降了73.17%。面对危机，曹德旺在福耀开始一系列的调整。

首先，曹德旺调整了生产线，关闭或者出售了建筑用“浮法玻璃”生产线，相反却增加了对利润率更高的汽车玻璃的投入，因为曹德旺长期并不看好房地产行业。而在企业内部，曹德旺推行技术改造、流程调整等措施，提高福耀的经营效益，降低成本。除此之外，曹德旺积极拓展欧洲、北美、南美市场，挖掘潜在的市场机会。

在曹德旺看来，企业最主要、最朴素的社会责任是实现“盈利”，而作为企业家的职责之一，就是在危机时学会自救，要保证企业不被市场淘汰，不给社会带来负担，而是为社会发展提供动力。

曹德旺对一件事非常骄傲：福耀玻璃并不是中国企业500强，但却是中国纳税企业500强(排名为319名)，对于这个排名，曹德旺非常在意。因为与福耀同时入榜的企业不是中国烟草就是中石化、宝钢这些国字头企业。

忙碌之余，他也不忘作为一名雇主的责任和义务，对于企业的成功，员工才是关键因素。他不仅在公司设立福耀管理学院，还将技术人员送至国外优秀企业进行学习深造，聘请国外知名培训机构为公司员工开展培训，提升员工综合素质。同时，集团内刊《福耀人》每期的重点栏目“董事长寄语”，均是由他亲自撰文，谈自己对经营管理和做人做事的感悟。

他就是这样，以实际行动去带动、影响身边的人。平时只要有空，他就会找书看，无论古今中外，入眼皆可读，读来皆入心。并结合生活对照自身，举一反三触类旁通。渐渐地，聪明的他成了一个博古通今的“杂学家”。他结合传统儒家思想为自己总结出了一套“成功5字真经”：仁、义、礼、智、勇。“仁是仁慈、善良，是健康包容的心态；义是道义、责任，是敢于承受、勇于担当的胸襟和气度；礼是礼仪，是做人的分寸和对人、对事应有的尊重；智是智慧、眼界，看事情要有穿透力和前瞻性；勇是敢于挑战未来，是挑战自身极限的勇气。”(本文由作者根据网络资料改写，原文见：78. CN 创业商机网 .）

思考与讨论：从曹德旺的成功，你可以得到什么启发？

分析提示：

(1)如条件允许，可以从做销售起步，跑跑销售，培养一下市场眼光，受用无穷。

(2)善于挖掘新闻价值或者说商机，哪怕说者无心，听者一定要有意。曹德旺的成功可以说是从“道听途说”开始的。

(3)辛勤、执著、敬业和勇敢是每个创业者都应该具备的精神，这些精神不光能让人干劲十足，也能感染周围的人，因为人容易被“感染”。

(4)当有一定实力后，要想继续发展，就要敢于挑战霸权，才能继续前行。

(5)要有自己的主业，换句话说，就是产品战略要清晰，确保主业发展的同时可以考虑发展相关联的附属产业。

(6)重视人才，力所能及地培养人才，因为人才是企业的命脉，是企业做大、做强的关键。

(7)要有社会责任感。这一点因人而异，也许创业初期会忽视这一点，但无论如何，当企业有一定实力后，务必肩负起相应的社会责任，因为它能让企业走得更远，同时让创业者成为一名真正的企业家，而不仅仅是商人！

12.1.5 模拟与实战训练

1. 模拟训练菜单

(1)来自南阳的梁先生介绍，自己与妻子在郑州看中了红外煤气灶项目，于是回家开了一家加盟店，他介绍，这种炉灶最大特色是节能。

“我在县城里加盟的红外炉灶抢先上市，也做过一些宣传，但销量仍不明显。环保节能的项目应该被大众认可，但事实上却很少顾客接触这种产品。我想知道，加盟的项目在二线城市，怎样让老百姓能接受这种产品?”梁先生问。（本文由作者根据网络资料改写，原文见：u88 连锁加盟网 .）

应用思考：梁先生应该用怎样的销售手段来提升产品的销量？

(2)刘永昌是一家餐饮企业管理咨询公司的负责人。目前主要负责时尚餐饮招商代理，并将其推向市场。

“我们正在把一些时尚的餐饮项目推向二线城市市场，通过宣传并没有效果，我想了解开发二线城市市场有哪些宣传渠道?”（本文由作者根据网络资料改写，原文见：u88 连锁加盟网 .）

应用思考：试为刘先生提供几种可行的方法，以将餐饮项目推向二线城市市场。

2. 实战训练菜单

试结合本次任务所学习的知识，根据自己选择的创业项目，按照下列要求设计自己的企业。

设计你的企业

(1)企业名称：________________

(2)企业类型(请画√)：

□商业　　　　　□制造业

□服务业　　　　□农、林、牧、渔业

□其他(如有，请说明)________________

(3)企业将销售的产品和服务：

(4)企业的服务对象：

(5)企业将解决并满足顾客的下列需求：

任务12.2 检 验 构 思

设计了企业构思之后还需要进一步检验其是否可行，通过完成以下任务，学会检验企业构思的方法。

12.2.1 任务描述

随着国家经济发展和人民生活水平的提高，西部旅游业正在迅速地发展。各旅游区的建设为当地人创造了不少就业机会，旅游纪念品的生产和销售也成了当地人一大收入来源。用朱砂泥制造的手工艺品古朴典雅，有浓郁的西北风情，已成为甘肃一带的特色产品，很受游客的欢迎。此外。有些城里人还讲究用带乡土气息的摆设装饰自己的住房和办公室。黄亮和李燕知道，旅游纪念品的销售受旅游淡旺季的影响很大，但总的来说，旅游业发展前景广阔，因此，他们做朱砂泥手工艺品是有前途的。为了消除旅游淡季的不利影响，他们将采取几项措施：一是以销定产，避免库存积压；二是不局限于旅游纪念品市场，将来也做装饰品；三是逐步扩大销售渠道，不光供应旅游区的商店，还要把产品卖到大城市去；四是多动脑筋多学习，不断推陈出新，永远做别人没做过的产品；五是以后靠产品的文化品位卖个好价钱，不和低档产品打价格战。(本文由作者根据网络资料改写，原文见：中国创业培训网.)

思考：你认为黄亮和王燕所采取的五项措施是否可行？

12.2.2 实训步骤与考评

1. 实训准备

以模拟公司为单位，利用课余时间实地调查来的××企业的各种资料信息，运用 SWOT 分析法分析××企业营销环境。既包括企业的内部环境，也包括企业的外部环境；既要考虑企业的现实环境，也要考虑企业的未来环境。确定现有主要产品的优势、劣势、机遇和挑战。

2. 具体步骤

要求学生学会运用 SWOT 分析法对自己的企业构思进行独立分析，并独立做出判断。检验构思具体步骤见图 12.2。

图 12.2 检验构思具体步骤

(1)优势分析——身体健康，精力充沛。

参考做法：黄亮和李燕身体都很健康，精力充沛，夫妻和睦，同心协力，想法比较一致，遇到问题好商量。两个人都能吃苦，有决心干一番事业。黄亮认为自己的泥塑手艺比其他人强，还有组织能力，为人忠厚，待人诚恳，有威信。李燕勤快麻利、热情开朗，有采购和销售的经验。孩子已经长大，而且很懂事，不用操心。

(2)劣势分析——缺乏企业管理知识。

参考做法：作为新手，黄亮没有管理企业的经验，也缺乏企业管理知识。他为人处事稳重，决策略显迟缓。而李燕有时热情太高，难免会做出一些仓促的决定。他们没有多少钱，也不打算借钱，所以企业的发展资金只能靠利润积累，不可能发展得很快。家庭式的企业人手少，两个人都必须是多面手，许多事情都难以做精。

(3)机会分析——西北旅游业的持续发展会带来新的机会。

参考做法：西北旅游业将持续发展，会长期带动工艺纪念品需求的增长。朱砂泥工艺品处在起步阶段，还有很大的发展潜力。先面向西北地区的旅游点，将来再扩大到国内其他地区的旅游点。此外，他们还可以跳出旅游纪念品的市场范围，开辟朱砂泥制品的新市场。

(4)威胁分析——对同行和游客缺乏了解。

参考做法：黄亮和李燕对游客的需求没有底。他们不知道他们的试制品是否会受到游客的欢迎，也不清楚游客最喜欢哪种工艺品。他们的作坊不在旅游区，因为人手少，产品卖给商店而不是直接卖给游客，不能及时得到市场需求动态反馈。西北地区的气候特点是季节性很强，工艺品的产销量会有较大的起伏。不过，对他们企业的最大威胁是来自同行的竞争。制作朱砂泥工艺品的投资少，容易上马，会出现许多与他们类似的作坊。由于生产工艺简单，他们销路好的产品别人也能很快模仿，尤其是资金充足的企业，可以用模具搞批量生产，成本会比他们还低。而且，外地产品也可能大量涌来。

3. 实训总结与考评

以模拟公司为单位提交交流总结报告。在小组评分基础上，教师进行综合评分。表 12.2 为各小组检验构思训练考评表。

表 12.2 各小组检验构思训练考评表

成果展示与评价			分析报告及 PPT 形式答辩				
分析报告	分析报告必备项目		优势分析	劣势分析	机会分析	威胁分析	文字表达
	评价标准		全面并能突出重点	准确、数据真实	能够客观、准确地分析市场机会	能够客观、准确地分析外部的威胁因素	思路清晰、语言流畅
	应 得 分		20	20	20	20	20
	评价人	企业(50%)					
		教师(40%)					
		学生(10%)					
	实 得 分						
	报告最后得分						
PPT答辩	PPT 答辩要求		时间	语言组织	表达能力	展现形式	形象及礼仪
	评价标准		控制阐述与回答问题的时间	语言精炼、针对性强	表达清楚、准确	汇报形式新颖	形象得体、大方
	应 得 分		20	20	20	20	20
	评价人	企业(50%)					
		教师(40%)					
		学生(10%)					
	实 得 分						
	答辩最后得分						
	任务综合得分						

12.2.3 知识点拨

测试企业构思的一种方式是 SWOT 分析法。SWOT 分析法是一种用于检测公司运营与公司环境的工具。这是编制计划的首要步骤,它能够帮助市场营销人员将精力集中在关键问题上。SWOT 的每个字母分别表示优势、劣势、机会与威胁,其中,优势和劣势是内在要素,机会与威胁则是外在要素。

1. SWOT 分析

进行 SWOT 分析时,要考虑自己的企业,并写下自己企业的所有优势、劣势、机会和威胁。

优势和劣势是存在于企业内部的可以改变的因素。

优势是指企业的长处。例如,产品比竞争对手的好;商店的位置非常有利;员工技术水平很高;市场营销的资深阅历,一种创新的产品或服务、营业场所,质量工序与品质程序,或其他能对产品与服务产生增值效应的方面。

劣势是指企业的弱点。例如,产品比竞争对手的贵;没有足够的资金按自己的愿望做广告;无法像竞争对手那样提供综合性的系列服务;缺乏市场营销经验;产品或服务同质化;产品或服务劣质;声誉不良。

机会和威胁是存在于企业外部的自身无法施加影响的因素。

机会是指周边地区存在的对企业有利的事情。例如,想制作的产品越来越流行;附近没有类似的商店；因为许多新的住宅小区正在这个地区建设，潜在顾客的数量将会上升；日益新兴的市场，如因特网；兼并、合资、战略联盟；新兴的国际市场；竞争对手退出的市场。

威胁是指周边地区存在的对企业不利的事情。例如，在这个地区有生产同样产品的其他企业；原材料价格上涨将导致出售的商品价格上升；不知道产品还能流行多久；竞争对手进入本地市场；价格战；竞争对手研发出创新性的产品或服务；竞争对手拥有更好的分销渠道；政府对企业的产品或服务开始征税。

2. SWOT 分析的结果

当做完 SWOT 分析后，应该能评估自己的企业构思，并做出决定：

(1)坚持自己的企业构思并进行全面的可行性研究；

(2)修改原来的企业构思；

(3)完全放弃这个企业构思。

12.2.4 案例导入与解析

耐克 SWOT 分析

1963 年，俄勒冈大学毕业生比尔·鲍尔曼和校友菲尔·奈特共同创立了蓝带体育用品公司，主营体育用品。1972 年，蓝带公司更名为耐克公司，从此开始缔造属于自己的传奇。

公司创始人比尔·鲍尔曼自 1947 年从俄勒冈大学毕业后一直留校担任田径教练，曾经训练出世界田径史上的传奇人物——史蒂夫·普雷方丹。比尔·鲍尔曼幼年时家境贫寒，坎坷的经历培养了他铁一般的意志。而现任董事长兼首席执行官菲尔·奈特作为公司的两位主要创始人之一，对耐克的发展同样功不可没。

1959 年，菲尔·奈特从俄勒冈大学毕业，获得工商管理学士学位，一年后，他又进入著名的斯坦福大学攻读工商管理硕士学位。严格的管理教育使他具备成为一名优秀的管理者的素质。在以后的岁月里，两位校友携手并肩，同舟共济，带领公司不断发展壮大。如今，耐克公司生产经营活动遍布全球六大洲，其员工总数达到了 22 000 人，与公司合作的供应商、托运商、零售商以及其他服务人员接近 100 万。

耐克公司一直将激励全世界的每一位运动员并为其献上最好的产品视为任务。耐克的语言就是运动的语言。30 年过去了，公司始终致力于为每一个人创造展现自我的机会。耐克深知：只有运用先进的技术才能生产出最好的产品。所以一直以来，耐克公司投入了大量的人力、物力用于新产品的开发和研制。耐克首创的气垫技术给体育界带来了一场革命。运用这项技术制造出的运动鞋可以很好地保护运动员的身体，尤其是脚踝与膝盖，防止其在做剧烈运动时扭伤，减少对膝盖的冲击与磨损。采用气垫技术的运动鞋一经推出就大受欢迎，普通消费者和专业运动员都对它爱不释手。

思考与讨论：试用 SWOT 分析法对耐克的成功进行分析。

分析提示：

(1)S(优势)：

①品牌标志。在员工约翰逊的一场梦境中，希腊胜利女神的形象浮现，因此，他们取了 NIKE(耐克)这个名字(古希腊胜利女神，即名为 Nike)。而当地的一个女学生凯洛琳·戴维森，只收取 35 美元的费用，为他们设计了一个胖胖的勾勾符号，成为耐克的新标志。这个标志一开始不太讨人喜欢，因为它不像阿迪达斯鞋子上的条纹，具有支撑脚底足弓的修饰作用，也

不像彪马的标志可以修饰支撑足部的圆形部位，它只有纯粹的装饰功能。但是，这个 Swoosh（指“嗖的飞过去”），也就是耐克的绰号，却成为全世界最知名的标志，而且对于耐克公司的成功，居功至伟。

在一个形象代表一切的世界里，耐克是全世界最多人认得的标志之一。要了解耐克的成功与企业文化，对于其标志的了解是不可或缺的，因为它是让耐克品牌变得无所不在的一个商业标志。由于实在太知名，以至于在耐克的广告中只见到耐克的标志，而没有看到公司的名字，因为他们有充分的把握，人们看到这个符号即知道这是耐克，毋须出现只字片语。这个标志成为一个文化的圣像，一个耐克用来提高品牌价值、知名度以及地位的圣像。没有一家体育用品公司的品牌像它那么为人所熟知。而耐克在与广告商的合作下，希望这个标志能在所有广告中清楚地被看见。公司的广告与营销预算约高达年收入的10%，就为了将它的符号深深烙刻在消费者的脑海中。

②企业文化。耐克不只卖运动鞋，它所出售的是一种生活方式，这是它成功的关键。这个标志对于人心的激励，以及这一哲学背后的干劲与决心，是与每个人都有关的，不管你是不是运动员。耐克运用一种励志式的语言来激发消费者。不管你是谁，头发或皮肤的颜色是什么，不管遭遇了身体上或社会生活中的什么局限，耐克说服消费者：“你一定可以办到。”它告诉人们要振作起来，抓紧人生的方向盘，并且采取行动。在“只管去做”的广告词背后，是一个非常美国式的意识形态；然而，随着全球化的进展，原来是美国意识形态的东西，变成了一种全世界共同的渴望，渴望能有一个公平的竞技场，可以让人们不只在运动方面，而是在人生的每一层面都一争短长。这可以追溯到美国早期的拓荒者精神，和他们对成功的渴求。耐克无疑是将伟大的美国梦行销全球，并且提倡其工作伦理，耐克告诉它的消费者：“如果你下定决心，奋斗不懈，你就会超越他人，征服一切。”借由这样的方法，即利用人们对于成功的热切渴望，耐克创造出了它自己的一种人格与态度。通过巧妙地运用这样一句非常简单的广告妙句，耐克成功地将一种生活态度融入其所出售的商品中。

③行业地位。耐克的霸主地位是在战胜一个又一个强劲的对手之后确立的。例如，作为后起之秀，耐克曾经面临着阿迪达斯公司的巨大压力。阿迪达斯公司是以其创办者——德国人阿迪·达斯勒名字命名的，是全球历史最悠久的体育用品制造商。在1936年第11届奥运会上，杰出的美国黑人运动员杰西·欧文斯足登阿迪达斯跑鞋一举夺取了四枚金牌。自此作为世界上最好的田径鞋，阿迪达斯一枝独秀了几十年。1972年，第一批耐克鞋开始面世销售。在此后的20年中，耐克公司逐渐地、彻底地吃掉了阿迪达斯的午餐。

正所谓“长江后浪推前浪”。耐克在战胜昔日对手的同时，也不得不面对新涌现的体育用品公司的挑战。在过去的10年间，新平衡公司的市场份额一直在稳步增长。当运动鞋制造商都去抢占年轻人的市场时，新平衡却把市场定位在中老年消费者身上。新平衡非常了解自己的顾客群。从创立之初，这家公司就从未偏离人口统计数据。同时，新平衡不是上市公司，所以不必承受来自华尔街股票市场的压力，它能获得快速的发展也就不足为奇了。

④行销沟通。“耐克”品牌有许多值得挖掘的行销启示。“耐克”的行销奥秘中一个很出色的方面是它的行销沟通。1994年，“耐克”的广告费投入为2.8亿美元，是宝洁公司广告费的1/9左右，但富有创意且极具魅力的耐克行销传播，为“耐克”赢得了消费者，使“耐克”成为市场的胜利女神（Nike原意即为“古希腊的胜利女神”）。耐克行销沟通的成功之处如下：如何从运动员专用鞋市场拓展出普通消费者的大众市场；如何采用“离经叛道”的广告强化沟通；如何

借用偶像崇拜建立品牌忠诚;如何运用动画、计算机游戏贴近青年儿童消费者;如何深入自我心理意识和价值争取到女性消费群。

广告为耐克赢得了市场和消费者,但更重要的是,耐克公司在变革中逐渐掌握了广告沟通艺术,形成了自己独特的广告思想和策略——须致力于沟通,而不是销售诉求。这一策略与大多数美国公司的广告策略是根本不同的,但正是这一独特的策略和做法,使得耐克公司在市场扩展中不断成功,迅速成长。

许多人认为耐克广告沟通术就是"明星攻势"加上与众不同的广告画面、情节。但事实并非如此,起到根本性作用的不是沟通的形式而是内容,是在广告中与消费者进行心与心的对话!耐克广告的沟通也因此获得能让消费者产生强烈共鸣的优良效果。耐克公司在针对体育爱好者消费群体时,其沟通内容着意于向视听大众传递这样的信息:"耐克和你一样是体育世界的"行家",我们都知道体育界所发生的一切。"所以耐克公司广告片中展示的是一个真实、客观的体育世界。在以棒球明星宝·乔丹为广告主角的系列幽默广告"宝知道"中,滑稽、可笑的宝·乔丹吸引了一大批青少年视听者的注意,后来宝·乔丹臀部受伤,不能上场竞技而不得不告别体坛,宝·乔丹失去了广告价值,一般情况下,解除合约是美国商业社会天经地义的做法。耐克公司没有这样,而是继续与他合作拍广告,这一举措与青少年消费者产生强烈的共鸣:"耐克与我们一样不会抛弃一个不幸的昔日英雄。"

耐克公司在短短的二、三十年时间里,由一家简陋的小鞋业公司成长为行业霸主,由鲜为人知到今天名满天下(在美国知名度几乎为100%),耐克行销沟通居功甚伟。

⑤明星效应。耐克利用体育明星代言,提升了品牌形象,宣传了企业文化,同时,耐克赞助体育明星既可直接宣传产品,又使明星从其中彰显个性与价值,可以说是双赢的典范。

(2)W(劣势):

①核心竞争力单一。耐克公司的运动产品范围广泛、多样。然而,公司的收入仍然主要依赖于它在鞋类市场的份额。如果因为某种原因,鞋类的市场份额萎缩,会使其受到很大影响。

②产品价格不适合于部分人群。单件耐克产品价格绝大部分都在200元以上,使一些消费能力较低的消费者望而却步。

③耐克召回9 000双儿童鞋。耐克公司日前宣布自愿召回9 000双儿童运动鞋,因为这款新鞋有可能造成儿童窒息。耐克技术专家表示,这些问题童鞋的脚跟部有一个橡胶环,一旦脱落后被儿童误食,将会造成潜在的窒息危险。美国消费者产品安全委员会也召开新闻发布会称,凡已购买此款运动鞋的消费者应立即停止使用该产品,并可向耐克公司讨回购鞋款项。

据悉,耐克公司目前只接到三例运动鞋脚跟部橡胶环脱落的报告,迄今为止,全球范围内尚未发生儿童误食事件。

④压榨工人、竞业限制。耐克从低人力成本国家广辟代工厂商,使成本大幅下降,堪称是"业界革命性的创举"。在美国国内,耐克不断遭到一些民间团体的抗议,逼迫耐克提高海外制鞋工人的工资。从21世纪初,在东南亚和中国,耐克不断显现出血汗工厂问题。第三方机构在2003年和2004年对耐克的上百家工厂进行调查,发现工厂有1/4以上存在身体和口头虐待工人现象,约有25%~50%的工厂禁止工人在工作时间喝水和上厕所,还有25%~50%的工厂甚至不给工人休息日。报告还说,有一半以上的工人每周工作超过60 h;而在将近1/4的工厂中,工人拒绝加班会受惩罚,加班工资也低于法定的最低工资标准。据有些报道称,在现实中,耐克在自己公司内部实行高压政策,严格监视员工的言行,除了公关总监,任何人不得接

受采访。耐克实行低工资制度，压榨员工的血汗（很多职位的工作薪水只有3 000～4 000元），耐克还没有节假日和加班的补偿制度。现在很多的商科教材均以此作为商业道德教育的反面典型进行批评。

耐克还被指与员工签订不对等合同。以“竞业限制条款”为例，条款里面规定了被耐克列为竞争企业的60家左右的公司（其中不只是体育品牌公司，甚至还包括NBA、健力宝、DKNY、GAP、TOMMY HILFIGER、百事可乐等体育赛事推广机构和消费品品牌）。耐克的竞业限制，把行业内的国内外企业一网打尽。对员工实行竞业限制，但耐克却不停地从行业内部其他企业挖优秀人才，体现了他们对人对己的双重标准和价值观的丧失。

(3)O(机会)：

①不断开发新领域。不断开发新领域给耐克公司带来了很多机会。例如，开发运动服装、太阳镜和珠宝等新产品，对耐克公司来说，就是一种机会，这种高价物品和高利润直接相关。一直以来，体育用品和户外用品一般都井水不犯河水，在专业户外领域，Columbia，Timberland和AIGLE等一直拥有各自的市场领域和空间，耐克之前虽也有ACG的户外系列，但是毕竟还是更多偏向时尚和休闲概念。2008年1月30日，耐克突然宣布将进入雪地鞋的领域，计划要在新的领域里争夺更多的市场份额以及利润空间。耐克公司同时展出了一些雪地靴的作品，名字为Snow Force1，原形来源于AF1，但是搭载的并非Air技术而是Zoom。与传统的单一且偏灰沉色调的棉鞋相比，耐克的Snow Force 1更加色彩斑斓，更富时尚感，穿这么一双靓丽的靴子走在白色的雪地里，肯定会很出彩。耐克以女装销售开拓女性市场，想借此开拓其鲜有涉足的女性市场。出于这一考虑，耐克在其最新的健身街舞系列中，推出了紧身短背心、低腰宽松裤、性感短衬衫，无论是在健身房还是在夜总会都适合穿著。裤子和背心可长可短，顾客还可以自由搭配不同款式，穿出自己的风格。每款衣服的设计都有助于跳舞的人自如地活动，并采用透气吸汗材料让身体保持凉爽。Nike Speed Corset使用了一种吸汗的布料，其中还添加了柔软的支撑材料。两种不同款式的运动鞋为那些经常需要踮起脚尖的舞者提供了脚部的拱形支撑，并针对变换的舞蹈动作特别设计了皮制和橡胶的鞋底。

②消费者消费能力提高。消费者消费能力日益提高，高收入人群不断增多，更多人可以任意消费高价体育商品。

③支持体育赛事及娱乐事业。1996年，耐克创始人之一耐特首次进入足球领域，同巴西足协签署了为期10年、价值1亿美元的赞助协议，并在最近以1.44亿美元左右续约至2018年。此后，耐克同英格兰的阿森纳队、西班牙的巴塞罗那队和意大利的尤文图斯队等多家球队签署了协议。

2002年7月，耐克特邀被冠以“放客博士”之称的NBA巨星文斯卡特到北京，卡特此行的目的是支持中国青少年篮球事业的发展，并代表耐克公司向中国篮协捐赠篮板。

2002年8月，耐克赞助一批代表美国自由篮球文化的“街头炫技篮球少年”到中国，跟中国的同龄人切磋球技。

2002年8月，在中国，耐克公司不仅支持中国足球事业的发展，还关注青少年的发展，推出了“我梦想”大型青少年体育系列活动，首创中国3对3篮球赛、NIKE高中男子篮球联赛、NIKE青少年足球超级杯赛、4对4青少年足球公开赛等活动。

2009年5月，耐克确定由热力兄弟做2010代言，由堪称“百年不遇，自成一派”的海豚王子赵晨浩所组建的超级人气明星团体热力兄弟，推出华语第一嘻哈舞曲的创作专辑，其中主打歌《我的感觉》轰动全亚洲,震撼网络,搜狗搜索量突破20亿大关,创造华语乐坛新奇迹!

④耐克牵手百度。2009年6月9日,耐克与全球最大的中文搜索巨头百度宣布启动品牌搜索营销合作。这一次,双方在品牌推广上采取了更为创新的思路和模式,如在"第二届中国高中足球联赛"的百度官网上,不仅有大赛完整的介绍,还有比赛动态信息。网民如有兴趣点击各个链接,就可深入了解和参与线上、线下相应的互动活动。此外,百度还将在14 583个贴吧植入"耐克地带"广告,实现官网、产品线、广告、活动等多重信息同步曝光,而贴吧、"知道"、百科等聚集用户流量的产品,也将通过高中贴吧、运动明星吧等品牌植入,实现与耐克所瞄准的高中生这一目标人群间的品牌沟通和互动。

此次双方在品牌推广上采取模式较以往不同,不仅将体育比赛内容与耐克品牌宣传内容进行整合呈现于官方网站,而且最大程度地将百度知道、百科等聚集用户流量的产品也植入耐克品牌专区,实现官网、产品线、广告、活动等多重信息同步曝光。

⑤迎合环保趋势,推出环保系列。耐克Considered环保产品在制造过程中采用了效率更高的设计模式,使用的材料更少,并且更易于回收,采用水基黏合剂而不是有毒的化学物质,同时还采用了软木和有机棉等可持续材料。

⑥耐克赞助中超建亚洲最大物流中心。据报道称,耐克在2009年赛季豪掷1 500万美元,赞助中超装备加少部分现金。外界传言,这种赞助将持续5～10年,赞助费每年按10%逐年递增,总价值两亿美元。据了解,由于部分球队暂时与其服装赞助商有合约在身,因此,2009年耐克并不勉强个别俱乐部使用其装备。但到了2010年,几支有约在身的球队重获自由后,耐克统一了中超的装备。而他的老对手——阿迪达斯与美津浓和新晋成员卡帕一起消失在了中超赛场上。

(4)T(威胁):

①在中国市场,遭遇本土品牌李宁。李宁作为本土品牌,拥有一部分很忠诚的消费者,耐克绝不能小觑李宁的实力,如何争取这些消费者是一个值得耐克深思的问题。

②耐克、阿迪达斯对杀奥运赛场。在刘翔成为110米栏"飞人"后,耐克公司决定为他定做一双带有他名字的新跑鞋。而在参加奥运会之前,耐克公司就专门为刘翔定做了两双跑鞋。这两双跑鞋以中国象征喜庆的红色和金色为主题,比美国名将前世界110米栏冠军约翰逊的跑鞋还要轻。据专业部门估算,耐克在市场营销上的开支已经超过90亿美元。而耐克几十年来的老对手阿迪达斯在2004年奥运会上的表现也不俗。作为2004年雅典奥运会官方供应商,阿迪达斯为包括志愿者在内的所有雅典奥运会工作人员提供装备。

在阿迪达斯花巨资赞助奥运会的时候,耐克却在奥运会上大打"埋伏营销"。在1996年美国亚特兰大奥运会上,耐克买下赛场周围显著位置的广告牌,并在奥林匹克城和奥林匹克公园旁设立体验中心,高价聘请超级体育明星大搞活动。耐克免费赠送的挂绳更让许多人误以为其才是奥运会的赞助商。真正取得赞助权的200多家企业大约只有25%得到回报,而耐克却出奇制胜,大获成功,当年销售额直线攀升。阿迪达斯签约贝克汉姆等众多大牌足球明星为其造势,并成功地制造了最热门的小贝转会事件。在2008奥运会上,索普、菲尔普斯等名将纷纷成为阿迪达斯的"推广大使"。他们身着的用生化高科技打造的"鲨鱼皮"泳衣成为这些国际名将雅典夺金的利器。

③耐克告同行侵犯专利,阿迪达斯准备回应耐克起诉。就在耐克公司起诉阿迪达斯公司的运动鞋侵犯其技术专利后第二天,全球第二大运动品牌德国阿迪达斯公司表示,公司已得知

被起诉的消息，正在研究回应措施。但是，阿迪达斯对起诉并未发表任何评论，也未透露具体回应措施。

2006年2月17日，全球最大运动品牌美国耐克公司一纸状书，把竞争对手阿迪达斯公司告上了美国德克萨斯州拉夫金地方法院。耐克公司指控阿迪达斯公司在运动鞋生产上使用了耐克公司独有的SHOX避震技术原理。耐克公司称，阿迪达斯公司最新出品的新型NBA明星凯文·加内特签名鞋和A3运动鞋侵犯了耐克公司的版权。

耐克公司要求阿迪达斯公司停止销售涉嫌侵犯其专利的产品并做出赔偿。耐克公司称："公司研发运动鞋避震技术费时多年，资金投入巨大，注册专利19项；但阿迪达斯公司并没有做有关减震的研究，却擅自利用或重新设计这类技术，令人遗憾。"耐克公司20多年前开始研发运动鞋避震技术，并于1979年推出耐克气垫运动鞋。2000年，耐克公司开发出SHOX技术。这项技术在2002年取得专利，并逐步应用在跑步鞋、篮球鞋、网球鞋和训练鞋等产品中。

此外，耐克公司还表示，除了阿迪达斯公司外，另外两家公司Air Max进出口公司和Romeo and Juliette公司也涉嫌侵犯了耐克公司的知识产权和专利权。

④阿迪达斯斥资31亿欧元收购锐步，挑战耐克行业霸主地位。据南德报报道，2005年8月3日，德国阿迪达斯股份公司宣布，将出资31亿欧元，收购竞争对手、世界第三大体育用品公司锐步(Reebok)。阿迪达斯将以每股59美元的价格，收购锐步公司股份，该价格比锐步上一个交易日收盘价高出34%。收购活动最迟9个月内完成，将于2006年世界杯开幕前结束。

阿迪达斯公司2004年销售额为58.56亿欧元，利润5.83亿欧元，位于耐克公司之后居世界第二位。锐步2004年销售额为30.43亿欧元，利润2.37亿欧元。并购后，销售额接近90亿欧元。据报道，两公司自2004年雅典奥运会以来频繁接触，认为双方互补性强，阿迪达斯在美国以外的足球运动用品市场占主导地位，与欧洲多家顶级球队签有合同，锐步58%的销售收入在本土市场获得，欧洲、亚洲分别占34%和8%，主要生产篮球、曲棍球和美式足球用品。美国是世界最大的体育用品市场，销售额占全球一半左右。近年来，阿迪达斯公司一直努力开拓美国市场，虽然取得一定成绩，但未能对行业霸主耐克公司形成真正的威胁。2004～2005年，耐克公司销售额为123亿欧元，是阿迪达斯的两倍。并购后，艾迪达斯公司与耐克公司销售额的差距缩小到30亿欧元，在美国市场销售额则翻一番。阿迪达斯希望通过收购加强在美国的市场地位，向耐克的行业霸主地位发起挑战。

⑤成本上升(人民币升值及中国国内人力、原材料成本的上升)。随着人民币升值及中国国内人力、原材料成本的上升，大量在华的鞋企纷纷将生产基地外移，耐克也表示将一些生产企业从中国转移至印度等东南亚国家。

剔除掉人力成本，耐克还要面对诸多不利局面。随着人民币的升值，耐克必须花更多的钱去采购原材料。土地成本的提高、以污染轻、劳动力素质高的企业取代低附加值制造业的官方政策都使耐克受到打击。

⑥零售商价格挤压。零售部门对价格非常敏感，耐克公司在Nike Town里有它自己的零售商。然而，耐克的主要收入源于向其他零售商提供产品。零售商们趋向于向顾客提供非常相似的经历体会。一般顾客能区别出不同的零售商吗？所以，当零售商们设法将一部分低价竞争压力转嫁给耐克公司时，公司的利润就会遭受挤压。(本文由作者根据网络资料改写，原文见：百度文库.)

12.2.5 模拟与实战训练

1. 模拟训练菜单

(1)“捞小虾”也是一种境界。程布惠是湘西瑶族的山里人。大专毕业后，她一直找不到合适的工作。当她看到城里人很喜欢山里的土特产时，就想到将老家边远山区那些纯天然的山货运到城里来销售。打定主意后，程布惠先是带了一小部分品种来到省城“探路”，结果大受欢迎，原因是：这种无污染的山货，正是追求生活质量的城市居民最为喜欢的。

尝到甜头后，程布惠立即在家乡找了几个帮手。她亲自前往湘西山区组织货源，并在省城租了一个20多平方米的门面，专门销售农家山货。没多久，程布惠又将小店一分为二，一边为批发部，一边为零售部。为充分利用店里的空间，她又在靠门道的位置卖起了山里的苦凉茶。用程布惠的话说，这叫全方位发掘资源，半成品都堆放在店里，拿来烧成茶水卖，利润就提高了十多倍。这些苦凉茶品种有金银花、野菊花、凉茶叶……几乎全是山上野生野长的。开始时，程布惠还担心这种难登大雅之堂的苦凉茶在城里卖不动，不想一经推出就大受欢迎。顾客反映，这种山里的苦凉茶虽然味道苦些，喝起来不如现代流水线生产出来的茶口感好，但原料地道正宗，在炎炎夏日里饮用真正能起到消热、解毒的作用，而且每杯一元的价格，顾客都说“实惠、物有所值”。

接着，程布惠招了两个女帮工，一副放开手脚大干一场的架势。一边卖山货，一边卖熬好的苦凉茶。初次创业的程布惠，在短短一年时间里，居然靠卖山货与卖苦凉茶赚到了10万元。(本文由作者根据网络资料改写，原文见：风尚生活.)

应用思考：运用SWOT分析法对上述案例进行分析。

(2)开办婴儿抚触室。傅苏美大学毕业后，压根儿就没想去找工作。因为就在毕业前几个月，报纸上的一篇《婴儿按摩有“钱”途》的文章让她很感兴趣。傅苏美从小钟情按摩，她很想开设一项专门为婴儿提供按摩服务的按摩室。婴儿按摩虽不能按普通方式操作，但毕竟与成人按摩有相通之处。

经过一段时间的学习和训练，加上早有按摩基本功，傅苏美很快就掌握了婴儿按摩的技巧。为稳妥起见，她又出资委托市场调研公司进行了一个星期的市场调查，结果有80%的被访者都表示很需要这项服务。

傅苏美介绍说，她的婴儿抚触室尚未正式开张，就有家长怀抱婴儿希望她提前“上班”。她说，把婴儿按摩称做“婴儿抚触”更为确切。将裸体婴儿放在暖色调的床单上，轻轻地在婴儿的脑腹部、手脚部及背部进行按摩。一般情况下，婴儿出生第二天就可以做抚触，每次抚触15 min为宜，有条件的最好坚持每天给婴儿抚触一次，一般婴儿可抚触到3岁左右。

现在，傅苏美的婴儿抚触室每天早上8:30开门时，门口总有人已在等候。遇到忙的时候，傅苏美只好叫餐馆送碗米粉充当午餐，虽然辛苦，但她认为，既然自己干上了这行，就尽量让顾客们满意回家，这也是个需要爱心的行业！

至于开设婴儿抚触室的收益，傅苏美说，一个月下来有好几千块。她还说，现在是一个“要致富、讲技能”的时代，有时，我们完全可将自身的某种业余爱好转变成一种致富门道。

有一句话说：“当命运对你关上了一扇门，同时也会为你打开另一扇门。”然而，要打开这扇门并通过它走向成功，就需要敏锐的眼光和敢于丢弃某些老观念，女性创业也是如此。(本文由作者根据网络资料改写，原文见：生意宝.)

应用思考：运用SWOT分析法对上述案例进行分析。

2. 实战训练菜单

用SWOT分析法对你的企业构思进行检验。

项目13 评估市场

实训目的与能力要求

在正确把握顾客需求和竞争对手状况的前提下，制订适宜的营销组合策略。

任务13.1 知己知彼

实训目标

本任务旨在训练学生通过市场调查识别潜在的顾客，了解竞争对手的状况，为下一步制订营销计划打下基础。

13.1.1 任务描述

黄亮的堂弟黄明在兰州一家企业咨询公司工作，趁他回来探亲，黄亮和李燕夫妇与他谈创办企业的想法，并向他请教如何进行顾客需求调查，学到了一些知识。他们一致认为企业创办初期应面向本地旅游区的游客，向旅游景点的商店供应价格便宜、式样新颖、有地方文化特色的工艺品。

如果企业今后想进一步发展，黄明建议把重点转向公司客户，如旅游纪念品公司、工艺品公司、贸易公司等，这类客户对市场比较了解，除了选样订货外，一般还会指定所需款式，订货量也比商店的大，付款比较有把握，企业的风险小。以后还可以与市里的装修公司合作，提供泥塑装饰品。可惜黄明马上要回去，了解顾客需求的具体工作还得黄亮夫妇自己去做。黄亮前后又用了两个星期以联系业务的名义去几处作坊打探，对它们的情况有了大致的了解。他只看了两处作坊，别的没让进。大部分情况都是托亲戚朋友根据他列的简单调查表探听来的。(本文由作者根据网络资料改写，原文见：中国创业培训网.)

思考：黄亮和李燕从哪几方面做了相应的市场调查？

13.1.2 实训步骤与考评

1. 实训准备

每名学生在充分阅读的情况下，先分小组进行讨论，然后以班级为单位讨论。班级讨论结束后，每名学生把讨论结果以书面形式上交，教师评分之后存档。在教师指导下，训练学生如何进行对顾客需求和竞争对手的调查，具体做法见图 13.1。

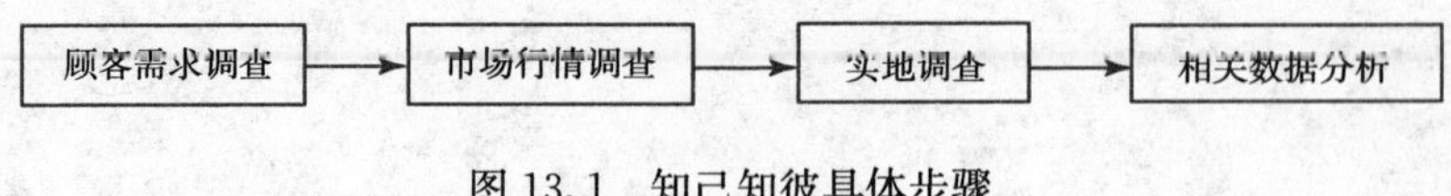

图 13.1　知己知彼具体步骤

2. 具体步骤

(1)顾客需求调查——收集与顾客有关的数据。

参考做法：黄亮家方圆 100 km 内有六处旅游景点，以敦煌为主，都要乘长途车才能去。黄亮夫妇没有钱住旅店，每次只能带上干粮早出晚归，多跑几趟。黄亮需要考虑做什么样品，怎么做；李燕需要考虑向谁推销、怎么推销，以及包装、运输、收款、信息收集等方面的事情。所以两个人都得直接去调查。黄亮和李燕决定分头去旅游点，混在人群里观察各种游客都喜欢买什么纪念品(式样、材质、大小、颜色、包装等)，以及成交价多少。

(2)市场行情调查——收集市场数据。

参考做法：黄亮夫妇还要设法向商店老板和摊贩打听流行纪念品的进货价、付款方式。每次都要买回几个畅销的纪念品样品做参考。

(3)实地调查——到对手现场调查。

参考做法：黄亮了解到附近已经有五家朱砂泥作坊，都是家庭式个体小企业。最早的已经开工三年，多数上马不到一年。这些企业雇用的工人从一名到八名不等，都是手工操作，最多的使用五个工作台。年产量最少的不到一万件，最多的四万件，大约平均年产 2.4 万件。这些作坊做的都是低价的简单工艺品，零售价在 1.5～5 元之间。每家的品种只有 3～4 个，款式大同小异，都是仿制别人的，只略加改动，没有多少创新，用简单的包装盒装产品，或干脆不做任何包装。产品的区别主要在于规格大小不同，另外还有外观、运输距离和销售环节等几个因素。每家都没有企业经营计划，都是摸着石头过河，唯一的目标是想多赚钱。每家都不打广告，也不贴商标。没有一家是自己开店，都是找些亲戚或熟人在旅游点摆摊，同时也批发给商店、摊贩。黄亮还打听到兰州郊区有两个小厂，使用钢模制坯，产品精致，品种多，质量稳定，单价也高，最贵的 20 元。但黄亮还没有能力和这样的企业比试，所以不直接与其竞争。

(4)相关数据分析——通过多种渠道获取相关信息。

参考做法：至于更远处的竞争者，黄亮和李燕没有足够的时间和盘缠去了解，也不知道怎样打听。根据本省报纸刊登的旅游业统计数字和在旅游现场了解到的情况，去年仅敦煌一处旅游区就卖了朱砂泥工艺品 15 万件以上，再加上其他五个景点，总共 30 万件。而本地几家作坊的产量加起来也不到总量的一半，这说明兰州和外地来货超过了一半。旅游点的外来货和本地的产品相比，造型和质量都要好一点，一个平均贵一元。他们推断远处的对手也是些小型作坊，起步早一些。从价差看，销售多一个环节，产地距离大致 300～400 km。

经摸底调查后，黄亮和李燕对自己的方案信心更足了，脑子里添了不少主意，同时也感到压力大了，他们决心后来居上，一定要比别人做得好。

3. 实训总结与考评

由组长根据各成员在实训过程中的表现进行评估打分，指导教师根据各成员表现进行讲评。表 13.1 为各小组知己知彼训练考评表。

表13.1 各小组知己知彼训练考评表

成果展示与评价			分析报告及PPT形式答辩				
分析报告		分析报告必备项目	需求调查	行情调查	现场调查	数据分析	文字表达
		评价标准	全面并能突出重点	准确、数据真实，参考文献在近一年内	发掘更多的机会	全面并能突出重点	思路清晰、语言流畅
		应得分	20	20	20	20	20
	评价人	企业(50%)					
		教师(40%)					
		学生(10%)					
		实得分					
		报告最后得分					
PPT答辩		PPT答辩要求	时间	语言组织	表达能力	展现形式	形象及礼仪
		评价标准	控制阐述与回答问题的时间	语言精炼、针对性强	表达清楚、准确	汇报形式新颖	形象得体、大方
		应得分	20	20	20	20	20
	评价人	企业(50%)					
		教师(40%)					
		学生(10%)					
		实得分					
		答辩最后得分					
		任务综合得分					

13.1.3 知识点拨

1. 了解顾客

为了制订出切合实际的市场营销计划，首先要了解顾客和竞争对手的情况，即市场需求和供给两个方面的情况，也就是通常所说的市场调查。

顾客总是有两组需求，能明确说出的是一组，可以称为“有声的需求”；另一组是没有说出来的，可以称为“沉默的需求”。通常，有声的需求是在任何一个行业中大多数商家试图满足的需求，了解这种需求并不困难。较为困难的是识别客户沉默的需求。很多时候，企业能够领先一步之处就在于了解到了客户的更多需求。

为什么产品功能与客户的需求总是不一致？是不是要对客户的每一个需求都说“是”？如何把握客户需求的层次来更好地实现客户需求？

每当出现这些问题，就会有人说：需求的前期调研不足。其实，客户需求不是仅仅通过调研能够了解的。单凭几百个样本并不能够完全抽取出客户的核心需求。了解客户需求不能单依靠市场调研这一种方式，而是需要随时随地关注客户需求，行业变化会产生客户需求，日常的销售反馈就是客户需求，客户的抱怨也是需求，售后服务人员的电话记录单中也有客户需求，研发人员的创新也是客户需求。其实，无论是在市场之内还是市场之外，客户都在不断地表达着他们的需求。因此，只有企业整体时刻保持对客户的关注，才能真正做到了解客户需求。

不提产品只问问题。有一个经典的商业案例：一个中等规模的公司从通用电气购买了价值50万美元的个人计算机。通用电气并不制造计算机，这家公司为什么不直接从制造商那里购买计算机呢？答案是：制造商只卖计算机，而这种产品很多厂家都能生产。相反，通用电气不仅向这家公司出售计算机，还提供自选配置、附件、服务和融资。这家公司与客户的联系是电子化的，公司需要计算机来支持对客户的服务，而融资提供了资金的来源，使企业能够更好地匹配收入和支出，进行一项为期三年的技术改造。通用电气看到了这一系列需求，满足了他们的需要，为他们提供了一个解决方案。

可能很多人说，通用电气有实力做到这些。但重要的是，通用电气了解到了客户需求，才可能去实现。通常情况下，客户并不十分清楚或不能清晰地表述自己的问题或需求，因此，在没有完整、清楚地把握客户的需求之前，即使将全球最好的产品和服务推荐给客户也无济于事。谁能帮助客户真正解决问题，向客户提供的是获利的行动，谁才能赢得客户。

与顾客“换位思考”。站在客户的立场去了解需求，要能够分配更多的时间去关注客户，更要能与客户做“换位思考”。回想一下在上个月中花了多少时间与最重要的客户在一起？与他们的交谈仅仅是礼貌的寒暄，还是关于客户最重要需求的实质性讨论？

作为企业来说，早就应该结束“想当然制造客户需求”的阶段了，只有企业整体重视起来，从实际出发，以客户为本，才能真正达到对客户需求的了解。

2. 了解竞争对手

对市场进行调查，只了解潜在顾客的情况还不够，还需要了解竞争对手的情况，因为企业多半得与提供相同或类似产品或服务的其他企业竞争，这些企业将是本企业的竞争对手。

通过了解竞争对手的情况，企业可以学到很多东西：通过了解他们做生意的方法，可以帮助企业去琢磨怎样使自己的企业构思变成现实。

企业可以通过回答下列问题的形式来了解竞争对手的情况：

(1)他们的产品或服务的价格怎样？

(2)他们提供的商品或服务的质量如何？

(3)他们如何推销商品或服务？

(4)他们提供什么样的额外服务？

(5)他们的企业坐落在地价昂贵还是便宜的地方？

(6)他们的设备先进吗？

(7)他们的雇员受过培训吗？待遇好吗？

(8)他们做广告吗？

(9)他们怎样分销产品或服务？

(10)他们的优势和劣势是什么？

把通过调查收集到的信息做一番整理，然后回答下列问题：

(1)成功的企业有相似的运作方式吗？

(2)成功的企业有相同的价格政策、服务、销售或生产方法吗？

就像收集顾客信息那样，以同样的方法分析竞争对手。

13.1.4 案例导入与解析

小油漆厂如何选择目标市场

英国有一家小油漆厂，访问了许多潜在消费者，调查他们的需要，并对市场做了以下细分：本地市场的60%，是一个较大的普及市场，对各种油漆产品都有潜在需求，但是本厂无力参与竞争；另有四个细分市场，各占10%的份额。一个是家庭主妇群体，特点是不懂室内装饰需要什么油漆，但是要求质量好，希望油漆商提供设计，油漆效果美观；一个是油漆工助手群体，顾客需要购买质量较好的油漆，替住户进行室内装饰，他们过去一向从老式金属器具店或木材厂购买油漆；一个是老油漆技工群体，他们的特点是一向不买调好的油漆，只买颜料和油料自己调配；最后是对价格敏感的青年夫妇群体，收入低，租公寓居住，按照英国的习惯，公寓住户在一定时间内必须油漆住房，以保护房屋，因此，他们购买油漆不求质量，只要比白粉刷浆稍好就行，但要价格便宜。

经过研究，该厂决定选择青年夫妇作为目标市场，并制订了相应的市场营销组合：

(1)产品。经营少数不同颜色、包装大小不同的油漆，并根据目标顾客的喜爱，随时增加、改变或取消颜色品种和装罐大小。

(2)分销。产品送抵目标顾客住处附近的每一家零售商店。目标市场范围内一旦出现新的商店，立即招徕经销本厂产品。

(3)价格。保持单一低廉价格，不提供任何特价优惠，也不跟随其他厂家调整价格。

(4)促销。以“低价”、“满意的质量”为号召，以适应目标顾客的需求特点。定期变换商店布置和广告版本，创造新颖形象，并变换使用广告媒体。（资料来源：吴健安．市场营销学[M].合肥：安徽人民出版社，2004.）

思考与讨论：该油漆厂应当如何准确选择目标市场？

分析提示：该油漆厂通过对市场竞争状况和顾客群的分析，恰当选择了市场营销战略，较好地适应了目标顾客，虽然经营的是低档产品，该企业仍然获得了很大成功。

13.1.5 模拟与实战训练

1. 模拟训练菜单

如今，孕妇服、婴儿用品市场是一应俱全，但单单孕妇内衣还很空白。目前市场上适合孕妇穿着的内衣很难买到，如果专卖孕妇内衣一定会有不错的财路。

以前，某些特殊人群，如过于肥胖或者过于高大的人，不太容易买到合身的衣服，但是如今，在很多的大超市和大商场，包括相当一部分专卖孕妇服装的商店里，孕妇却很难买到合适的内裤，每年全国大概十几万孕妇正在遭遇买孕妇内衣、内裤难的难题。

(1)孕妇文胸。随着怀孕月份的增加，女性乳房的乳腺组织逐渐发育到最完整。在此情形下，穿文胸的目的由“乳房变大”转为“给予良好的支撑”，就是要提供给日益变大、变重的乳房足够的支撑力和包容力。除了穿着时的美观外，孕妇文胸在选择上更趋于功能取向，为乳房提供舒适的皮肤接触，便于产后哺乳，也预防了乳房的下垂，因此，在孕妇内衣的选择上有很大的学问。

(2)孕妇内裤。孕妇的肚子在怀孕三个月以后开始有明显的变化，之后变化的速度逐渐加快，到快要生产时的肚围要比平时大两至三倍，因此，普通的内裤肯定是不能穿的了。孕妇的腹部并不像常人那样呈现平滑的椭圆形状，而是呈现部分突起。这样对内裤的要求就比较高，如果不注意就有可能影响胎儿的正常发育。相反,专门为孕妇设计的内裤是可以随时调节松紧的,可以满足孕妇不断变化的腹部需求。

(3)孕后内衣。很多女性在产后都出现了乳房及小腹松弛。其实,为了能在产后迅速回复原来的线条美,在孕期应选择一款有助于预防乳房及小腹日后松弛的内衣。一款好的孕妇内衣可以减少产后身材变形的机会,同时从胸带、罩杯、腰部至腹部都有特别设计,所具有的功能也很适合体形日益变化的孕妈咪,带来由内而外的舒爽感觉。

据了解,做孕妇的生意一向为商家所重视。从竞争对手来看,具体到孕妇服装上面,各种各样的孕妇裙和孕妇裤也是层出不穷。这些商店绝大多数都没有孕妇内裤卖,只有在各妇幼保健院周围和一些专卖妇幼产品的大型商店里才可买到孕妇内裤,极不方便。从顾客需求来看,孕妇对自己的身体和衣服都极其看重,一般都愿意多花钱买合适的孕妇内衣、内裤。着眼于目前的市场需求,寻找到市场的空白部分,只要抓住这个机会,则成功就不远了。(本文由作者根据网络资料改写,原文见:一大把网站.)

应用思考:试分析孕妇内衣市场所蕴含的商机。

2. 实战训练菜单

试结合本次任务所学习的知识,根据自己的选择设计你的企业,按照下列要求确定你的顾客。

确定你的顾客

顾客特征	情况
谁将成为你的顾客(一般性描述)	
年龄	
性别	
地点	
工资水平(具体数字)	
他们什么时候将购买你的产品和服务(每日、每周、每月、每季度、一年一次)	
他们愿意出多少钱买你的产品和服务	
他们的购买量有多大	
未来的市场规模和趋势	

任务 13.2 制订策略

本任务旨在训练学生了解并掌握如何为顾客提供他们需要的产品,如何制定其愿意支付的价格,怎样选择适宜的场所为其提供服务以及怎样传递产品或服务的信息。

13.2.1 任务描述

1998 年 5 月,娃哈哈集团推出非常可乐,原本平静的中国可乐市场掀起了波澜。企业实施多元化战略的条件之一是,企业在其所在的行业占据相当稳固和非常有利的地位,然而根据中华全国商业信息中心于1998年4月提供的统计数据来看，娃哈哈集团原来的拳头产品——娃哈哈果奶在乳酸饮料市场的占有率仅为18%，比后来居上的乐百氏低了14个百分点。这种放弃拥有3亿儿童的超级市场去换取另一个未知市场的意义何在？事实上，以"喝了娃哈哈，吃饭就是香"为号召的儿童营养液为起点，娃哈哈通过果奶、八宝粥系列产品已在儿童市场上建立了良好形象，娃哈哈为何不充分利用形象优势专注儿童市场的发展，把这个蛋糕做得更大、更精？对于是否进入可乐市场，娃哈哈集团做了十分详尽的产业结构分析和企业的优、劣势分析。（资料来源：汤定娜，万后芬. 中国企业营销案例[M]. 北京：高等教育出版社，2001.）

思考：分析娃哈哈集团为什么要推出非常可乐这种产品。

13.2.2 实训步骤与考评

1. 实训准备

组织学生，每6～8人一组，阅读案例，组内进行分析，得出结论。公布结论，各组互相评价。

2. 具体步骤

在教师指导下，训练学生如何制订4P策略，具体做法见图13.2。

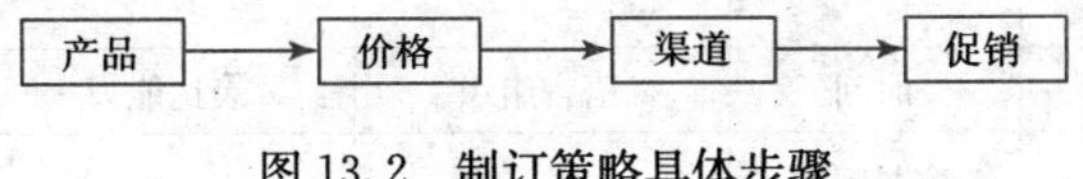

图13.2 制订策略具体步骤

(1)产品——在口味和包装上下功夫。

参考做法：非常可乐在口味上进行了改进，其甜度低、口感清爽，香味与可口可乐有所不同。在低价策略的指导下，包装全部采用塑料瓶。娃哈哈是中国驰名商标，在占人口约70%的中国农村，娃哈哈的知名度相当高。

(2)价格——采取低价策略。

参考做法：娃哈哈非常可乐系列以低于可口可乐20%的单价推出(超市里600 ml PET包装可口可乐一般2.6～2.7元/瓶，而非常可乐仅售2.1～2.2元/瓶)，具有较大优势。饮料业属于典型的"设备生产型"产业，一流的设备意味着一流的生产效率、较低的生产成本。如果娃哈哈能引进比国外可乐更为先进的生产线，那么非常可乐已经与国外可乐站在同一生产成本起跑线上。同时，娃哈哈的管理费用、人力成本又低于国外可乐，因此，非常可乐能够以相对较低的价格出售。

(3)渠道——渠道共享。

参考做法：充分利用市场网络优势。经过多年的苦心经营，娃哈哈在全国各地拥有上千家实力强大的经销商。非常可乐可利用纯净水、果奶的销售渠道，实现销售网络资源的共享。利用娃哈哈原有的销售渠道，顺利进入千家万户，并且成功避开了可口可乐城市中的直营销售体系。

(4)促销——广告与民族牌并举。

参考做法：非常可乐的上市配备了电视媒体的"地毯式轰炸"。上至中央电视台黄金时段，下至地区县级电视台，全国数百家电视广告同时播出。半个月后，整个中国都知道了"娃哈哈出了个非常可乐"。紧接着娃哈哈又推出"集五张非常可乐标签送礼品"及"喝非常系列，得非常大奖"等大规模促销活动，并在各级电视媒体大张旗鼓地加以宣传"中国人自己的可乐"，非常可乐以民族观赢得了一部分消费者。

3. 实训总结与考评

每位学生完成调查、访问或策划报告,优良者全班交流。教师对每一份报告予以批阅评分,对优秀者进行点评。表 13.2 为各小组制订策略训练考评表。

表 13.2 各小组制订策略训练考评表

成果展示与评价			分析报告及 PPT 形式答辩				
分析报告	分析报告必备项目		产品分析	价格分析	渠道分析	促销分析	文字表达
	评价标准		全面并能突出重点	准确、数据真实	能够客观、准确地分析自身的实力	全面并能突出重点	思路清晰、语言流畅
	应 得 分		20	20	20	20	20
	评价人	企业(50%)					
		教师(40%)					
		学生(10%)					
	实 得 分						
	报告最后得分						
PPT 答辩	PPT 答辩要求		时间	语言组织	表达能力	展现形式	形象及礼仪
	评价标准		控制阐述与回答问题的时间	语言精炼、针对性强	表达清楚、准确	汇报形式新颖	形象得体、大方
	应 得 分		20	20	20	20	20
	评价人	企业(50%)					
		教师(40%)					
		学生(10%)					
	实 得 分						
	答辩最后得分						
	任务综合得分						

13.2.3 知识点拨

在掌握了顾客和竞争者的情况之后,便可以着手准备市场营销计划了。制订市场营销计划的一种方法是从市场营销的四个方面,即产品、价格、地点和促销着手,通常称为 4P 方法。产品(product)、价格(price)、地点(place)、促销(promotion)四个方面构成了市场营销的整个内容。

1. 产品(服务)介绍明确化

在进行投资项目评估时,投资人最关心的问题之一就是,风险企业的产品、技术或服务能否以及在多大程度上解决现实生活中的问题,或者说,风险企业的产品(服务)能否帮助顾客节约开支,增加收入。

因此,产品介绍是商业计划书中必不可少的一项内容。通常,产品介绍应包括以下内容:产品的概念、性能及特性;主要产品介绍;产品的市场竞争力;产品的研究和开发过程;发展新产品的计划和成本分析;产品的市场前景预测;产品的品牌和专利。在产品(服务)介绍部分,企业要对产品(服务)做出详细的说明,说明要准确,也要通俗易懂,使不是专业人员的投资者也能明白。一般而言，产品介绍都要附上产品原型、照片或其他介绍。

一般的，产品介绍必须要回答以下问题：

(1)顾客希望企业的产品能解决什么问题？顾客能从企业的产品中获得什么好处？

(2)企业的产品与竞争对手的产品相比有哪些优缺点？顾客为什么会选择本企业的产品？

(3)企业为自己的产品采取了何种保护措施？企业拥有哪些专利、许可证，或与已申请专利的厂家达成了哪些协议？

(4)为什么企业的产品定价可以使企业产生足够的利润？为什么用户会大批量地购买企业的产品？

(5)企业采用何种方式去改进产品的质量、性能？企业对发展新产品有哪些计划？

产品(服务)介绍的内容比较具体，因而写起来相对容易。虽然夸赞自己的产品是推销所必需的，但应该注意，企业所做的每一项承诺都是搭槐收当，都要努力去兑现。要牢记，企业家和投资家所建立的是一种长期合作的伙伴关系。空口许诺，只能得意于一时，如果企业不能兑现承诺，不能偿还债务，企业的信誉必然要受到极大的损害，因而是真正的企业家所不屑去做的。

2. 价格

价格是指用产品要换回的金钱数，但实际收入还会受其他因素的影响，如产品打折和赊销。在确定了产品之后，要为其定价。在制定产品价格时，必须知道：产品的成本；顾客愿意出多少钱买该产品；竞争者同类产品的价格。

在确定产品价格之前，要计算出企业为顾客服务所付出的成本。作为企业主，必须掌握企业经营的成本。可参照一家同类企业，了解一下该企业算进了哪些成本。预测成本时，必须认真区分可变成本和固定成本。如租金、保险、营业执照费等，这些成本是一成不变的；而如材料成本费等，会随着生产或销售的起伏而变化。通过这些分析，可以更准确地制定销售价格。

预测销售收入是准备创业计划中最重要和最困难的部分，必须认真面对。一般说来，可采取以下步骤：

(1)列出企业推出的所有产品、服务或产品系列；

(2)通过市场调查，预测在第一年里企业所期望销售的各个产品数额；

(3)为企业计划销售的每项产品制定价格；

(4)用销售价格乘以月销售量来计算每项产品的月销售额。

仅仅知道自己的销售收入是不够的，还必须制订销售和成本计划，只有这样，才能准确地知道企业是否在挣钱。利润来自销售收入减去企业经营成本，可以通过前两步来得出结论。

现金量计划是创业计划中必不可少的一部分，因为现金如同使企业这台发动机运转的油料。不少企业主在创业时常常会发出感慨："如果能再多一些流动资金，我的企业会做得更好。"这反映出企业主没有制订现金量计划。因为有些销售是赊账的，现金在销售几个月后才能回笼。

当通过现金量计划计算后，企业主已经确定所需费用额，此时要考虑从哪里获得这笔钱。

3. 地点

地点是指把企业设在什么地方。如果计划开办一家零售店或一家服务企业，地点就非常重要，必须把它设在离顾客较近的地方，这样便于顾客光顾。一般说来，如果竞争者离顾客近，顾客就不会跑很远的路来你的商店。

而对制造商来说，离顾客远近并不是最重要的，最重要的是能否容易地获得生产所需的原材料。这就是说，工厂或车间应该设在离原材料供应商较近的地方。能获得低租金的厂房对于制造商来说也很重要。

选址也要考虑产品的分销方式和运输问题。仅仅生产好的产品是不够的，必须要让顾客方便地得到企业的产品。

4. 促销

促销是指把企业的产品信息传递给顾客，吸引他们来购买企业的产品。促销通常有以下方法：

(1)广告。向顾客提供产品信息，让他们有兴趣购买企业的产品。企业可以通过报纸或广播做广告。招贴画、小册子、铭牌、价格表和名片也是给企业和产品做广告的方法。

(2)宣传。在地方报纸或杂志上刊登介绍企业的文章，从而达到免费促销的目的。

(3)销售促销。当顾客来到企业或以其他方式与企业接触时，要想方设法让他们买企业的产品。促销的手段很多，例如，可以用醒目的陈列、展示、竞赛活动吸引顾客，也可以用买一赠一的方式刺激顾客的购买欲。

促销很费钱。为了降低费用，要从美工设计人员、印刷商和其他专业人员那里询价。要先了解竞争对手使用的促销方法，然后再决定对自己的企业奏效的促销方式。

13.2.4 案例导入与解析

开火锅店的4P营销

阿蛙王子火锅店在大同市矿务局，周围全是居民。矿务局周围有三家中餐店，生意都很好；三家火锅店，其中一家已经关门转让，一家也加了中餐，生意还是不好，阿蛙王子火锅店生意时好时坏。(本文由作者根据网络资料改写，原文见：中小企业创业网.)

思考与讨论：假如你是阿蛙王子火锅店的老板，夏天淡季时你会如何做？

分析提示：首先，不管是在旺季还是淡季，都需要从火锅的特色上下功夫，特色可以从菜品、调料、服务等多方面或某一方面的多个点去进行强化，有了明显的差异化优势才可以确保火锅店能够生存，而这一点与旺季和淡季没有什么关系。

其次，不赞成邻居那家火锅店去加中餐，虽然看起来，饭店提供的种类和服务多了，但是却容易让消费者糊涂，那就是不知道进这家饭店到底该消费什么。一般来讲，消费者选择饭店会选择那些在某一类上做得好的饭店去消费，或者饭店在某些方面能够有独特之处。火锅店开中餐已经让顾客在意识中产生混淆，而且一家饭店既要与其他火锅店竞争，又要与其他中餐店竞争，本身就已经处于劣势，所以不赞成在淡季增加与火锅店无关的一些项目。

最后，保证必要的客流是要考虑的，因为没有必要的客流，不要说赚钱，恐怕经营就难以为续。在保证客流上，打造火锅店的特色是解决的根本之道。除此之外，就需要在保证基本利润的情况下搞一些活动，活动之一就是采取赠券的方式，选择一定时间，消费者可以享受消费一定金额再赠送一部分代金券的活动(应该讲到店里消费的顾客还不是太高端的客户，这些优惠对他们还是有足够吸引力的，而且这样还能使火锅店产生持续不断的客流)。活动另一种方式就是采取跨界营销的方式，比如，与啤酒企业、冰淇淋企业、饮料企业联合搞活动(尤其是这些企业才推出的新产品)，内容可以是：凡在本店消费的顾客，赠送、免费饮用或免费品尝活动等等。

在企业的营销过程中，4P在此过程中具有重大的影响。在市场营销组合观念中的4P分别是产品(product)、价格(price)、地点(place)、促销(promotion)。此4P(产品、价格、地点、促销)是市场营销过程中可以控制的因素，也是企业进行市场营销活动的主要手段，对它们的具体运用，形成了企业的市场营销战略；对它们运用得好坏，也深刻影响着企业未来的命运。

(1)产品。作为一个火锅店，主营产品无疑是与火锅有关的产品。阿蛙王子的特色是蛙肉火锅，这是阿蛙王子的优势，也是阿蛙王子应该主营的招牌食品。此外，阿蛙王子的一切食品都应该以蛙肉火锅为中心开展，这是现在和以后时期阿蛙王子应该坚持的方向，其他毫无疑问都应该以此为中心。

(2)价格。阿蛙王子的店面面积为230 m^2，客容量为150 m^2，由于此店的规模和客户的消费习惯，因此，相对于其他的大规模店铺来说，阿蛙王子明显具有一定的价格优势。阿蛙王子应该抓住此优势，在不降低饭菜质量和服务质量的情况下，吸引更多的中低层消费者。

(3)地点。火锅店应该选址在较为繁华的街道，客流量大的地方。一些较为高档的住宅小区附近，加上重要的地理位置和周围发达的交通环境，都能为阿蛙王子火锅店的经营带来一定优势，十分有利于宣传企业的文化和在广大人民群众中竖立良好的口碑。

(4)促销。要想在短期内树立企业良好的形象和坚实的基础，采取一定的促销手段是必不可少的，这样有利于人们对阿蛙王子的了解。因此，在开业之初的促销手段，对企业的宣传是必不可少的。宣传是企业必不可少的扩大企业知名度的手段，尤其在开业之初，企业必须把此当做营销方案制订的重点，其他活动应以此为中心来开展。

13.2.5 模拟与实战训练

1. 模拟训练菜单

网络经济曾经是泡沫经济的象征，怎样把概念变成实在的赢利曾让无数的ICP(网络内容供应商)大伤脑筋，2000年以来，网络概念股飞速下泄，沦为垃圾股，显示出赢利模式不够清晰、投资人对网络概念丧失信心的状况。网络游戏也不例外，中国的网络游戏市场从1998年开始起步以来，一直鲜有盈利的先例。

情况在2001年有了改变，1999年11月成立、2001年3月才进军网络游戏市场的上海盛大网络有限公司改变了这种局面，2001年7月，盛大代理了一款韩国游戏《传奇》，2002年，凭借《传奇》的出色表现，上海盛大年营业收入达到4亿元，占据网络游戏市场份额高达40%以上。

盛大通过一款韩国游戏《传奇》实现了奇迹，但让盛大获得成功的绝不仅仅是游戏本身。在实现奇迹的过程中，盛大独创的营销模式功不可没——这种模式称为盛大模式。盛大通过代理开发商的软件，快速获得了质量相对优良的产品；通过向游戏玩家收费，找到了以往网络游戏依靠网络广告、电信分成等赢利模式之外的新赢利模式，这种直接面向终端消费者的模式，无疑更为稳定可靠；通过渠道扁平化，盛大提高了销售终端的覆盖率和控制力度；盛大还向传统行业学习，通过向游戏玩家提供优质的售后服务，从而让玩家建立起忠诚度。

2003年，这种模式依然有效，同在上海的第九城市公司，通过复制盛大模式，只用了五个月就实现了2.7亿元营业收入，而盛大网络代理的《泡泡堂》、自主开发的《传奇世界》都获得了极大的成功。2003年9月，盛大同时在线用户突破100万，盛大奇迹还将继续下去。(本文由作者根据网络资料改写，原文见：新浪博客.)

应用思考：盛大是如何利用4P组合获得成功的？

2. 实战训练菜单

(1)准备市场营销计划——产品。

填表说明：

①在下表的顶端列举企业将出售的所有产品或服务。如果企业的产品或服务超过五项，可自行增加列数。

②在表的第一列中填写产品或服务的特征，并完成本表格的相应内容。此处需要考虑产品的不同特征，如质量、颜色、规格、包装、零配件、维修，以及服务的态度、效率、质量、安全等。

产品 内容 特征	(1)	(2)	(3)	(4)	(5)
质量					
规格					
包装					

(2)准备市场营销计划——价格。

填表说明：

①在下表的顶端列出企业将出售的所有产品或服务。如果产品或服务超过五项，请自行增加列数。

②在表的第一列中补充未列入的企业的特征，并完成表格。

③在此，应该先预测企业的成本，以后将再学习如何准确地计算成本。

产品 内容 特征	(1)	(2)	(3)	(4)	(5)
竞争者的平均价格					
我的预测成本					
我的价格					
如此定价的理由					
产品价格手册					
给谁折扣					
给谁赊销					

(3)准备市场营销计划——渠道。

①企业将设在什么地方？

②选择这个地点的原因?

③销售方式(选一项并打√)

我将把产品销售给:□最终消费者□零售商□批发商

④选择这种销售方式的原因:

(4)准备你的市场营销计划一促销

促销是一项与顾客沟通,并吸引顾客来购买你的产品的活动。促销有多种方式。促销需要花钱,请向新闻界、广告商、印刷厂和商界人士了解有关促销费用的信息。你要研究你未来的竞争者,看看他们用哪些方式促销。这样你就可以选择一种适合你的企业的促销方式。

何时促销怎样促销	费用(元)

(本文由作者根据网络资料改写,原文见:中国创业培训网.)

项目 14　组 建 团 队

实训目的与能力要求

微小企业的每一名成员都将影响企业的成败。通过训练，使学生掌握企业成员选择的基本原则和方法，了解如何对团队进行有效管理。

任务 14.1　建 立 团 队

实训目标

本任务要求学生掌握建立团队所须遵循的几大要素，能够分析团队的成熟度，并学会解决团队不同时期所遇到的问题。

14.1.1　任务描述

每只雁鼓动双翼时，对尾随的同伴都具有“鼓舞”的作用。雁群一字排成 V 字形时，比孤雁单飞增加了 71%的飞行距离。

当带头的雁疲倦了，它会退回队伍，由另一只取代它的位置。

队伍中后面的大雁会以叫声鼓励前面的伙伴继续前进。

当有只雁生病或受伤时，其他两只雁会由队伍飞下协助及保护它。这两只雁会一直伴随在它的旁边，直到它康复或死亡为止。然后它们自己组成队伍再开始飞行，或者去追赶上原来的雁群。（本文由作者根据网络资料改写，原文见：百度文库.）

思考：对此自然界的现象，你有什么体会？

14.1.2　实训步骤与考评

1. 实训准备

本任务实训内容是组建、策划实训团队。在课程教学之初，以班级为单位，4 人一组，形成团队。根据任务描述情境，每个小组成员认真阅读、分析案例，分工协作，分析、汇总资料，进行各小组讨论，具体步骤见图 14.1。

2. 具体步骤

(1)目标一致——共同的目标是前行的动力。

图 14.1　建立团队具体步骤

参考做法：与拥有相同目标的人同行，能更快速、更容易地到达目的地，因为彼此之间能互相推动。1＋1＞2 的团队才是优秀的团队。如果与大雁一样懂得协作的话，就会留在与自己目标一致的队伍里，而且乐意接受他人的协助，也愿意协助他人。

(2)相互协作——紧密的协作是前行的保障。

参考做法：在从事困难的任务时，轮流担任与共享领导权是有必要的，也是明智的，因为人都是互相依赖的。要认识到自己也有能力不足的时候，懂得依靠团队力量而不是个人力量。

必须确定从背后传来的是鼓励的"叫声"，而不是其他的"叫声"。相互间的鼓励会振奋队员的精神，坚持到底。如果与大雁一样懂得彼此帮助的话，就会互相扶持，不论是在困难的时刻或在顺利的时刻。

(3)管理灵活——灵活的管理是前行的手段。

参考做法：当有人不能适应这个团队的时候，应该尽量帮助他们去适应这个团队。当实在必须离开团队时，应该举行一个告别仪式，因为它更多的是做给没走的成员看的。

3. 实训总结与考评

团队建设评价分为两个环节，团队建设方案占 50%，团队运作效果评价占 50%，在实训结束时根据项目完成质量进行考核。表 14.1 为各小组建立团队训练考评表。

表 14.1　各小组建立团队训练考评表

成果展示与评价			分析报告及 PPT 形式答辩				
分析报告	分析报告必备项目		目标分析	人员分析	角色分配	考核分析	文字表达
	评价标准		全面并能突出重点	准确、数据真实	全面并能突出重点	能够客观、准确地分析成员的能力	思路清晰、语言流畅
	应得分		20	20	20	20	20
	评价人	企业(50%)					
		教师(40%)					
		学生(10%)					
	实得分						
	报告最后得分						
PPT答辩	PPT 答辩要求		时间	语言组织	表达能力	展现形式	形象及礼仪
	评价标准		控制阐述与回答问题的时间	语言精炼、针对性强	表达清楚、准确	汇报形式新颖	形象得体、大方
	应得分		20	20	20	20	20
	评价人	企业(50%)					
		教师(40%)					
		学生(10%)					
	实得分						
	答辩最后得分						
	任务综合得分						

14.1.3 知识点拨

搭建一支优秀的创业团队对任何创业者而言，都是一项至关重要的工作。那么，应该如何搭建一支优秀的创业团队呢？

一般而言，创业团队由四大要素组成：

(1)目标。目标是将人们的努力凝聚起来的重要因素，从本质上来说，创业团队的根本目标在于创造新价值。

(2)人员。任何计划的实施最终还是要落实到人的身上去。人作为知识的载体，所拥有的知识对创业团队的贡献程度将决定企业在市场中的命运。

(3)团队成员的角色分配。即明确各人在新创企业中担任的职务和承担的责任。

(4)合理的激励考核。正确判断团队成员的“利益需求”是有效激励的前提。

(5)团队成熟度。即评价团队的现况。

1. 目标

一个团队就是一个整体，团队中的每一个成员都应该清楚地知道其共同的目标，并通过彻底的沟通，发挥团队中每一个人的聪明才智，打破常规，利用创新的思维去寻求迅捷的方法。然后分工协作，按计划有秩序地严格执行，这样就能够迅速地抵达成功的彼岸。

团队要有一个伟大的目标，团队中的个人都有着计划后的小目标，当个人在完成小目标的同时，要时刻想着团队的大目标，并能够做到团结互助、分工协作，来实现共同的大目标，达到与团队的共赢。比如，在一个酒店内部，每个部门都有着各自的任务与目标，但所有的一切都是围绕着酒店的大目标的完成来开展工作。个人为自己部门的目标而努力的时候，要看到企业共同的大目标，并能够通过真诚的互助协作，避免内耗，使团队中的每一个人的优势得到最大限度的发挥，做到优势互补，那么大目标将会更快、更早地得以实现，达到团队与个人的共赢。

2. 人员

(1)德最重要。蒙牛董事长牛根生说过：“德才兼备破格使用；有德无才培养使用；有才无德坚决不用。”作为合作伙伴，德是关键，其次是才。

(2)优势互补。人无完人，每个人都有自己的优势和劣势，利用合作伙伴的优势弥补自己的劣势，这样才能最大化地使创业成功。根据“木桶原理”：一个懂市场，一个懂管理，一个懂技术的三人合作伙伴绝对比三个人都只懂得一个方面的团队更容易取得成功！

(3)目标一致。很难想象一个创业者和其合作伙伴在向不同的方向奋斗，那样的话创业离失败不远了。不过也不能说在每一件事情上都绝对“观点一致”，这样的话，还要合作伙伴干嘛呢？

(4)合作伙伴要绝对认同共同规定的利益风险分配方式。如果不能做到这一点，那么合作不久很可能就会破裂，不利于长远发展。“赚钱的时候是伙伴，赔钱的时候是冤家。”这样的事情很常见。

3. 团队成员的角色分配

对团队组建很重要的八个关键角色及其特征如下：

(1)主席。此人善于利用团队资源和各团队成员的潜质，认识到团队的优点和缺点并对之实施控制以实现团队目标。此人冷静、有控制力和有信心，但不一定智力超常或更具创造性。

(2)实施者。此人善于实施,他能将计划或想法转变为实践,并系统和高效地执行一项既定的计划。此人稳健,行为规范,对理论化没有得到验证的想法不感兴趣。

(3)完成者。此人在团队中对工作缓急和进展保持敏锐的触觉,对每一细节都认真检查,以保证没有任何疏忽或保证没有干任何不应该干的事情。此人有自觉性,肯吃苦,但倾向于为小事担心。

(4)参谋者。此人要确保所有方面都经过合适的评估,从而团体可采用一个平衡的决策。此人冷静、谨慎,但缺乏灵感,缺乏激励别人的能力。

(5)谋划者。此人善于提出新的想法,为团队面临的问题寻找不同的、创新的、革新的解决方法。此人极有个性,不墨守成规,但往往漠视踏实的意见。

(6)外交者。此人善于与那些对团队有利的外界人士保持联络,并可主持任何相关商议。此人负责汇报外界的构想、发展和资源。外交者性格外向,热心,但一旦向团队汇报后,对事件发展便漠不关心。

(7)造型者。此人善于定出团队工作的具体方式,给团队讨论加上某种模式,并确保注意力集中在目标的制订上。造型者高度警觉,精力充沛,但容易发脾气和不耐烦。

(8)团队协调者。此人善于培养团队精神,帮助信息沟通,通过采纳建议和理解缺点的方式支持团队成员。此人温和、敏感,但遇上危机时刻却缺乏决断力。

4. 合理的激励考核

人都有惰性,一个团队组织要想保持持久的动力与活力,就必须要引入竞争机制。同时,一个团队在从不稳定到稳定发展的过程中,必须通过激励考核,来优胜劣汰和奖优罚劣。具体方法包括如下方面:

(1)建立合理而有挑战性的薪酬考核体系。在具备竞争力的前提下,按贡献大小予以合理分配,只有建立一套公平、公正、公开的薪酬体系,大家才能在同一套制度下,施展才华,建功立业。

(2)团队组织建立阶段,要多奖励,少惩治。奖励是激扬个性,惩治是压抑个性,因此,为了避免大家离心离德,甚至分崩离析,就必须多采取正面激励,比如,多奖励,要不断地树立榜样和标杆,让组织形成一种学、赶、帮、超的氛围;少处罚,即使处罚,也要采取人性化的处罚,比如,联想的柳传志对于开会迟到者,不罚钱但“罚站”的做法,效果就很不错。

(3)团队成长、成熟阶段,要多规范,要用制度来管理与约束。组织的快速成长、成熟,促使企业必须要摒弃“人治”而走向“法治”,必须要依靠流程、组织、制度来做管理,要做到有法可依,违法必究,执法必严,真正地做到法治化。

腾讯公司马化腾的创业团队多年来十分稳定,与其利润分配机制的有效性是分不开的。虽然腾讯公司的股权多次转让,但是它的五位创办人一直共同持有公司的大部分股份。公司的上市更是使得创业团队的五位成员均成为了亿万富翁。

5. 团队成熟度

根据不同的成熟度,要运用不同的对策,成熟度可以分为四个阶段,以下说明每个阶段的特征、管理重点以及该阶段的目标与对策:

(1)形成期——从混乱中理顺头绪的阶段。

①特征。团队成员由不同动机、需求与特性的人组成,此阶段缺乏共同的目标,彼此之间

的关系也尚未建立起来，人与人的了解与信赖不足，尚在磨合之中，整个团队还没建立规范，或者对于规矩尚未形成共同看法，这时矛盾很多，内耗很多，一致性很少，花很多力气，产生不了效果。

②目标。立即掌握团队，快速让成员进入状况，降低不稳定的风险，确保事情的进行。此阶段的领导风格要采取控制型，不能放任，目标由领导者设立(但要合理)，清晰、直接地告知成员想法与目的，不能让成员自己想象或猜测，否则容易走样。关系方面要强调互相支持、互相帮忙，此时期人与人之间关系尚未稳定，因此，不能太过坦诚(例如刚到公司的小伙子，领导问他："你有何意见没有?"他最好回答："我还需要多多学习，请领导多指点。"如果他果真认真地指出缺点与问题，即使很实际，也许会得不到肯定与认同)，此时期也要快速建立必要的规范，不需要完美，但需要能尽快让团队进入轨道，这时规定不能太多、太繁琐，否则不易理解，又会导致绊手绊脚。

(2)凝聚期——开始产生共识与积极参与的阶段。

①特征。经过一段时间的努力，团队成员逐渐了解了领导者的想法与组织的目标，互相之间也经由熟悉而产生默契，对于组织的规矩也渐渐了解，违规的事项逐渐减少。这时，日常事务都能正常运作，领导者不必特别费心，也能维持一定的生产力。但是组织对领导者的依赖很重，主要的决策与问题需要领导者的指示才能进行，领导者一般非常辛苦，如果有其他事务需要处理，极有可能耽误决策的进度。

②目标。挑选核心成员，培养核心成员的能力，建立更广泛的授权与更清晰的权责划分。

③方法。此时期的领导重点是在可掌握的情况下，对于较为短期的目标与日常事务，能授权部属直接进行，只要定期检查与维持必要的监督。在成员能接受的范围内，提出善意的建议，如果有新进人员进入，必须尽快使其融入团队之中，部分规范成员可以参与决策。但在逐渐授权的过程，要同时维持控制，不能一下子放权太多，否则回收权力时会导致士气受挫，配合培训是此时期很重要的事情。

(3)激化期——团队成员可以公开表达不同意见的阶段。

①特征。藉由领导者的努力，建立开放的氛围，允许成员提出不同的意见与看法，甚至鼓励建设性的冲突，目标由领导者制订转变为团队成员的共同愿景，团队关系从保持距离、客客气气变成互相信赖、坦诚相见，规范由外在限制变成内在承诺，此时期团队成员成为一体，愿意为团队奉献，智慧与创意源源不断。

②目标。建立愿景，形成自主化团队，调和差异，运用创造力。

③方法。这时领导者必须创造参与的环境，并以身作则，容许差异与不同的声音。初期会有一阵子的混乱，许多领导者害怕混乱，又重新加以控制，会导致不良的后果，可以借助第五项修炼中的建立共同愿景与团队学习的功夫，有效地渡过难关。此时期是否转型成功，是组织长远发展的关键。

(4)收割期——品尝甜美果实的阶段。

①特征。藉由过去的努力，组织形成强而有力的团队，所有人都有强烈的一体感，组织爆发前所未有的潜能，创造出非凡的成果，并且能以合理的成本，高度满足客户的需求。

②目标。保持成长的动力，避免老化。

③方法。运用系统思考，纵观全局，并保持危机意识，持续学习，持续成长。

14.1.4 案例导入与解析

创业团队的组成

东华房产经纪公司由四个股东出资建成，除了一个股东在经营其他的生意外，其余三个股东老杨、老范、老蒋都呆在公司里担任要职。该公司虽然成立时间不长，不过让几位股东高兴的是，凭着自己做过知名楼盘开发的行业背景和实效、专业的服务，东华公司在其成立的第一年，便全程代理了三个楼盘的销售，而且都获得了成功。可股东之间的问题也逐渐爆发了出来。

拥有最大股份的老杨位居公司总经理，他本来只须管好两个同是身为副总的老范、老蒋及其人事、财务就行，可是作风强硬的老杨就是约束不住自己，非要跨岗、跨职责管理老范负责的销售部、老蒋负责的策划部与项目拓展部，致使权威受到损害的老范、老蒋着实窝火得很。性格温和的老范还好说，可作风同样刚硬的老蒋却难以适应。

除了这个问题之外，三位股东在对外合作的政策口径上也存在明显的争议，老杨主张只要能多接订单，便可以多让步先答应下来再说，而老范与老蒋却坚持要稳住立场和守住原则，为签下一个好的楼盘和一份尽量公正乃至有利的合同，宁愿少接楼盘。

经过多番会上与私下的争吵，在问题仍然难以得到解决的情况下，老蒋决定撤资。在外独立经营生意有些不顺的股东，受到风声不对的促使，也赶来凑热闹要求退出。蒸蒸日上的东华公司元气大伤。

回头看来，东华公司为什么会元气大伤？直接原因是股东撤资退出。股东为什么会撤资？因为股东在性格上、为人处事的行为准则上、信念上存在无法兼容的地方。这个案例再一次说明了志同道合的合作伙伴难找的事实。（本文由作者根据网络资料改写，原文见：新浪博客.）

思考与讨论：创业团队的组成应考虑哪些问题？

分析提示：创业团队的组建应认真考虑几方面的问题。

(1)创业团队成员的经营理念与方式要一致，团队思想要统一，要大家都认可公司的目标和策略价值观。

(2)创业成员之间在性格上应互补，因为在沟通及讨论中难免有冲突，如果成员都性格刚烈，容易产生误会和争吵。在个性上应尽量存在差异化，这样团队在一起才像百花筒，增强团队的凝聚力。同时也要求兴趣广泛。

(3)团队之间要彼此相互沟通、相互信任，兼有包容心态。遇到问题大家应冷静处理，各自提出有效建议进行讨论，并各司其职，不能越权处理。创业团队应充分沟通，通过有效沟通没有解决不了的问题。所以，如达不到上述要求，则不适合加入创业团队。

(4)团队在创立初期要确定一个明确的利润分配方案，把最基本的权责利界定清楚，尤其是股权、期权和分红权，此外，还包括增资、融资、撤资、人事安排、解散等与团队成员利益紧密相关的事宜。随着企业的发展、利润的增加，避免在利润分配时出现争议导致创业团队解散。

(5)如果创业团队的成员要在企业里担任要职，就明确股东与职员的权利与义务。不能混为一谈，以致在公司运转中出现权力不清晰的地方。

(6)创业团队的组建还要考虑到成员能不能适应公司的团队文化，因为创业团队一定要经由碰撞后才能形成一致的创业思路，成员要有共同的目标、愿景，认同团队将要努力的目标和方向，同时还要有自己的行动纲领和行为准则。

从团队的稳定性来看，群体性的创业团队不如有核心主导的创业团队。主要原因在于有核心主导的创业团队是由一个核心主导来组成所需要的团队，他在挑选成员的时候就已经考虑到成员的性格、个性、能力、技术以及未来的价值分配模式，这保证了团队成员的能力不会因为公司规模的扩张而不适应经营的要求，同时不会出现由于创业成员间因为自身性格、兴趣不合，导致创业团队解散的情况。

14.1.5 模拟与实战训练

1. 模拟训练菜单

福特汽车公司是世界上最大的汽车企业之一，该公司有个显著特点：非常器重人才。

有一次，公司的一台大功率电机不转了，福特公司从美国邀请来了很多专家一起会诊，两三天过去了，还没找到电机故障的真正原因，无奈之下，只好另请世界权威——德国的机电专家斯坦门茨。

斯坦门茨来到现场，他很仔细地听了听电机运行的声音，半个小时之后，他在机器某处用粉笔画了一条线，接着说："把画线地方里面的线圈减掉16圈。"果然，这台大功率电机很快就正常运转了。

公司经理问："修理费多少？"

斯坦门茨说："1万美元。"

经理惊呆了，有点不相信自己的耳朵，他不服气地问："你只是在机器上画了一条线，就值1万美元？"

斯坦门茨平静地回答："我画那条线仅值1美元，但我知道画在哪里值9 999美元。"

经理想了想，嗯，有道理！画线人人都会，知道应该在哪里画线才是真正的本事。于是他爽快地给斯坦门茨开了发票。

公司的老板亨利·福特刚好在旁边，他看到这种情况后，就说："你到我公司来上班吧！"

但斯坦门茨表示，原来的公司对他很好，他是不会来的。

福特马上接着说："那我把你那家公司买过来，你就可以来工作了。"（本文由作者根据网络资料改写，原文见：百度文库.）

应用思考：从这个故事中可以悟到什么道理？

2. 实战评价菜单

根据小组选定的创业项目，组建自己的创业团队，填写下表。

组建自己的团队

要素＼评价	
目标	
人员	
角色分配	
激励	
成熟度	

任务 14.2 管 理 团 队

攻城易,守城难。通过本任务的训练,使学生掌握团队管理者应具备的基本能力和管理方法。

14.2.1 任务描述

刘先生是一家私营软件企业的老板。他大学毕业后先在一家大型的软件公司打工两年,然后开始自己创业。刘先生每年都给自己定好奋斗目标,工作兢兢业业,但也感觉承受着很大的压力。公司的业务不断发展,规模也不断地壮大。近年来,刘先生因为业务的发展需要,相继招聘了十余名应届大学毕业生,但是其中几个没有多久就相继辞职了,导致刘先生需要不断地招聘人员,这使他分散了相当一部分的精力。刘先生非常感叹现在的年轻人眼高手低,不能吃苦。这天,刘先生收到一个程序员的一封电子邮件,而这个程序员正是刘先生十分器重的一个员工。该电子邮件的内容如下:

"刘总,您好!我知道您收到这封信后一定会十分生气,但我还是决定要离开贵公司。非常感谢您对我的培养,我绝对不是因为在这里学到了东西,翅膀硬了才走的。而是您的一些做法让我实在忍无可忍。我知道您白手起家干到如今很不容易,而且从您身上我确实学到了很多东西。但是这并不是说您的每一个看法和决定都是正确的。每当我想要发表我的看法时,您总是不予以重视,甚至不给我讲话的空间。但是一旦出现了问题,您就会大发雷霆,无论是天大的事情还是芝麻小事。每当这个时候我都想和您理论,但是您没有给过我机会。这样反而使您更加觉得自己的决定都是对的。我知道这是我的第一个工作,对于公司的发展战略我没有发言权,但是我觉得这样发展下去迟早是会对公司不利的。我感谢您对我的培养才和您说这些,有不对的地方,请您原谅。"(本文由作者根据网络资料改写,原文见:信管网.)

思考:

(1)你认为作为企业的领导者,刘经理具备了哪些特质?

(2)这封电子邮件说明了公司或者刘经理存在什么问题?

(3)如果你是刘经理,你觉得需要采取什么行动?

14.2.2 实训步骤与考评

1. 实训准备

本任务实训内容是管理创业团队。每个创业团队的成员先自我评价有哪些管理能力,小组成员再相互评价。

2. 具体步骤

在教师指导下,训练学生如何管理团队,具体做法见图 14.2。

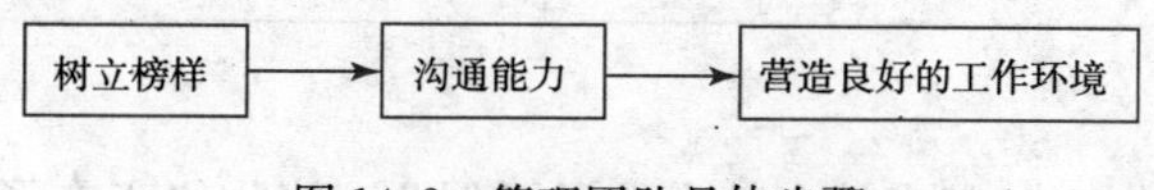

图 14.2 管理团队具体步骤

(1)树立榜样——榜样是促进自我教育的强大力量。

参考做法:刘经理富有进取心、责任感,工作积极主动、自信、有目标。

(2)沟通能力——沟通是管理的真谛。

参考做法:这封信说明公司内部存在着严重的沟通问题。因为正式的沟通渠道不畅,致使员工更倾向于采用非正式沟通。这样也使公司内存在很多的隐患,对公司长期发展不利。同时,刘经理做事太武断,没有给下属发表见解的机会。

(3)营造良好的工作环境——良好的工作环境是留住人才的关键。

参考做法:刘经理应该对这封信中所提出的问题给予高度的重视。重视与员工的沟通,在公司内部建立一套沟通的体系,鼓励大家畅所欲言,使员工潜在的不满和抱怨能够及时得到反映,不要等问题积蓄到无法挽回的地步;同时,学会在沟通过程中抑制情绪,为公司营造一种积极、紧张,但不压抑的工作环境。

3. 实训总结与考评

各创业团队根据分析的结果,形成分析报告,由教师点评。表 14.2 为各小组管理团队训练考评表。

表 14.2 各小组管理团队训练考评表

成果展示与评价			分析报告及 PPT 形式答辩				
分析报告	分析报告必备项目		沟通能力	协调能力分析	决策能力分析	培训能力分析	文字表达
	评价标准		全面并能突出重点	全面并能突出重点	全面并能突出重点	全面并能突出重点	思路清晰、语言流畅
	应得分		20	20	20	20	20
	评价人	企业(50%)					
		教师(40%)					
		学生(10%)					
	实得分						
	报告最后得分						
PPT答辩	PPT 答辩要求		时间	语言组织	表达能力	展现形式	形象及礼仪
	评价标准		控制阐述与回答问题的时间	语言精炼、针对性强	表达清楚、准确	汇报形式新颖	形象得体、大方
	应得分		10	20	25	25	20
	评价人	企业(50%)					
		教师(40%)					
		学生(10%)					
	实得分						
	答辩最后得分						
	任务综合得分						

14.2.3 知识点拨

在这个异军突起的年代,越来越多的人选择了创业。当你终于有了一个属于自己的企业时，你该如何管理好呢？

(1)管理是决策、计划、组织、执行、控制的过程。成为一个称职的企业管理者，应该具备以下六大能力：

①沟通能力。为了了解组织内部员工互动的状况，倾听职员心声，一个管理者需要具备良好的沟通能力，其中又以“善于倾听”最为重要。唯有如此，才不至于让下属离心离德，或者不敢提出建设性的提议与需求，而管理者也可借由下属的认同感、理解程度及共鸣得到更有效的管理。

②协调能力。优秀的管理者必然具备了高度的协调能力，他可以化解部属之间的争端、部门之间的矛盾，不会对组织内部的冲突视而不见，或是随着员工的情绪而上下波动。面对冲突事件时，他会召集相关部属，直接理清冲突的原因，并且在冲突萌芽之际，就立即采取化解之道，甚至化阻力为助力。

③规划与统整能力。管理者的规划能力，并非着眼于短期的策略规划，而是长期计划的制订。换言之，卓越的管理者必须深谋远虑、有远见，不能目光短浅，只看得见现在而看不到未来，而且要适时让员工了解公司的愿景，才不会让员工迷失方向。特别是进行决策规划时，更要能妥善运用统整能力，有效地利用部属的智慧与既有的资源，避免人力浪费。

④决策与执行能力。在民主时代，虽然有许多事情以集体决策为宜，但是管理者仍经常须独立决策，包括分派工作、人力协调、化解员工纷争等，这都往往考验着管理者的决断能力。

⑤培训能力。聪明的管理者会尽量往下授权，让员工参与可行的计划，并让员工代表公司对外洽谈，这些都是可以培养员工自信心、决断力的好方法。事实上，培育下属的方法有很多种，如有计划性与持续性的培训，通过业务发展来培养人才等。

⑥统驭能力。优秀的管理者懂得信任部属，并真心关怀部属，也知道感恩，不会一心只想控制、支配员工，而是时时激励大家的工作干劲，以顺利完成工作目标。简单地说，没有人希望自己的上司是斤斤计较、冷血无情的人，他必须关心客户与公司运营，甚至敏感地注意员工的心情。

(2)管理好企业要做到“人和”。

①首先要管理好自己，要成为一个优秀企业的管理者，自己在各方面一定要做到最好，是企业的榜样，把自己优良的工作作风带到企业管理中，感染企业中的每一位成员。

②在企业里树立了良好的榜样，然后就要了解企业中的每一个部门，每个部门的工作内容、方式和工作衔接，希望所有成员能够同心协力，精诚合作，要保持一个团结的心态，要让每一个人明白，公司成败和每一个人都有关系，责任是大家的，荣誉也是大家的，所以适当的鼓励还是需要的。

③同时善于营造一个良好的工作环境，消除部门之间的消极情绪和冲突问题，使其在一个严肃、竞争而又活泼的氛围中工作。

④最后要积极培训、引导新成员，并给予提升老成员的机会，使业绩得到提高。

⑤作为管理者，不仅要在员工面前很有威望，同时要让每个员工工作得非常开心。这样，就能很轻松地对整个公司人员进行管理和任务的分配。

(3)要兼顾到企业的生存。顾名思义，就是企业可以继续运行，就是说要明白企业以哪种产品和方式来提高竞争力。解决了生存问题后，就要解决持续的、可以规模化的盈利能力，只有达到了这个指标，才能算是确立了商业模式。这个问题仅次于生存问题。核心产品是商业模式的立足之本，只有核心产品的强大，才有商业模式的成功。这应该是第三重要的问题。当上述三个问题都有了很好的答案后，就意味着公司走上了以执行效率为优先的轨道上了，而关注企业之间的竞争则成了工作的要点。很多创业者将竞争的重点放在了开发新产品、市场宣传推广等事务上，重点应该是内部执行效率。什么叫效率？就是达到同样的结果，只用更少的人力、更短的时间、更少的资金。让企业所有部门的运行效率都高于对手，一定可以在竞争中取得胜利。

创业团队管理的方法有：分权管理、漫步管理、结果管理、目标管理、例外管理、参与管理、系统管理。

①分权管理。分权就是转交责任，一个上级不是什么决策都自己做，而是将确定的工作委托给他的下级，让他们有一定的判断和独立处理工作的范围，同时也承担一部分责任。提高下级的工作意愿和工作效率，因为参与责任提高了积极性。上级可以从具体工作中解放出来，可以更多地投入本身的领导工作。

②漫步管理。漫步管理的意思是最高领导不埋头在办公室里，而是尽可能经常地让下属看见他——就像“漫步”那样在企业转悠。企业领导从第一手（直接从职工那里）获知，职工有什么烦恼和企业流程在哪里卡住了。而且，上司亲自察看工作和倾听每个职工的话对职工也是一种激励。

③结果管理。上级把要得到的结果放在管理工作的中心。结果管理和目标管理很相似。同在目标管理中给定的目标一样：更多的工作意愿和参与责任。但在结果控制时不一定要评价一个下属。

④目标管理。上级给出一个他的下属要达到的（上级）目标。例如，目标为：销售额提高15%。各个部门的下属要共同确定达到这目标应该完成的（下级）目标——提高产品销售。上级则有规律地检查销售额变化的情况。像分权管理和例外管理一样：提高工作意愿和参与责任。此外，下属们共同追求要达到的目标，促进了团体精神。

⑤例外管理。领导只对例外的情况才亲自进行决策。例如，一个下属有权决定6%以下的价格折扣。当一个顾客要求10%的折扣时，就属于例外情况了，这必须由上司决定。同样是提高职工的工作意愿，职工有独立处理工作的可能——减轻了上司的负担。这个方法的实际困难在于：什么是“正常”业务？什么是例外？因此，经常要检验决策范围。

⑥参与管理。下级参与有些问题，尤其是与他本人有关的问题的决策。例如，调到另一部门或外面的分支机构任职。当对重要问题有共同发言权时，职工不会感到被“傲慢”地对待了。比如，他们可以认识到调职的意义和信任其理由。这样做可以提高对企业目标的“认同”。参与管理范围可以是一个部门或他所从属的一个岗位。

⑦系统管理。对确定的企业流程进行创业团队管理。把企业作为一个大系统，这个系统就像一个电流调节系统似地运行，对那些不断重复的活动有许多规定和指令（例如机器的开和关、更换和维修），因此，这种方法主要用于工业企业。将所有工作过程组织成通畅的流程。许多的规定是为了保证整个系统的运行。人的工作要服从技术。领导要注意的是，不要使企业内太“官僚主义”。

14.2.4 案例导入与解析

小企业人才流失

这是一家经营保健品的公司，早期公司从中科院购买了一项专利并迅速将其投入了市场，市场发展出乎意料得好，公司业绩在最初两年里，翻了两番。但是，伴随着企业的逐步做大，创业者开始关注自己的"财产"如何不被别人侵蚀，同时，他聘请了一家咨询公司为企业设计了各种严格的规章制度，规章制度看起来是非常科学，或者说是无懈可击的，似乎每一个环节都不会给员工侵蚀企业财产以"可乘之机"。相对来讲，公司员工的收入是比较高的，但是，企业辛辛苦苦招聘来的人才却大多呆不了几个月就提出辞职了，甚至有的在马上就要成为业务骨干时，脱离公司而去。用中层部长的话讲，留下来的往往是企业不想留的，而走的又往往是企业不希望走的。事实上，三年内，企业的骨干走了将近30%，其中相当一部分被竞争对手挖走，而这对这家公司构成了一种致命的打击。不到两年时间，企业在当地保健品的市场占有率由原来的30%很快下降到了10%以下。而2001年第一季度企业开始出现了亏损。（本文由作者根据网络资料改写，原文见：新浪博客.）

思考与讨论：

(1)小企业的人才流失有什么负面影响？

(2)为什么有了制度的规范还是留不住人？

(3)小企业要留住人才应如何做？

分析提示：

(1)面对人才流失，大多数企业认为现在人才市场供大于求，认为走了一个旧的，能招来一个新的，并不影响什么。其实，他们都小看了人才流失给企业带来的损失。人才流失给企业带来的损失主要有直接损失和间接损失。直接损失主要包括人才成本、人才重置成本和无形资产损失等损失。间接损失主要包括可计算的间接损失和不可计算的间接损失。

(2)创业者未定时进行必要的人员交流。没有做到用人不疑，而是一味地担心"财产"被别人侵蚀，使得公司的业务骨干不能充分发挥他们的积极性。用人就要信任他，放心大胆地让人家去工作。对于聪明的老板来说，企业的人才就好像自己账目上的金钱，要做到心中有数，并运用恰当。当然，物质待遇固然非常重要，但要想成为员工心目中的最佳就职企业，需要为员工提供更多的东西。

(3)小企业留住人才的主要手段。

①建立良好的企业文化和理念。留住人才，建设良好的企业文化是至关重要的。它是企业生存与发展的重要条件。

②明确企业发展战略、组织架构、权限责任和员工沟通信息网络。要留住人才，就要让员工明白企业的目标及其前景，了解企业在产品、服务市场领域的现在和未来，了解他们自身在企业中的位置，因为员工总是渴望了解如何从事他们的工作及公司营运状况。

③以人为本，制定具有竞争力的薪酬福利体系。为员工提供有竞争力的薪酬，使他们一进企业便珍惜这份工作，竭尽全力，把自己的本领都使出来。

④为员工创造适宜的发展空间。较高的薪酬是有吸引力的，但金钱不是万能的，尤其对于年轻人占多数的企业的员工更是这样，归属感与成就感的实现，已超出了单纯给予高薪的诱

惑。因此，要在为员工创造舒适的工作环境，提供优良的办公设备的同时，还要为他们创造自由的发挥空间。

⑤为员工提供培训、学习的机会。企业在发展自身的同时带动员工一同成长，会对员工产生强大的吸引力。企业要注重“人才培养，技能提升”，为员工准备完备条件以及广大的空间来帮助他们实现自己的理想。

⑥防止关键性人才叛逃，要及时地了解员工的思想动态。

14.2.5 模拟与实战训练

1. 模拟训练菜单

刘先生是青岛A公司的总经理，他的公司从事家庭装修材料的生产和销售，经过4～5年的发展，公司已经成为青岛地区家庭装修材料市场的领头羊，2002年，全年销售额3 000多万元，市场占有率稳居第一。不过刘总最近的心情非常郁闷，因为和他一块从江西老家出来打天下的几个公司元老级人物离开了他的公司，这其中最令刘总心痛的是公司的王副总。王副总在公司的威望极高，是公司元老中唯一的本科生，公司的发展有一大半应归功于王副总。王副总的一番话令刘总至今难忘：“刘总，当年是你把我和文涛、刘庆从江西老家拉到这里，我们一起拼命干，从6个人5万块钱做到现在的300多个人3 000多万，可是企业越做越大，我们的心也越来越寒，这么多年了，每年分红就凭你一时的高兴，想给谁多少就多少，大家心里都不踏实啊。我们都觉得干活没盼头，像现在这样下去，我们肯定都会走的。”（本文由作者根据网络资源改写，原文见：3158招商加盟网.）

应用思考：运用学过的知识分析创业团队为什么会分裂？

2. 实战训练菜单

创业团队各成员总结自己的性格特点，找出自己在团队中适合的角色，并填写下列表格。

团队内的各个角色及特点

队员角色	主要任务	特　点
队长	发现新成员并提高团队合作精神	
评论员	使团队保持长久高效率工作的监护人和分析者	
外联负责人	负责团队的所有对外联系事务	
协调人	将所有队员的工作融合到整个计划中	
出主意者	维持和鼓励团队的创新能力	

团队成员考核表

姓名		单位			考核期间		
考核项目	考核细则	考评人	A 很满意	B 满意	C 尚可	D 不满意	得分
工作知识							
工作量							
工作品质							
工作态度							
工作能力							

参 考 文 献

[1] 阿姆斯特朗,科特勒．市场营销学[M]．吕一林,译．9版．北京:中国人民大学出版社,2010.

[2] 科特勒．市场营销管理[M]．北京．中国人民大学出版社,2001.

[3] 张光辉．市场营销学[M]．北京:中国农业出版社,2009.

[4] 卢国红,马斌．市场营销学[M]．昆明:云南科技出版社,2007.

[5] 李守良,孙参运,李冬芹．市场营销学[M]．开封:河南大学出版社,2007.

[6] 方光罗．市场营销学[M].3版．大连:东北财经大学出版社,2008.

[7] 郭国庆．市场营销学通论[M].3版．北京:中国人民大学出版,2007.

[8] 卢海涛．市场营销学[M]．武汉:武汉理工大学出版社,2008.

[9] 李素萍,安予苏．市场营销学[M]．郑州:郑州大学出版社,2008.

[10] 王志伟．市场营销学[M]．北京:对外经济贸易大学出版社,2008.

[11] 陈国生,李春生．市场营销学[M]．北京:对外经济贸易大学出版社,2007.

[12] 王煊．市场营销学新编[M]．武汉:华中科技大学出版社,2009.

[13] 居长志,周文根．市场营销实务[M]．北京:中国经济出版社,2008.

[14] 梁琳娜,李蕾．营销策划与创新[M]．兰州:甘肃民族出版社,2009.

[15] 吴炜,董杰．市场营销实训教程[M]．武汉:华中科技大学出版社,2009.

[16] 王煊．市场营销综合实训教程[M]．武汉:湖北科学技术出版社,2008.

[17] 陈宝玉,王琼．营销策划实训教程[M]．武汉:华中科技大学出版社,2007.

[18] 章金萍．市场营销实务[M]．杭州:浙江大学出版,2010.

[19] 李纪军．市场营销实务[M]．北京:清华大学出版社,2009.

[20] 王德章,周游．市场营销学[M]．北京:高等教育出版社,2005.

[21] 李玉珍,张石革．药品商品与信息学[M]．北京:北京科学技术出版社,2005.

[22] 叶万春．企业营销策划[M].2版．北京:中国人民大学出版社,2008.

[23] 汤少梁．医药市场营销学[M]．北京:科学出版社,2007.

[24] 荣晓华．消费者行为学[M]．大连:东北财经大学出版社,2006.

[25] 王瑶．市场营销基础实训与指导[M]．北京:中国经济出版社,2009.

[26] 罗绍明．市场营销实训指导[M]．北京:机械工业出版社,2009.

[27] 吴宪和,任毅沁．市场营销实验实训教程[M]．南京:东南大学出版社,2007.

[28] 霍依尔,麦克依尼斯．消费者行为:广告与营销专业人员指南[M]．刘伟,译．4版．北京:中国市场出版社,2010.

[29] 侯贵生．市场营销综合实训教程[M]．重庆:重庆大学出版社,2005.

[30] 吴健安．市场营销学[M].3版．合肥:安徽人民出版社,2004.

[31] 谢敏．管理能力训练基础教程[M]．上海:华东师范大学出版社,2007.